智能网联汽车研究与开发丛书

智能网联汽车电子控制系统

从电子电气架构到控制系统的设计方法

张新丰 著

本书从汽车电气架构开始叙述，由汽车电子电气系统发展历史演变规律得出智能网联汽车电子控制系统的根本特征，涵盖了当今世界汽车电子电气系统的网络化组织架构背景、电子电气系统架构设计与控制器形态、控制器设计的仿真与数字模拟方法论、工具链、开发流程、评价方法及具体的控制器设计理论，并且以纵向动力学、横向动力学和汽车动力链的控制为例进行了具体阐述。因此，对于刚进入汽车电子和智慧交通开发领域的人员，可以通过这些内容完善自己的知识体系。对于智能汽车、环境感知、驾驶决策及执行器设计的开发人员，也可以通过本书加深对于其他相关环节的了解，扩展知识面。

本书主要面向高校汽车学院、交通工程学院、车企以及科研机构中与汽车电子电气系统研究开发相关的科学技术人员、开发人员、教师以及学生等。本书既可以作为汽车电子电气架构、汽车电子控制系统与开发、智能网联汽车、车路协同等领域的教材，也可作为智能网联汽车开发的参考书。

图书在版编目(CIP)数据

智能网联汽车电子控制系统：从电子电气架构到控制系统的设计方法/张新丰著. —北京：机械工业出版社，2023.7

（智能网联汽车研究与开发丛书）

ISBN 978-7-111-73638-7

Ⅰ.①智⋯　Ⅱ.①张⋯　Ⅲ.①汽车–智能通信网–电子控制–控制系统　Ⅳ.①U463.67

中国国家版本馆 CIP 数据核字（2023）第 146959 号

机械工业出版社（北京市百万庄大街 22 号　邮政编码 100037）
策划编辑：王　婕　　　　责任编辑：王　婕
责任校对：郑　婕　陈　越　责任印制：刘　媛
北京中科印刷有限公司印刷
2024 年 1 月第 1 版第 1 次印刷
169mm×239mm · 19.5 印张 · 2 插页 · 402 千字
标准书号：ISBN 978-7-111-73638-7
定价：158.00 元

电话服务　　　　　　　　　　网络服务
客服电话：010–88361066　　　机　工　官　网：www.cmpbook.com
　　　　　010–88379833　　　机　工　官　博：weibo.com/cmp1952
　　　　　010–68326294　　　金　书　网：www.golden-book.com
封底无防伪标均为盗版　　　　机工教育服务网：www.cmpedu.com

序　言

世界范围内智能网联汽车技术和产业发展态势迅猛，近几年我国加速政策法规制修订步伐，制定大量顶层设计规划，加强智能网联汽车安全管理、技术研发、示范应用，推动智能网联汽车与新能源、智能交通、智慧城市等的融合发展。

张新丰教授曾在我们清华大学汽车研究所智能交通课题组从事博士课题研究，在连小珉教授和我的共同指导下就汽车智能化、电气架构设计等问题提出了系统性的解决方案，具有突出的方法创新和技术突破，为智能网联汽车的域控制、中央计算、语音操控、智能电源等创新设计，提供了宝贵的科学实践经验；其论文《汽车智能电器系统》也获得"清华大学优秀博士论文"奖。张新丰教授始终不忘初心，一直坚持在交通和汽车行业、企业和高校做前瞻技术研发，本书内容正是他多年积累的工程经验和技术总结。时间如梭，岁月如流，如今中国以新能源智能网联汽车为先进技术和产业代表，虽然已取得巨大成果，但仍然面临高性能计算芯片、网络安全与监管、数据治理与服务等重大挑战。

希望张新丰教授能够继续在智慧交通、车辆清洁能源等领域深入研究，为学科人才培养和产业的高质量发展贡献更多的力量。

李克强

北京　清华

前　言

　　本书围绕智能网联汽车电子控制系统开发这一主题，从电子电气架构设计这个大命题切入，再结合汽车电子控制系统已有的数字仿真、系统模拟、控制理论、开发流程、OTA技术、软件定义汽车等新理念和新方法进行论述。本书凝结了作者近二十年科研工作的经历和学术成果，还有作者在高校和企业工作过程中的实际经验。

　　本书中所用到的分析、设计和仿真的案例，使用了MATLAB/Simulink软件，请读者先行自习；对于只想掌握整车电子电气系统设计思想的读者或者硬件设计师来说，完全可以略过。作者希望本书中所引用的名言给大家一种更形象、文学化的理解，让大家对电子电气架构更感兴趣，希望能为工程师和设计师们的艰苦工作带来一抹轻松的色彩。

　　作者曾与同济大学的陈慧和钟再敏、清华大学的李升波、重庆大学的高锋等教授一起工作，本书中所用的部分案例是共同合作的成果，对他们给予的帮助表示十分感谢。

　　本书的出版由浙大城市学院高层次人才启动基金资助。

　　本书写于2022—2023年，新冠疫情期间作者与家人分居两地，妻子钱芬芳一直独自照料二子和老人，还积极参加志愿服务，对她坚强乐观的精神表示佩服，甚是感激。

张新丰
2023 年杭州

目 录

序言
前言
第1章 智能网联汽车的电子电气架构 1
 1.1 电子电气架构概述 1
  1.1.1 什么是电子电气架构？ 1
  1.1.2 汽车电子电气架构的特点 2
  1.1.3 为什么是电子电气架构？ 3
 1.2 现代汽车电子电气系统的技术基础 4
  1.2.1 半导体与集成电路技术 4
  1.2.2 车载通信与总线技术 10
  1.2.3 传感器技术 16
  1.2.4 软件工程技术 17
 1.3 汽车电子电气架构的演变 21
  1.3.1 集中式控制架构 22
  1.3.2 分布式控制架构 23
  1.3.3 域集中式架构 24
  1.3.4 中央集中式控制架构 26
  1.3.5 汽车电子电气架构趋势 27
 1.4 智能网联汽车 28
  1.4.1 智能网联汽车发展历程 28
  1.4.2 中国技术路线图 30
  1.4.3 智能网联的信息物理架构 33
  1.4.4 智能网联汽车产业形态 33
 1.5 本章小结 37
  参考文献 37
第2章 电子电气架构的电源网络设计 40
 2.1 汽车电源电压等级变迁 40
 2.2 点对点连接系统的低压电源分配 41
 2.3 智能网联汽车低压电源 42
  2.3.1 控制器的电源分配 42
  2.3.2 位置化通道化的电源分配 44
 2.4 高压动力电源分配 45
 2.5 本章小结 46
  参考文献 46
第3章 电子电气架构中的控制器组网设计 48
 3.1 功能化组网方法 48
  3.1.1 动力网络 48
  3.1.2 底盘网络 49
  3.1.3 车身网络 49
  3.1.4 诊断网络 49
 3.2 基于位置的组网优化方法 49
  3.2.1 整车骨干网 50
  3.2.2 组网优化模型 50
  3.2.3 网络通信的可调度约束条件 51
  3.2.4 有序样品的有限容量聚类 52
  3.2.5 最优分组求解 52
 3.3 区域集中化过程中的控制器形态 53
  3.3.1 机械结构集成 53
  3.3.2 域控制硬件集成 55
 3.4 什么是域控制 56
  3.4.1 常见模块分类及特性 56
  3.4.2 动力域：多合一电驱动总成 57
  3.4.3 动力域：网联化动力电池管理系统 58
  3.4.4 自动驾驶域：自动驾驶智能计算平台 61
 3.5 商业化应用的域架构方案 62
  3.5.1 特斯拉电动汽车域架构 63

3.5.2　丰田汽车的域架构 …………… 64
3.5.3　沃尔沃汽车的域架构 …………… 65
3.5.4　安波福的解决方案 …………… 65
3.5.5　伟世通的解决方案 …………… 66
3.6　本章小结 …………………………… 67
参考文献 ………………………………… 68

第4章　汽车电子控制系统的数学建模 …………………………… 70
4.1　控制系统数学模型分类 …………… 70
 4.1.1　按时基分类 …………………… 70
 4.1.2　按变量的范围集分类 ………… 70
 4.1.3　按是否存在随机变量分类 …… 71
 4.1.4　按模型的结构的时变特性分类 …………………… 71
 4.1.5　按空间几何分布有关分类 …… 71
4.2　控制系统数学建模方法 …………… 71
 4.2.1　机理建模法 …………………… 71
 4.2.2　实验建模法 …………………… 75
 4.2.3　综合建模 ……………………… 77
4.3　模型的验证与评估 ………………… 79
 4.3.1　数学模型的有效性 …………… 80
 4.3.2　模型验证的内容 ……………… 80
 4.3.3　模型验证的基本方法 ………… 81
 4.3.4　动态模型验证的判断标准 …………………………… 81
4.4　控制系统的数学模型表示 ………… 82
 4.4.1　数学模型的表示形式 ………… 82
 4.4.2　不同数学形式的转换 ………… 85
4.5　汽车机电系统典型器件的数学模型 …………………………… 86
 4.5.1　常见机械环节的数学模型 …… 86
 4.5.2　常见电子电气环节数学模型 …………………………… 87
4.6　汽车复合功率分流混动系统建模应用案例 …………………… 90
 4.6.1　功率分流混合动力系统结构 …………………………… 90
 4.6.2　动力系统关键部件建模 ……… 90
 4.6.3　发动机模型 …………………… 92

 4.6.4　电机模型 ……………………… 94
 4.6.5　动力电池模型 ………………… 97
 4.6.6　液压系统模型 ………………… 98
4.7　本章小结 …………………………… 100
参考文献 ………………………………… 100

第5章　汽车控制系统的经典分析方法 …………………………… 102
5.1　控制系统的数字仿真分析方法 …………………………… 102
 5.1.1　静态性能分析 ………………… 102
 5.1.2　动态性能分析 ………………… 103
 5.1.3　频域分析方法 ………………… 106
 5.1.4　根轨迹分析法 ………………… 110
 5.1.5　图形化系统分析工具 ………… 115
5.2　控制系统稳定性分析与判定 …………………………… 116
 5.2.1　李雅普诺夫稳定性判定方法 …………………………… 116
 5.2.2　奈奎斯特稳定性判定方法 …………………………… 117
 5.2.3　利用伯德图进行奈奎斯特判定 …………………………… 118
 5.2.4　利用尼科尔斯图进行判定 …………………………… 118
 5.2.5　稳定裕量分析 ………………… 119
5.3　复杂控制问题的仿真分析方法 …………………………… 123
 5.3.1　理想高阶系统的响应与近似 …………………………… 123
 5.3.2　开环小参数对闭环的影响 …………………………… 126
5.4　氢能汽车动力系统零下过程的仿真实例 ……………………… 127
 5.4.1　电电混合动力系统结构 ……… 127
 5.4.2　冷起动过程数学模型 ………… 128
 5.4.3　系统仿真与分析过程 ………… 133
5.5　本章小结 …………………………… 137
参考文献 ………………………………… 137

第6章 汽车控制器的经典设计方法 ………… 139
6.1 控制器性能评价 ………… 139
6.1.1 控制系统的性能设计指标 ………… 140
6.1.2 控制器硬件性能评价 ………… 142
6.1.3 控制器软件算法性能评价 ………… 143
6.2 经典控制器设计一：基于频率特性的设计方法 ………… 144
6.2.1 开环频率特性的分段设计 ………… 145
6.2.2 串联校正 ………… 151
6.2.3 反馈校正 ………… 160
6.3 经典控制器设计二：基于根轨迹的设计方法 ………… 165
6.3.1 串联超前校正 ………… 166
6.3.2 串联滞后校正 ………… 174
6.4 经典控制器设计三：PID控制器设计方法 ………… 176
6.4.1 PID控制器结构及原理 ………… 176
6.4.2 PID控制器设计方法 ………… 180
6.5 经典控制器设计四：二自由度控制器设计方法 ………… 182
6.5.1 二自由度控制原理 ………… 182
6.5.2 二自由度控制器设计 ………… 184
6.6 控制系统设计理论的发展简介 ………… 188
6.6.1 状态空间方法与现代控制理论 ………… 188
6.6.2 大系统与智能控制方法 ………… 192
6.6.3 超现代控制理论简介 ………… 194
6.7 本章小结 ………… 196
参考文献 ………… 197

第7章 智能网联汽车电子控制系统设计应用 ………… 198
7.1 智能网联汽车中的几类控制问题 ………… 198
7.1.1 自动驾驶汽车的路径跟踪 ………… 199
7.1.2 新能源汽车混合动力总成的构型与配置 ………… 201
7.1.3 新能源汽车混合动力总成的优化与控制 ………… 204
7.1.4 驱动电机的控制问题 ………… 205
7.2 高级驾驶辅助系统控制器设计应用案例 ………… 207
7.2.1 定速巡航控制系统 ………… 207
7.2.2 自适应巡航控制系统 ………… 211
7.2.3 电驱动汽车的自适应巡航控制 ………… 216
7.3 转向系统控制器设计 ………… 218
7.3.1 转向系统模型 ………… 219
7.3.2 车辆动力学模型 ………… 222
7.3.3 转向助力控制器仿真与设计 ………… 223
7.3.4 主动转向控制器 ………… 237
7.4 车身自动鸥翼门的离散系统控制器设计 ………… 238
7.4.1 门锁系统功能需求分析 ………… 238
7.4.2 基于有限状态机的系统模型 ………… 239
7.4.3 系统仿真与设计 ………… 241
7.5 本章小结 ………… 241
参考文献 ………… 242

第8章 汽车嵌入式控制软件开发流程与工具 ………… 245
8.1 电子控制单元与嵌入式软件 ………… 245
8.1.1 电子控制单元 ………… 245
8.1.2 简单嵌入式程序结构 ………… 247
8.1.3 实时操作系统的软件架构 ………… 248
8.2 智能网联汽车控制系统开发面临的挑战 ………… 250
8.2.1 嵌入式系统的软硬件耦合矛盾 ………… 250

8.2.2 低成本与高安全的任务矛盾 ………… 250
8.2.3 开发周期加速性与产品功能多样性的市场矛盾 …… 252
8.2.4 组织分工与系统集成的管理矛盾 ……………… 252
8.3 控制器软件的开发流程 …… 253
8.3.1 基于模型的 V 形开发流程 ……………………… 253
8.3.2 软件过程改进和能力测定标准 ………………… 256
8.3.3 软件能力成熟度模型的集成 …………………… 258
8.4 控制器开发工具链 ………… 259
8.4.1 需求管理与分析工具 …… 260
8.4.2 控制器建模、仿真与设计工具 ………………… 262
8.4.3 快速控制器验证工具 …… 264
8.4.4 自动代码生成工具 ……… 266
8.4.5 控制器快速测试工具 …… 268
8.4.6 系统集成与标定工具 …… 269
8.5 本章小结 …………………… 270
参考文献 ……………………… 270

第9章 智能网联汽车动态系统的验证方法 ……………………… 271
9.1 相似性、仿真与验证方法论 ………………………… 271
9.1.1 相似性原理 ……………… 271
9.1.2 相似定理 ………………… 273
9.1.3 仿真模型 ………………… 275
9.1.4 仿真计算机 ……………… 277
9.1.5 仿真软件工具 …………… 278
9.2 控制系统设计的建模与仿真研究 …………………… 279
9.2.1 控制系统研究方法 ……… 279
9.2.2 仿真实验的分类与比较 … 280
9.2.3 数学仿真实验 …………… 280

9.3 汽车电子控制系统台架试验方法 …………………… 282
9.3.1 控制器硬件的环境测试 …… 282
9.3.2 软件在环（SiL）测试 …… 283
9.3.3 处理器在环（PiL）测试 … 283
9.3.4 硬件在环（HiL）测试 …… 283
9.4 智能网联汽车动态系统的测试验证方法 …………… 284
9.4.1 智能网联汽车的场景测试 ………………………… 284
9.4.2 智能汽车的整车在环测试 ………………………… 285
9.4.3 数字孪生与混合现实测试 ………………………… 286
9.5 本章小结 …………………… 287
参考文献 ……………………… 287

第10章 远程升级 OTA 技术 …… 289
10.1 OTA 技术架构 …………… 289
10.2 车端 OTA 功能构建与实施过程 ………………… 291
10.2.1 升级能力的构建 ……… 292
10.2.2 控制器的 A/B 分区备份 … 293
10.2.3 升级包数据传输方式 … 293
10.2.4 OTA 的升级界面及流程 … 294
10.2.5 车端 OTA 升级前置条件 ……………………… 294
10.3 安全 OTA 技术方案 ……… 295
10.3.1 基于对称密钥加密技术 … 295
10.3.2 基于分组密码消息认证 … 296
10.3.3 基于区块链技术 ……… 297
10.3.4 非对称加密与隐写技术 … 298
10.3.5 硬件安全模块 ………… 298
10.4 OTA 技术监管与标准化 … 299
10.5 本章小结 ………………… 299
参考文献 ……………………… 300
附录 符号对照表 ……………… 301

第1章　智能网联汽车的电子电气架构

科学的态度是批判的态度，它不寻求证实而寻求判决性检验；这些检验能反驳被检验的理论，虽然它们绝不可能确证它。

——卡尔·波普

电动化、智能化、网联化是近十年汽车技术最为深刻的变革。面对日益复杂的汽车电子电气系统，我们需要对其如何设计、组织、评价提出一种整体性的宏观描述，于是架构的概念就出现了。

很显然，汽车电子电气架构也是一个具有时代技术背景的应用概念，它是在当前技术发展水平下，汽车技术应用领域的一种描述。读者对本书所讲的内容，应采取批判的态度，不断在开发实践中检验、反驳，最后创造出新的应用和方法。

1.1　电子电气架构概述

1.1.1　什么是电子电气架构？

架构（Architecture）这一概念并不是在汽车行业中首次出现的，它在建筑设计、工业设计、计算机、航空飞行器、工业自动化等其他行业的控制系统中已有广泛使用。建筑的结构就是由板、梁、柱、墙、基础等建筑构件形成的具有一定空间功能、并能安全承受建筑物各种正常荷载作用的骨架结构。由于计算机、电子、软件等学科是继建筑之后的新兴学科，为了在引用 Architecture 时以示区分，将其翻译为架构。

卡内基梅隆大学的 Mary Shaw 和 David Garlan 于 1996 年写了一本叫作 *Software Architecture perspective on an emerging Discipline* 的书，提出了软件架构中的很多概念，例如软件组件、连接器、风格等。软件架构描述的对象是直接构成系统的抽象组件，在各个组件之间的连接则相对细致地描述组件之间的通信方式。在实现阶段，这些抽象组件被细化为实际的组件，比如具体某个类或者对象。

汽车电子电气架构（Electrical/Electronic Architecture，EEA）是集合了汽车的

电子电气系统原理设计、中央电器盒、插接器设计、电子电气分配系统、控制器设计与程序等为一体的整车电子电气解决方案。具体就是在功能需求、法规和设计要求等特定约束下，通过对功能、性能、成本和装配等各方面进行分析，将动力、控制、娱乐等功能转化为实际的电气功能分配、电源分配、控制器布局、信号网络、数据网络、诊断、电源管理等电子电气解决方案。

1.1.2　汽车电子电气架构的特点

1. 功能的开放性

尽管有来自整车的系统配置和功能定义方面的约束（一般汽车企业整车开发都会先分解需求，然后生成诸如整车技术规范这样的技术文档），又有来自能耗和安全法规的约束，但电子电气架构的设计本身就是一项极具创造性的活动。

决定它最终结果的有很多影响因素，例如企业的时间和费用投入、所能掌控的供应商资源、很多时候还取决于管理者的意志（目标性）、团队的能力（可达性）。

2. 学科的交叉性

汽车的电子电气架构是一个完全面向客户需求的应用技术，不仅包括车辆动力学、半导体与集成电路的应用技术、现场总线与通信技术、传感器应用技术、软件工程和嵌入式系统开发技术、控制工程与应用技术，智能网联汽车中还涉及无线网络通信、人工智能、大数据、云计算等多个学科。

想要彻底理解并掌握电子电气架构，需要宽广的理论知识和坚持不懈的学习、实践；在动辄上千人规模的企业研发体系和数以百计的供应链中工作，理解电子电气架构对于整车性能设计和实现无疑具有良好的促进作用。

3. 求解的多样性

虽然汽车的平台化设计的目的是弥合因车型、配置不同带来的多样性，但这里讨论的电子电气架构求解多样性是在同一车型同一配置情况下，解决方案的不确定性和多样性。

从目标上来讲，至今为止，对电子电气架构的评价没有明确、公认的指标，从方法上来讲，在绝大部分能满足功能和性能的前提下，我们只能在小范围内进行一些优化，比如功能分配优化、线束拓扑优化、控制系统性能指标优化等。因此，它并不像通常的工程问题一样能够求得最优或者次优解，而是时常带有某些"设计理念"或"设计风格"的解决方案。

上述特点就注定了任何一个汽车电子电气架构均呈现给你一个"不太完美的答案"，读者在阅读过程中尤其要注意，不应揪住一些细枝末节不放，而应该注意理解本书所传达的主旨要意。

1.1.3 为什么是电子电气架构?

要回答这个问题,我们首先要审视汽车的价值创造过程,再回到价值创造的手段和工具。

如图 1-1 所示,现代许多汽车企业都经常以矩阵式管理方法来组织生产。企业内部往往包括战略规划、研究部/院、生产部门、质保部门、销售部门,为提高效率,有些企业还有专门的数字化部门(或 IT 部门)对企业的研发、生产、销售等进行数字化管理。

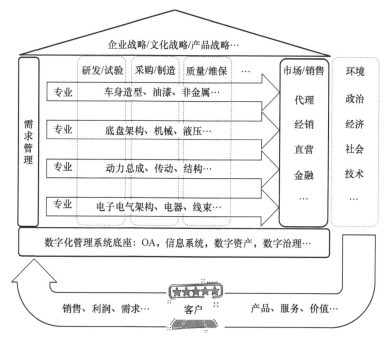

图 1-1　采用矩阵式管理方法的汽车制造企业组织架构与价值创造过程示意

按照经典的管理学理论,企业价值创造主要分为这 5 个阶段:市场、研发、营销、销售、售后。从市场(Marketing)端分析需求,找到客户,再进行产品研发(Research&Development),研发的产品一定要针对用户的痛点(此处理解为客户重大需求);在研发和生产过程中,始终贯穿着性能、交付(时间节点)、质量和成本等多个产品的维度,营销和销售就是把产品卖出去,传统的渠道,如直营、经销、代理等途径和方法目前依然是汽车行业的主流,互联网公司发明的"地推""网络主播""自媒体""私域流"等新式手法似乎正在颠覆许多传统营销理念;售后是产品生命周期的末端,产品进入流通到回收也可以通过各种服务、数据增值等获得收益。

如图 1-1 所示,从专业上看,汽车企业有大致 4 类:车身与空气动力学、底盘与操控、动力总成、电子电气。其实直到20世纪末，电子电气部门在汽车企业内部都不能算是一个主要部门，因为汽车作为"移动工具"，其主要价值来源还是底盘（承载）和动力（移动）。

然而进入21世纪后，电子电气系统在节能、智能、安全、环保、网联等领域所发挥的重要性已经不言而喻。我们仅用一项指标去说明这个问题：电子电气系统成本占比。由于成本的敏感性，且不同企业的车型和不同配置都有出入，我以公开文献报道数据为例[4-6]。目前紧凑型车的电子成本占比为15%左右，而纯电动车的汽车电子成本占比高达65%，随着新能源汽车更加智能，汽车电子成本占比仍将持续提升。我国中高端汽车销量快速增长，而汽车电子系统在中高端车型的成本占比可达30%~40%。且随着汽车智能网联、电动化趋势的不断发展，汽车电子价值占比将会继续提高。以乘用车为例，乘用车汽车电子成本在整车成本中占比由20世纪70年代的3%已增至2015年的40%左右，2030年有望达到50%（图1-2）。

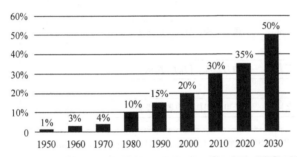

图1-2 汽车电子产品乘用车整车成本占比（不含动力电池本体）

汽车电子电气系统如何作为主要技术手段，创造出现代汽车特有的价值呢？本书后续会深入详细地进行解答和叙述。

1.2 现代汽车电子电气系统的技术基础

本书认为与现代汽车电子电器系统紧密相关的四大支柱包括半导体与集成电路、车载通信与总线技术、传感器技术和软件工程技术。尽管车辆工程领域的汽车动力学、试验学、计算机辅助设计等也有很大的发展，但对汽车电子电气系统影响最大的还是上述几个方面，另外控制学科理论发展与应用会在后面几章单独讲述。

1.2.1 半导体与集成电路技术

半导体产业是一个极为庞大的产品家族，按功能来分包括计算、控制、通信、存储、安全、传感、模拟、驱动、电源、功率等，按单片所集成的逻辑运算单元个数，有小规模集成电路（基础器件数<100，Small Scale Integrated Circuits，SSIC）、

中规模集成电路（基础器件数＜1000，Medium Scale Integrated Circuits，MSIC）、大规模集成电路（基础器件数＜10000，Large Scale Integrated Circuits，LSIC）、超大规模集成电路（基础器件数＜1×10^5，Very Large Scale Integrated Circuits，VLSIC）、特大规模集成电路（基础器件数＜1×10^6，Ultra Large Scale Integrated Circuits，ULSIC）和巨大规模集成电路（也被称作极大规模集成电路或超特大规模集成电路，Giga Scale Integration Circuits，GSIC）。集成电路的工艺是极其复杂的，如化学清洗、弧光反应、退火、热扩散、掺杂、掩膜光刻、蚀刻、物理真空沉淀、化学气象沉积、化学机械研磨、旋涂、磁控溅射镀层、直流溅射镀层、蒸镀、曝光、高温密化、干式氧化等。我们经常听到的28nm工艺、7nm工艺乃至2nm工艺等，就是基于上述工艺加工出如此尺度的逻辑运算单元。很显然，尺度越小，在同样大小的硅片上能做出更多的集成电路，且功耗更小、速度更快，这是集成电路制造工业界一直追求的趋势。

其中又以单片微机数字集成电路和分立器件中的功率半导体器件对汽车电子影响最为深刻。

1. 单片机和微控制器

单片机（Single‐Chip Microcomputer，SCM）是采用超大规模集成电路技术把中央处理器（Central Process Unit，CPU）的频率与规格做适当缩减，存储器（包括RAM、ROM、Flash）、计数器（Timer）、数模转换器、外设通信接口、网络通信接口、输入输出、DMA等周边接口，甚至LCD驱动电路都整合在单一芯片上，形成芯片级的计算机，为不同的应用场合做不同组合控制。一个典型的汽车单片机的配置如图1-3所示。由于单片机被广泛用于消费类电子控制、工业控制和汽车控制等领域，一般也称为微型控制器（Micro Control Unit，MCU）。

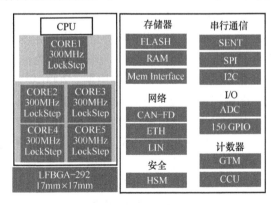

图1-3 典型的车用单片机配置

单片机出现的历史并不长，但发展十分迅猛，它的产生与发展与微处理器的研发与发展大体同步，自1971年美国Intel公司首先推出4位微处理器以来，它的发展到目前为止大致可分为5个阶段。

1）20世纪70年代前期，是4位单片机诞生和技术初创期。全球第一个微处理器于1971年由Intel公司推出，集成度为2000只晶体管/片的4位微处理器Intel 4004，并配有RAM、ROM和移位寄存器，构成了第一台MCS-4微处理器，而后又推出了8位微处理器Intel 8008以及其他各公司相继推出的8位微处理器。微处理器的发明为数字化的电子控制系统奠定了基础，在当时以机械、液力、热能为主宰的汽车行业掀起了一场电子化革命。

2）20世纪70年代后期，是低性能4位单片机工业应用早期。1976年Intel公司推出的MCS-48系列为代表，采用将8位CPU、8位并行I/O接口、8位定时/计数器、RAM和ROM等集成为一块半导体芯片上的单片结构，虽然其寻址范围有限（不大于4KB），也没有串行I/O，RAM、ROM容量小，中断系统也较简单，但功能可满足一般工业控制和智能化仪器、仪表等的需要。1976年Intel公司在MCS-48的基础上推出的MCS-51因性能可靠、简单实用等优点成为工业界使用量最大的一款产品，在全球各大高校的单片机应用课程中都有使用MCS-51系列8位单片机的应用案例。

3）20世纪80年代前期，是高性能8位单片机诞生和工业应用期。这一阶段推出的8位单片机普遍带有串行口，有多级中断处理系统，多个16位定时器/计数器。片内RAM、ROM的容量加大，且寻址范围可达64KB，个别片内还带有A/D转换接口。

4）20世纪80年代后期，是16位单片机应用阶段。1983年Intel公司又推出了16位单片机MCS-96系列，由于其采用了最新的制造工艺，使芯片集成度高达12万只晶体管/片。与此同时，美国的德州仪器TI、Atmel、Microchip、日本瑞萨等也都先后推出16位MCU产品。

5）20世纪90年代，是16位单片机技术成熟期与大规模商业应用阶段。单片机在集成度、功能、速度、可靠性、应用领域等全方位向更高水平发展。我国汽车工业界也正是在这个阶段引入了汽车电子技术，并逐步成为一个细分行业。

6）21世纪以来，是32位单片机大规模应用期。2000年之后，32位单片机逐步在发动机管理系统、电机控制系统等得到应用，对于32位单片机而言，2015年是具有标志性意义的一年，全球32位单片机出货量超过4/8/16位的总和。近年来，基于不同指令集（X86、ARM、RISC-V和MIPS）的各种芯片越来越多地成为汽车电子中复杂电控单元的主流芯片。

微控制器MCU最核心的部分是中央处理器及与之配套的指令集运算法（Instruction Set Computing, ISC）。1998年英特尔开放了8051单片机的技术，引来世界上很多半导体厂商对其进行开发和改造，着力发展了单片机的控制功能和外围单元，目前在8/16位机上大部分采用的是英特尔8051内核。许多行业对16/32位MCU需求攀升，且对于成本和功耗十分敏感，英国的ARM公司针对上述行业的需求发布了Cortex（A/M/R系列）内核，并开始作为第三方IP授权给MCU芯片企业（如 ST、Infineon、NXP 等）。Cortex 系列具有短流水线、超低功耗的设计特点，在智能测量、移动消费、汽车电子、医疗器械等领域得到了大规模应用，成为 16/32 位汽车电子 MCU 内核的主流内核。

随着智能设备、物联网、大数据等产业的快速发展，无线通信、传感器、电源管理等配置 MCU 成为一种新的趋势，高度整合的 MCU 不仅可以方便客户开发产品，并且可减少印制电路板的占用空间，从而能够降低一部分成本。2021 年全球最大 MCU 公司收入及市场份额见表 1-1。

表 1-1 2021 年全球最大 MCU 公司收入及市场份额

排名	公司	总部	2020 收入（百万美元）	2021 收入（百万美元）	增长	份额
1	恩智浦（NXP）	欧洲	2980	3795	27%	18.8%
2	微芯（Microchip）	美国	2872	3584	25%	17.8%
3	瑞萨（Rensesas）	日本	2748	3420	24%	17.0%
4	法意半导体（ST）	欧洲	2506	3374	35%	16.7%
5	英飞凌（Infineon）	欧洲	1953	2378	22%	11.8%

上述公司在汽车 MCU 市场占据了近 81% 的份额，如恩智浦的 MC/LPC/MCx 系列，微芯的 PIC 系列、瑞萨的法意的 STM8/16/32 系列、英飞凌的 TC16/XC16/32 系列等芯片。

国内专注于汽车 MCU 芯片公司，如华大半导体、杰发科技、芯旺微、地平线、黑芝麻、东土科技、兆易创新、北京君正、龙芯中科、英博超算、豪威科技、三安光电、泰科天润、斯达半导体、智芯微电子、华大九天、南京芯驰等，在当前供应链安全、"卡脖子"技术突围的国际竞争背景下得到了极大的发展，正在蓬勃壮大中。

2. 功率半导体器件

功率半导体器件，又称为电力电子器件（Power Electronic Device），是电子电气中电能转换与电路控制的核心，主要用于改变电子电路中电压和频率、直流交流形式等，一般能承受数十至数千安的电流、数百伏乃至千伏以上的电压。由于车载用电器的增加，尤其是电动汽车的普及，功率半导体器件对于汽车电气系统变得极为重要。

从 20 世纪 50 年代起，功率半导体器件按其核心材料和拓扑结构大体经历了四代。第一代器件主要以功率二极管和晶闸管为代表，是功率半导体器件发展早期的主要器件，以交直流变换、电力调压等应用为主；第二代器件主要以 GTO、双极型晶体管和功率 MOSFET 为代表，第二代产品本质的变化是这些器件能够进行开关可控，这为电路设计和应用打开了极大的空间。第三代功率半导体器件主要以 IGBT 为代表的高性能、多功能、高集成度的新一代功率器件，其特点是能承受大电流、开关时间短、绝缘电阻高。主要的代表性功率半导体器件、应用特点及其在汽车领域的应用见表1-2。

表1-2 功率半导体基础器件

种类	电气符号	应用电路	电路特点	在汽车领域应用
可关断晶闸管	阳极(A)、门极(G)、阴极(K)		只能单向导通；技术成熟，性能可靠 大量用于变电站	不常用
双向晶闸管	T2、门极(G)、T1		可双向导通；技术成熟，性能可靠 大量用于变电站	不常用
GTO	阳极(A)、门极(G)、阴极(K)		通流能力强，关断增益小，关断时门极负脉冲电流大，开关速度低，驱动功率大，驱动电路复杂	不常用
双极型晶体管	集电极(C)、基极(B)、发射极(E)		双极型晶体管体积小、重量轻、寿命长、可靠性高	小功率电器、电源的控制，车载收音机
功率MOSFET	栅极(G)、漏极(D)、源极(S)		驱动功率很小，开关速度快，但驱动功率相对较小	广泛用于小功率电器的开关控制中
IGBT	栅极(G)、集电极(C)、发射极(E)		饱和压降低，载流密度大，驱动电流较大	变频电路、永磁同步电机控制、直流电源调压变换等场合

其中绝缘栅双极型晶体管（Insulated Gate Bipolar Transistor，IGBT），是由双极型三极管（Bipolar Junction Transistor，BJT）和绝缘栅型场效应管（Metal Oxide Semiconductor，MOS）组成的复合全控型电压驱动式功率半导体器件，兼有金属氧化物半导体场效应晶体管（Metal-Oxide-Semiconductor Field-Effect Transistor，MOSFET）的高输入阻抗和电力晶体管（Giant Transistor，GTR）的低导通压降两方面的优点。GTR饱和压降低，载流密度大，但驱动电流较大；MOSFET驱动功率

很小，开关速度快，但导通压降大，载流密度小。IGBT综合了以上两种器件的优点，驱动功率小而饱和压降低。在汽车上非常适合应用于600V及以上的直流变换系统，如永磁同步电机、变频器、开关电源、照明电路等。

半导体产业的基石是芯片材料，其核心材料按照历史进程分为第一代高纯硅材料、第二代化合物（砷化镓、磷化铟）材料。20世纪90年代后期，以碳化硅（SiC）、氮化镓（GaN）等新型半导体材料为代表的第四代功率器件逐步开始得到验证和应用。碳化硅因其优越的物理性能，包括高禁带宽度（意味着高击穿电场和高功率密度）、高电导率、高热导率，将是未来最被广泛使用的制作半导体芯片的基础材料。

在功率半导体的发展过程中，往往将一些常用的控制电路、扩展电路、保护电路，与不同类型功率半导体进行复合集成，比如MOS控制晶闸管（MOS Controlled Thyristor，MCT）、电子注入增强型栅极晶体管（Injection Enhanced Gate Transistor，IEGT）、集成式电力电子模块（Intergrated Power Electronics Modules，IPEM）、功率电子模块（Power Electric Building Block，PEBB）等等，以期发挥不同器件的优势或简化应用设计以便商业推广。不同功率半导体分类见表1-3。

表1-3　不同功率半导体分类

分类方式	类型	具体功率半导体器件
对电信号 可控程度	半控型	SCR
	全控型	GTO、GTR、MOSFET、IGBT
	不可控型	Power Diode
驱动信 号性质	电压驱动型	IGBT、MOSFET、SITH
	电流驱动型	SCR、GTO、GTR
有效信 号波形	脉冲触发型	SCR、GTO
	电子控制型	GTR、MOSFET、IGBT
载流电子参与到点情况	双极型器件	Power Diode、SCR、GTO、GTR、BSIT、BJT
	单极型器件	MOSFET、SIT
	复合型器件	MCT、IGBT、SITH和IGCT

目前全球的功率半导体器件主要由欧洲、美国、日本三个国家和地区提供，凭借先进的技术和生产制造工艺，以及领先的品质管理体系，这三个国家和地区的产品大约占据了全球70%的市场份额。而在需求端，全球约有40%的功率半导体器件产能被中国大陆所消耗，是全球最大的需求国。

3. 汽车芯片测试与标准

芯片在出厂之前，往往都要完成各种测试和验证。国际上通常使用ISO/TS16949标准和AEC系列标准作为集成电路进入汽车产业链的基本条件。AEC-Q100规定了7大类41项标准，如加速环境应力测试、加速生命周期模拟测试、分装组装完整性测试、晶片制造可靠性测试、电性验证测试、缺陷筛选测试、腔封装完整性测试等。由于汽车的使用环境比一般工业产品的使用环境更为恶劣，因此车规级芯片与工业级芯片有一些区别，比如工业级器件的工作温度一般为 –40 ~ 85℃，车规级器件则是 –40 ~ 125℃。汽车芯片标准体系如图 1-4 所示。

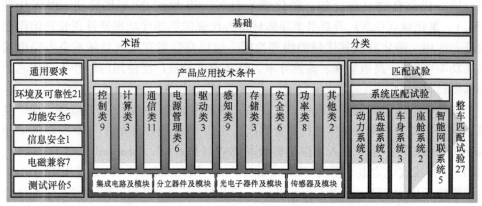

图 1-4　汽车芯片标准体系（来源：中国汽车芯片产业创新战略联盟）

上述提出的汽车芯片标准体系架构包括四大领域，分别为基础领域、通用要求领域、产品应用技术条件领域和匹配试验领域。每个领域又进行了细分，共 19 个细分领域。其中，基础领域分为术语定义和分类；通用领域分为，环境及可靠性、电磁兼容、功能安全、信息安全、测试评价；产品应用技术条件分为，控制、计算、通信、存储、电源管理、驱动、感知、安全、功率、其他 10 个细分领域，10 个细分领域下可根据具体芯片产品类型分为集成电路、分立器件、光电子、传感器 4 个技术方向；匹配试验领域分为，整车匹配和系统匹配两个细分领域，系统匹配又包含动力、底盘、车身、座舱、智能网联 5 个技术方向。

1.2.2　车载通信与总线技术

1. 导线传递信号的时代

汽车线束又被称为汽车神经，是汽车传送电气信号的载体，它由电线、接插件和外部包扎及其他器件组成。为了区分不同导线的功能，1937 年彩色汽车导线第一次被应用到汽车上。

这里以制动灯为例，说明在用导线传递信号的时代如何实现制动灯随制动踏板自动亮起的功能。制动灯（20 世纪 40 年代后期出现）及高位制动灯（20 世纪 60 年代后期出现）是陆续被发明和应用的电器，它能有效预警后方汽车前方车辆的状态，避免追尾事故。在图 1-5 中，ON 档位开关联通的时候表示车辆运行中，此时如果制动踏板踩下实施制动，开关闭合，那么制动灯亮起。由于档位 ON 开关、制动开关、制动灯分别位于仪表台前侧、乘员舱底部、整车尾部外侧及发动机舱内，为了完成该功能，需要用到四根导线及至少 4 个接插件（当然还没考虑电器盒、熔丝等)。

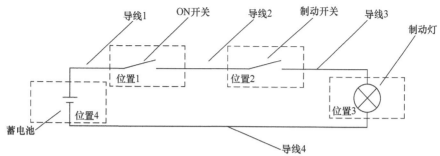

图1-5 制动开关与制动灯开关的连线示意图

电器之间在功能上或工作状态上往往存在着各种关系,比如联动关系、制约关系、互斥关系等等。通过导线的连接、分配器和继电器等电器来实现"与""或""非"等各种逻辑,完成电器之间的相互协调工作。

由于新电器、新应用的出现,从20世纪80年代开始,汽车内部线束数量开始出现跳跃式增长。据估计,在2000年一辆高档汽车已经拥有多达400多个接插件和多达3000个接线端子,一辆普通高档汽车其电缆总长度达到了1500~2000m。Gabriel统计了自汽车发明以来至2000年车内平均使用连线总长度的增长,如图1-6所示。

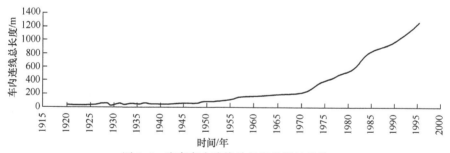

图1-6 汽车车内连线总长度的增长趋势

汽车导线和接插件经常引起失效故障,据德国一家研究机构统计,车上电气系统30%~60%的失效源于线束中的接插件。

2. 早期的多路复用技术

多路复用技术(Multiplexing Technology)的目的就是用一条信号通道传递多个信号,代替以前使用导线来传递信号的方式,也称为车载总线技术。车载总线技术开发与应用的早期,各个汽车生产厂家并没有遵循统一的标准,而是各自独立开发。如二十世纪八、九十年代,各个汽车厂家以不同的定义和规格,各自发展出如图1-7所示的车载通信技术。由于早期的车载总线技术互不兼容,极大地制约了技术的普及和推广。

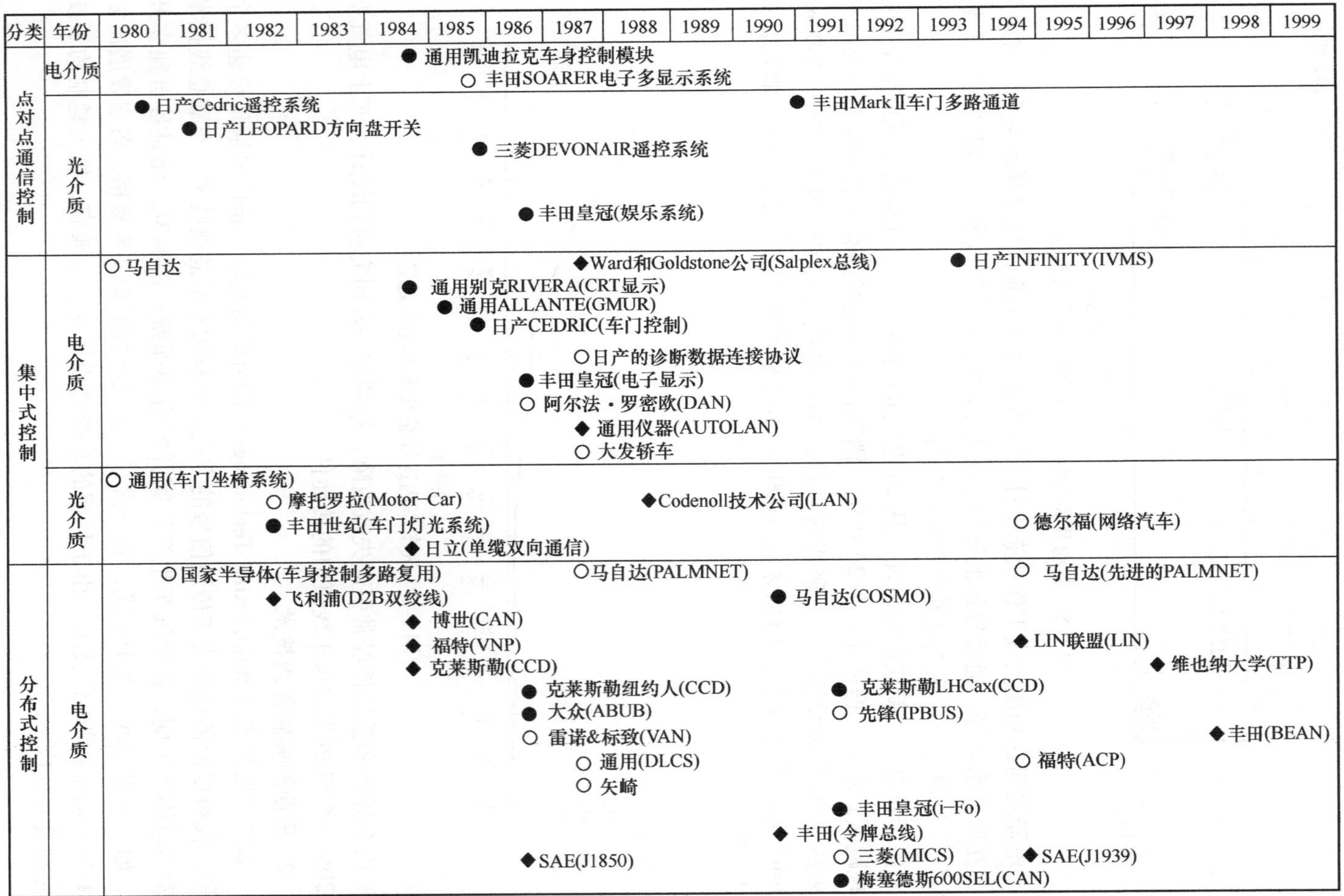

分类			1980	1981	1982	1983	1984	1985	1986	1987	1988	1989	1990	1991	1992	1993	1994	1995	1996	1997	1998	1999
点对点通信控制	电介质			○日产Cedric遥控系统						●通用凯迪拉克车身控制模块												
	光介质					○日产LEOPARD方向盘开关			●丰田SOARER电子车身多路显示系统				●丰田Mark II车门多路通道									
集中式控制	电介质		○马自达								●三菱DEVONAIR遥控系统 ●丰田皇冠(娱乐系统)		●通用别克RIVERA(CRT显示) ●通用ALLANTE(GMUR) ●日产CEDRIC(车门控制) ○日产的诊断数据连接协议 ○阿尔法·罗密欧(AUTOLAN) ●通用仪器(电子显示) ○大发轿车				●日产INFINITY(IVMS)						
	光介质												●Ward和Goldstone公司(Salplex总线)										
分布式控制	电介质		○通用(车门坐椅系统)			●摩托罗拉(Motor-Car) ●丰田世纪(车门灯光系统) ○日立(单缆双向通信)		●飞利浦(D2B双绞线) ●博世(CAN) ●福特(VNP) ●克莱斯勒(CCD)			●克莱斯勒纽约人(CCD) ●大众(ABUB) ●雷诺&标致(VAN) ●通用(DLCS) ○矢崎 ○SAE(J1850)			●马自达(COSMO)		●克莱斯勒LHCax(CCD) ●先锋(IPBUS) ●丰田皇冠(i-Fo) ●三菱(MICS) ●梅塞德斯600SEL(CAN)			●马自达(先进的PALMNET)	●LIN联盟(LIN) ●福特(ACP) ●SAE(J1939)		●维也纳大学(TTP) ●丰田(BEAN)	
	光介质					●国家半导体依车身控制多路复用					◆Codenoll技术公司(LAN)						●德尔福(网络汽车)					

注：○实验系 ●已经投产的系统 ◆网络协议或标准

图1-7 车载总线技术的早期（二十世纪八、九十年代）发展过程

这其中比较著名的有博世公司的 CAN 总线、美国汽车工程师协会制定的 J1850 总线、国际标准组织制定的 VAN 总线、飞利浦公司的 D2B 总线、LIN 协会的 LIN 总线等多种总线标准。为方便研究和设计使用，美国汽车工程师协会将车载总线根据速率划分为 A、B、C 三类，如表 1-4 所示。

表 1-4 汽车总线划分

类别	应用对象	位速率（bit/s）	应用范围
A	传感器执行器	1～10k	灯光照明、电动车窗、座椅调节等
B	数据共享	10～125k	车载信息、仪表显示、故障诊断
C	高速实时控制	125k～1M	发动机管理控制、动力系统控制

3. 低速总线技术

A 类总线的特点是电磁兼容性较好、成本低，主要包括通用汽车公司制定的 UART 总线、原克莱斯勒公司制定的 CCD 总线、丰田公司的 BEAN 总线、福特公司的 ACP 和 UBP 总线以及维也纳工业大学制定的 TTP/A 总线。

LIN 是 1999 年由 LIN 协会共同努力下推出的，用于汽车分布式电控系统的开放式的低成本串行通信标准。LIN 是一种基于 UART 的数据格式、主从结构的单线 12V 的总线通信系统，主要用于智能传感器和执行器的串行通信。2001 年梅赛德斯 - 奔驰公司率先在 SL 级轿车上使用了 LIN 总线，LIN 总线事实上已成为 A 类网络的主流。

4. 中速总线技术

B 类总线具有中等速率的数据传输能力以及较好的电磁兼容性，包括美国汽车制造商采用的 J1850 总线、欧洲雷诺、标致公司采用的 VAN 总线和低速 CAN 总线等。SAE 的 J1850 总线有 41.6kbit/s 双线差分脉宽调制和 10.4kbit/s 单线可变脉冲宽度两种类型，总线最长可达 35m，驱动 32 个节点，主要用于故障诊断和车载信息共享，被用在美国福特公司、通用公司以及克莱斯勒公司的汽车中。1994 年 SAE 正式将 J1850 作为 B 类网络标准协议。但 J1850 并不是一个单一标准，福特公司采用的 J1850 标准，其物理层与通用公司和克莱斯勒公司使用的不同，而通用公司和克莱斯勒公司在相同的物理层上又使用不同的数据帧格式。CAN 总线是德国博世公司从 20 世纪 80 年代初为解决现代汽车中众多的控制与测试仪器之间的数据交换而开发的一种串行数据通信协议。它是一种多主总线，通信介质可以是双绞线、同轴电缆或光导纤维，通信速率可达 1Mbit/s。1991 年博世公司正式颁布了 CAN 技术规范。1993 年 11 月 ISO 正式颁布了 ISO11898，为 CAN 的标准化、规范化铺平了道路。此后，越来越多的北美和日本汽车公司也开始采用 CAN。1994 年美国汽车工程师协会货车和大客车控制通信协会选择 CAN 作为 SAEJ1939 标准的基础。低速 CAN 还发展出一种具有容错功能的协议规范，在汽车应用中可靠性大大增加。由于 CAN 总线具有诸多的优点，它已经成为 B 类和 C 类网络的主流和标准。

5. 高速总线技术

C 类标准主要用于与汽车安全相关、实时性要求比较高的地方，如传动系统、动力系统，所以其传输速率比较高，通常在 125kbit/s 到 1Mbit/s 之间。C 类网络中的主要协议包括高速 CAN（ISO11898-2）、TTP/C、FlexRay、ByteFlight、车载以太网等协议。

TTP/C 协议由维也纳工业大学研发，基于 TDMA 的访问方式。TTP/C 是一个应用于分布式实时控制系统的完整的通信协议，它能够支持多种的容错策略，提供了容错的时间同步以及广泛的错误检测机制，同时还提供了节点的恢复和再整合功能。其采用光纤传输的工程化样品速度将达到 25Mbit/s。TTP/C 支持时间和事件触发的数据传输。

FlexRay 是宝马、梅赛德斯-奔驰、Motorola 和 Philips 等公司制定的功能强大的通信网络协议，基于 FTDMA 的确定性访问方式，具有容错功能及确定的通信传输时间，同时支持事件触发与时间触发通信，具备高速率通信能力。FlexRay 采用冗余备份的办法，对高速设备可以采用点对点方式连接，构成星型结构，对低速网络可以采用类似 CAN 总线的方式连接。

ByteFlight 是由宝马主导推出的高速数据传输协议，其位数率高达 10Mbit/s 数据更新率可达 4kHz。为了抑制电磁干扰，ByteFlight 采用了光缆作为传输媒介。ByteFlight 主要是面向安全气囊系统的网络通信，还可用于 X-by-Wire 系统的通信和控制。

车载以太网初衷是希望满足汽车行业对带宽、延迟、同步、干扰、安全性和网络管理等方面的要求，是近几年流行起来的一种车用有线通信网络。最早在 2004 年宝马公司考虑采用博通公司（Broadcom）的以太网技术，并于 2008 年在宝马 7 系上成功量产，其中关键点在于博通公司的单对非屏蔽以太网全双工技术，保证 EMC 测试全部成功。2013 年 BroadR-Reach 技术成功在宝马环视系统中应用。近年来，由著名汽车整车厂与供应商组成的 OPENAlliance SIG 相继发布了 TC8（车载以太网 ECU 测试规范），以及 TC10（车载以太网休眠唤醒规范）。

6. 车载总线协议结构

相对于 CAN 的 3 层结构（物理层、数据链路层和应用层），车载以太网协议是一组具有 5 层结构的协议系统，从下到上分别是物理层、数据链路层、网络层、传输层、应用层。5 层结构对应于 OSI 参考模型，并且提供了各种协议框架下形成的协议簇及高层应用程序，区别于传统以太网，车载以太网的协议架构如图 1-8 所示。

以太网的物理层（BroadR-Reach，Layer1）采用差分电压实现，单对双绞线可实现 100Mbit/s 通信速率，因为传输速率高，对物理层一致性测试要求更严格。

数据链路层（MAC + VLAN Layer）为标准以太网数据链路及虚拟局域网控制

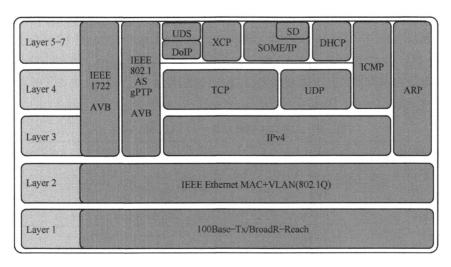

图 1-8 车载以太网的协议架构

协议，数据链路层可细分为逻辑链接控制（Logic Link Control，LLC）以及媒介访问控制（Media Access Control，MAC）两个层级。此两层级定义与作用如下：LLC层负责向上层提供服务，管理数据链路通信，链接寻址定义等，与所用物理介质没有关系；MAC 层负责数据帧的封装，总线访问方式，寻址方式以及差错控制等，MAC 层的存在则可以使得上层软件与所用物理链路完全隔离，保证了 MAC 层的统一性。其中 LLC 子层的服务在 IEEE 802.2 LAN 协议中有所定义，MAC 层的主要功能则在 IEEE 802.3 中有定义，并采用 CSMA/CD 访问控制方式，一般 MAC 层协议在俗称的"网卡"中实现，MAC 层完整的帧格式如图 1-9 所示。

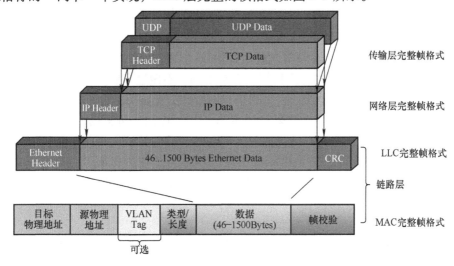

图 1-9 以太网的 5 层结构的帧结构

特别说明一下，如图1-9所示，"VLAN Tag"字段可选，当没有VLAN Flag则为基本MAC帧，当存在该字段时，则为VLAN MAC帧，即MAC帧可分为基本MAC帧（无VLAN）和标记MAC帧（包括VLAN）两种。其中"类型"字段通常可以为以下几种类型，且该类型列表由IEEE组织来维护，表1-5列举了车载以太网领域常用的Ethernet Type。

表1-5 车载以太网领域常用的Ethernet Type

应用领域	Ethernet Type	协议
通用	0×0800	IPV4
	0×86DD	IPV6
	0×8100	Adressing Resolution Protocol
	0×9100	VLAN Single Tag
	0×88F5	VLAN Double Tag
AVB	0×22F0	IEEE 1722
	0×88F7	gPTP网络
	0×22EA	Multiple Stream Reservation Protocal
V2X	0×88DC	Wave Short Message Protocal
802.3	0×0 - 0×05DC	IEEE 89

网络层就是IP协议所在的层级，IP协议可以分为IPV4以及IPV6，常用的主要是IPV4，IP协议的主要作用就是基于IP地址转发分包数据。同时IP也是一种分组交换协议，但是IP却不具备自动重发机制，即使数据没有达到目的地也不会进行重发，所以IP协议属于非可靠性协议。车载以太网主要使用IPV4协议，同时由于该协议也属于传统以太网范畴，所以不会对该模块做过多细节性阐述。

传输层还是基于TCP/IP协议簇，主要负责主机到主机之间的端到端通信。TCP/IP两个关键的传输协议为用户数据报协议（UDP）和传输控制协议（TCP），TCP/UDP作为传统以太网的标准协议，在这里同样不做过多展开。

传输层之上是应用层协议，它是用户与网络的交互界面，负责处理网络特定的细节信息覆盖了OSI参考模型的第5层至第7层。应用层可根据用户需求为用户提供多种应用协议，如超文本传输协议（HTTP）、通信控制（SOME/IP）、服务发现（Service Discovery）、动态主机配置协议（DHCP）、流媒体服务（Stream Media Service）、设备发现、连接管理和控制协议（IEEE 1722.1 AVDECC）等。

1.2.3 传感器技术

传感器（Sensor）往往又被称为换能器，其功用是把其他信息转换为电信号。它通常由敏感元件和转换元件组成，能将检测感受到的信息，按一定规律变换成为电信号输出，以满足信息的传输、处理、存储、显示、记录和控制等要求。早期的测量仪器中有传感器，只不过是以整套仪器中一个部件的形式出现。

汽车传感器的发展也经历了三个阶段。第一代是结构型传感器，它利用结构参量变化来感受和转化信号，例如油量传感器，它是利用一个浮子和滑动变阻器结构将液位信号转换为电信号。第二代传感器是 20 世纪 70 年代开始发展起来的固体传感器，这种传感器由半导体、电介质、磁性材料等固体元件构成，是利用材料某些特性制成的。如：利用热电效应、霍尔效应、光电效应，分别制成热电偶传感器、霍尔传感器、光电传感器等。第三代传感器是 90 年代发展起来的智能传感器。所谓智能传感器是指其对外界信息具有一定检测、自诊断、数据处理以及自适应能力，是微型计算机技术与检测技术相结合的产物。

可以简单地将传感器划分为物理传感器、化学传感器和生物传感器等几大类别。物理传感器应用的是物理效应，将被测信号量的微小变化转换成电信号，诸如压电效应，磁致伸缩现象，离化、极化、热电、光电、磁电等效应，在汽车电子控制领域，大部分都是该类型的传感器。化学传感器则是以化学吸附、电化学反应等现象为因果关系的传感器。近年来，氢浓度、氧浓度、冷却液离子浓度等物理量的测量为该种类型传感器。

根据传感器的检测信息来分可分为声敏、光敏、热敏、力敏、磁敏、气敏、湿敏、压敏、离子敏和射线敏等传感器；按照供电方式可分为有源或无源传感器；按其输出信号可分为模拟量输出、数字量输出和开关量传感器；按传感器使用的材料可分为半导体、晶体、陶瓷、有机复合材料、金属、高分子材料、超导材料、光纤、纳米材料等传感器；按能量转换可分为能量转换型传感器和能量控制型传感器；按照其制造工艺，可分为机械加工工艺、复合与集成工艺、薄膜厚膜工艺、陶瓷烧结工艺、MEMS 工艺、电化学工艺等类型传感器。

车载摄像头、毫米波雷达和激光雷达是智能网联汽车关键传感器，环境感知是实现自动驾驶前提；有了"车路协同"之后通过路边设备（Road Side Unit）获得的实时交通信息，交通系统中的感知设备也可以看作是智能网联汽车的扩展传感器。

1.2.4 软件工程技术

在汽车电气系统中引入嵌入式控制之后，汽车软件便开始了它的演化之旅。整车电子系统软件占比持续增大。有报告指出，2010 年主流车型电子软件约含 1000 万源代码行数，而 2016 年则达到约 1.5 亿行。2018 年软件约占 D 级车或大型乘用车整车价值超过 10%；整车技术与工程核心正从传统硬件层面转移到软件，据预测软件创新将占未来汽车创新的 90% 左右。另据摩根士丹利估算，未来软件价值占比将达到 60% 左右。

1. 面向数据和过程的开发方法

早期的软件代码设计经常需要考虑计算机硬件的特性，开发前期一般采用模块化设计来处理功能和架构，后期实施阶段采用结构化设计方法来实现代码。20 世纪 50 年代末诞生的高级程序设计语言在很大程度上提高了软件的开发效率。

模块化设计就是要把软件系统的需求和功能对应到软件系统的各个组成部分，这些组成部分称为模块。模块化是指把软件系统划分成独立命名和可独立访问的单元，每个单元完成一个子功能，将它们集成到一起满足软件的整体功能需求。实现模块化的手段是抽象和信息隐蔽，模块化方法强调模块独立性，模块独立是指开发具有独立功能并且与其他模块之间没有过多相互作用的模块，模块独立的意义在于功能分割、简化接口、易于测试和维护、易于多人合作开发同一系统。

结构化程序设计关注软件详细设计阶段的程序过程描述。1968 年，Dijkstra 提出了程序中无条件转移语句（goto）有害的观点，从而引起了大范围的学术讨论。经过讨论，人们得到共识：goto 语句使得程序的静态结构与程序的动态执行不一致，从而使得程序难以理解和调试。在此基础上，进一步形成了结构化程序设计的主要思想。结构化程序设计的主要思想是使用（仅使用）顺序、选择和重复这 3 种结构表示程序过程。由于这 3 种结构具有单入口和单出口特性，因而能够降低程序的复杂性，易于程序理解和维护，提高了可靠性。

2. 面向对象的编程方法

面向对象的编程方法（Object Oriented Programming，OOP）通过一组对象的交互来完成系统的功能对象是数据及其所允许操作的封装体，是应用领域现实实体的软件抽象，面向对象的软件构造乃是基于系统所操作之对象类型，而非系统需实现之功能，来架构系统的途径。面向对象方法的实施步骤包含了面向对象分析、面向对象设计和面向对象实现等。

在应对需求复杂性方面，面向对象的软件开发方法通过建立与现实世界中的实体、概念、关系和结构直接对应的软件抽象来刻画需求，并支持该软件抽象在需求、设计、实现之间的无缝过渡，有助于弥合问题空间与解空间之间的语义鸿沟。在应对需求变化方面，结构化方法下功能的变化将导致如此设计的系统结构发生较大的变化而应用领域的概念和结构远比应用功能更稳定因此，较之结构化方法，面向对象方法开发的软件具有更好的结构稳定性、可修改性和可复用性。

3. 面向复用的构件化开发方法

长期以来，复用性一直是软件技术和产业发展的重要关注点，软件复用不仅能够提高开发效率，而且由于使用得越多就越容易发现错误，所以能够保障质量。汇编语言的子程序（Subroutine）、结构化程序语言的函数（Function）以及面向对象语言的类（Class）都是可以复用的基本构件。然而体系化的软件复用则要求将软件复用全过程、全技术紧密结合的开发过程，使软件复用从早期的关注代码复用逐步发展到基于复用的软件开发全过程。

构件是指软件系统中具有相对独立功能、可以明确辨识、接口由契约指定、与语境有明显依赖关系、可独立部署且多由第三方提供的可组装软件实体。基于构件的软件开发方法（Component based software development）便是一种典型的软件复用开发方法。基于构件的软件开发将软件的生产模式从传统的软件编码工作，转换为以软件构件为基础的系统集成和组装软件，构件充当基本复用对象的角色，软件构件技术是软件复用技术的核心和基础。

软件复用的基本单元从程序代码开始，发展到了面向对象的类以及封装的构件，包括运行态的构件（如 CORBA、EJB 等分布式运行构件）。21 世纪开始的网络服务（Web Service）提供了互联网上可访问的服务实体，这使得软件复用的方法扩展到了互联网的实体中。针对 Web 服务的选择、服务质量（QoS）预测和服务组装的研究，成为软件复用领域的技术和应用新扩展。

4. 面向模型的软件开发方法

伴随着工业信息化和消费电子行业（汽车电子也属于消费类电子）进程的迅猛发展，软件的复杂度在不断提高同时，其演进形态也日益多样化。在这种情况下，如何有效地解决功能、效率、复用、可靠之间的问题，成为学术和工业界共同关注的焦点。模型驱动方法正是在这样的背景下逐渐受到重视，被认为是可以应对"高效、低成本地开发优质软件"的一条有效途径。而这一认识也伴随着实践不断得到深化，经历了从统一建模语言（Unified Modeling Language，UML）到模型驱动架构（Model Driven Architecture，MDA）、从模型驱动架构到模型驱动工程（Model Driven Engineering，MDE）再到基于模型的开发过程（Model Based Development，MBD）。

在汽车嵌入式系统领域，面向模型的软件开发得到了极大的应用。一方面面向车辆的嵌入式控制算法（闭环系统）要严格遵循被控对象（如汽车动力系统、底盘系统、转向系统等）的特性，另一方面面向驾驶员的舒适性系统（开环系统）也是以驾驶员偏好统计、行为、个性化配置等为目标，具有模型特性。

5. 服务化软件开发方法

随着以互联网为主干，电信网、移动网、传感网等多种网络正在不断渗透融合，软件的运行环境正在逐步从静态、封闭、固定的单计算机环境转变为动态、开放、多变的网络环境。为了应对网络环境中各类分布式资源的共享、集成和协同，软件服务得到了广泛关注。

软件服务是指将软件的功能以服务的形式通过互联网来交付，可以被使用者（最终用户或者第三方客户端程序）直接使用的独立的基本单元。就其形态而言，软件服务一般基于可共享和集成的应用系统和资源来构建，对外则表现为一组相对独立的业务功能单元（通常是可供外部直接调用的应用编程接口，即 API）；软件服务的另外一个重要目标是屏蔽开放网络环境带来的异构性问题。在汽车电子电气架构中，本地的传感器网络、局域控制器网络、视频媒体网络等都存在异构性问题，从软件工程的角度来看，有较高的抽象级别和独立性的软件服务之间能够成为较为松散的耦合关系，从而使得汽车软件工程师可以灵活选择服务并进行组装来生成增值服务。软件服务不仅改变了智能网联环境下汽车的产品形态，也正在逐步改变汽车的交付方式，使得汽车产业开始从"以产品为中心的制造业"向"以用户为中心的服务业"转变。

在 21 世纪前十年，软件服务开始成为研究和应用的热点，其代表为面向服务的软件体系结构（Service Oriented Architecture，SOA）及其主要的实现工具 Web 服务技术。"软件定义汽车（Software Defined Vehicles，SDV）即是从互联网软件工程出发，重新定义汽车研发和生产的一种商业概念。

基于 SOA 方法的智能网联汽车软件架构及代码分层设计如图 1-10 所示，从下至上分别为基础底层功能管理、物理层功能管理、车辆控制服务、面向用户的应用服务和云端远程管理。

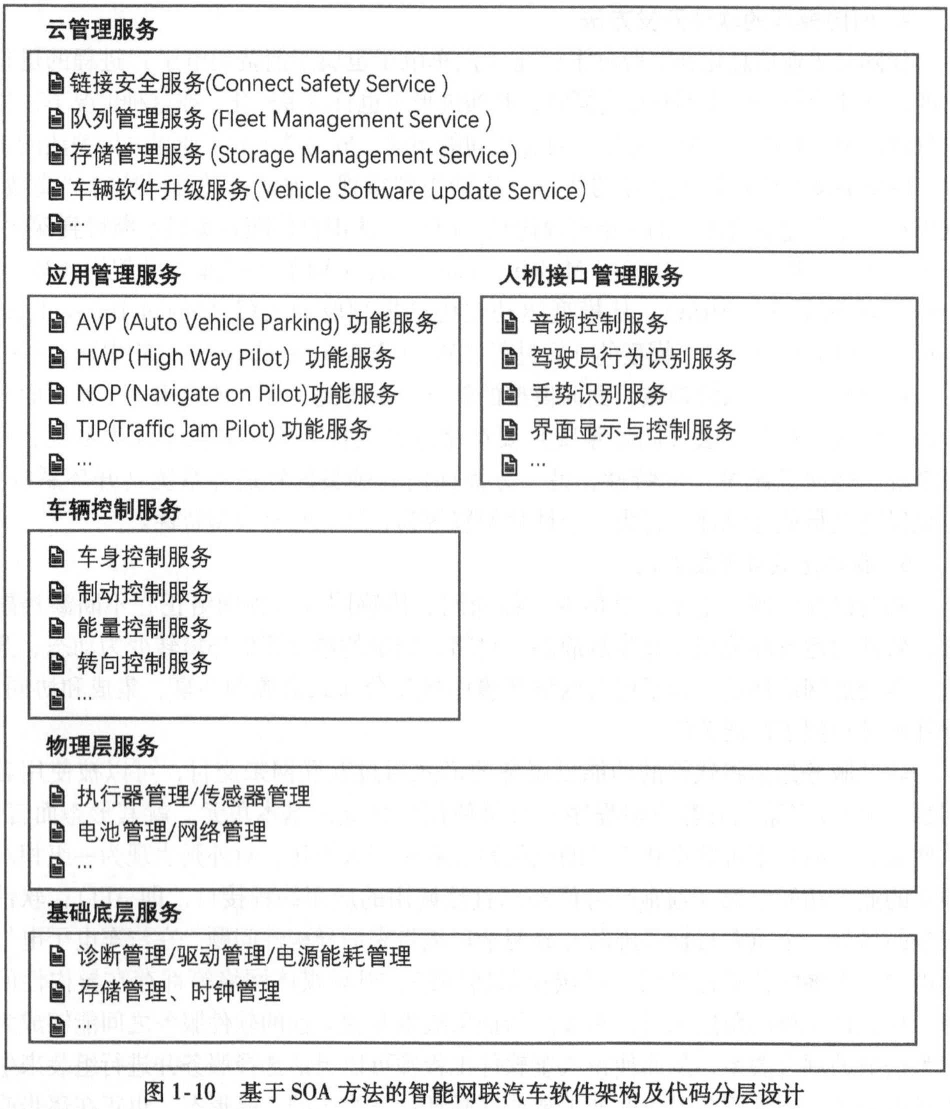

```
云管理服务
  链接安全服务(Connect Safety Service)
  队列管理服务(Fleet Management Service)
  存储管理服务(Storage Management Service)
  车辆软件升级服务(Vehicle Software update Service)
  …

应用管理服务                          人机接口管理服务
  AVP (Auto Vehicle Parking) 功能服务    音频控制服务
  HWP (High Way Pilot) 功能服务          驾驶员行为识别服务
  NOP (Navigate on Pilot)功能服务        手势识别服务
  TJP(Traffic Jam Pilot) 功能服务        界面显示与控制服务
  …                                    …

车辆控制服务
  车身控制服务
  制动控制服务
  能量控制服务
  转向控制服务
  …

物理层服务
  执行器管理/传感器管理
  电池管理/网络管理
  …

基础底层服务
  诊断管理/驱动管理/电源能耗管理
  存储管理、时钟管理
  …
```

图 1-10　基于 SOA 方法的智能网联汽车软件架构及代码分层设计

底层驱动功能管理用于实现包含诊断、日志记录、存储管理、驱动管理等相关功能。

物理层功能管理主要是设置I/O接口将原始传感器数据进行输入,同时也是执行到车端的控制单元(如电机、制动卡钳等);

车辆控制服务包含上层高级辅助驾驶系统(ADAS)发送的执行指令到控制执行器执行该指令的相应ECU(如VCU、HCU或ESP),该车辆控制服务是综合考虑了车身稳定性与动力学反馈模型得出的。

应用层服务就是智能驾驶面向用户级别的顶层开发功能,主要用于实现常规的智能驾驶功能,比如HWP、NOP、TJP以及ALC等。

云端管理服务主要是面向远程监控、大数据存储等特殊场景。通常该服务需要基于4G/5G网络进行远程连接。

人机交互管理功能,一般是针对不同的车型呈现出不同的模式的,因此,这一块一般是独立于SOA的功能架构。SOA通常只涉及底层对车辆控制逻辑,对于平台化车型功能开发来说,这一块是无法为用户所感知的。而HMI的显示设置则是用户能够真切感知和控制的,因此,不同车型肯定有极大的不同之处。从协议上分析不难看出,SOA内部的网络架构一般是基于以太网为基础的交互方式,采用Some/ip的协议进行通信控制。而如果在平台化车型的开发过程中,HMI这一块的通常仍然按照原始CAN/CANFD信号模式的通信协议进行交互控制。这么做的原因是,智能驾驶的HMI行为比核心应用功能更容易改变,特别是在不同车型开发后期通常会选择不同的显示和交互方式。同时,由于开发核心软件和HMI设计需要不同的能力技能,因此,将HMI功能与其他应用层软件功能分离,为了实现这一点,一般需要使用Model - View - Controller,用户输入由Controller处理,Controller用于解释用户的意图并操作模型。

6. 未来面向智能网联环境汽车软件工程方法探索

随着物联网、云计算、大数据、智慧交通、数字城市等概念从设想提出到工程方案落地,车辆作为交通大环境中的元素,不可逆转地要接收越来越多的来自外部环境的信息、并受外部环境约束与调控。

汽车软件的应用方式从经典封闭应用模式经过分布式、模块化、普适化与服务化,将逐步接受x-计算(如网格计算、云计算、服务计算、边缘计算等)、x-系统(如嵌入式系统、混合系统、物联系统等)及x-数据(实时数据、大数据、超大数据等)为代表的多样化开放式应用模式,其设计方法如自适应软件系统、面向代理的软件开发、面向物联网的程序设计、自组织系统程序设计等等。

1.3 汽车电子电气架构的演变

早期(一般认为是1970年以前、用导线传递信号的时代)汽车电气系统发展,车上只有照明、充电、起动、点火系统等几个功能相对简单的电气回路。这种由导线将电器从一个接插件的针脚（Point）到另一个接插件针脚（Point）连起来的电气系统成为"点对点"连接式系统。随着汽车功能要求越来越多，电器间的协调工作关系越来越多，基于导线的协调控制方式会使得整车线束大大增加，且协调控制不灵活；电器之间的协调关系不断升级和变化，电器之间的这种依赖性往往需要系统进行重新设计。

汽车电子电器系统结构的演化与发展创新，其典型的结构是从点对点连接式架构、集中式控制架构和分布式架构，如图1-11a～c所示。

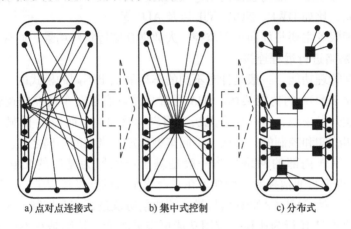

a) 点对点连接式　　　b) 集中式控制　　　c) 分布式

图1-11　从点对点连接式电气系统到分布式控制系统

下面几个小节中，作者将针对不同时期的主流汽车电子电气架构形态做一些分析和说明，所谓"集中式""分布式"等分类和称呼有些时候并不十分严格，读者在阅读和理解这些概念的时候需要注意。

1.3.1　集中式控制架构

既然"点对点"系统中用导线传递信号有诸多弊端，那么我们采用一个控制器，作为整车协调逻辑的中枢，即传感器的信号首先全部进入到这个中央的控制器，做完逻辑协调和控制运算之后将指令发送给执行器，完成整车层面所有功能，这被称为集中式控制架构。

1979年博世开始生产集电控点火和电子燃料喷射于一体的Motronic数字式发动机控制系统，是今天真正意义上的电子控制系统的雏形，也出现了今天我们熟悉的电子控制单元（Electrical Control Unit，ECU）。1981年宝马开始采用车载计算机技术；1981年用于安装到普通车辆的ABS系统开始生产；1983年奥斯汀·罗孚（Austin Rover）第一次采用有语音功能的仪表板。到了20世纪80年代中期，一些具有代表性的电子控制系统开始应用，比如发动机控制系统、制动防抱死控制系统、电子车身稳定性控制系统等，这些都可以看作是集中式控制架构的代表，系统和系统之间往往是没有联系、没有信号传递的。

1.3.2 分布式控制架构

20 世纪 90 年代初期，CAN 总线通信技术首先用在梅赛德斯汽车上得到应用，使得各个 ECU 之间能够进行实时的信息交换，使得整个电子电气架构出现了质的变化。

各个 ECU 之间通过总线连接在一起，通过厂商预先定义好的通信协议交换信息。因此这个时期的汽车电子电气架构也称为"分布式 EEA 架构"。在分布式 EEA 下，ECU 通常都是特定于某个功能的，因此整车 ECU 数量很多。此时，ECU 之间的通信能力是非常受限的，一般是根据需要通过传统的 CAN 或 FlexRay 等低速总线来在需要协同的 ECU 之间进行点对点的通信。

一般而言，功能相仿、逻辑依赖性强或空间位置相近的 ECU 组成独立的内部网络，各个 ECU 之间通过本域的局部网络来进行协同合作。各网络一般是互相独立的，即域和域之间的通信功能非常有限，只是根据需要通过传统的 CAN 或 FlexRay 等低速总线进行跨域通信。

汽车中央网关的加入使得功能模块之间数据通信变得更为容易。网关通过整合不同总线和网络的数据进行跨总线数据交换，比如：CAN、LIN、FlexRay 和 MOST 等。汽车中央网关承担不同总线类型之间的协议转换工作，并参与各网段网络管理；根据实际需求路由信号和消息控制路由时序。从而实现不同模块和功能之间通信。如图 1-12 所示。

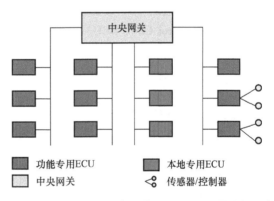

图 1-12 分布式电子电气架构对 ECU 进行模块化整合

在汽车智能化、网联化的发展趋势下，这种分布式 EEA 也日益暴露诸多问题和挑战。

1) 总线的线束长度与重量问题。随着汽车功能的日益增加，每辆汽车搭载的 ECU 数量也逐年增加。据统计，近些年生产的汽车中平均每辆车搭载的 ECU 数量可达 30 个左右，而一些高端的车型这一数量甚至会超过 100 个。ECU 数量越多，总线的线束长度必将越长，相应地总线的线束重量也必将大大增加。2000 年奔驰 S 级轿车的电子系统已经拥有 80 个 ECU，1900 条总长度达 4km 的通信总线。2007 年上市的奥迪 Q7 和保时捷卡宴的总线长度则已经突破 6km，总重量超过 70kg，基本是位列发动机之后的全车第二重的部件。

2) 系统复杂度已接近极限。这一时期由于整车厂在技术竞争中落于下风，

ECU的数量不受控地剧增,整车的电子电气系统硬件和软件复杂度大大增加,从而导致整个系统缺乏"灵活性(Flexibility)"和"可扩展性(Scalability)"。在这样复杂的系统中,增加一项新功能往往会引起整个系统中好多个环节的软硬件变更。这极大地制约了汽车功能的开发和升级。

3)通信带宽无法满足信息传递要求。汽车不断增加的传感器数量,也使得车载内部网络通信的数据量呈几何级数激增。以单个传感器的数据传输量测算,如辅助驾驶系统的雷达和摄像头各自产生的数据量都超过了100Mbyte/s。以一台配备有五个雷达传感器和两个摄像头传感器的汽车为例,在采集和存储期间,需要管理大约1GByte/s的海量数据。因此,传统的FlexRay、LIN和CAN低速总线等已经无法提供所需的高带宽通信能力。

4)软硬件紧耦合。由于软件嵌入硬件,每个ECU都与某个具体功能紧紧绑定在一起,无法实现横跨多个ECU/传感器的复杂功能,也无法通过远程通信来持续更新汽车上的软件系统。

上述这些问题和挑战,在汽车三化的发展背景下是质量、成本和时间的天敌;要解决这一问题,最有效的办法就是将多个分散的小传感器集成为功能更强的单个传感器,将多个分散的ECU按照功能域划分,集成到一个运算能力更强大的域控制器(Domain Control Unit, DCU)中。这一思想直接开启了汽车电子电气架构从"分布式到域集中式,再到中央加区域集中式"的升级和进化序幕。

1.3.3 域集中式架构

对数量众多的ECU开启模块化整合。将功能类似的ECU整合成一个模块,这也是"功能域(Function Domain)"的前身。随着ECU模块化的深入,出现了集成度更高、性能更强的ECU,原本多个功能单一的ECU进而融合成单个功能更强大的ECU。如图1-13所示。

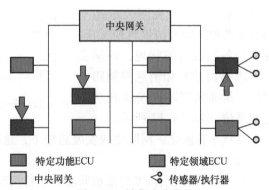

图1-13 域集中式架构

随着模块化程度和ECU功能集成度的更进一步提高,就出现了"功能域(Function Domain)"的概念,功能域的出现是"域集中式EEA(Domain Centralized EEA)"的标志。从软、硬件架构上来看,域集中式EEA最直观的表现就是有了"域控制器(Domain Control Unit, DCU)"来作为整个功能域的核心。所谓域控制器是指域主控硬件、操作系统、算法和应用软件等几部分组成的整个控制器的统称。

域主控处理器(Domain Host Processor)又是域控制器的大脑核心,通常由一个集成度更高、性能更强的处理器来担任。它一方面具备网关的协议转换功能,负责域局部的不同总线间的协议数据转换;另一方面由于它有更强的计算能力,因此它也会将本域中的其他 ECU 或者传感器所感知的信息都进行汇总处理和计算,再把结果发回给不同的执行器进行执行。如图 1-14 所示。

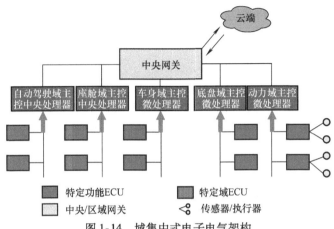

图 1-14 域集中式电子电气架构

在基于域控制器的域集中式 EEA 中,传感器、ECU 与功能特性不再是一对一的关系,也就意味着传感器与数据处理被分离开来。这点变化带来了诸多好处,包括:①集中式管理起来比较容易;②更高的集成度可以减少 ECU 的数量,平台的可扩展性也会更好;③在更强大的域主控处理器上可以运行更复杂的传感器融合算法,使得实现跨多个传感器的复杂功能成为可能。

对于功能域的具体划分,各汽车厂家会根据自身设计理念的不同,相应划分成几个不同的域。比如博世划分为 5 个域:动力域(Power Train)、底盘域(Chassis)、车身域(Body/Comfort)、座舱域(Cockpit/Infotainment)和自动驾驶域(ADAS)。这也就是最常见的五域集中式 EEA。

伴随着域主控处理器性能的进一步增强,对主处理器需求比较类似的多个不同功能域可以进一步融合成一个功能域,也即融合成"跨域集中式 EE 架构"。大众 MEB 平台则划分为三个域:自动驾驶域、智能座舱域和车身控制域,华为对域的划分也跟大众 MEB 类似。这种三域集中式 EEA 可以理解为在 5 域集中式架构进一步融合的结果。也就是把原本的动力域、底盘域和车身域融合为整车控制域。如图 1-15 所示。

域集中式 EEA 涉及的域控制器主要有 4 类,车控域控制器(Vehicle Domain Controller, VDC)、智能驾驶域控制器(ADAS/AD Domain Controller, ADC)、智能座舱域控制器(Cockpit Domain Controller, CDC)以及若干高性能网关,其中 VDC 负责整车控制,实时性安全性要求高;ADC 负责自动驾驶相关感知、规划、决策功能的实现;CDC 负责 HMI 交互和智能座舱相关(甚至整合 T-Box)功能的实现。

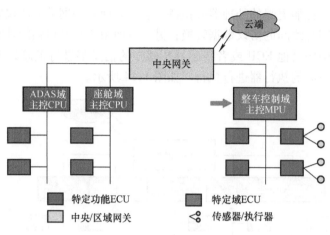

图 1-15 跨域集中式电子电气架构

1.3.4 中央集中式控制架构

随着功能域的深度融合，功能域（Function Domain）的概念反而将逐渐消失，域主控处理器演变为更加通用的计算平台，这就是车载"中央＋区域（Central & Zonal）EEA"，也称为"中央集中式 EEA（Vehicle Centralized EEA）"或者"区域 EEA（Zonal EEA）"。

多个车载中央计算机（Vehicle Central Computer，VCC）组成一个异构服务器集群，作为一个通用计算平台（General Computing Platform，GCP），提供整车所需的计算、存储、通信和管理能力。因此，车载 VCC 平台可以被看作是一个缩微版的数据中心服务器集群。

平台的每个区域又会有一个区域计算机（Zonal Control Unit，ZCU），这里的区域是指车内位置空间上的区域概念。ZCU 是整车计算系统中某个局部的感知、数据处理、控制与执行单元。它负责连接"整车中地理意义上某一个区域内"的传感器、执行器以及 ECU 等，并负责本区域内的传感器数据的初步计算和处理，它本身也具有网关的协议转换功能（因此也称为 Zonal Gateway），负责本区域内的网络协议转换。中央计算平台和区域计算平台都是功能域无关（Function Domain Independent）的通用计算平台，因此区域计算平台通常会支持各种常见的连接接口类型。

采用中央集中式的架构具有如下特征：

1）两级通信网络。时间敏感网络（Time Sensitive Network，TSN）以太网作为整车通信的主干网基础设施，要具备高带宽和实时通信，同时保证可靠性和容错操作特性；而在区域内，ZCU 与 ECU 之间、ZCU 与传感器之间的通信仍然采用诸如 CAN、CANFD 或 LIN 之类的中低速总线。

2)分级供电网络。一级配电网络(也就是骨干供电网络)有双电源保证供电冗余,它将电源输送到区域控制器 ZCU 节点。二级配电网络由区域控制器负责将电力继续向下输送到底层控制器,因此区域控制器需要具备电功率分配功能,以及电路保护功能。

1.3.5 汽车电子电气架构趋势

如果用电器和控制器的商来定义架构的一个分布指数 i,i 为 $0\sim1$ 之间的正实数,它能综合反映汽车电器系统中控制器相对于电器的控制水平和控制器的分布程度:分布指数越小,表明控制器所占比重越少,分布设计程度不高,反之则系统结构分布程度高。0 表示没有控制器,系统为点对点连接系统结构,1 表示全分布式电器系统结构,所有电器中均含有控制器。电子电气架构分布指数演进趋势如图 1-16 所示。

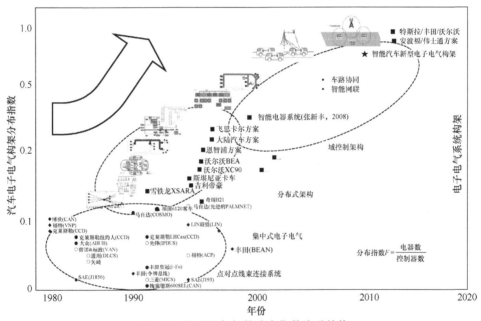

图 1-16 电子电气架构分布指数演进趋势

从点对点式连接系统到中央集中式构架,分布式 EEA 是"计算的分布式,供电的集中式";而中央+区域 EEA 就是"供电的分布式,计算的集中式",正好反过来。Zonal EEA 不仅能将计算资源集中,便于软硬件分离;也给整车各个控制器的电源管理带来很多想象力。而 ZCU 作为分级通信和分级供电的区域节点,在整个体系中扮演了非常关键的角色。

随着汽车智能化、网联化发展,汽车电子底层硬件不再是由单一功能的芯片实现简单的逻辑计算,而是需要提供更为强大的算力支持;软件也不再是基于某一固定硬件开发,而是要具备可移植、迭代和拓展的特性。智能化与网联共同推动了汽车电子气架构的变革：一方面是车内网络拓扑的优化高速网络的启用，另一方面是ECU的功能进一步标准化、集成化、模块化，如图1-17所示。

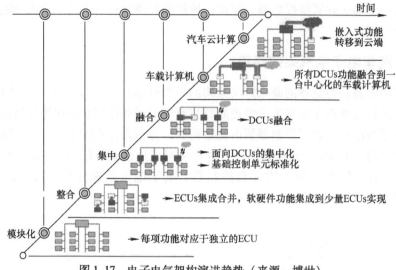

图1-17　电子电气架构演进趋势（来源：博世）

1.4　智能网联汽车

1.4.1　智能网联汽车发展历程

智能网联汽车是指搭载先进的车载传感器、控制器、执行器等装置，并融合现代通信与网络技术，实现车与X（车、路、人、云等）智能信息交换、共享，具备复杂环境感知、智能决策、协同控制等功能，可实现"安全、高效、舒适、节能"行驶，并最终可实现替代人来操作的新一代汽车，如图1-18所示。

从技术演变来看，欧、美、日自20世纪60年代开始，立足于智能交通大领域，分别从交通信息化、车辆智能化的角度进行了大量的研究，并已形成大量产业化成果。美日欧智能网联汽车发展由政府主导，起步较早，其发展尤其是网联化技术的研发，依托于智能交通系统的整体发展。在美国，它主要由联邦运输部（DOT）负责，并成立了ITS联合项目办公室（ITS-JPO），负责美国联邦公路管理局（FHWA）、美国联邦汽车运输安全管理局（FMCSA）、联邦运输管理局（FTA）、联邦铁路管理局（FRA）、美国国家公路交通安全管理局（NHTSA）、海事管理局（MARAD）的协同。1994年，日本政府成立了由建设省、运输省、警察厅、通产省、邮政省五省厅组成的联席会议，共同推进ITS的研发与应用，日本政府机构改革以后，目前由警察厅、总务省、经济产业省、国土交通省负责推进ITS工作。欧洲的ITS研究开发也是由官方（主要是欧盟）主导，同时，由于欧洲的

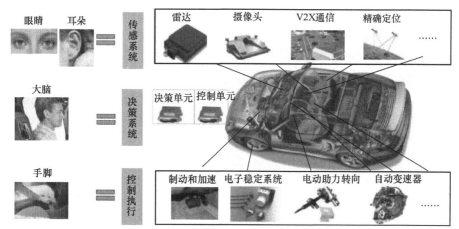

图 1-18 智能网联汽车的设计构想

大部分国家国土面积比较小,因此,ITS 的开发与应用与欧盟的交通运输一体化建设进程联系密切。

进入 21 世纪,随着无线通信技术、信息技术、汽车电子技术的快速进步,智能网联汽车作为未来智能交通系统的核心环节,受到美日欧政府的高度重视,相继出台了以车辆智能化、网联化为核心的发展战略。为推动自动驾驶车辆的应用和研究,NHTSA 于 2013 年发布了第一个关于自动驾驶汽车的政策《Preliminary Statement of Policy Concerning Automated Vehicles》。该政策制定了 NHTSA 在自动驾驶领域支持的研究方向,主要包含以下三个方面:①人为因素的研究;②系统性能需求开发;③电控系统安全性。

基于车 – 车、车 – 路通信的网联汽车已成为美国解决交通系统安全性、移动性、环境友好性的核心技术手段。美国 ITS 联合项目办公室目前正在推进的项目中,绝大部分都与网联化技术相关,涉及网联汽车的安全性应用研究、移动性应用研究、政策研究、网联汽车技术研究、网联汽车示范应用工程等多个维度。为了促进欧洲智能网联汽车的研究和开发,欧盟委员会于 2014 年启动的欧盟第八框架计划"Horizon 2020"也在进行中。Horizon 2020 项目在交通领域重点支持九个方向,其中道路、物流、智能交通系统都涉及智能网联汽车产业的相关领域。日本于 2005 年启动了"协同式车辆 – 道路系统(CVHS, Cooperative vehicle – highway systems)"的车载信息系统和路侧系统的集成开发和试验,称之为智能道路计划(Smart Way),成立了政府和企业共计 223 家公司和机构共同参加的开发联盟,将建立智能道路计划作为一项国家政策予以实施。智能道路计划的核心是通过先进的通信系统将道路和车辆连接为一个整体,车辆既是信息的应用者又是信息的提供者,道路拥堵信息和安全信息服务以及收费服务都通过集成化的车载终端完成。

从欧、美、日制定的战略情况来看,智能网联汽车将是未来 20 年交通领域最重要的技术变革,也是深刻影响汽车电子电气架构设计重要变量。

我国智能交通系统和自动驾驶技术发展比较晚，从 2011 年开始工业和信息化部连续多年发布物联网专项，智能网联汽车是其支持的重点领域之一；科技部在车路协同、车联网等方面已经进行了多个"863 计划"的国家立项和政策支持。交通部要求"两客一危"车辆和货运车辆必须安装符合规定的车联网终端并上报数据，在这方面已形成了全国联网的大型交通管理平台。当前我国汽车的智能化正在经历从驾驶辅助到完全自主驾驶的阶段，根据智能化等级和网联等级要求，我国将智能网联汽车的发展目标定位如图 1-19 所示。

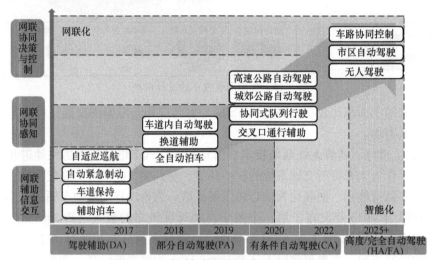

图 1-19 我国智能网联汽车的发展历程

从技术发展路径来说，智能汽车分为 3 个发展方向：自主式智能汽车、网联式智能汽车和智能网联汽车。在 L3 以下，自动驾驶是以单车智能为主导的，网联式自动驾驶在其中发挥的作用有限；在 L3 及以上更高级别的自动驾驶系统中，业内认为网联式自动驾驶可能将发挥比较重要的作用。

智能网联汽车的发展已经超越了传统汽车产业范畴，它与人工智能、信息通信、大数据、云计算、半导体等新技术和新兴产业跨界相连，构建起新的汽车产业生态，将带来汽车产业乃至智慧交通体系、人类出行方式的深刻变革。世界各国都在推动共性关键技术创新，给汽车产业装上智慧"引擎"；共同致力于建设"零排放、零伤亡、零障碍"以及智慧、低碳、高效、舒适、便捷的智能网联出行体系。

1.4.2 中国技术路线图

我国智能网联汽车以《中国制造 2025》重点领域技术路线图为基础，提出我国智能网联汽车的发展愿景包括：①安全，大幅降低交通事故和交通事故伤亡人数；②效率，显著提升交通效率；③节能减排，有效降低交通能源消耗和污染排放；④舒适和便捷，提高驾驶舒适性，解放驾驶员；⑤人性化，使老年人、残疾人等都拥有驾车出行的权利。

智能网联乘用车分阶段发展目标与里程碑如图 1-20 所示。

第1章 智能网联汽车的电子电气架构

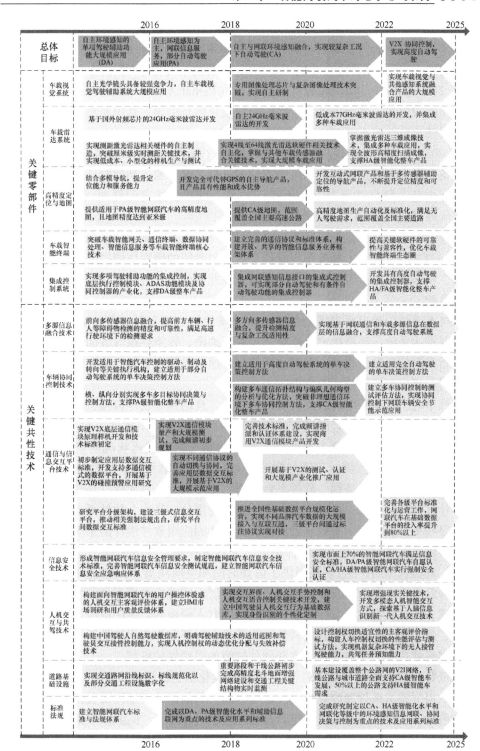

图 1-20 智能网联乘用车分段发展目标与里程碑

1）2016 年左右，实现驾驶辅助级（Driver Asistance，DA）智能化。通过自主环境感知实现单项的驾驶辅助功能，其中典型系统包括自动紧急制动（AEB）、车道保持辅助（LKA）、自适应巡航（ACC）、辅助泊车（PA）等；

2）2018 年左右，实现部分自动驾驶级（Partial Autonmous，PA）智能化。以自主环境感知为主，并能提供基于网联的智能化信息引导，其中典型系统包括车道内自动驾驶、自动泊车（AP）、换道辅助（LCA）等；

3）2022 年左右，实现有条件自动驾驶级（Conditional Autonmous，CA）智能化。具备网联式环境感知能力，可适应较为复杂工况下的自动驾驶环境，其中典型系统包括高速公路自动驾驶（Highway Pilot）、城郊公路自动驾驶（Urban Pilot）、协同式队列行驶（CACC）、交叉口通行辅助等；

4）2025 年以后，实现高度或完全（High Level Autonomous/Full Level Autonomous，HA/FA）智能化。具备车与其他交通参与者间的网联协同控制能力，实现高速公路、城郊公路和市区道路的自动驾驶，在此基础上，进一步实现全路况条件下的自动驾驶。

从技术路线图和未来发展趋势看，该领域的核心零部件将集中在车载视觉系统、车载雷达系统、高精度定位系统、高精度地图、智能终端等方面；其关键共享技术包括多源信息融合技术、车辆协同控制、通信与信息交互、信息安全、人机交互与共驾、集成与控制技术等方面。

从汽车电子控制系统的软件发展的趋势看，自动驾驶软件包括自动驾驶核心软件和智能网联应用软件。智能汽车的软件架构可以分为应用软件层和软件平台层。较高级别的应用软件层包含主要的认知软件功能（例如交通状况的高级识别、其他交通参与者行为的预测、车辆的操纵规划）用于自动驾驶。这部分体现出整车企业和零部件供应商的区别。软件平台层提供基本服务，例如软件功能之间的通信和具体计算硬件的抽象，这是两者之间无差别的部分。其中，软件平台层又分为平台基础层和平台服务层。平台基础层由公开 API 到应用软件组件的系统软件模块组成，并实现基本平台功能（如硬件抽象、大容量存储、网络通信、电源管理和过程控制）。此外，软件平台层还提供了诸如时间和空间隔离、强制访问控制和运行时监视等低级安全和其他安全机制。平台服务层由实现高级管理和监控功能的软件组件组成，如状态管理、空中更新、诊断和实时入侵检测。该层也应该使用开源方法实现，并应尽可能复用现有的软件。软件平台层还允许应用软件组件的分区，并提供防御恶意攻击，应对设计缺陷和硬件故障的弹性保护机制。

高级智能辅助系统（ADAS）作为车辆智能化的初级阶段产品，已率先普及并商业化。根据技术条件和产业化发展阶段判断，目前还处于辅助驾驶向半自动驾驶推进的阶段。主要的 ADAS 技术包括自适应巡航（ACC）、车道偏离预警（LDW）、车道保持辅助（LKA）、前装预警（FCW）、自动紧急制动（AEB）、盲点探测（BSD）、自动泊车（AP）等。可见随着汽车产业的快速发展，汽车将由过去的技术与性能为评价标准逐步转向软件定义汽车,软件将成为汽车差异化竞争的焦点。

1.4.3 智能网联的信息物理架构

未来智能网联汽车在技术领域的需求,主要是要解析人-车(货)-路-云-网的各成员系统之间的耦合关系,运用模型驱动及基于模型的系统工程方法和工具,面向多元化的应用场景对智能网联汽车信息物理系统进行架构设计,形成物理空间在数字空间的映射以及数字空间对物理空间的控制,构建逐渐由"机智"取代"人智"的智能网联汽车信息物理系统,同时应用数字主线技术,打通从研发设计、生产制造到运行管理的智能网联汽车信息物理系统全生命周期",如图1-21所示。

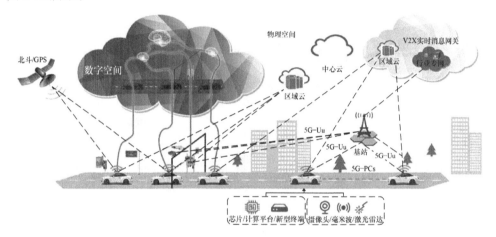

图1-21 智能网联的信息物理系统架构

车辆通过车载计算平台、新型终端及可升级的控制系统,可以获得足够的计算能力;通过车载摄像头、毫米波雷达等感知技术,获得环境感知能力;通过5G、DSRC等V2X技术和应用获得云服务给与的信息;在云服务器内构建实际运用的数字空间。

物理空间与数字空间的融合,为数据采集、指令执行提供了充分的保障;可以在数字空间中利用强大的算力,对物理环境进行自适应学习、训练,并进行决策和知识积累。智能网联分层架构如图1-22所示。

1.4.4 智能网联汽车产业形态

智能网联汽车涉及车辆的智能化和网联化技术,其技术体系如图1-23所示。在车辆内部,通过感知技术、决策算法和控制执行模块,面向新能源电动汽车进行集成;在外部面向多级应用的车辆-道路和云端深度融合,实现网络信息交互、网联协同感知与控制。

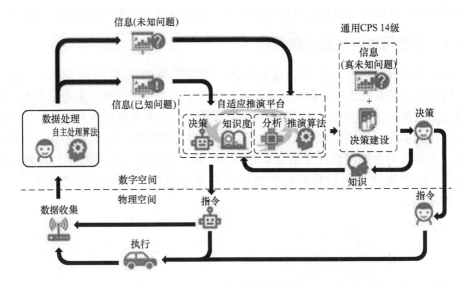

图1-22　智能网联分层架构

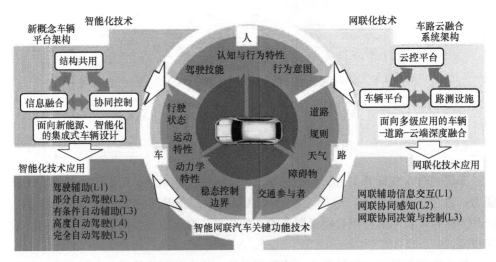

图1-23　智能网联汽车技术体系

一般而言，智能网联汽车产业可以从上游产业、中游产业和下游产业来分类。

1. 上游产业

上游产业包括感知、决策和执行控制系统，主要与车辆的设计有关。比如机器视觉产业环节的舜宇光学、联创电子等镜头企业；索尼、豪威科技等CMOS图像传感器；松下、麦格纳、大陆等摄像头模组企业；NXP、瑞萨、赛灵思、地平线等图形与视频处理芯片企业；Minieye、Maxieye等纯视觉算法企业。距离与位置探测产业的激光雷达、毫米波雷达、红外及超声波传感器，均以发射电磁和超声探测信号的方式，与障碍物相遇后将反射回来的信号与发射信号进行比较处理，得到目标物的位置、距离、方位、速度、姿态、甚至形状等参数。提供高精度地图服务的高德软件、百度智图科技、灵图软件、凯立德等，受产品化程度、技术标准、生产工艺、政策法律等多方面限制，国内高精地图处于初步量产阶段。在高精度定位感知方面，有基于 GNSS 及增强系统的定位、惯性传感器的组合导航、基于 LiDAR 数据与高精地图的匹配、基于视觉数据与高精地图的匹配、基于毫米波雷达数据与高精度地图的匹配、基于通信基站的定位方式。

在计算平台领域，目前来看，博世、Veoneer、安波福、伟世通、大陆、德赛西威、华为是自动驾驶计算平台领域的代表。在相对简单的高速公路 L2/L3/L4 场景下，车企对芯片的选型要求是算力够用即可，低成本、低功耗、满足车规级。英伟达的 GPU 产品不太容易满足这些要求；而对于更为复杂的一般道路场景下（无人驾驶出租车或小件货物配送），峰值算力更高的英伟达系列产品则更受认可。在高算力芯片领域，计算平台背后更核心的是高算力芯片。全球主流供应商分别是：瑞萨、高通、英特尔、特斯拉、三星、华为海思、地平线、黑芝麻科技等。其中华为海思、地平线、黑芝麻科技为自主品牌供应商。

2. 中游产业

中游主要是总成和整车集成。智能座舱是指集成了智能化和网联化技术、软件和硬件，并能够通过不断学习和迭代实现对座舱空间进行智慧感知和智能决策的综合体。智能座舱的智能在于其能够将用户需求与情感融合成为其内在人格特性，满足用户不同场景的需求，故发展智能座舱应坚持以用户需求，用户体验为中心，以场景为驱动。智能座舱主要构成包括"一芯多屏多系统"、仪表盘、抬头显示（HUD）、流媒体后视镜、语音控制等，这些未来将集成整合为一个系统。

自动驾驶是多元学科的融合，在自动驾驶技术、路端基础设施、网联通信技术的驱动下，自动驾驶企业在技术路线和深耕领域上已形成清晰格局，分为全栈型企业、单车智能企业和网联赋能企业三大方向。

遵循单车智能+网联赋能的技术路径，在车端、路端、云端上同时发力，形成车路云一体化的技术壁垒，同时布局智慧交通整体运营，发展空间广阔。这类企业拥有强大自主研发能力；可以根据场景整合资源构建生态，实现车路云全栈式解决方案；拥有强大的落地运营能力、更强的数据获取能力；还可以搭建数字交通底座和智慧交通大脑，形成数据资源壁垒。全栈型企业以百度、蘑菇车联、华为为代表，随着全栈解决方案得到验证，同时在车端、路端、云端建立技术壁垒，并在智慧交通运营服务上布局的公司具有更广阔的发展潜力和想象空间。

单车智能角度落地自动驾驶包括感知、决策、执行三维度。通过跨越式技术路径攻克高级自动驾驶技术，提供单车全栈式智能驾驶解决方案。代表企业有图森未来、元戎启行、Momenta、小马智行、文远知行、AutoX、轻舟智行、滴滴出行等。

从网联赋能角度落地自动驾驶，以"智慧的路"为主，以赋能的方式，提供网联赋能解决方案，促进行业发展。通信类企业，一般以原有企业技术为基础向自动驾驶业务延伸，以合作、自研方式，从 V2X 和智能交通等自动驾驶业务拓展；定位类企业，有些可能具备地图采集资质，可作为自动驾驶系统的支持，提供智慧交通全栈式解决方案。代表企业有大唐高鸿、高新兴、希迪智驾、海康智联、千方科技、星云互联等。

随着节能减排与新四化等理念的推行，智能电动汽车已经成为行业共识，新兴造车势力积极探索、以及传统汽车制造企业开始积极转型，推动自身产品向智能电动汽车发展。如蔚来、小鹏、理想、吉利极氪、广汽埃安、长安阿维塔、上汽智己、上汽飞凡、北汽极狐等品牌，在股权设计、管理团队、技术布局、车型规划、渠道建设、用户共创等各方面进行改变和创新，以求重点突破，加速发展。

3. 下游产业

在智能网联汽车下游产业中，汽车制造商大都积极地深度参与到交通环境和云服务的建设当中去。首先是车内网络的构造和智慧单元的开发，底层的 ECU 必须具备自我控制、自我诊断、远程更新等基本功能；其次必须开发面向网联的应用服务，这种服务一般是围绕着高效、节能、安全以及数字化服务开展的。

在私人出行服务领域，Robotaxi 是使用自动驾驶技术代替人工驾驶员进行驾驶行为的出租车服务。由于城市出行需求上升与劳动力数量下降出现矛盾，城市车牌限制、停车养车成本增加、公共交通便利性提高等多因素叠加，出行服务人力成本逐年提高，以及交通事故量逐年上升等因素，Robotaxi 的规模化普及应用越来越迫切。在公共出行服务领域，Robobus 在我国已经进入规模化试运营阶段。目前包括百度、蘑菇车联、文远知行、驭势科技、元戎启行等科技公司、自动驾驶初创企业以及传统车企和零部件公司纷纷布局自动驾驶赛道，在 Robobus 等方面进行多线布局。成立于 2017 年的蘑菇车联，是全球领先的自动驾驶全栈技术与运营服务提供商，打造了国内首个城市级自动驾驶商业落地项目，拥有行业领先的"车路云一体化"智慧交通系统方案。

在干线物流领域，创立于 2017 年的主线科技定位自动驾驶货车服务提供商，具备领先的全栈自动驾驶技术，面向高速干线物流场景和港口物流枢纽提供自动驾驶货车及运营服务，致力于打造覆盖全国的新一代人工智能运输系统 NATS，让物流运输更安全、更智能、更经济。在末端配送领域，创办于 2019 年的白犀牛科技致力于打造面向城市开放道路的 L4 级自动驾驶无人配送车，以搭建无人配送物流网络和生态规划作为战略布局，以嘉定区生鲜商场、药品、快递等民生需求为落地场景，率先开展无人配送的规模化示范应用，力争打造安全、高效、便捷、智能的全新无人化运输服务体系。在封闭园区物流场景，成立于 2016 年的踏歌智行公司专注于矿用车无人驾驶技术研究、产品开发和无人矿山整体工程化解决方案设计及实施，提供露天矿无人驾驶运输解决方案以及矿用车主动防撞系统。成立于 2015 年的智行者科技聚焦无人驾驶汽车的"大脑"研发，致力于成为多通用场景 L4 解决方案提供商，是业内同时具备开放L4技术能力及限定区域L4落地能力的无人驾驶企业。智能网联汽车的运营产业链如图1-24所示。

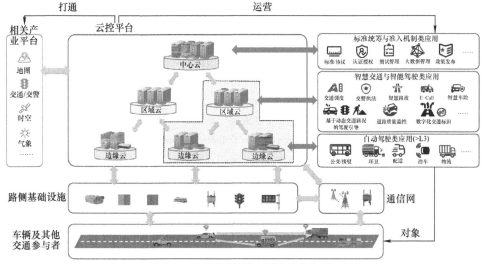

图1-24 智能网联汽车运营产业链

路侧单元及基础设施设备的提供商同样需要深度地参与到交通环境和云服务的建设中去，通过标准接口的定义和规范，路侧设备要围绕着智慧交通的总目标来进行。从更宏观的交通与产业管理层面来说，市场的规范化和标准化授权准入、交通大数据分析、政府决策、排放监控等都可以被纳入到其应有的范围。

1.5 本章小结

汽车电子电气架构，经历了从点对点系统，到集中式架构，到分布式架构，到智能网联架构的演进。现代汽车本质上已经不仅仅是一台机电一体化的机械载具，而是一台具有四个轮子的智能设备。智能网联汽车是一个围绕人-车（货）-路-云-网的各成员系统开展应用与开发的大系统，同时他也使得软件定义汽车成为可能。

面向服务的应用开发与软件组织模式有许多鲜明的特点，包括软件组件化、模块化、模块松耦合、可扩展、粗粒度、互操作及可复用等特点，通过服务拆分、服务间通信及服务治理来实现软件定义汽车。

参考文献

[1] ROBERT BOSCH GMBH. 汽车电气与电子[M]. 魏春源，等译. 北京：北京理工大学出版社，2004.

［2］JOHN G. Automotive electrical systems – the power electronics market of the future［J］. Applied Power Electronics Conference and Exposition, 2000：3 – 9.

［3］李树翀. 本土汽车电子产业期待腾飞［J］. 半导体行业, 2006（3）：18 – 20.

［4］李丹. 汽车电子发展概览［J］. 电子产品世界, 2019, 26（8）：5 – 7 + 16.

［5］王兰. 零部件：汽车电子向低端车渗透［J］. 汽车观察, 2019（4）：188 – 189.

［6］佚名. 中国汽车电子市场研究年度报告［N］. 中国计算机报, 2021.

［7］盖世汽车. 2018 中国汽车电子行业白皮书［R/OL］.（2018 – 07 – 06）［2022 – 07 – 06］. http://www.199it.com/archives/745315.html.

［8］德勤. 半导体：未来浪潮新兴机遇与制胜策略［R/OL］.（2020 – 03 – 18）［2022 – 04 – 06］. https://www2.deloitte.com/content/dam/Deloitte/cn/Documents/technology – media – tele – communications/deloitte – cn – tmt – semiconductors – the – next – wave – zh – 190419.pdf.

［9］李光耀, 李慎国. 我国汽车用电线束现状及发展趋势［J］. 汽车与配件, 2006（4）：28 – 30.

［10］LEEN G, HEFFERNAN D, DUNNE A. Digital networks in the automotive vehicle［J］. Computing & Control Engineering Journal, 1999, 10（6）：257 – 266.

［11］SWINGLER J, MCBRIDE JW. The synergistic relationship of stresses in the automotive connector［C］.//19th International Coffefrence of Electric Contact Phenom, Nuremburg, Germany, 1998：141 – 145.

［12］谭浩. 重型汽车驾驶室线束检测仪的制作［J］. 汽车电器, 2006（8）：55 – 59.

［13］郝永秋, 蒙建波, 陈清宏. 智能线束检测仪的设计与研究［J］. 自动化与仪器仪表, 2007（2）：13 – 15.

［14］葛序风, 张凤军, 朱宝杰. 汽车线束检测系统的设计与实现［J］. 中国制造业信息化, 2007（17）：77 – 79.

［15］王建海, 方茂东, 高继东, 等. 汽油车车载诊断系统（OBD）基本原理及其应用［J］. 汽车工程, 2006, 28（5）：491 – 494.

［16］汤姆·登顿. 汽车电气与电子系统［M］. 於京诺, 宋进桂, 杨占鹏, 等译. 北京：机械工业出版社, 2008.

［17］郭冉, 王太宏. 汽车传感器的发展及应用分析［J］. 中国科技信息, 2010（1）：286 – 287.

［18］张新丰, 连小珉. 从车载信息装置到综合信息平台［J］. 微计算机应用, 2008, 29（3）：52 – 56.

［19］SAE. J1850 Description［EB/ON］.（2007 – 6 – 13）［2022 – 04 – 06］. http://www.interfacebus.com/Automotive – SAE_J1850_Bus.

［20］FlexRay Consortium. FlexRay specification［EB/OL］.（2005 – 5 – 12）［2022 – 04 – 16］. http://www.flexray.com.

［21］BMW AG. What is Byte flight［EB/OL］.（2005 – 6 – 30）［2022 – 4 – 16］. http://www.byteflight.com.

［22］郭利进, 王化祥, 龚进峰. 基于 CAN 总线的车身网络系统及其控制策略研究［J］. 汽车工程, 2006, 28（8）：774 – 778.

[23] 曹万科,张天侠,刘应吉,等.基于TTCAN的汽车控制系统信息调度设计与分析[J].农业机械学报,2007,38(12):41-44.

[24] KASSAKIAN JG, MILLER JM, TRAUB N. Automotive electronics power up [J]. IEEE spectrum, 2005, 37(5): 34-39.

[25] FlexRay Consortium. FlexRay specification [EB/ON]. (2015-6-8) [2022-5-6]. http://www.flexray.com.

[26] 呼布钦,秦贵和,刘颖,等.下一代汽车网络:车载以太网技术现状与发展[J].计算机工程与应用,2016,52(24):29-36.

[27] 张玲娜.汽车传感器的分类及发展趋势[J].工业仪表与自动化装置,2015(6):16-18.

[28] 李骥驰,王建海,宋瑞.国内智能网联汽车传感器企业发展现状研究[J].汽车与配件,2020(11):60-63.

[29] 崔明阳,黄荷叶,许庆,等.智能网联汽车架构、功能与应用关键技术[J].清华大学学报,2022,62(3):14-28.

[30] KIM D S, ITO M, KOMORITA S, et al. Design and implementation of a network management system for service oriented network [C] //World Telecommunications Congress, WTC 2012.

[31] 马晓星,刘譞哲,谢冰,等.软件开发方法发展回顾与展望[J].软件学报,2019,30(1):3-21. DOI: 10.13328/j.cnki.jos.005650.

[32] 孟天闯,等.软件定义汽车技术体系的研究[J].汽车工程,2021,43(4):459-463.

[33] ZENG F, CHEN Y, et al. A novel reputation incentive mechanism and game theory analysis for service caching in software-defined vehicle edge computing [J]. Peer-to-Peer Networking and Applications, 2021, 14(2): 467-481.

[34] XIE G, WU W, ZENG G, et al. Risk Assessment and Development Cost Optimization in Software Defined Vehicles [J]. IEEE Transactions on Intelligent Transportation Systems, 2021, 22(6): 3675-3686.

第 2 章　电子电气架构的电源网络设计

期望你们年青的一代,也能像蜡烛为人照明那样,有一分热,发一分光,忠诚而踏实地为人类伟大的事业贡献自我的力量。

——迈克尔·法拉第

电源是汽车电子电气系统的动力源,汽车电源系统主要由蓄电池、发电机和电压调节器等组成。在纯电动和氢燃料电池汽车上,发动机和调压器已经被低压直流变换器取代。

整车的配电设计尽管并不复杂,但是已经成为一个需要单独设计和考虑的部分。本章从点对点连接系统的配电开始讲述,并针对智能网联汽车的电源网络设计做了叙述。

2.1　汽车电源电压等级变迁

在本茨先生发明汽车的时候,汽车并没有电气系统,车上也没有蓄电池。在汽车领域上首次引入蓄电池和电气系统是在 1918 年,给汽车安装上蓄电池主要目的就是为了给起动机供电,当时的蓄电池电压只有 6V,并且采用的是正极搭铁的供电连接方式。当时汽车上并没有太多设备,仅有火花塞、前照灯之类。

随着汽车技术的发展,车上出现的电气设备越来越多,发动机的排量越来越大,压缩比越来越高,6V 电压的蓄电池难以提供足够高的瞬时输出功率给起动机,因此汽车的车载电气系统在 1950 年代便迈进了 12V 时代。

如图 2-1 所示,汽车供电系统上的电能是由汽车发动机 M 带动的发电机 G 产生的,并供给 14V(标称 12V)标准蓄电池(组)和用电器。当发电机停止工作时,蓄电池可满足汽车启动和短期的用电要求。在 14V 标准(以下统称低压)供电系统中,最大可提供 3kW 的功率,电流高达 200A 以上。由于早期的汽车仅有几十个指示灯及少量用电设备,其消耗的电能一般在几百至几千瓦,因此低压电源完全可以满足用电要求。

随着汽车行业的发展,20 世纪八九十年代轿车需要负担 50 多个插接器、1500

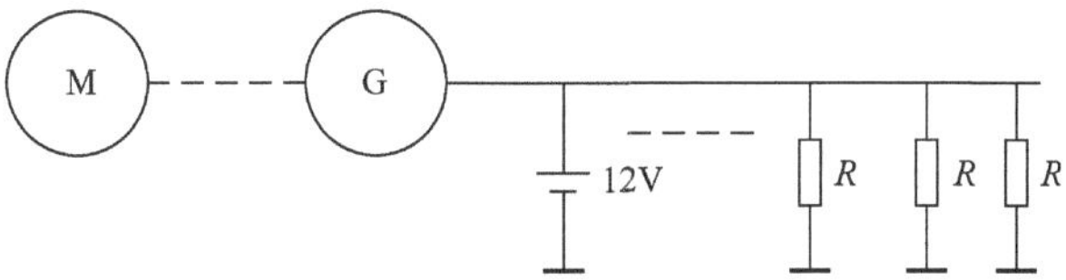

图 2-1 汽车供电系统示意图

多个电路模块、2000多个终端，指示和照明灯就超过100多个，线缆长度近5km，耗电超过2.8kW。这就给供电系统的安全使用造成了极大的威胁，同时极大地限制了车用电器设备的配备使用和开发。在商用车领域（大巴、中重型货车等），由于电器功率普遍较大、车体过长，导致电流线损问题突出，因此24V蓄电池成为商用车的首选。

为了能够满足车载电气设备的用电需求之外，2011年德国主流汽车厂商联合推出了48V系统，以满足日益增长的车载负载需求；另外，也是为了能够在新车的动力总成中加入更高功率的轻混系统，以此满足全世界不同国家和地区内更加严苛的排放新规。48V蓄电池的充电电压已经达到了56V，已经接近安全电压（60V）的极限。这个电压等级只在局部车辆和局部电器中使用，目前还未被广泛采纳。

另一方面，在ECU内部逻辑运算芯片工作的常用电压为晶体管 – 晶体管逻辑电平（Transister – TransisterLevel，TTL），电平信号规定，+5V等价于逻辑"1"，0V等价于逻辑"0"，TTL电路的速度快，传输延迟时间短（5~10ns），但是功耗大。随着对功耗要求的进一步降低COMS电平也被逐渐引入，高电平为3.3V，COMS电路的速度慢，传输延迟时间长（25~50ns），但功耗低，有利于节约静态电流、延长待机时间。工作电压越低，抗扰动能力越差，因此需要兼顾。

21世纪，电动汽车技术逐渐成熟，由于驱动电机的功率高达数百千瓦，因此供电电源上升到几百伏。纯电乘用车电压通常在200~400V之间，而商用车则在40~600V之间。然而随着宽禁带半导体碳化硅技术的引入、对能量管理、器件寿命及精细化控制要求越来越高，乘用车和商用车都在考虑采用800V甚至更高的电压平台。

2.2 点对点连接系统的低压电源分配

点对点连接系统的电源分配的主要任务包括电源分配图、整车电平衡设计、熔丝与继电器的选型、位置优化等。在点对点连接系统中，电源分配图示例如图2-2所示。

每个电器的供电需求和位置往往以表格形式进行排列，并以此为依据，进行适当的排列组合，并选择适当的熔丝和继电器。

为了减少不同车型的线束差异，一般先从熔丝盒的通用化开始考虑，比如采用多个小熔丝盒的策略，将各车型基本配置的继电器和熔丝放在一个熔丝盒中；将选装配置的继电器和熔丝放在选装熔丝盒当中。基本配置熔丝盒与不同的选装熔丝盒

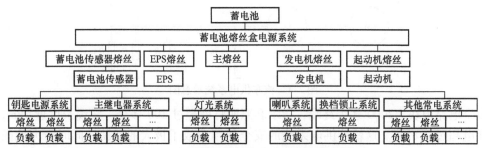

图 2-2 点对点连接系统的电源分配图示例

之间,采用相同的连接方式。

熔丝主要是用来保护下游的线路不被损坏,因此作为主电路保护的中央配电盒应尽量布置在蓄电池附件。保护电路分为以下几种:

1)当车辆发生碰撞时用于切断蓄电池正极与外界的连接的装置。
2)蓄电池与起动机之间的回路保护。
3)蓄电池与发电机之间的回路保护。
4)蓄电池或发电机与中央配电盒之间的电路保护。
5)电流较大的直接从蓄电池或发电机取电的负载和蓄电池或发电机之间的回路保护。

低压电源分配最重要的技术途径是中央配电盒,中央配电盒容纳熔丝和继电器,是电源分配的中枢。中央配电盒的基底由绝缘、耐老化耐色变塑胶材料压铸而成,且具有高抗撞冲击性,防火阻燃特性,内部安装有熔断器、继电器、电流传感器、预充电电阻、分流铜排等,如图 2-3 所示。

图 2-3 各种中央配电盒

2.3 智能网联汽车低压电源

2.3.1 控制器的电源分配

在分布式电子电气架构中,许多电器的行为依赖于控制器,因此电源会先配送给控制器,而不是直接配送到电器。很多耗电较大的控制器,直接采用大电流"电源通道"与蓄电池端连通。图 2-4 所示为一个车身控制器(Body Control

Modular，BCM）所管理的电器。

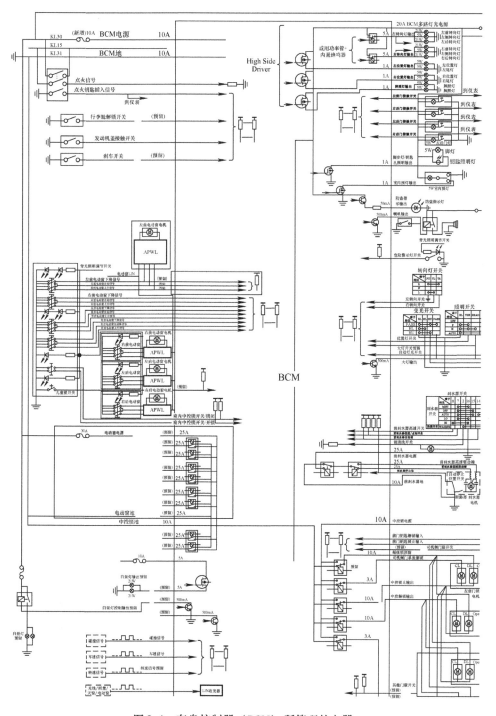

图 2-4 车身控制器（BCM）所管理的电器

图 2-4 中，蓝色黑体文字所标注即为较大电器打开时所需用电，BCM 此时成了区域内的中央配电盒。

2.3.2 位置化通道化的电源分配

位置化通道化指的是将低压电器或控制器按片区进行汇总，然后使用电源通道统一供电的方法。电源通道可以设计成具有额定电流负载、能实现通断控制并具有一定过流保护功能的电能传输线，电源通道采用车身搭铁负极来回流。

针对客车和乘用车的位置化低压电源分配，首先将电器和控制器按上下左右前后分片区，如图 2-5 中 A1～A7 所示。这样我们只需要若干个电源通道即可对该片区域进行配电。

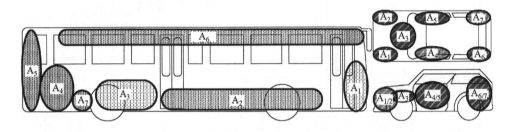

图 2-5 客车（左）和乘用车（右边）的位置化低压电源分配

一般而言，基于电源通道的电源分配原理至少包括 1 路常通电源通道，用于收音机、时钟、钥匙进入等系统供电，若干路可关断电源通道，如图 2-6 所示。

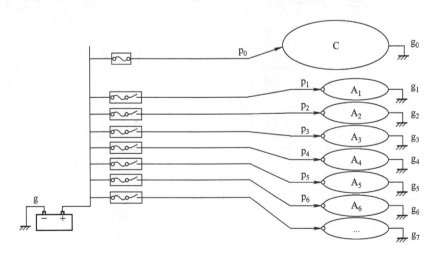

图 2-6 基于电源通道的电源分配原理

在图 2-6 中，负极以搭铁形式通过车架回流，其中 $g_1 \sim g_7$ 为车身搭铁，g 为电池端的负极搭铁。在智能网联汽车中，电器的控制均由控制器实现，而控制器均分布在电器位置本地附近。

2.4 高压动力电源分配

动力电源的高压在 DC200～1000V 之间，远超安全电压，而且这些驱动电机等用电器的工作电流高达几百安培。动力电源的布局考虑更多的是安全性，如果高压安全防护设计不到位或使用不当，在长期使用中可能引起高压系统受损、绝缘性降低、高压短路、电池起火等隐患，对人身财产造成极大的危害。

新能源电动汽车高压系统大都采用并联结构，其主要包括动力电池组、电驱动系统、DC/DC 变换器、电动空调压缩机、加热系统（PTC）、高压分线盒、车载充电系统等，如图 2-7 所示。

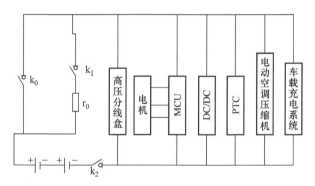

k_0:高压正极继电器
k_1:预充继电器
k_2:高压负极继电器
r_0:预充电阻
MCU：电机控制器

图 2-7　汽车高压回路原理

电动汽车高压回路中有两个储电器件，高压动力电池和电机控制器，动力电池为整车提供动力，根据车型的不同存储的电量有较大差异。电机控制器为保护 IGBT 模块，设计有大容量（1000μF 以上）薄膜电容。薄膜电容中也可能存有一定电量。若某一线路断开，高压带电部分暴露，高压负载和动力电池又是并联结构，不管动力电池高压继电器是否处于闭合状态，整个高压系统都可能处于带电状态。

高压安全设计通常需要考虑以下部分内容：

1) 高压系统防护设计。主要包括 IP 防护、机械防护及高压警告标识等。尤其是布置外露的零部件，如电机驱动系统、电动空调、DC/DC 变换器、动力电池系统及相互的高压连接，均要求达到 IP67 防护等级，并且所有高压系统应具有高压危险警告标识。此外，所有的配电系统高压接插件均有防呆设计，避免装配错误导致高压回路失效。

2）预充电回路保护设计。高压系统的电机控制器和空压机等控制器均有大量电容，直接接通该回路可能会产生高压电冲击，冲击电流达上千安，可直接将电池系统回路接触器烧坏，严重时对电芯瞬间大电流放电也产生严重不可修复损伤，故为避免接通时的高压电冲击，高压系统需采取预充电回路的方式对高压设备进行预充电。

3）过载保护设计。当汽车高压附件设备发生过载或线路短路时，相关高压回路应能自动切断供电，以确保高压附件设备不被损坏，保证汽车和驾乘人员的安全。

4）高压被动泄放。当车辆发生碰撞、侧翻，导致电驱系统损坏，或者因电机控制器、电机发生异常断高压时，电驱系统的主动泄放就不再起作用，只能通过泄放电阻进行被动泄放，而被动泄放的时间较长，导致人有触电风险。

5）高压绝缘失效检测。高压安全系统会实时进行故障诊断，收集整车系统的绝缘电阻阻值、母线电压、母线电流、三相电流，整车供电等与高压安全直接或间接相关的物理参数，根据设定的模型综合判断车辆故障状态，并循环实时检测。

6）异常保护动作。在整个高压回路中，当发生绝缘故障、环路互锁故障、重要节点通信丢失故障、动力系统转矩输出异常故障、短路、充电故障或车辆发生碰撞时，应及时断开高压继电器，切断高压回路电源的供给。

2.5 本章小结

汽车电子电气系统内部电压等级经历了一个从单一的6V系统，到多电压等级的变换，动力电源从12V到24V，直到800V甚至更高；而控制器内部从5V到3.3V，到1.8V甚至更低。位置化通道化的电源分配方式成为现代电子电气系统的主流电源分配方式。

参考文献

[1] Robert Bosch GmbH. 汽车电气与电子 [M]. 魏春源，等译. 北京：北京理工大学出版社，2004.

[2] 钟文英. 乘用车低压电源分配方案设计 [J]. 机电技术，2021（6）：75-78+108.

[3] 赖如财. 中央电气接线盒的通用性设计 [J]. 汽车电器，2012（5）：4-6.

[4] 杨国亮，齐同启，柳熹，许保同. 纯电动汽车高压电气系统安全设计 [J]. 汽车工程师，2015（11）：41-44.

[5] 刘娟娟. 电动专用汽车高压电气系统安全设计及故障分析 [J]. 专用汽车，2021（7）：

92-94.

[6] 陶文勇. 新能源电动汽车高压安全系统分析及优化方案 [J]. 电子产品世界, 2020, 27 (6): 56-58.

[7] 陆中奎, 陈勇, 刘天鸣. 纯电动汽车碰撞高压安全系统设计及控制策略 [J]. 重庆理工大学学报 (自然科学), 2019, 33 (3): 86-90.

第3章 电子电气架构中的控制器组网设计

在全球范围内,尤其是年轻人正在以身作则,利用网络创造一个更美好、更公平的未来。这些年轻的领导者将网络视为一种为正义而战、扩大机会以及为紧迫问题寻找解决方案的工具。

——蒂姆·伯纳斯·李

在汽车中将单独的电器用网络连接起来,交换信息便能产生神奇的控制功效。本章讲述电器组网的方法、基于位置的优化及功能区域集中过程中控制器形态变化,最后介绍当今较为典型的架构形式。

3.1 功能化组网方法

功能化组网是按照汽车电器及控制器的功能类别、安全等级和时效性要求,对其进行分类整合,基于整车设计公司已有供应链体系、内部机构设置,对整车电气系统进行功能性划分和整合,得到的一种组网方式和架构。

常用的比如动力网络、底盘网络、车身网络、诊断网络、娱乐总线、仪表总线等等。事实上,仪表总线是 M–BUS(符合欧洲标准 EN1434–3 的 M–BUS 通信协议)与汽车仪表功能的统称。

3.1.1 动力网络

汽车动力总成指的是车辆上产生动力,并将动力传递到路面的一系列零部件组件。在以汽/柴油及天然气(还包括甲醇、甲烷等)为燃料的内燃机汽车,动力总成包括发动机、变速器、驱动轴、差速器、离合器等,动力网络包括上述核心总成及附件的控制节点。

在油电混合动力汽车上,还包括发电机、电机及整车能量管理控制器等;在氢电混合动力汽车上,还包括燃料电池控制器、电压变换器、氢气管理系统、散热管理及相关的附件控制单元。

3.1.2 底盘网络

车辆底盘包括转向、悬架和制动三个子系统,存在 ABS、ESP、ACC、GCC、EHB 等大量与之相关的电控单元。汽车底盘正快速电子化、集成化、网络化、智能化、电动化,变成机电高度一体化的装置,使汽车更加安全和节能。

3.1.3 车身网络

车身电器,如雨刮、洗涤、灯光、喇叭蜂鸣、后视镜、座椅、门窗控制(自动、点动、防夹)及遥控功能等,由于其所需通信速率低,安全及重要性等级不及动力和底盘,往往单独放在一个网络内。

3.1.4 诊断网络

在远程通信单元(Telematics box,T - box)普及之前,车上重要的电子控制单元都有用于诊断的数据接口,用于将 ECU 内部的诊断信号传输到外部的专用设备。

为了监控排放相关系统(比如发动机和变速器),美国和欧洲制定了 OBD (On Board Diagnose) 标准。OBD 定义了排放相关系统必须支持的诊断服务和数据传输格式,支撑 OBD 数据传输的底层数据链路可以是 K 总线,也可以是 CAN 总线,目前大多数车的 OBD 接口都是 CAN 总线。诊断网络往往是整合各个 ECU 的单独诊断功能而成的一个网络,属于功能化组网的一种。

3.2 基于位置的组网优化方法

完全根据电器位置分布,以物理链接和线束最短的原则构建网络。针对一种理想的全分布式系统,并且对网络层级而言,仅包括骨干网、局域网及电源网,电控单元通过上述三个网络连接,其结构如图 3-1 所示。

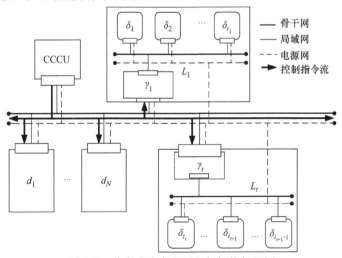

图 3-1 分布式汽车电子电气架构与组网

如图 3-1 所示，每个局域网 L_t 包含一组 ECU 和一个网关 γ_t。

3.2.1 整车骨干网

中央计算单元（Central Computational Unit，CCU）用于执行整车车身电器系统的控制逻辑，协调整车电器正常工作。由于 CCU 的存在，每个 ECU 只保留其与所控执行器或传感器最基本功能，这样大大降低了单个智能节点的计算需求，并且能与其他电器实现逻辑和控制上的独立。

与骨干网直接相连的称为骨干 ECU（图中 d_i），骨干 ECU 通常为与安全相关较大的 ECU 或与网络交换信息较多或时效性要求比较高的 ECU。其余的 ECU 均被列为局域 ECU（如图 3-1 中的 δ_i）。

3.2.2 组网优化模型

汽车线束的布置受到机械结构的约束，一般情况下骨干线束通过汽车车身的走线槽、走线孔、定位卡等结构，可以贯穿整个车身。典型的汽车骨干线束布置如客车电 U 形和 L 形布置；乘用车经常使用的 H 形和 E 形布置。

将骨干线束由头到尾"拉直"作为 X 轴，并在一端定义 0 点，干线上的分支 Y_i，$i = 1$，2，…，保持与干线垂直。在根据骨干线束定义的直角坐标系中，由于车身电器通过电器分支与骨干线束相连，因此车身电器的空间位置可以由其中骨干线束上的投影点点替代，如图 3-2 所示。

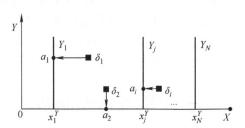

图 3-2 骨干线束坐标系及电器位置坐标

在图 3-2 中，δ_1、δ_2、δ_i 的空间位置坐标分别可由分支点 a_1、a_2、a_i 在骨干线束坐标系中的坐标 (x_1, y_1)，(x_2, y_2)，(x_i, y_i) 来表示。

采用骨干线束干线上的投影点（如图 3-2 中的 a_2）替代还是支线上投影点（如图 3-2 中的 a_1）替代，取决于 ECU（点）到骨干线束（干线和支线）的距离，应以最小距离的投影点进行替代。

如果将 ECU 按位置坐标大小进行排列，先按 x 坐标从小到大排列，当 x 坐标相等的时候按 y 坐标由小到大排列，得到电器按坐标排列的有序列为

$$\Delta = \{\delta_1, \delta_2, \cdots, \delta_n\} \tag{3-1}$$

对于上式中的任意 δ_i，$\delta_j \in \Delta$ 有

$$i < j : x_i \leq x_j, y_i \leq y_j \tag{3-2}$$

ECU δ_i 与 δ_j 之间的线束距离定义为

$$\Delta(i,j) = \begin{cases} |x_i - x_j| + |y_i + y_j|, & x_i \neq x_j \\ |y_i - y_j|, & x_i = x_j \end{cases} \tag{3-3}$$

式中，(x_i, y_i)，(x_j, y_j) 分别为电器在骨干线束总线坐标系中的坐标。线束距离具有明确的物理意义，即在可布线空间的约束条件下，从电器 δ_i 到 δ_j 需要的不变线束长度。

3.2.3 网络通信的可调度约束条件

对任一子网 L_t，网络中传输的信号包括用于对 ECU 进行控制的控制指令信号和电器输出的状态信号。由全分布式系统结构可知，对任意一个子网，其中的控制指令帧都相同。状态信号包括传感信号和故障信号等，是由电器发给网关，再转发到骨干网上。不同类型的 ECU 具有不同的信号定义和不同的信息量，因此状态信号所占用的长度也不相同。以典型的车身电子控制系统为例，对控制信号的传输需求见表 3-1。

表 3-1 车身电器的信号传输需求

基本电器件	状态信号定义	
	信号类型	长度/bit
电阻性负载	诊断信号	2
电机负载	诊断信号	2
开关器	传感信号	2
电阻型传感器	传感信号	8
电压输出型传感器	传感信号	8
频率输出型传感器	传感信号	8

一般来说，传感器信号都是周期型信号，故障信号可以是事件型的信号，为方便设计起见，可以将它们都设置成周期型。周期型信号的发送周期则需要根据具体电器对实效性的要求不同而定义，一般车身电器系统中，信号的传输周期为 100~1000ms。

对于所有的 ECU，其控制指令都根据汽车总线（这里以 LIN 总线为例）的特点在应用层编码，然后打包在若干帧里面，对于电器输出的状态信号，则至少需要一帧，而在 LIN 规范中，又要求其长度为偶数，因此 ECU 状态信号最后成帧的数据部分长度 N_i 为

$$N_i = 2\lceil (\lceil l_i/8 \rceil)/2 \rceil \tag{3-4}$$

式中，l_i 为电器 δ_i 的信号长（bit）；N_i 为电器 δ_i 的信号帧长度（Byte）。

LIN 消息在总线上的传播时间由三部分构成：帧头、响应间隔和响应，因此消息的传播时间为

$$t(n) = 1.4[34\tau_{bit} + 10(n+1)\tau_{bit}] \tag{3-5}$$

式中，τ_{bit} 是在给定波特率下每一位传输所需时间；n 是消息长度。在不同技术的网络和不同的波特率下，消息传输的延时不同，根据具体情况来计算。

3.2.4 有序样品的有限容量聚类

通过对 ECU 进行排序，将子网组网的问题转化为 n 个 ECU 划分成 k 个类的问题，即有序样品的聚类分析问题。

对于第 t 个类 G_t，$t = 1, 2, \cdots, m$，定义其直径 D_t 为

$$D_t = \max(d(i_t, i_{t+1} - 1)) \tag{3-6}$$

式中，$d(i_t, i_{t+1} - 1)$ 为 ECU 间距离，其长度由公式（3-4）定义，定义分类的损失函数为

$$L(b(n,m)) = \sum_{t=1}^{k} D_t \tag{3-7}$$

这里的直径 D_t 实际上就是子网 G_t 所需的线束长度，损失函数为所有子网线束总长度。对 ECU 的组网问题，就转化为求解一种分割方法 $b(n,m)$，使得损失函数 L 最小。

根据上述，子网组网的优化模型可描述为

$$\min L(b(n,m)) = \sum_{t=1}^{k} D_t$$
$$\text{s.t. } S(L_t) < 1, t = 1, 2, \cdots, m \tag{3-8}$$

3.2.5 最优分组求解

由于式（3-8）所描述的优化模型带有约束条件，表明对该有序 ECU 序列进行分割时，类内部元素的个数及其某属性总和不能超过一定容量，因此无法采用一般的聚类方法。考虑到解的离散性及问题的规模，采用全局搜索方法，根据 LIN 协议的规定，LIN 网络的控制器数量一般不能超过 16 个，而少于 4 个 ECU 组成的网络则没有意义，记 i_t 为第 t 组最后一个 ECU 编号，总分组数（即网络数）为 m，则根据网络内 ECU 数量的限制，可在多维整数空间 $\mathbf{B}$ 中进行搜索：

$$\mathbf{B} = \begin{cases} 4 < i_1 < 16 \\ \cdots \\ i_{t-1} + 4 < i_t < \min[(i_{t-1} + 16), N - 4] \\ \cdots \\ i_m = n \end{cases} \tag{3-9}$$

式中，n 为 ECU 数量。在网络负载"平均"分配的理想情况下，网络数 m 可由下式求得

$$m = \max\left(\lceil n/15 \rceil, \left\lceil \sum_{i=1}^{n} \frac{t(N_i)}{T_i} \bigg/ \left(1 - \frac{t(N_c)}{T_c}\right) \right\rceil\right) \tag{3-10}$$

事实上，由于网络负载分配并不按有序样品序列均匀分配，因此最终可行的网络数 m 比式（3-10）计算的要多。由于每个分割点最多搜索12次，网络数 $15 < m < n/4$，该算法的时间复杂度 $T(n)$ 为

$$T(n) \propto \left(\frac{12}{k}n\right)^{\frac{n}{k}} \tag{3-11}$$

汽车内部 ECU 数量总是十分有限的，因此搜索范围并不是很大，因此利用该算法进行数值求解完全可行。最终其算法流程如图3-3所示。

由图可知，算法的步骤为：

1）算法启动，根据式（3-10），计算初始网络数量。

2）遍历搜索空间 **B**，针对每个分法判断网络可调度条件并求解损失函数 $L(b(n,m))$，这里初始损失函数可取 $d(1,n)$。

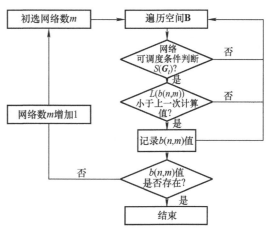

图3-3 有序样品的有限容量最优聚类求解计算流程

3）如果记录值 $b(n,m)$ 存在，则该值为最优解。

4）如果记录为空，则令 $m = m + 1$，重复第2）和第3）步过程，直到求得满足条件的解。

通过组网优化模型构造、并考虑网络通信的可调度约束条件，然后利用有序样品的聚类分析法就能得到分布式架构中网络组织的优化方法。当然在实际的情况中不可能如图3-1所述那么完美，ECU 与车载电器（执行器/传感器等）总是混合存在，并非所有的执行器和传感器都能够自带控制单元。

3.3 区域集中化过程中的控制器形态

3.3.1 机械结构集成

所谓机械结构集成，就是直接将印制电路版放在一个机械封装的盒子内，以丰田混合动力的动力控制单元为例，将逆变器（Inverter）、升压器（Boost Converter）、直流变换器（DC/DC Converter）三个模块封装到一个模块中，印制电路构成的模块之间通过导线连接。

丰田 Mirai 是丰田家族中著名的氢能源车型。该车全长4890mm，宽1815mm，

高 1535mm，总重 1850kg，其动力总成最大功率可达 113kW，最大转矩为 335N·m，加注燃料用时仅 3min，而续驶里程可达 650km。其动力系统架构如图 3-4 所示。

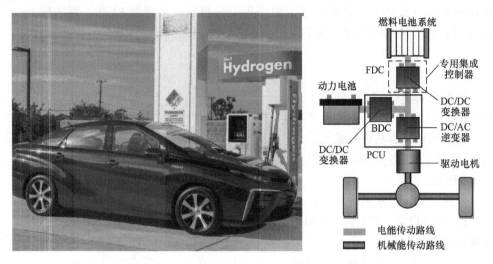

图 3-4　丰田氢动力汽车 Mirai 及动力系统架构

通过使用一个专用的集成控制器，将电力电子单元、燃料电池系统控制器、DC/DC 变换器整合成一个单体控制器，如图 3-5 所示。通过一体式的集成控制器，将电堆功率同时转化为高压 650V 动力电源、260V 系统辅助电力及 12V 低压电源；上下多层结构电冷却板，使用一个通道解决了多个控制器的冷却问题。

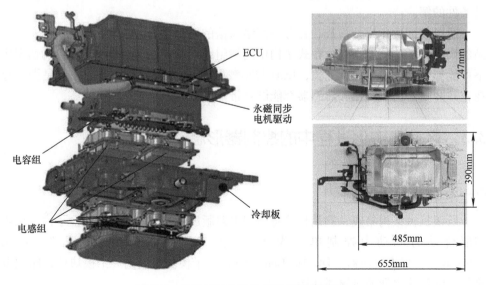

图 3-5　功率控制单元的机械封装及结构

机械结构集成提高了防护性能和可靠性,节约了空间和成本,部分解决了分布式架构的问题(比如线束);所需整合的供应商资源较少。但机械集成在电路本质上还是一种分布式架构,即分布式架构所面临的任务和挑战并没有减少很多。

3.3.2 域控制硬件集成

为了解决各个ECU之间算力协同、相互冗余、算力浪费的问题,分布式架构正在向"功能域"集中式架构演进成为趋势。域控制器设计的特点:

在硬件层面上,为了增强可扩展性、提高通信效率、减少线束长度、减少硬件实体重量,包含算法、算力、通信、功能模块、I/O、电源等硬件资源将被重新规划。

在软件层面上,整车的算法控制单元、算力需求单元要求进一步集中,功能域控制器将进一步发展形成集中式中央车载计算中心(平台)。

集中式域控制器方案的实现并不是一蹴而就的,主要体现在车身单元本身具备较多的执行器单元。在实现大域控的中央控制方案之前,自动驾驶系统会阶段性地引入诸如智能座舱域控制器、智能底盘域控制器等。如上的划分其目的在于打破原有功能边界,可按照区域划分,形成区域控制器,完成功集能域架构渐进性的向整车集中式架构进化。典型的功率控制单元及其封装方式如图3-6所示。

以乘用车为例,除了动力域和底盘域之外,整车还可以分为前舱区域控制器、座舱区域控制器、行李舱区域控制器。

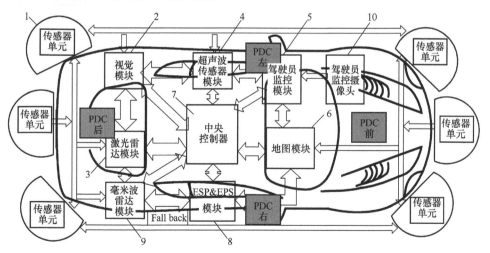

图3-6 功率控制单元及其封装方式

其中前舱域控制器完成前灯光系统驱动控制、前舱传感器、前舱控制器传感器的I/O接口输入及前舱控制器(动力域控、底盘域控、自动驾驶域控)电源分配;座舱域控制器完成座舱域控制器输入(如超声波传感器目标处理数据)、座舱输出控制指令（如车门、车窗、车灯控制指令）转化、舱内灯光、音频系统驱动控制、及座舱控制器电源分配；后舱域控制器需要完成车身舒适系统的 I/O 接入（如后舱周边 4~6 颗超声波传感器原始数据处理）、后舱控制器（如智能后视摄像头、侧后角雷达）电源分配。

3.4 什么是域控制

3.4.1 常见模块分类及特性

博世根据现有的汽车电子发展情况，将整车控制分为五类域，分别是动力域、底盘域、车身域、智能座舱域和自动驾驶域，见表3-2。其中，智能座舱域量产难度相对低，成本相对可控，最先实现了量产装车；自动驾驶域为最具价值意义的域控制器。

表 3-2　五大域主要包含的控制模块

五大域	主要包含的控制模块
动力域	电驱系统、电机、电控、减速器、电驱桥、电控系统、变压器、车载充电机、加热器、整车控制器
底盘域	主动悬架控制系统、车辆制动稳定性控制、电子制动助力器、电动助力转向、胎压监测系统、安全气囊系统、底盘域控制、电机控制、车内传感器
车身域	车身控制模块、前照灯模块、车顶控制模块、智能门控模块、无钥匙起动系统、后视镜模块、功率分配箱、刮水器、座椅控制模块、智能车窗升降器、控制控制系统
智能座舱域	集成液晶仪表、中控多媒体、副驾驶信息娱乐系统
自动驾驶域	毫米波雷达、惯性导航、GPS、摄像头、激光雷达等

不同的域控制器产品在技术要求上存在差异，智能座舱域对芯片性能和操作系统算法要求比较高；动力域、底盘域、自动驾驶域则因涉及的安全部件较多，对功能安全等级要求高见表3-3。

表 3-3　五大域的算力系统要求及使用场景

五大域	算力要求	芯片应用	操作系统	功能安全	场景
动力域	较高	32bitMCU	AUTOSAR	ASIL – C/D	硬件集成能力，包括电机、泵、电磁阀、风扇等，制动及转向控制算法能力，通信、诊断、功能安全
底盘域	较高	32bitMCU	AUTOSAR	ASIL – D	集成驱动/制动/转向整体控制算法，协同控制能力，通信、诊断、功能安全

(续)

五大域	算力要求	芯片应用	操作系统	功能安全	场景
车身域	较低	16/32bitMCU	AUTOSAR	ASIL – B/C	集成和扩展传统 BCM 功能
智能座舱域	40~200MIPS	高性能 CPU/AI 芯片	AUTOSAR	ASIL – B/C	人机交互及舒适性控制
自动驾驶域	20~1000TOPS	GPU/CPU/NPU/MCU 等多芯片硬件集成	AUTOSAR	ASIL – D	自动驾驶感知、决策

底盘域与汽车行驶相关，由传动系统、行驶系统、转向系统、制动系统共同构成。随着智能化发展，底盘正在线控底盘发展，其中线控制动、线控转向为最核心技术。线控制动要求要求执行层的响应时间更短，电动汽车由于没有发动机产生真空助力，促使线控制动成为自动驾驶执行层面的最重要零部件。线控制动技术方向主要分为电液式（Electrical – HydrolicBrake，EHB）和电机式（Electrical Motor Brake，EMB），其中 EHB 是主流，EMB 是未来发展方向。底盘域的转向目前主要为电动助力转向系统（EPS），转向盘与车轮之间仍采用机械连接。随着 L3 及以上自动驾驶车辆对转向系统控制精度、安全性要求的不断提高，线控转向将迎来高速发展期，但目前仍处于研发阶段，未大规模量产。

3.4.2 动力域：多合一电驱动总成

由于动力部件位置相近，因此动力网络的区域集成趋势更快，国内整车厂如长安、比亚迪、蔚来、零跑等公司均有自己的多合一动力总成。从最开始的四合一到五合一，直到现在的八合一电驱动系统，集成了最初的电机控制单元（MCU）、电机、减速器、直流变换器（DC/DC）、车载充电机（OBC）、电源分配单元（PDU）、电池控制单元（BCU）等八大部件，实现了机械部件和功率部件的深度融合。华为 DriveONE、长安超集电驱及比亚迪 E 平台的电驱系统对比见表 3-4。

表 3-4 华为 DriveONE、长安超集电驱系统和比亚迪 E 平台对比

多合一驱动对比		华为 DriveONE	长安超集电驱系统	比亚迪 E 平台 3.0
		7 合 1	多合一（实质 7 合 1）	8 合 1
对外说明	宣传口径	体积减小 20%，重量减轻 15%，降低开发成本，整车前后驱适配	相对于"三合一"电驱系统，其体积减少 5%、重量降低 10%、功率密度提升 37%、噪声降低 15%、效率提升 5%	—
	电控	目前仅由特斯拉和比亚迪，在量产车上使用 SiC		高性能 SiC 电控；1200V、840A

(续)

多合一驱动对比		华为 DriveONE	长安超集电驱系统	比亚迪 E 平台 3.0
		7 合 1	多合一（实质 7 合 1）	8 合 1
对外说明	低温特性	—	电驱高频脉冲加热技术，-30℃ 环境下 5 分钟加热 20℃，有效提升冬季低温续驶里程 40～70km	宽温域高效热泵满足 -30℃ 极端气温状况；提升冬季续航 20%（相当于 400km 续航提升 50km）
	静音效果	78dB 超静音	—	76dB 超静音
基本参数	尺寸	410mm×400mm×330mm		
	重量	≤75kg		
	效率	峰值效率 93%	峰值效率 95%	峰值效率 93%
	综合效率	89%	90%	89%
	电压平台	350V	450～800V	450～800V，最高 1200V
	峰值功率	120kW@350 Vdc	160～300kW	150～270kW
	峰值转速		—	16000～20000r/min
	峰值轮端转矩	2500N·m		
输出特性	充电特性	—	10 分钟 200 公里	5 分钟 150 公里
	功率密度	2.1kW/kg	暂时未知	>3.5kW/kg
	量产时间	2020 年底	2022 年第二季度	2021 年 9 月
	搭载车型	暂时未知	C385	海豚，未来 E 平台全系

从技术参数上看，多合一系统实现了开发简单、适配简单、布置简单、演进简单。可助力整车动力域极简布置，节省纵向空间、减少安装支架、缩短线束、减少插接器、减少冷却水管。

3.4.3 动力域：网联化动力电池管理系统

随着电动汽车的普及，对于动力电池的全生命周期管理的需求变得十分迫切。研发生产、车端使用、回收利用是动力电池全生命周期的 3 个主要环节。

在研发生产阶段，针对动力电池的研发创新基本围绕两个关键点：高性能电池管理系统（Battery Management System，BMS）与动力电池标准化。高性能 BMS 能够提高动力电池管理效率，而动力电池标准化发展能够降低生命周期成本。

从技术角度来看，BMS 技术创新和动力电池模组标准化是完成电池全生命周期管理的关键所在。随着电动汽车智能网联化发展，无线 BMS 开始受到重视。动力电池的全生命周期管理环节和需求如图 3-7 所示。

图 3-7 动力电池的全生命周期管理环节和需求

基于车载网联技术，搭建电池平台，实时监测电池的异常表现，记录故障事件。通过对故障事件的关联分析，预测电池的潜在失效，并根据售后的维修记录不断优化和完善故障报警系统，从而提升电池运行安全性。这种基于无线大数据的管理平台也将在如下几个方面产生价值：

1) 电池安全保障，采用基于规则的故障实时报警和基于事件关联分析的故障预测功能，确保电池的运行安全。

2) 延长电池使用寿命。通过全历程周期数据的对比分析，确定电池寿命衰减的主要影响因素，开有针对性地降低影响。

3) 增加退役残值。最大化电池价值之后拆解，另外为电池运营增加收益。

4) 电池故障溯源。历史数据分析，为失效机理分析提供数据支撑，从而优化设计。

5) 电池资产的证券化。由于动力电池价值高、投入大，在个人电动车购置、储能投资等领域均存在大量风险，电池包硬件的标准化仅仅在技术上解决了生产互换性问题，基于高性能无线通信技术的电池管理系统为电池资产证券化提供了一种技术手段。

以锂电池安全保障为例，将实验室数据和道路运营的实时数据放入云平台进行综合对比（图 3-8），通过诸如 AI 学习、基于特征工程的异常早期学习、疑似异常筛选等手段，对电池进行高精度预警，从而避免严重的财产损失。

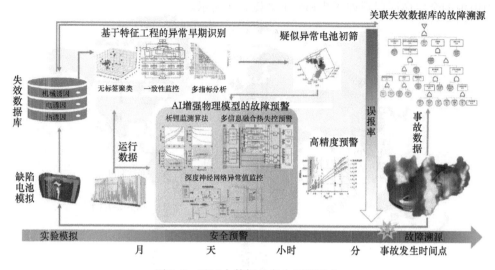

图 3-8 基于大数据的安全预警平台

传统的电池管理系统 ECU 组织架构如图 3-9 所示,单体电池的巡检单元(温度、电压等采集)通过私域总线把信息传递到主控单元,而主控单元则具备云端链接能力,形成所谓的网联 BMS 设计方案。

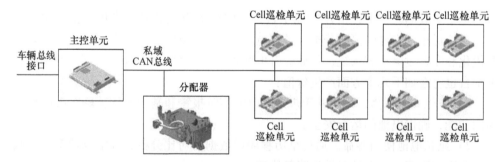

图 3-9 电池管理系统 ECU 组织架构

针对电池包内部线束问题,德州仪器、恩智浦和凌特公司分别提出了基于无线通信的组网方案,如图 3-10 所示。凌特的方案中采用的是 Smart Mesh,符合 Wireless HART(IEC 62591)标准;德州仪器的无线通信协议满足标准 IEC 62280—2014。

无线 BMS 的好处很明显:①能够减少 90% 的低压线束,减少了控制器之间的线束链接,避免了振动导致接插件松动或者短线的可能性,尤其是对大型电池包而言,大幅度减少了低压线束的链接,减少了失效点;②系统的扩展性更好,更换模组更容易,电池系统安装及维修更加方便。但劣势也很明显,增加了控制器成本和软件的复杂度。

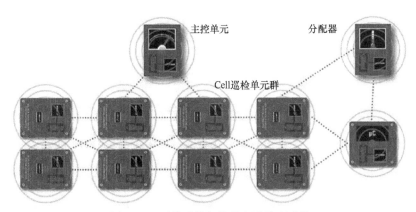

图 3-10　无线通信架构的电池管理系统

3.4.4　自动驾驶域：自动驾驶智能计算平台

自动驾驶的重要性日益凸显，世界各国都在加速布局，自动驾驶是汽车产业与人工智能互联网高性能计算等新一代信息技术深度融合的产物，是当前汽车与交通出行领域智能化和网联化发展的主要方向，是解决交通安全、道路拥堵、能源消耗等问题的重要手段，是智能网联汽车发展的核心基础技术。车载智能计算平台成为行业竞争热点，国内外企业纷纷发力，支撑实现自动驾驶功能的车载智能计算平台，受到国内外机构和企业的高度重视，产业界正在加速推进相关探索和实践。以英特尔、英伟达、恩智浦、Mobileye 为代表的来自传统 IT 行业企业以及特斯拉等整车厂都在研发专用解决方案。

车载智能计算基础平台需要软硬件协同发展促进落地应用。车载智能计算基础平台结合车辆和传感器等外围硬件，同时采用车内传统网络和新型高速网络（如以太网、高速 CAN），根据异构分布硬件架构指导硬件平台，设计装载运行自动驾驶操作系统和功能软件，向上支撑应用软件开发，最终实现整体产品化交付。

车载智能计算基础平台参考架构主要包括自动驾驶操作系统和异构分布硬件架构两个部分，其中自动驾驶操作系统是基于异构分布，硬件架构包含系统软件和功能软件的整体框架软件，车载智能计算基础平台侧重于系统可靠、运行实时、分布弹性、高算力等特点，实现感知规划控制、网联、云控等功能，最终完成安全实时、可扩展的多等级自动驾驶核心功能。

和一般的电子控制单元不同，未来车载智能计算平台硬件构架包括 AI 单元、计算单元和控制单元，如图 3-11 所示。AI 单元主要用于处理高实时的传感器数据融合、智能驾驶、自动决策、机器学习等功能，已超出本书涉及的范围；计算单元用于执行车辆自动驾驶的核心算法；控制单元加载运行 AUTOSAR 平台软件，完成车辆纵向和横向动力学底层控制逻辑，也是本书讲解和案例使用的主要内容。其软件架构的核心功能软件主要包括下列 5 点。

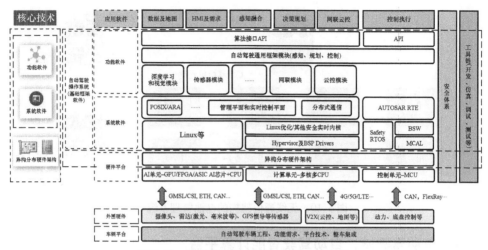

图 3-11 车载智能计算基础平台参考架构

1) 自动驾驶通用框架模块，用于底层核心器件的驱动。
2) 网联模块，是实现网联通信、处理网联信息交换的功能子模块。
3) 云控模块，是与云控基础平台交互的功能模块。
4) 深度学习和视觉模块，需要支持深度学习和嵌入式推理成熟算法移植和适配。
5) 传感器模块用于规范和模块化各类传感器，传感器数据融合处理提供基础。

自动驾驶域控制器领域的参与方主要有整车厂商、Tier 1、科技公司。目前只有特斯拉等少数整车企业可以实现自研，而芯片厂商提供芯片，Tier1 负责中间层及硬件生产，整车厂商负责自动驾驶软件是主要研发模式。国际性大型 Tier1 凭借在自动驾驶域控制器领域的多年布局，已经取得领先优势。未来硬件+底层软件+中间件+应用软件算法+系统集成的软硬件全栈式能力将成为竞争核心。主流 Tier1 的产品有：①采埃孚的 ProAI 是一个模块化可升级的域控制器平台，已经升级到第 5 代产品，2024 年将实现量产；②博世 DASy 基于英伟达芯片研发，目前已经升级到2.0 版本；③华为已经发布 MDC300F、MDC210、MDC610、MDC810 多个高性能计算平台，提供 48~400+TOPS 算力，实现 L2~L4/5 自动驾驶以及多场景覆盖；④德赛西威的自动驾驶域控制器 IPU 目前已经升级至第 4 代产品 IPU04，于 2022 年 6 月量产装配理想汽车的大型增程式 SUV。IPU04 相较于 IPU03，算力实现大幅提升，可达 254TOPS。

3.5 商业化应用的域架构方案

整体而言，汽车是个封闭保守的行业，大部分传统主机厂和 Tier 1 对新技术的采纳和接受都比较缓慢。业界普遍认为 2025 年之前，大部分传统汽车主机厂都将处于域集中式 EEA 的持续演变过程中。2025 年之后，"中央+区域 EEA"可能会成为持续很长的主流电子电气架构。特斯拉是在全球汽车行业中率先采用 Zonal EEA 架构，其是一种基于空间位置的域分布架构，其他整车主机厂以及 Tier 1 厂商也都纷纷跟进，开始定义自己下一代的 Zonal EEA。因此 2025 年之后，Zonal EEA 有望成为整个汽车行业的主流 EE 架构。

3.5.1 特斯拉电动汽车域架构

特斯拉这样新兴电动车厂商因为没有任何历史包袱，因此在定义 Model Y 车型（2020 年上市）的 EEA 架构时，一步到位，跳过"域集中式架构"，直接进化到"中央+区域 EEA"。特斯拉 Model Y 的 EE 架构只有三大部分：①中央计算模块（Central Computing Module，CCM）；②左车身控制模块（BCM LH：Body Control Module，Left Half）；③右车身控制模块（BCM RH：Body Control Module，Right Half）。

其中，中央计算模块直接整合了驾驶辅助系统（ADAS）、座舱信息娱乐（Cockpit and IVI）两大域以及外部连接和车内通信系统域功能（中央网关和防火墙等）。左右车身控制模块分别负责剩下的"车身与舒适系统（Body and Comfort）""底盘与安全（Chassis and Safety）系统"和"汽车动力系统（Vehicle Dynamics）"的三大功能；当然本身也作为一个通信的网关节点，如图 3-12 所示。

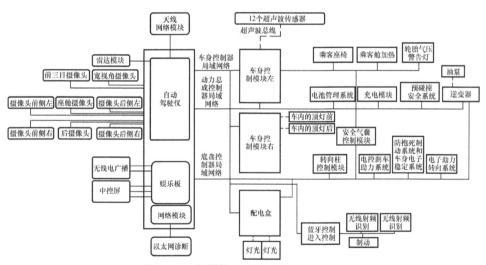

图 3-12　特斯拉 Model Y 的 Zonal EEA

特斯拉在全球范围内率先开启了汽车 OTA 应用的浪潮。特斯拉不仅可以透过 OTA 将软件升级包发送至车载通信单元，更新车载信息娱乐系统内的地图和应用程序以及其他软件，还可以直接将软件补丁程序传送到相应的电子控制单元（ECU），实现对控制操作层面的软件升级。这是很多传统主机厂和 Tier 1 厂商因为其老旧的汽车 EE 架构而无法媲美的（他们通常只能实现车载娱乐信息系统的在线更新和升级)。

3.5.2 丰田汽车的域架构

丰田也正在积极推进从其当前的架构演变为下一代"中央+区域"的 EE 架构。丰田认为,Zonal EEA 有这样一些有点:①可以通过 ECU 集成来减少 ECU 数量,从而降低 BOM 成本;②通过区域控制器(Zonal Control Unit, ZCU)来降低通信网络线束和供电网络线束的长度与重量,降低线束设计复杂度,提高产线自动化程度;③减少了 ECU 数量和线束长度,也可以腾出更多空间,为后续迭代预留空间;④软件上,使用基于 Adaptive AUTOSAR 和 Classic AUTOSAR 的 SOA 架构,实现便捷的软件迭代和功能的可扩展性。丰田的 EEA 及收益如图 3-13 所示。

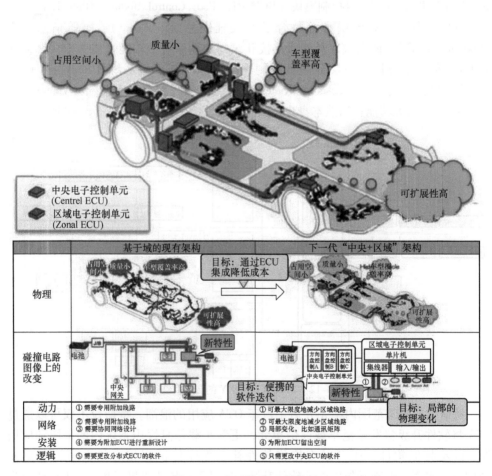

图 3-13　丰田的 EEA 及收益

3.5.3 沃尔沃汽车的域架构

沃尔沃的 Zonal EEA 包括核心计算系统（Core System）和机电一体化区域（Mechatronic Rim），如图 3-14 所示。不过沃尔沃将 ZCU 划入了 Core System 中，它称为车辆识别单元（Vehicle Integration Unit，VIU），每个 VIU 对应一个整车区域的感知、控制与执行。车辆计算单元（Vehicle Computation Unit，VCU）对应车载中央计算机，提供整车智能化所需的算力与数据存储。

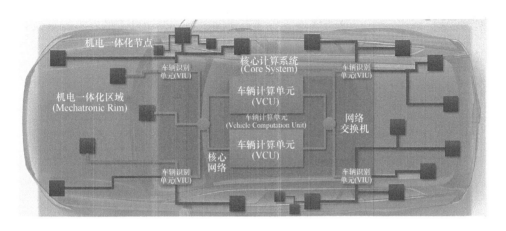

图 3-14 沃尔沃域控制架构分析

3.5.4 安波福的解决方案

安波福（Aptiv）的智能汽车架构（Smart Vehicle Architecture，SVA）定义了一个统一的供电和高速通信骨干网络，这是整车架构最基础的基础设施。连接到这一骨干网络的 SVA 组件包括以下三个部分。

1) 安全连接网关（Secure Connected Gateway，SCG）：SCG 是从外部对 SVA 架构进行控制的主控网关节点。它实现像从外部对汽车进行唤醒这样的功能以及通过无线或者 5G 与云端或者路侧的边缘计算节点进行连接的功能。

2) 开放服务器平台（Open Server Platform，OSP）：对应着 Zonal EEA 中的 VCC 服务器集群平台。在开放服务器平台中，我们会运行各种软件应用，比如自动驾驶软件和算法和智能座舱应用等。开放服务器平台可以对应用按需分配计算资源，并提供必要的冗余以保证应用的可靠性。

3) 强力数据中心（Power Data Center，PDC）：PDC 也就是 Zonal EEA 中的区域控制器 ZCU。它作为一个通用的"Docking Station"，有两个作用：①区域的通信与控制主节点，连接区域内的传感器和外设等，充当区域内低速网络与主干网络之间的通信网关；②作为分级供电的节点，将供电主干网的电力分配给区域内的传感器和外设等。PDC 的数量可以从两个到六个之间变化，根据不同的车型来选择不同的配置。

SVA 将可以有效地降低汽车全生命周期各个环节的成本，包括开发、制造和售后维护等。并且能很好支撑汽车制造商通过 OTA 来持续对汽车上的软件进行升级和维护，如图 3-15 所示。

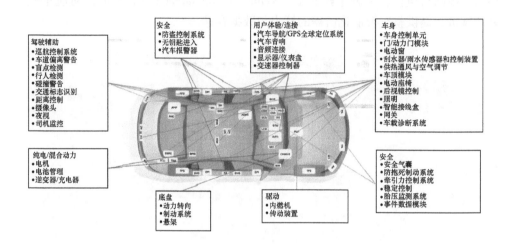

图 3-15　安波福的控制解决方案—智慧汽车架构

3.5.5　伟世通的解决方案

伟世通的区域 EEA 概念与其他厂家类似，整个系统可以被看作是"服务器集群 + 边缘计算区域网络"组成的分布式计算与通信环境。采用汽车以太网（TSN）作为通信主干网基础设施，保证通信的高带宽、通信的实时确定性和可靠性，如图 3-16 所示。

超级核心（Super Core）就是车载中央计算平台，甚至可能是刀片服务器，服务器集群是可伸缩的。传感器和执行器都连接到区域网关（也就是 ZCU）。根据车型不同，区域网关的数量在 2~6 个之间。

整车的供电网络也是一个分级的供电体系。主干供电网络采用双电池冗余备份策略，ZCU 作为从主干网到区域网的电源分配节点，负责将电力继续向下输送到区域内的 ECU、传感器和控制器等。因此区域控制器也需要具备高级 power distribution（功率分发）以及 eFuse（电子熔丝）等功能。基于这一套供电体系，可以实现更加智能的电源管理，比如：根据各区域的负载不同来优化节电策略。

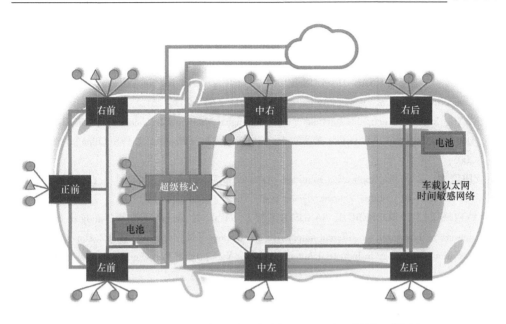

图 3-16 伟世通的 Zonal EEA 概念解决方案

3.6 本章小结

汽车电子电气架构中的控制器组网设计，经过了功能化组网、位置优化组网及域控制器组网的变革，每次变革都朝着以下的设计目标发展：

1）减少线束用量：域控制 EEA 可以大大简化线束拓扑的设计复杂度，减少线束使用的长度和重量。

2）制造与装配简化：线束复杂度和长度减少，能大大提高产线的自动化水平，提高制造能力，节省了汽车内部的安装空间。

3）系统更具弹性：域控制 EEA 使得整车更具有灵活性和伸缩性。当增加新的用户功能特性时，不需要额外增加传感器和执行器，也不会需要增加新的配电需求。域控制 EEA 也非常有利于对整车的硬件系统做统一的抽象。

4）更优的传感器数据融合：在域控制 EE 架构下，由于 ECU/传感器等不再与某个具体的功能特性紧密关联和绑定，因此我们可以在中央计算平台上设计和运行更复杂更优化的传感器数据融合算法，这点对更高的自动驾驶等级而言是至关重要的。

5）更复杂的功能特性：应用的业务逻辑可以集中到车载中央计算平台上来实现，这样更容易实现跨多个传感器/执行器的复杂功能特性。

参考文献

[1] LEEN G, HEFFERNAN D, DUNNE A. Digital networks in the automotive vehicle [J]. Computing & Control Engineering Journal, 1999, 10 (6): 257-261.

[2] KANG, X. Body electronics solutions [C] //Shanghai Municipal Informatization Commission. 5th China International Automotive Electronics and Technology Seminar (AES China), Shanghai: 2005: 1-4.

[3] ZHOU, L. CAN Bus application solutions. Automotive Electronics [EB/OL]. (2022-10-27) [2011-10-01], http: //www.zlgmcu.com.

[4] AXELSSON J, FROEBERG J, SANDSTROEM K, et al. A comparative case study of distributed network architectures for different automotive applications [M] // RICHARD Z. Handbook on Information Technology in Industrial Automation. New York: IEEE Press and CRC Press, 2004: 1-15.

[5] JOHANSSON, K H, TOERNGREN M, NIELSEN L. Vehicle Applications of Controller Area Network. [M] //Baillieul, T A Henzinger. Handbook of Networked and Embedded Control Systems. Boston: Birkhauser Boston, Inc, 2005: 741-765.

[6] Volvo. Body building instructions [EB/OL]. (2022-9-2) [2009-2-1]. http: //www.volvo.com/bus/global/en-gb/products/bodybuilding instructions, 2009.

[7] TIMOTHY S N, MICHAEL B, ANDREW D. Smart camera system: USA, 0080618A1 [P], 2003.

[8] BERSSENBRUGGE J, BAUCH J, GAUSEMEIER J. A virtual reality-based Night Drive Simulator for the Evaluation of a Predictive Advanced Front Lighting System [C] // American Society of Mechanical Engineers. 4th International Conference on Information & Communications Technology, Morocco, 2006: 1-2.

[9] JOSEPH G, MOHAMED S, MESKOURI. Smart windshield wiper wash system: USA, 6236180 [P], 2001-5-21.

[10] OHORI M, ISHIZUKA T, FUJITA T. Fundamental study of smart tire system [C] //IEEE Proceedings of Intelligent Transportation Systems, Toronto, New York: IEEE. 2006: 1519-1524.

[11] 张新丰, 林凯, 刘旺, 等. 汽车语控智能电器系统 [J]. 汽车工程, 2007, 29 (7): 601-605.

[12] 张新丰. 汽车智能电器系统 [D]. 北京: 清华大学, 2009.

[13] ZHANG X F, YANG D G, LIAN X M, et al. IEED system: A new kind of Automotive electrical system [C] //Vehicle Power and Propulsion Conference, Harbin, New York: IEEE, 2008: 1-5.

[14] 张新丰, 杨殿阁, 连小珉. 汽车电器系统结构的全分布式设计 [J]. 同济大学学报（自然科学版）, 2012, 40 (7): 1071-1076.

[15] GU Z M, YANG DG ZHANG XF, et al. Distributed vehicle body electric/electronic system architecture with central coordination control. [J] International journal of automotive engineering, 2010, 224 (2): 189-199.

[16] 张新丰,薛雯,陆良,等. 汽车电器不变线束连接系统. [J] 清华大学学报（自然科学版）, 2009, 49 (02): 281.

[17] LIN Consortium. LIN Specification 2.0. [EB/OL], (2022-10-15) [2003-12-01] http://www.lin-subbus.org/.

[18] 张新丰,杨殿阁,陆良,等. LIN总线的动态调度算法设计与应用 [J]. 农业机械学报, 2009, 40 (3): 21-25.

[19] 谢在玉. 高压电源42V及其在汽车电源系统的应用分析 [J]. 装备制造技术, 2007, 1: 24-26.

[20] YOSHINOBU H, HIROYUKI S, KOJI K, et al. Development of Boost Converter for MIRAI [J]. SEA Paper, 2015.

第4章 汽车电子控制系统的数学建模

数学是研究现实生活中数量关系和空间形式的科学。

——恩格斯

控制系统是建立在数学基础之上的一门技术,首先要用数学形式描述各类系统的运动规律,即系统的数学模型。本章主要讲述系统数学模型的表达形式、建模方法以及数学模型的转换,最后介绍汽车机电系统中典型零件的模型及建模综合应用。

4.1 控制系统数学模型分类

宏观而言,仿真数学模型可分为定性模型和定量模型两种,定性和定量模型又可分成稳态和动态两大类。在定性模型中,模型变量之间的关系是定性的;在定量模型中,模型变量之间的关系是已知的、确定的。稳态模型描述的是系统处于相对平衡时的某一时间(空间)点上的状态规律;动态模型描述的是系统随时间(空间)变化的规律。

根据不同仿真对象的特性以及所采用的数学表达方法,控制系统数学模型又可分为若干类型。

4.1.1 按时基分类

数学模型的描述以时间为基础,称为时基。各种模型事件都产生在一定时基上。如果时间为连续的流逝,即模型的时标按实数平均增长,则此模型是连续时间模型。若时间的流逝呈间断跳跃式,即模型时标从一个时间整数跳跃到下一个时间整数,间断地向前推进,称为离散时间模型。

4.1.2 按变量的范围集分类

如果变量的变化范围均表示为实数,则是连续状态模型;若模型变量描述为离散集,则称为离散状态模型。

连续时间模型又可分为微分方程和离散事件两类。微分方程所描述的模型是连续时间连续状态模型,其状态改变是连续的,时间导数取决于微分方程,这种类型是过程系统中最常见、应用最广的一种类型,也是本书讨论的重点内容。离散事件模型的时间流逝是连续的,状态变化只发生在不连续的跳跃点上,这种跳跃可能由某事件激发而引起,在有限的时间区间内,能够发生的事件不大于某一有限数。

4.1.3 按是否存在随机变量分类

如果在模型的数学描述中存在随机变量,称为不确定性模型,又称为概率或随机模型。例如某城市各区域电话的利用率或道路交通车流量常用概率模型。

4.1.4 按模型的结构的时变特性分类

数学模型的结构表达了模型变量相互关系的规律。如果随着时间的变化,该模型的结构能够稳定地表达被仿真的实际过程的特性,则称此模型为时不变的;反之,模型的结构必须随时间改变才能适应实际过程的特性,称为时变模型。

4.1.5 按空间几何分布有关分类

如果过程系统模型所描述的规律与空间几何分布无关,称为集中参数模型。若与二维或三维空间几何分布有关,称为分布参数模型。分布参数模型一般采用偏微分方程表示。

4.2 控制系统数学建模方法

准确描述系统特征与行为数学模型的过程称为系统建模。控制系统数学模型的建立是否得当,将直接影响以此为依据的仿真分析与设计的准确性、可靠性,因此,必须予以充分重视并采用合理的方式方法。

4.2.1 机理建模法

所谓机理模型,实际上就是采用由一般到特殊的推理演绎方法,对已知结构、参数的物理系统运用相应的物理定律或定理,经过合理分析简化而建立起来的描述系统各物理量动、静态变化性能的数学模型。

因此,机理建模法主要是通过理论分析推导方法建立系统模型。根据确定元件或系统行为所遵循的自然机理,如常用的物质不灭定律(用于液位、压力调节等)、能量守恒定律(用于汽车能量管理控制等)、牛顿第二定律(用于车辆速度、加速度调节等)等,对系统各种运动规律的本质进行描述,包括质量、能量的变换和传递等过程,从而建立起变量间相互制约又相互依存的精确数字关系。通常情况下,是给出微分方程形式或其派生形式——状态方程、传递函数等。

在建模过程中，必须对控制系统进行深入的分析研究，善于提取本质、主流的因素，忽略一些非本质、次要的因素，合理确定对系统模型准确度有决定性影响的物理变量及其相互作用关系，适当舍弃对系统性能影响微弱的物理变量和相互作用关系，避免出现冗长、复杂、烦琐的公式方程堆砌。最终目的是要建造出既简单清晰，又具有相当精度，能基本反映研究所需的实际物理量变化的控制系统模型。

建立机理模型还应注意所研究系统模型的线性化问题。在大多数情况下，实际控制系统由于种种因素的影响，都存在非线性现象，比如制动间隙、转向盘空行程、传动或啮合机构的摩擦力、轮胎侧偏力等，严格地说都属于非线性系统，只是其非线性程度有所不同。在一定条件下，可以通过合理的简化、近似，用线性系统模型近似描述非线性系统。其优点在于可利用线性系统许多成熟的计算分析方法和特征，使控制系统的分析、设计更为简单方便，易于使用。但也应指出，线性化处理方法并非对所有控制系统都适用，对于包含本质非线性环节的系统需要采用特殊的研究方法。

【例】横向动力学模型 1/2 车辆模型

在考察汽车横摆角速度输入响应时，首先将四轮汽车利用相似性原理等效为二轮的自行车模型，忽略转向盘空行程、转向传动系统的间隙，忽略悬架的作用，并认为车轮在一定范围内侧偏角与横向力是线性变形关系，根据汽车转向系统和行驶系统的机械结构和物理原理，基于理论力学中有关刚体和弹性体的动力学原理，建立了以前轮转角为输入，以横摆角速度和侧向加速度为输出的线性模型。

分析中直接以前轮转角作为输入，并认为汽车的车厢只作平行于地面的平面运动，即汽车沿 z 轴的位移，绕 y 轴的俯仰与绕 x 轴的侧倾角均为零。另外，假定汽车沿 x 轴的前进速度 u 视为不变。因此，汽车只有沿 y 轴的侧向运动与绕 z 轴的横摆运动这样两个自由度。此外，汽车的侧向加速度限定在 $0.4g$ 以下，轮胎侧偏特性处于线性范围。在建立运动微分方程时还假设：驱动力不大，不考虑地面切向力对轮胎侧偏特性的影响，没有空气动力的作用，忽略左、右车轮轮胎由于载荷的变化而引起轮胎特性的变化以及轮胎回正力矩的作用。这样，实际汽车便简化成一个两轮自行车车模型，如图 4-1 所示。它是一个由前后两个有侧向弹性的轮胎支承于地面、具有侧向及横摆运动的二自由度汽车模型。

分析时，令车辆坐标系的原点与汽车质心重合。显然，汽车的质量分布参数（如转动惯量等）对固结于汽车的这一动坐标系而言为常数，这正是采用车辆坐标系的方便之处。因此，只要将汽车的（绝对）加速度与（绝对）角加速度及外力与外力矩沿车辆坐标的轴线分解，就可以列出沿这些坐标轴的运动微分方程。

机理建模的过程是依次确定汽车质心的（绝对）加速度在车辆坐标系上的分量、二自由度汽车受到的外力与绕质心的外力矩、外力和外力矩与汽车运动参数的关系。最后，列出二自由度汽车的运动微分方程式。

首先确定汽车质心的（绝对）加速度在车辆坐标系上的分量。参看图 4-1，ox

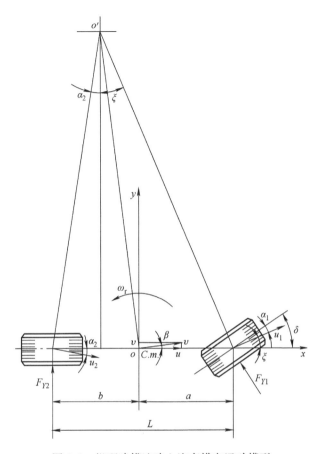

图 4-1 机理建模法建立汽车横向运动模型

与 oy 为车辆坐标系的纵轴与横轴。质心速度 v 于 t 时刻在 ox 轴上的分量为 u,在 oy 轴上的分量为 v。由于汽车转向行驶时伴有平移和转动,在 $t+\Delta t$ 时刻,车辆坐标系中质心速度的两个分量变化为 Δu 和 Δv,而车辆坐标系的纵轴与横轴的方向亦发生 $\Delta\theta$ 变化。所以,沿 ox 轴速度分量的变化为

$$(u+\Delta u)\cos\Delta\theta - u - (v+\Delta v)\sin\Delta\theta =$$
$$u\cos\Delta\theta + \Delta u\cos\Delta\theta - v\sin\Delta\theta - \Delta v\sin\Delta\theta \tag{4-1}$$

考虑到 $\Delta\theta$ 很小并忽略二阶微量,上式变为

$$\Delta u - v\Delta\theta \tag{4-2}$$

除以 Δt 并取极限,这便是汽车质心绝对加速度在车辆坐标系 ox 轴的分量

$$a_x = \frac{du}{dt} - v\frac{d\theta}{dt} = \dot{u} - v\omega_r \tag{4-3}$$

同理,汽车质心绝对加速度沿横轴 oy 上的分量为

$$a_y = \dot{v} + u\omega_r \tag{4-4}$$

由图 4-1 可知，二自由度汽车受到的外力沿 y 轴方向的合力与绕质心的力矩和为

$$\begin{cases} \sum F_Y = F_{Y1}\cos\delta + F_{Y2} \\ \sum M_Z = aF_{Y1}\cos\delta - bF_{Y2} \end{cases} \quad (4\text{-}5)$$

式中，F_{Y1}、F_{Y2} 为地面对面前、后轮的侧向反作用力，即侧偏力；δ 为前轮转角。考虑到 δ 角较小，F_{Y1}、F_{Y2} 为侧偏力，式（4-5）可写作

$$\begin{cases} \sum F_Y = k_1\alpha_1 + k_2\alpha_2 \\ \sum M_Z = ak_1\alpha_1 - bk_2\alpha_2 \end{cases} \quad (4\text{-}6)$$

汽车前、后轮侧偏角与其运动参数有关。如图 4-1 所示，汽车前、后轴中点的速度为 u_1、u_2，侧偏角为 α_1、α_2，质心的侧偏角为 β，$\beta = v/u$。ξ 是 u_1 与 x 轴的夹角，其值为

$$\xi = \frac{v + a\omega_r}{u} = \beta + \frac{a\omega_r}{u} \quad (4\text{-}7)$$

根据坐标系的规定，前、后侧偏角为

$$\begin{cases} \alpha_1 = -(\delta - \xi) = \beta + \dfrac{a\omega_r}{u} - \delta \\ \alpha_2 = \dfrac{v - b\omega_r}{u} = \beta - \dfrac{b\omega_r}{u} \end{cases} \quad (4\text{-}8)$$

由此，可列处外力、外力矩与汽车运动参数的关系式为

$$\begin{cases} \sum F_Y = k_1\left(\beta + \dfrac{a\omega_r}{u} - \delta\right) + k_2\left(\beta - \dfrac{b\omega_r}{u}\right) \\ \sum M_Z = ak_1\left(\beta + \dfrac{a\omega_r}{u} - \delta\right) - bk_2\left(\beta - \dfrac{b\omega_r}{u}\right) \end{cases} \quad (4\text{-}9)$$

所以，二自由度汽车的运动微分方程式为

$$\begin{cases} k_1\left(\beta + \dfrac{a\omega_r}{u} - \delta\right) + k_2\left(\beta - \dfrac{b\omega_r}{u}\right) = m(\dot{v} + u\omega_r) \\ ak_1\left(\beta + \dfrac{a\omega_r}{u} - \delta\right) - bk_2\left(\beta - \dfrac{b\omega_r}{u}\right) = I_Z\dot{\omega}_r \end{cases} \quad (4\text{-}10)$$

式中，I_Z 为汽车绕 z 轴的转动惯量；ω_r 为汽车横摆角加速度。整理后得二自由度汽车运动微分方程式为

$$\begin{cases} (k_1 + k_2)\beta + \dfrac{1}{u}(ak_1 - bk_2)\omega_r - k_1\delta = m(\dot{v} + u\omega_r) \\ (ak_1 - bk_2)\beta + \dfrac{1}{u}(a^2k_1 + b^2k_2)\omega_r - ak_1\delta = I_Z\dot{\omega}_r \end{cases} \quad (4\text{-}11)$$

这个联立方程式虽很简单，但却包含了最重要的汽车质量与轮胎侧偏刚度两方

面的参数,所以能反映汽车曲线运动最基本的特征。

由于汽车转向系统及行驶系统的构造十分明确,可对这些机械结构运用相应的物理定律进行建模,是典型的机理建模方法。通过机理建模法建立的模型,具有很好的预测性,在汽车电子控制系统中,被控对象广泛采用机理建模法建立数学模型进行分析。

4.2.2 实验建模法

所谓实验建模法,就是采用由特殊到一般的逻辑归纳方法,根据一定数量的在系统运行过程中实测、观察的物理量数据,运用统计规律、系统辨识等理论合理估计出反映系统各物理量相互制约关系的数字模型。其主要依据是来自系统的大量实测数据,因此又称之为实验测定法。

当对所研究系统的内部结构和特性尚不清楚,甚至无法了解时,系统内部的机理变化规律就不能确定,通常称之为"黑箱"或"灰箱"问题,机理建模法也就无法应用,而根据所测到的系统输入输出数据,采用一定方法进行分析及处理来获得数学模型的统计模型法正好适应这种情况。通过对系统施加激励,观察和测取其响应,了解其内部变量的特性,并建立能近似反映同样变化的模拟系统的数学模型,就相当于建立起实际系统的数学描述,描述的方法有方程、曲线或图表。

【例】频率特性法是研究控制系统的一种应用广泛的工程实用方法。其特点在于通过建立系统频率响应与正弦输入信号之间的稳态特性关系,不仅可以反映系统的稳态性能,而且可以用来研究系统的稳定性和瞬态性能;可以根据系统的开环频率特性,判别系统闭环后的各种性能;可以较方便地分析系统参数对动态性能的影响,并能大致指出改善系统性能的途径。比如频率特性分析仪(Frequency Response Analyzer)就是一种高精度测量被测对象频率响应特性的测量装置。通过控制输入量和测量系统输出量,能够在短时间内测量系统的频率响应特性。频率特性分析仪特别适合用于电路特性的测量,比如开关电源的环路特性模型测量、电子元件的阻抗测量,磁盘/光盘的伺服特性测量,压电元件的谐振特性测量,双电荷层电容器的内部电阻测量,串联稳压电源的脉动抑制比测量,燃料电池的交流阻抗测量等。频率特性分析仪与使用频率法进行电动助力转向系统建模如图4-2所示。

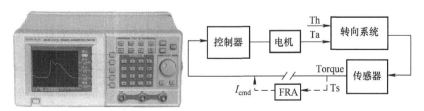

图4-2 频率特性分析仪与使用频率法进行电动助力转向系统建模

【例】采用频率法为电动助力转向系统特性建模。在转矩传感器和控制器之间接入频率特性分析仪，测量开环系统频率特性；在无转向盘操纵输入时，频率特性分析仪给出一定频段的扫频信号作为控制器的输入，转矩传感器信号作为系统输出，做出伯德图；将所建 EPS 模型的开环频率特性与实际测得的 EPS 系统开环频率特性作比较，调整模型关键参数，使得两者吻合，最终确定系统关键参数，如图 4-3 所示。

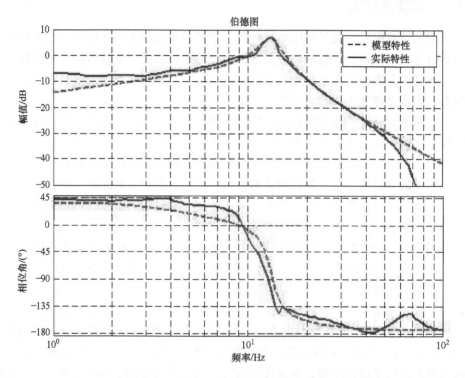

图 4-3　实际系统频率响应特性与模型对比

频率特性物理意义十分明确，对稳定的系统或元件、部件都可以用实验方法确定其频率特性，尤其对一些难以列写动态的方程和建立机理模型的系统有特别重要的意义。

【例】汽车轮胎模型的研究。轮胎作为连接车身与路面的唯一部件，除空气阻力以外车辆的其他外力几乎都是通过其与路面的作用产生的，轮胎的力学特性对汽车的操纵稳定性、舒适性、动力性和制动安全性起着极其重要的作用。车辆性能的定量分析与研究及先进的底盘控制系统的设计开发，在很大程度上依赖于车辆动力学模型和轮胎动力学模型的研究。国外的许多汽车厂家对轮胎与汽车的合理配套提出了诸如包络特性、操纵稳定性和牵引附着性等各种要求。因此简化与建立合理的轮胎动力学模型对轮胎新产品的开发和汽车整车性能的分析都具有重要意义。

对轮胎模型的研究自 20 世纪 30 年代就开始了，发展至今轮胎动力学的研究从稳态到非稳态从线性到非线性模型，已经相当丰富，轮胎动力学模型分为理论模型、经验模型、半经验模型三大类。其中比较有名的（如 Fiala 模型，Pacejka 弦模型和 Gim 模型（都以人物名字命名的）），都采用机理建模方法进行分析求解得来的；而 Pacejka 教授提出的称为魔术公式的轮胎模型，则是被公认应用最广泛的轮胎模型之一，是通过实验建模方法建立的。

轮胎的魔术公式模型是用特殊正弦函数建立的轮胎纵向力，侧向力和自回正力矩模型。由于只用一套公式就完整地表达了单工况下轮胎的力学特性，故称为魔术公式。

$$\begin{cases} Y = y + S_v \\ y = D\sin\{C\arctan[Bx - E(Bx - \arctan Bx)]\} \\ x = X + S_h \end{cases} \tag{4-12}$$

式中，Y 表示侧向力，纵向力或回正力矩；X 表示侧偏角或滑移率。以侧向力为例说明公式中各个系数的意义：B 为刚度因子；C 为形状因子；D 为峰值因子；E 为曲率因子；S_v 为垂直漂移；S_h 为水平漂移。除形状因子 C 外，该公式中的参数都是垂直载荷和侧偏角的函数。

Pacejka 教授是在大量轮胎实验的基础上，对实验数据进行分析后拟合得到轮胎的魔术公式模型，这种研究方法就是实验建模法。

用于轮胎测试的试验台如图 4-4 所示，其中 a) 和 b) 是汽车轮胎轮毂道路模拟试验台，c) 是平板式多功能轮胎试验台，其主要用途是轮胎力学特性的理论及试验研究。

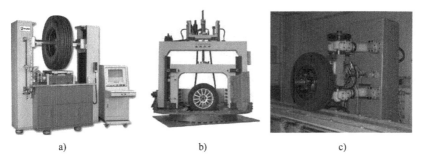

图 4-4 轮胎测试的试验台

4.2.3 综合建模

在许多工程实际问题的建模过程中还有这样一类问题：人们对其内部的结构与特性有部分了解，但又难以完全用机理建模的方法来描述，需要结合一定的实验方法确定另外一部分不甚了解的结构与特性，或者是通过实际测定来求取模型参数。

这一建模方法实际上就是将机理建模法与实验建模法有机地结合起来,故又称之为综合建模法。

综合建模法在实际工程中是一项很好的方法与手段,比如在上述轮胎的魔术公式模型之外,还有许多学者在机理建模的基础上通过实验测量,建立了许多半经验公式。因为经验公式在一定范围内,精度较高,但与理论模型相比预测能力较差;轮胎半经验模型是在轮胎理论模型基础上,通过满足一定边界条件建立的简洁而精度很高的轮胎经验模型,且便于在汽车动力学仿真中应用 MF – Tyre 模型和郭孔辉的幂指数模型。

【例】利用综合建模法对汽车用质子交换膜燃料电池的稳态极化特性曲线(即电压输出特性)建模,如图 4-5 所示。在实际工程中,由于电压和电流是两个比较容易测量的物理量,车用质子交换膜燃料电池系统希望建立电压随电流变化的稳态输出模型。

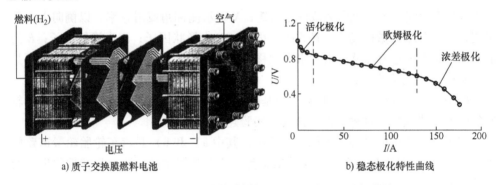

a) 质子交换膜燃料电池　　　　b) 稳态极化特性曲线

图 4-5　汽车用质子交换膜燃料电池及稳态极化特性曲线

车用燃料电池系统是由电堆和辅助系统构成的,在理想情况下输出电压应该等于化学电动势,但由于内部阻抗、气体扩散及电极活化等因素,电压随输出电流的变化呈现一种非线性关系,燃料电池输出电压可表示为

$$V_{fc} = N(E - v_{act} - v_{ohm} - v_{conc}) \tag{4-13}$$

式中,N 为单电池片数,V_{fc} 为电池电压,E 为开路电压。根据参与反应的氢气和氧气所含能量变为水所释放的能量除以法拉第电流电量,

$$E = 1.229 - 8.5 \times 10^{-4}(T_{fc} - T_0) + 4.3085 \times 10^{-5} T_{fc} \left[\ln\left(p_{H_2} p_{O_2}^{1/2}\right) \right]$$

$$\tag{4-14}$$

式中,T_{fc} 为电池温度;T_0 为标准状态温度;p_{H_2} 和 p_{O_2} 分别为氢气和氧气压力。在标准状态下(1 个大气压,25℃),该值为常数 1.229V。但是电池的电压 – 电流曲线是一条非线性曲线,从燃料电池的机理上,科学家们已经能解释造成这种非线性特性的原因,即式(4-13)中,v_{act}、v_{ohm} 及 v_{conc} 三项,分别为活化极化损失、欧姆损失和浓差极化损失。影响燃料电池电压损失的因素很多(比如膜的水合程度、

厚度、离子传导率等，催化剂的老化程度、反应气的温度、湿度及压力等等），很难完全求解各个因素对电压损失的规律，因此很难从机理上求解燃料电池电压输出模型。一种常用的处理办法是，对每种极化电压损失分析几个关键因素的影响，建立机理模型，然后再对其中的部分参数进行实验测定，拟合出半经验公式。

1）活化极化：主要发生在电极表面，由于反应速度过慢导致。在驱动质子经过电解质进行化学反应时，产生了能量损耗。活化极化是由于电极反应中反应物质活化的能量损失，主要和反应的类型、反应物质的活性、催化剂的类型和微观结构有关。活化极化电压 v_{act} 可以用塔菲公式，电流与活化极化电压之间的关系可描述为

$$v_{act} = \begin{cases} a + b\ln(i/i_0) & i \geqslant i_0 \\ a & i < i_0 \end{cases} \quad (4\text{-}15)$$

2）欧姆极化：主要是克服电子通过电极材料和各种连接部件，以及质子通过电解质引起的能量损失。这种损失造成的电压降和电流基本上呈线性比例关系，又称为阻抗损失。欧姆极化是由于质子在电解质和电极中传递、电子在双极板中传递过程中的介质电阻和接触电阻引起的能量损失，受到电流密度、材料特性、几何结构和工作温湿度等因素的影响，欧姆损失可表示为

$$v_{ohm} = IR_{ohm} \quad (4\text{-}16)$$

3）浓差极化：主要是由于电化学反应过程中，电极表面反应物被消耗，浓度下降，导致无法向电极表面提供足够的反应物，引起电压损失。这种损失是由于传质过程引起的，也称为传质损失。浓差极化是由于反应过程中物质传输速度限制引起的能量损失，主要受到电流密度、反应物质的活性和电极结构的影响。浓差极化电压可以表述为

$$v_{conc} = B\ln\left(\frac{i_L - i}{i_L}\right) \quad (4\text{-}17)$$

在式（4-15）～式（4-17）中，a、b、i_0、R_{ohm}、B、i_L 均为待定的参数。通过实验测量，可对上述几个参数进行求解，最终获得燃料电池电压随电流变化的关系。

4.3 模型的验证与评估

数学模型是否达到了预期效果、能否投入应用，是建模者完成建模工作后特别关心的问题，这项工作称为模型验证或评估。进行模型评估涉及数学模型的有效性和动态模型的评价方法。在仿真实验过程中，其结果的有效性取决于系统模型的有效性。因此，模型验证是一项十分重要的工作，它应该贯穿于"系统建模——仿真实验"这一过程中，直到仿真实验取得满意的结果。

4.3.1 数学模型的有效性

数学模型是依据车辆运动过程的机理或数据源由人工建立的数学描述,这种数学描述能够产生与车辆运动过程相似的行为数据。数学模型所产生的行为数据与实际车辆运动过程数据源的相似程度称为模型的有效性。通常数学模型的有效性可分为复制有效、预测有效和结构有效三级,后面的相似程度高于前面的相似程度。

1)若数学模型产生的数据与车辆运动过程测量的实际状态值相匹配,称为复制有效。

2)在车辆运动过程发生之前,可以得到数学模型产生的数据与车辆运动过程产生的状态数据匹配情况,称为预测有效。

3)数学模型不仅具有预测有效特性,而且可以反映出产生这些行为数据的内在原因,称为结构有效。

一般来说,在汽车电子及车辆控制工程领域机理建模所达到的有效级别高,但建模工作的难度越大。因此,针对不同的应用课题不一定非要采用结构有效的机理模型,有时候利用实验数据得到的经验公式也非常有效。

4.3.2 模型验证的内容

一个系统模型能否准确而有效地描述实际系统,其应从如下两方面来检验。一是检验系统模型能否准确地描述实际系统的性能与行为;二是检验基于系统模型的仿真实验结果与实际系统的近似程度。

由于系统模型只是对实际系统的一种相似,所以这种相似或近似不可能是百分百地真实描述实际系统的性能与行为。因此,验证其"相似或近似"程度有助于我们更有效地分析实际的系统问题。

在进行模型验证工作中,应注意以下几点。

1)模型验证工作是一个过程。它是建模者对所研究问题由感性认识上升到理性认识的一个阶段,往往需要多次反复才能完成。

2)模型验证工作具有模糊性。由于系统模型是实际系统的一种相似或近似,其相似或近似程度具有一定的模糊性,其与建模者对实际系统问题的认识与理解程度有关。因此,在模型验证工作中,应注意"对于同一个问题,不同的建模者所建的模型可能有所不同"。

3)模型的全面验证往往是不可能或者难以实现的。这是因为,对于一些复杂的系统模型与控制问题(例如社会系统、生态问题、飞行器系统等等),模型验证工作常常需要大量的统计分析数据,而实际中不论是"测取"还是"统计分析"往往都需要漫长而复杂的设计与计算,将大大增加模型验证工作的难度。

4.3.3 模型验证的基本方法

1. 基于机理建模的必要条件法

对于采用机理建模法建立的数学模型,在模型验证工作中主要是检验模型的可信性。所谓必要条件法,就是通过对实际系统所存在的各种特性、规律和现象(人通过推演或经验可认识到的系统的必要性质和条件)进行仿真模拟或仿真实验,通过数值结果与必要条件的吻合程度来验证系统模型的可信性和有效性。

2. 基于实验建模的数理统计法

所谓数理统计法又称为最大概率估计法,它是数理统计学中描述一般随机状态(或过程)发生的可能性大小的一种数学描述。

由于实验建模中所依据的"数据"往往带有一定的随机性与不确定性,因此所得模型的可信性与准确性往往也是不确定的。因此,在实验建模时,应该选取这些概率最大的数据来进行建模,以保证所建模型具有较高的可信性。

综上所述,对于基于实验建模法建立的系统模型,可通过考察在相同输入条件下,系统模型与实际系统的输出结果有一致性、最大概率性、最小方差性等数理统计方面的情况来综合判断其可信性与准确性。

3. 实物模型验证法

对于机电系统、化工过程系统以及工程力学等这一类可依据相似原理建立实物模型的仿真研究问题,应用实物(或半实物)仿真技术可以在可能的条件下实现最高精度的模型验证(这种验证的代价相对较高),这也就是为什么在汽车及其零部件系统的产品开发研究中,人们总是把实物仿真作为产品定型和批量生产前的最高级仿真实验的原因。

4.3.4 动态模型验证的判断标准

动态数学模型的评价具有一定的难度,这些困难不在于方法,而在于实际车辆运动过程中某些变量不可测或很难进行对照试验。

车辆运动过程的动态性不仅体现在相对平衡状态,即稳态时刻的状态;更主要的是体现在汽车动力系统受到干扰或者经历了某些外部操作后,系统所呈现出的随时间增长的变化规律(瞬态响应过程)。这些变化规律在不同的初始条件下,或不同的外部干扰下,可能是不相同的。因此,评价一个动态数学模型的有效性,理论上应当对不同的初始状态,不同的外部干扰(包括干扰幅度的变化)做多种平行试验。同时在动态到稳态后,将稳态值与过程系统的对应稳态值进行比较。

在实际应用中考虑到条件限制,评价方法相应简化,常用稳态值鉴定法或时域评价法。

1. 稳态值鉴定法

将仿真模型运行到稳定状态,直至各变量没有变化(或没有明显变化),实际汽车运动过程稳定状态的实验结果做对比。参看最大偏差是否在容许的范围内（比如±3%～±5%）。

稳态值鉴定法是应用非常广泛且有效的方法，该方法可以考核动态数学模型的稳定性。如果数学模型的固有稳定性差，可能无法长时间稳定在设计值上。同时该方法可以考核数学模型变化趋势的正确性，如果与仿真趋势相反，肯定不会收敛到与实际工况相同的稳态值范围内。最终，该方法考核了数学模型定量化的稳态精度。数学模型仿真结果与设计数据的稳态偏差越小，模型的有效性越高。

2. 时域评价法

对于动态仿真数学模型只进行稳态值鉴定是不够的。因为稳态值鉴定法无法验证数学模型在受到干扰后直到进入新的稳态之前这一段非稳态过程的特性。而外部扰动、驾驶员操作、状态调整、容错控制策略，特别是控制系统的作用等都与这段非稳态特性相关。从理论上而言，经典控制理论和现代控制理论的方法都可以用来评价动态数学模型的特性。但实际过程系统往往难以详细取证，为了使评价具有可操作性，时域评价法简化为经验法和抽样测试法两种。

在汽车电子控制系统设计过程中，动态数学模型的验证往往在实验台上进行，统一现场试验和仿真运行的初始条件，由实验人员对数学模型中各主要变量、变化的时间常数及各时间常数进行记录。在尽可能相同的工况下分别在现场和仿真器上做试验，将得出的瞬态响应曲线进行比较。

模型动态响应过程的定量化评价指标常用积分指标，即误差绝对值积分性能指标（IAE）、误差绝对值乘时间积分性能指标（ITAE）、误差平方积分性能指标（ISE）和误差平方乘时间积分性能指标（ITSE）等。积分指标有利于评价变化过程的相似程度。

4.4 控制系统的数学模型表示

汽车中包含大量的机械系统和电子系统，往往是由许多刚体、弹性体、阻尼结构甚至非线性结构组成的物理系统，物理系统中的表现形式（比如电压、电流、压力、温度、速度等）是随时间连续变化，数学模型就是利用数学关系表示这些量之间随时间的变化关系。利用计算机仿真来分析和设计控制系统，首先要建立合理的描述系统各个变量的动力学方程，并根据仿真需要描述为系统数学模型。

4.4.1 数学模型的表示形式

本节要讨论线性定常连续系统数学模型的几种表示形式。线性定常离散系统的数学模型将在后面章节中讨论。

1. 微分方程形式

设线性定常系统输入、输出量是单变量，分别为$u(t)$、$y(t)$，则两者间的关系总可以描述为线性常系数高阶微分方程形式。

$$a_0 y^{(n)} + a_1 y^{(n-1)} + \cdots + a_{n-1} y' + a_n y = b_0 u^{(m)} + \cdots + b_m u \quad (4\text{-}18)$$

式中，$y^{(j)}$ 为 $y(t)$ 的 j 阶导数，$j = 0, 1, \cdots, n$；$u^{(i)}$ 为 $u(t)$ 的 i 阶导数，$i = 0, 1, \cdots, m$；a_j 为 $y(t)$ 及其各阶导数的系数，$j = 0, 1, \cdots, n$；b_i 为 $u(t)$ 及其各阶导数的系数，$i = 0, 1, \cdots, m$；n 为系统输出变量导数的最高阶次；m 为系统输入变量导数的最高阶次，通常总有 $m \leq n$。

对式（4-18）的数学模型，可以用以下模型参数形式表征。

1）输出系数向量 $a = [a_0, a_1, \cdots, a_n]$，$n+1$ 维。
2）输出系数向量 $b = [b_0, b_1, \cdots, b_m]$，$m+1$ 维。
3）输出变量导数阶次 n。
4）输入变量导数阶次 m。

有了这样一组模型参数，就可以简便地表达出一个连续系统的微分方程形式。微分方程模型是连续控制系统及其他数学模型表达形式的基础，以下所要讨论的模型表达形式都是以此为基础发展而来的。

2. 状态方程形式

当控制系统输入、输出为多变量时，可用向量分别表示为 $\boldsymbol{u}(t)$、$\boldsymbol{y}(t)$，由现代控制理论可知，总可以通过系统内部变量之间的转换设立状态向量 $\boldsymbol{x}(t)$，将系统表达为状态方程形式

$$\begin{cases} \dot{\boldsymbol{x}}(t) = \boldsymbol{A}\boldsymbol{x}(t) + \boldsymbol{B}\boldsymbol{u}(t) \\ \boldsymbol{y}(t) = \boldsymbol{C}\boldsymbol{x}(t) + \boldsymbol{D}\boldsymbol{u}(t) \end{cases} \quad (4\text{-}19)$$

令 $\boldsymbol{x}(t_0) = \boldsymbol{x}_0$ 为状态初始值。已知，$\boldsymbol{u}(t)$ 为输入向量（m 维）；$\boldsymbol{y}(t)$ 为输出向量（r 维）；$\boldsymbol{x}(t)$ 为状态向量（n 维）。对式（4-19）的数学模型，用以下模型参数来表示系统。

1）系统系数矩阵 $\boldsymbol{A}$（$n \times n$ 维）。
2）系统输入矩阵 $\boldsymbol{B}$（$n \times m$ 维）。
3）系统系数矩阵 $\boldsymbol{C}$（$r \times n$ 维）。
4）系统系数矩阵 $\boldsymbol{D}$（$r \times m$ 维）。
5）状态初始向量 $\boldsymbol{x}_0$（n 维）。

简记为 $(\boldsymbol{A}, \boldsymbol{B}, \boldsymbol{C}, \boldsymbol{D})$ 形式。

应当指出，控制系统状态方程的表达形式不是唯一的，通常可根据不同需要，变换成不同的形式，如可控标准型、可观测标准型、约当型等。

3. 传递函数形式

将式（4-18）在零初始条件下，两边同时进行拉普拉斯变换（简称拉氏变换），则有：

$$(a_0 s^n + a_1 s^{n-1} + \cdots + a_{n-1} s + a_n) Y(s) = (b_0 s^m + b_1 s^{m-1} + \cdots + b_{m-1} s + b_m) U(s)$$

$$(4\text{-}20)$$

输出拉氏变换 $Y(s)$ 与输入拉氏变换 $U(s)$ 之比

$$G(s) = \frac{Y(s)}{U(s)} = \frac{b_0 s^m + b_1 s^{m-1} + \cdots + b_{m-1}s + b_m}{a_0 s^n + a_1 s^{n-1} + \cdots + a_{n-1}s + a_n} \quad (4-21)$$

即为单输入单输出系统的传递函数,其模型参数可表示为:

1)传递函数分母系数向量 $\boldsymbol{a} = [a_0, a_1, \cdots, a_n]$,$n+1$ 维。
2)传递函数分子系数向量 $\boldsymbol{b} = [b_0, b_1, \cdots, b_m]$,$m+1$ 维。
3)分母多项式阶次 n。
4)分子多项式阶次 m。

用 $\text{num} = \boldsymbol{b}$,$\text{den} = \boldsymbol{a}$ 分别表示分子、分母参数向量,则可简练地表示为(num, den),式(4-21)中,当 $a_0 = 1$ 时,分母多项式

$$s^n + a_1 s^{n-1} + \cdots + a_{n-1}s + a_n \quad (4-22)$$

称为系统的特征多项式,是控制系统常用的标准表达形式。于是相应的模型参数中,分母系数向量只用 n 维分量即可表示出,即 $\boldsymbol{a} = [a_0, a_1, \cdots, a_n]$,是 n 维向量。

4. 零极点增益形式

如果将式(4-21)中分子、分母有理式分解为因式连乘形式,则有

$$G(s) = K \frac{\prod_{i=1}^{m}(s-z_i)}{\prod_{j=1}^{n}(s-p_j)} = K \frac{(s-z_1)(s-z_2)\cdots(s-z_m)}{(s-p_1)(s-p_2)\cdots(s-p_m)} \quad (4-23)$$

式中,K 为系统的零极点增益;z_i,$i=1, 2, \cdots, m$,称为系统的零点;p_j,$j=1$,$2, \cdots, n$,称为系统的极点。z_i、p_j 可以是实数,也可以是复数。因此,称式(4-23)为单输入单输出系统传递函数的零极点表达形式。其模型参数为:

1)系统零点向量 $\boldsymbol{z} = [z_1, z_2, \cdots, z_m]$,$m$ 维。
2)系统极点向量 $\boldsymbol{p} = [p_1, p_2, \cdots, p_n]$,$n$ 维。
3)系统零极点增益 K,标量。

零极点增益形式,简记为($\boldsymbol{z}$, $\boldsymbol{p}$, K)形式。

5. 部分分式形式

传递函数也可表示成为部分分式或留数形式,如下所示:

$$G(s) = \sum_{i=1}^{n} \frac{r_i}{s-p_i} + h(s) \quad (4-24)$$

式中,$p_i(i=1,2,\cdots,n)$ 为该系统的 n 个极点,与零极点形式的 n 个极点是一致的;$r_i(i=1, 2, \cdots, n)$ 是对应各极点的留数;$h(s)$ 则表示传递函数分子多项式除以分母多项式的余式,若分子多项式阶次与分母多项式相等,h 为标量,若分子多项式阶次小于分母多项式阶次,该项不存在。模型参数表示为:

1)极点留数向量 $\boldsymbol{r} = [r_1, r_2, \cdots, r_n]$,$n$ 维。
2)系统极点向量 $\boldsymbol{p} = [p_1, p_2, \cdots, p_n]$,$n$ 维。

3）余式系数向量 $\boldsymbol{h} = [h_1, h_2, \cdots, h_l]$，$l+1$ 维，且 $l = m - n$，原函数分子大于分母阶次的余式系数。零极点形式简记为 $(\boldsymbol{r}, \boldsymbol{p}, \boldsymbol{h})$ 形式。

4.4.2 不同数学形式的转换

以上所述的几种数学模型可以相互转换，以适应不同的仿真分析要求。

1. 微分方程与传递函数形式

微分方程的模型参数向量与传递函数的模型参数向量完全一样，所以微分方程模型在仿真中总是用其对应的传递函数模型来描述。

2. 传递函数与零极点增益形式

传递函数转化为零极点增益表示形式的关键，实际上取决于如何求取传递函数分子、分母多项式的根。令

$$\begin{cases} b_0 s^m + b_1 s^{m-1} + \cdots + b_{m-1} s + b_m = 0 \\ a_0 s^n + a_1 s^{n-1} + \cdots + a_{n-1} s + a_n = 0 \end{cases} \quad (4\text{-}25)$$

则两式分别有 m 个和 n 个相应的根 z_i（$i = 1, 2, \cdots, m$）和 p_j（$j = 1, 2, \cdots, n$）此即为系统的 m 个零点和 n 个极点。

3. 状态方程与传递函数或零极点增益形式

对于单变量系统，状态方程为

$$\begin{cases} \boldsymbol{x}' = \boldsymbol{Ax} + \boldsymbol{b}u \\ y = \boldsymbol{cx} + du \end{cases} \quad (4\text{-}26)$$

可得

$$G(s) = \frac{Y(s)}{U(s)} = \boldsymbol{c}(s\boldsymbol{I} - \boldsymbol{A})^{-1}\boldsymbol{b} + d \quad (4\text{-}27)$$

关键在于 $(s\boldsymbol{I} - \boldsymbol{A})^{-1}$ 的求取。利用 Fadeev – Fadeeva 法可以由已知的 $\boldsymbol{A}$ 阵求得 $(s\boldsymbol{I} - \boldsymbol{A})^{-1}$，并采用计算机高级语言（如 C 或 FORTRAN 等）编程实现，关于此节内容可参考现代控制理论相关书籍。

4. 部分分式与传递函数或零极点增益形式

传递函数转化为部分分式，关键在于求取各分式的分子待定系数，即下式中的 r_i（$i = 1, 2, \cdots, n$）。

$$G(s) = \frac{r_1}{s - p_1} + \frac{r_2}{s - p_2} + \cdots + \frac{r_n}{s - p_n} + h(s) \quad (4\text{-}28)$$

在单极点情况下，该待定系数可用以下极点留数的求取公式得到

$$r_i = G(s)(s - p_i)|_{s = p_i} \quad (4\text{-}29)$$

5. 利用数字仿真工具进行转换

式（4-25）的求根过程可通过高级语言编程实现，但编程较烦琐；式（4-27）的求解及式（4-29）对留数的求解，这些都是公式的应用或是根据公式算法编制程序，其过程都相当麻烦。直接采用数字仿真工具 MATLAB 语言及其提供的工具，

可使模型转换过程变得十分方便。其模型转换方法如下。

1) [z, p, K] = tf2zp (num, den)   % 传递函数转换为零极点形式。
2) [num, den] = zp2tf (z, p, K)   % 零极点转换为传递函数形式。
3) [num, den] = ss2tf (A, B, C, D) % 状态空间方程转换为传递函数形式。
4) [A, B, C, D] = tf2ss (num, den) % 传递函数转换为状态空间方程形式。
5) [z, p, K] = ss2zp (A, B, C, D) % 状态空间方程转换为零极点形式。
6) [A, B, C, D] = zp2ss (z, p, K) % 零极点转换为状态空间方程形式。

上述函数名的特点是将所要转换的形式英文缩写（State – Space, ss; Transfer Function, tf; Zero – Pole, zp）加 to（2）即可，非常容易记忆。关于数字仿真工具 MATLAB 及控制系统工具箱将在下一章中详细讲解。

4.5 汽车机电系统典型器件的数学模型

汽车是一个复杂的机械、电子耦合系统，其中包括了成千上万的机械和电子零部件，而系统则是由基本的零部件模型构成，本节讨论几种典型的机械元件与电元件及它们的模型。

4.5.1 常见机械环节的数学模型

1. 摩擦连接与摩擦力

摩擦连接是汽车机械系统中经常遇到的一种系统连接方式，最典型的就是轴承，包括滚动轴承和滑动轴承。

在机械运动中实际存在三种摩擦，即静摩擦、动摩擦及黏摩擦，它们的摩擦力-速度特性如图 4-6 所示。黏摩擦是一种由液体黏滞力引起的摩擦力，黏摩擦的动力学模型可表示为

$$F = B \frac{dY}{dt} = BV \tag{4-30}$$

式中，B 为黏摩擦系数，Y 表示线位移或角位移，当 Y 为线位移时，F 往往表示摩擦力；当 Y 表示角位移时，F 往往表示摩擦力矩。

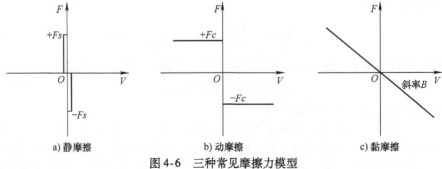

图 4-6 三种常见摩擦力模型

2. 质量

对于质量块，如果不计算它的旋转动作，往往可不考虑其形状，直接将其简化为质点，其参数为质量 M，动力学模型为

$$F = M\frac{dV}{dt} = M\frac{d^2Y}{dt^2} \tag{4-31}$$

汽车中的任何质量块，当不考虑其旋转时，均可视为质点，比如在研究汽车纵向动力学控制系统时，汽车整车就可简化为质点。

3. 转动惯量

转动惯量是与角速度相关的参数，任何绕固定轴旋转的刚体运动都具有转动惯量参数，其动力学模型为

$$T = J\frac{d\omega}{dt} = J\frac{d^2\theta}{dt^2} \tag{4-32}$$

转动惯量在汽车传动系统中运用较多，比如齿轮、传动轴、离合器、同步器、车轮等转动部件。

4. 线性弹簧

线性弹簧具有力（或力矩）与形变有线性关系的特性，其主要参数为刚度 K，动力学模型为

$$F = KY = K\int V dt \tag{4-33}$$

式中，Y 为形变，包括长度、角度等；F 为形变力（或形变力矩），在汽车中有许多弹性元件均可认为是线性弹簧，比如用于汽车悬架的钢板弹簧、旋转弹簧、转向系统中的力矩传感器等。

4.5.2 常见电子电气环节数学模型

随着对汽车安全、节能要求的不断增加，汽车电子控制系统所占机械结构的比重也在不断增加。汽车的电子化程度已成为衡量汽车技术水平高低的重要标志，近十年来汽车中有 70% 的创新来源于汽车电子，汽车电子技术已经成为汽车业竞争的核心技术。本节主要对一些控制系统中常用的机电器件模型做些介绍。

1. 电容器

电容器是常见的电子器件，参数为电容 C，其动力学方程为

$$i = C\frac{du}{dt} \tag{4-34}$$

式中，i 和 u 分别为电容器两端电流及电压。电容器在汽车上主要用于电子控制单元内部滤波、去耦、电源储能等用途，一般电容在几个皮法到几个毫法之间，在混合动力电动汽车上，还有用于存储能量的超级电容，其电容达到几个法拉。

2. 电感器

电感器也是最常见的电子器件，参数为电感 L，其动力学方程为

$$u = L\frac{\mathrm{d}i}{\mathrm{d}t} \tag{4-35}$$

式中，i 和 u 分别为电感器两端电流及电压。电感器在汽车上主要用于电子控制单元内部滤波电路、电压变换器等用途，电机中的电枢绕组亦可等效成由电感、电阻和反电势构成的回路。

3. 电磁阀

电磁阀种类有很多，其中高速开关电磁阀是一种理想的电-气或电-液控制转换组件，其只有"开""关"两种极限工作状态，不存在精度很高的间隙配合，消除了多种非线性因素，如死区、干摩擦等的影响，因而抗污染能力强、结构简单、工作可靠。汽车上的液压和气压控制系统经常使用高速电磁阀作为控制执行器件。

4. 直流电动机

汽车上一般采用永磁无刷直流电动机作为执行机构的一部分，比如刮水器、车窗举升器、清洗液喷射器、吹风机等。直流电动机分为电枢控制直流电动机和磁场控制直流电动机两类。其原理如图4-7所示。

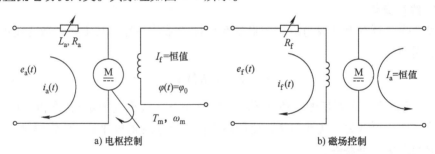

图4-7　电枢控制直流电动机与磁场控制直流电动机原理

当电枢绕组中有电流流过时，处在磁场中的转子绕组会产生一个电磁转矩，驱动转子旋转。转子切割磁力线的运动又导致产生一个与转子外加电压方向相反的电动势。转子转速与空隙磁场强度及电枢电压大小有关，所以通过控制电枢电压或励磁电流大小，就能控制电动机转速。如图4-7a所示的电枢控制直流电动机假设如下。

1) 励磁绕组中励磁电流为恒流。
2) 电机补偿良好，电枢反应、涡流效应、磁滞影响可忽略，则有空隙磁通

$$\varphi(t) = k_\mathrm{f} i_\mathrm{f} = k_\mathrm{f} I_\mathrm{f} = 恒值 \tag{4-36}$$

电动机转矩可描述为

$$T_\mathrm{m}(t) = k'_\mathrm{m} i_\mathrm{a} \varphi(t) = k'_\mathrm{m} k_\mathrm{f} I_\mathrm{f} i_\mathrm{a} = K_i i_\mathrm{a}(t) \tag{4-37}$$

式中，K_i 为电动机转矩常数。

3) 电动机的反电动势可表示为

$$e_\mathrm{b}(t) = K_\mathrm{b} \frac{\mathrm{d}\theta_\mathrm{m}(t)}{\mathrm{d}t} = K_\mathrm{b} \omega_\mathrm{m}(t) \tag{4-38}$$

式中，K_b 为反电动势常数。在电枢回路中的电压平衡方程为

$$e_n(t) = R_a i_a(t) + L_a \frac{di_a}{dt} + e_b(t) \quad (4\text{-}39)$$

4）电动机的转矩平衡可表示为

$$T_m(t) = J_{em}\frac{d^2\theta_m(t)}{dt^2} + B_{em}\frac{d\theta_m(t)}{dt} + T_L(t) \quad (4\text{-}40)$$

式中，J_{em} 为电动机转轴（包括负责载端折算过来的）等效转动惯量；B_{em} 为电动机转轴的等效阻尼；$T_L(t)$ 为负载转矩；$T_m(t)$ 为电机的电磁转矩。

将式（4-36）到式（4-40）进行拉氏变换，分别为

$$\begin{cases} T_m(s) = K_i I_a(s) \\ E_b(s) = K_b \Omega_m(s) = K_b s \Theta_m(s) \\ E_n(s) = R_a I_a(s) + L_a s I_a(s) + E_b(s) \\ T_m(s) = J_{em} s^2 \Theta_m(s) + B_{em} s \Theta_m(s) + T_L(s) \end{cases} \quad (4\text{-}41)$$

用中间变量消去法，或方块图化简，或信号流图方法，能求得从输入 $E_a(s)$ 到输出 $\Theta(s)$ 的传递函数。由于方块图、信号流图具有简便、直观、各变量间因果关系明确等优点，故常采用此方法来求电枢控制直流电动机的传递的函数。

对于激励控制直流发电机，假设如下。

1）电枢电流 $i_a = I_a = $ 恒值。

2）铁心不饱和，工作于线性段，则有 $\varphi(t) \propto i_f$，得到

$$\varphi(t) = k_f i_f(t) \quad (4\text{-}42)$$

3）电机电磁转矩 $T_m(t)$ 正比于 $I_a \varphi(t)$，得到

$$T_m = k_m I_a \varphi(t) = k_m k_f I_a i_f(t) = K_i i_f(t) \quad (4\text{-}43)$$

式中，K_i 称为转矩常数。在励磁回路中的电压平衡方程为

$$e_f(t) = R_f i_f(t) + \frac{di_f(t)}{dt} L_f \quad (4\text{-}44)$$

式中，$e_f(t)$ 为外加励磁控制电压；R_f 和 L_f 分别为励磁绕组中的电阻和电感。

4）转矩平衡方程

$$T_m(t) = J_{em}\frac{d\omega_m(t)}{dt} + B_{em}\omega_m(t) = J_{em}\frac{d^2\theta_m(t)}{dt^2} + B_{em}\frac{d\theta_m(t)}{dt} \quad (4\text{-}45)$$

式（3-36）~式（3-38）的拉氏变换为

$$\begin{cases} T_m(s) = K_i I_f(s) \\ E_f(s) = R_f I_f(s) + L_f s I_f(s) \\ T_m(s) = J_{em} s^2 \Theta_m(s) + B_{em} s \Theta_m(s) \end{cases} \quad (4\text{-}46)$$

5. 电位计

在控制系统中，电位计主要用于把角位移或线位移转换成电压，并用于检测两

个位移量或者是它们的误差。差分式电位计工作原理如图4-8所示。

在图4-8中，$\theta_r(t)$ 为输入角位移，$\theta_c(t)$ 为输出角位移，$e(t)$ 为误差电压，$V(t)$ 为外加电压。电位计两端输出的误差电压为

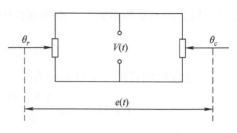

图4-8 差分式电位计工作原理

$$e(t) = K_s\theta_e(t) = K_s(\theta_r(t) - \theta_c(t)) \tag{4-47}$$

式中，K_s 为电位计灵敏度（V/rad），$\theta_e(t) = \theta_r(t) - \theta_c(t)$。

图4-8中 $V(t)$ 和 $e(t)$ 可以是交流电压，也可以是直流电压，视系统需要而定。在汽车中的行程测量和角度测量中经常使用基于此原理的传感器，比如加速踏板、油箱油量传感器等，都使用了差分式或非差分式电位计，但不同传感器的结构有些区别。

4.6 汽车复合功率分流混动系统建模应用案例

混合动力汽车由于能通过电池储能并与电机协调、将发动机的工况始终调整在它的高效区而获得较好的经济性，其拓扑结构有串联、并联等多种形式，而功率分流式是一种新型的混合动力构型，兼具各种形式的优势。

4.6.1 功率分流混合动力系统结构

一种新型复合功率分流混合动力系统结构如图4-9所示，该系统主要由发动机、扭转减振器、复合功率分流齿轮机构、制动器、电动机M1、电动机M2、动力电池、减速机构及起锁止、润滑冷却作用的液压系统电动泵等组成。

在复合功率分流动力系统中，发动机通过扭转减振器与功率分流齿轮机构的行星架相连，电动机M1与前行星排的中心轮相连，电机M2与后行星排中心轮相连，齿圈通过减速机构输出动力。同时，行星架上设有制动器AR1，星排中心轮的延长轴上设有制动器AR2。电机M1与电机M2布置在双行星轮系的同侧，提高了系统的集成度，有利于简化电机冷却系统。图4-10为复合功率分流混合动力系统数模及动力总成实物图。

4.6.2 动力系统关键部件建模

复合功率分流行星齿轮机构采用改进型的拉维奈尔赫式齿轮机构，如图4-11所示。

该机构是一个多行星排齿轮机构，由一个单行星排（也称为前行星排）和一个双行星排（即后行星排）组合而成，前行星排包括前中心轮、短行星轮、行星

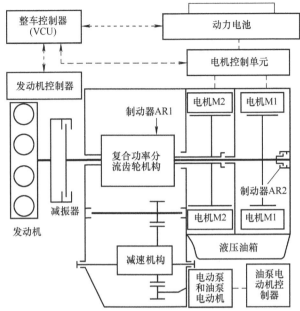

图 4-9 复合功率分流混合动力系统结构示意

图 4-10 复合功率分流混合动力系统数模及动力总成

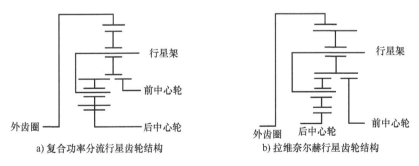

a) 复合功率分流行星齿轮结构   b) 拉维奈尔赫行星齿轮结构

图 4-11 行星齿轮机构对比

架、外齿圈组成单行星轮行星排；后行星排包括后中心轮、短行星轮、长行星轮、行星架、外齿圈构成双行星轮行星排，两个行星排共用行星架及外齿圈。与拉维奈尔赫结构（图4-11b）相比，二者不同之处在于复合功率分流行星齿轮机构缩减了前行星排中心轮的尺寸，加大了后行星排中心轮的半径，同时调整了各行星排行星齿轮的尺寸。该行星齿轮机构具有质量小、轴向尺寸小、效率高、传动比变化范围大、灵活多变等特点，得到较多的应用，尤其是应用于前驱结构的自动变速器，如马自达、福特和奥迪等车型都采用了该结构。

根据行星齿轮结构特性，可知行星齿轮传动比

$$i = \frac{n_s}{n_r} = \frac{z_r}{z_s} \tag{4-48}$$

式中，i 为行星齿轮传动比；n_s 为中心轮转速；n_r 为齿圈转速；z_s 为中心轮齿数；z_r 为齿圈齿数。

由常啮合齿轮力矩方程及能量守恒定律计算得到行星排齿轮角速度公式：

$$\omega_{s1} = -i_1\omega_r - \omega_c(1+i_1) \tag{4-49}$$

$$\omega_{s2} = i_2\omega_r + \omega_c(1-i_2) \tag{4-50}$$

式（4-49）、式（4-50）分别为前行星排、后行星排角速度关系公式，其中 i_1、i_2 为速比。根据复合功率分流行星排齿轮结构特点可知，其前后行星排传动比 $i_1 > i_2$，与拉维奈尔赫式齿轮机构传动比相比，该复合功率分流齿轮结构增加了与电机 M1 相连的行星轮系的传动比，减少了与电机 M2 相连的行星轮系的传动比，这样做的目的是使用较小转矩的电机 M1 就能起动发动机，有效减小了电机 M1 的尺寸，同时加大电机 M2 的转矩，提升其转矩助力能力，有助于提高复合功率分流混合动力模式下系统的动力性和经济性。

4.6.3 发动机模型

发动机作为复合功率分流混合动力系统的主要动力源之一，尤其在中高速工况下，是功率分流混合动力系统主要的控制对象，系统控制策略也主要是围绕发动机最优控制展开的，如采用直列四缸、四冲程、双顶置凸轮轴、16气门、智能连续可变进气相位（CVVT）发动机主要技术参数见表4-1。

表4-1 复合功率分流系统发动机主要技术参数表

项目名称	技术参数
型号	CVVT-4G18
缸径(mm)×冲程(mm)	79×91.4
总排量/L	1.792
压缩比	10:1
最大功率/[kW/(r/min)]	102/(6000~6200)
最大转矩/[N·m/(r/min)]	172/(4100~4300)
冷却方式	强制循环水冷

通过台架试验手段获得的 4G18 发动机万有特性曲线、燃油消耗率和外特性曲线如图 4-12 及图 4-13 所示。

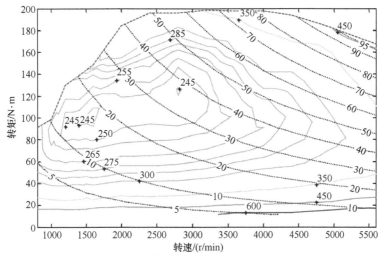

图 4-12 复合功率分流系统发动机万有特性曲线

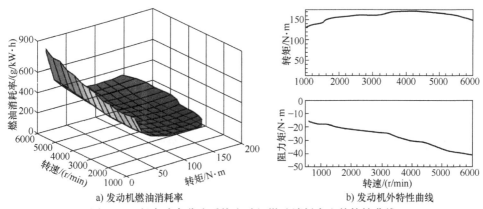

a) 发动机燃油消耗率　　　　　　　　　b) 发动机外特性曲线

图 4-13 复合功率分流系统发动机燃油消耗率和外特性曲线

复合功率分流混合动力系统发动机的控制是基于转矩的控制,整车控制器(VCU)根据当前工况下整车轮边需求转矩经复合功率分流系统进行转矩分配,发动机控制单元根据发动机需求转矩控制发动机工作点,故复合功率分流系统发动机的控制不同于传统内燃机的控制,仿真建模所建立的发动机模型是基于发动机试验测试数据而建立的。

通过试验获得发动机燃油消耗率、发动机转速、转矩、排放等数据,采用拟合、插值算法建立的发动机模型主要由发动机转矩模块、发动机燃油消耗模块和发动机排放模块三部分组成。发动机工作负荷主要考虑发动机惯性阻力矩和附件负载的影响,发动机转矩计算公式为

$$T_{\text{Eng}} = T_{\text{cmb}} - T_{\text{resi}} - T_{\text{amd}} \tag{4-51}$$

式中，T_{Eng} 为发动机实际转矩，T_{cmb} 为发动机燃烧时所产生的转矩，T_{resi} 为发动机惯性阻力矩，T_{amd} 为发动机自学习修正转矩，自学习转矩与大气压力、发动机进气压力、转速、水温等因素有关。整车稳态工况下发动机燃油消耗率和排放公式为

$$b_e = \frac{1000 Q_B}{P_e} = \frac{f_B \rho_{\text{gas}} 3600/1000}{n_{\text{Eng}} T_{\text{Eng}}/9550} \tag{4-52}$$

$$Q_{\text{CO}} = \int_0^t f_{\text{CO}} \, dt \tag{4-53}$$

$$Q_{\text{HC}} = \int_0^t f_{\text{HC}} \, dt \tag{4-54}$$

$$Q_{\text{NO}_x} = \int_0^t f_{\text{NO}_x} \, dt \tag{4-55}$$

式（4-52）~式（4-55）中，b_e 为发动机燃油消耗率（g/kW·h）；Q_B 为发动机单位时间内燃油消耗量（kg/h）；P_e 为发动机功率（kW），$f_B = \int_0^t f_{\text{Eng}}(P_{\text{fuel}}, t_{\text{v1v}}) \, dt$ 为发动机喷油脉宽与喷油嘴电磁阀开启时间的函数（μml/s）；$\rho_{\text{gas}} = 0.75 \text{kg/L}$ 为汽油密度；Q_{CO}、Q_{HC}、Q_{NO_x} 分别是发动机尾气排放物的总质量；f_{CO}、f_{HC}、f_{NO_x} 是发动机尾气生成率。其中 f_{CO}、f_{HC} 与大气压力、发动机进气温度、发动机瞬时负荷等因素有关；f_{NO_x} 主要与燃烧室温度、点火正时等相关。

复合功率分流动力系统中发动机输出轴通过扭转减振器与行星轮系的行星架刚性相连，行星架上配置制动器 AR1，整车运行在低速且电池 SOC 较高、而轮边需求转矩不大时，设计系统锁止制动器 AR1，发动机不工作，不参与驱动，整车运行在纯电动状态；轮边需求转矩大或整车运行在中高速时，设计系统解锁制动器 AR1，发动机起动并参与驱动，此时整车运行在功率分流混合动力工况。

混合动力工况下 SOC 较高时，减少发动机输出转矩以实现系统对力电池充电或不充，SOC 较低时，增大发动机输出转矩给电池充电。

4.6.4 电机模型

电机作为动汽车电气驱系统的核心，是把电能转换为机械能的动力部件，电机的类型、尺寸、重量性能和效率等因素直接影响整车性能。电机有直流电机和交流电机两种，直流电机驱动系统的优点是控制系统成本低、技术成熟、易于控制，缺点是维护困难、机械换向时会产生火花、电机及控制单元体积大、调速范围小和能量密度低。交流电机又分为感应电机、永磁同步电机和开关磁阻电机。交流感应电机较适合于大功率电动汽车，开关磁阻电机能量密度低、转矩脉动大，所产生的噪声及谐振问题突出；永磁同步电机具有控制精度高、功率密度大、转矩脉动小、体积和质量小等优点，是混合动力汽车常用机型。复合功率分流系统电机技术参数见表 4-2。

表 4-2 复合功率分流混合动力系统电机技术参数列表

参数	电机 M1	电机 M2
电机类型	永磁同步电机	永磁同步电机
峰值转矩/N·m	120	250
峰值转速/(r/min)	11000	9500
峰值功率/kW	45	60
质量/kg	10	19

复合功率分流动力系统电机 M1、电机 M2 布置在双行星排同侧，分别与前中心轮、后中心轮刚性相连，这种结构降低了电机系统的集成度，简化了冷却系统的结构和控制，并提高了传动系统的效率。同时通过与中心轮连接，减小了双行星排左右两侧的传动轴之间长度偏差，有利于汽车前机舱的空间布置；通过双行星排改变减速比，相同条件下拓宽了对电机转速、转矩的范围选择，降低了对电机主轴动平衡的要求，一定程度上降低了电机的成本。

电机 M1 主要用做发电机，M2 主要用做驱动电机，通过试验手段获得了电机 M1、M2 的外特性参数、电机效率及损耗等据，如图 4-14 ~ 图 4-17 所示。

根据永磁同步电机的工作原理，同步电机转速、转矩计算式分别为

$$n_{\mathrm{syn}} = \frac{60 f_{\mathrm{sr}}}{p_n} \tag{4-56}$$

$$T_{\mathrm{syn}} = p_n \left[\psi_\mathrm{f} i_\mathrm{s} \sin\beta + \frac{1}{2}(L_\mathrm{d} - L_\mathrm{q}) i_\mathrm{s}^2 \sin2\beta \right] \tag{4-57}$$

式（4-56）、式（4-57）中，f_{sr} 为电源频率；p_n 为电机的极对数；n_{syn} 为同步转速；ψ_f 为磁链；i_s 为定子电流空间向量；β 为 i_s 与 d 轴的夹角；L_d、L_q 为 d、q 轴绕组电感。

通过专用电机台架试验获取电机转速、转矩、温升和损耗等数据，形成电机转速和温升数据库，通过插值、拟合方法建立整车稳态工况下电机 M1、电机 M2 转矩，损耗方程为

$$\begin{cases} T_{\mathrm{M1}} = T_{\mathrm{M1-req}} - J_{\mathrm{M1}} \dfrac{\mathrm{d}\omega_{\mathrm{M1}}}{\mathrm{d}t} \\ T_{\mathrm{M1-min}} = f_{\mathrm{M1-min}}(n_{\mathrm{M1}}, \kappa_{\mathrm{M1-temp}}) \\ T_{\mathrm{M1-max}} = f_{\mathrm{M1-max}}(n_{\mathrm{M1}}, \kappa_{\mathrm{M1-temp}}) \\ \zeta_{\mathrm{M1}} = 1 - \eta_{\mathrm{M1}}(n_{\mathrm{M1}}, T_{\mathrm{M1}}) \end{cases} \tag{4-58}$$

$$\begin{cases} T_{\mathrm{M2}} = T_{\mathrm{M2-req}} - J_{\mathrm{M2}} \dfrac{\mathrm{d}\omega_{\mathrm{M2}}}{\mathrm{d}t} \\ T_{\mathrm{M2-min}} = f_{\mathrm{M2-min}}(n_{\mathrm{M2}}, \kappa_{\mathrm{M2-temp}}) \\ T_{\mathrm{M2-max}} = f_{\mathrm{M2-max}}(n_{\mathrm{M2}}, \kappa_{\mathrm{M2-temp}}) \\ \zeta_{\mathrm{M2}} = 1 - \eta_{\mathrm{M2}}(n_{\mathrm{M2}}, T_{\mathrm{M2}}) \end{cases} \tag{4-59}$$

式中，T_{M1}、T_{M2} 为电机 M1、电机 M2 的实际执行转矩；T_{M1-req}、T_{M2-req} 是电机 M1、M2 的需求转矩；T_{M1-min}、T_{M1-max} 是电机 M1 最小和最大允许转矩；T_{M2-min}、T_{M2-max} 是电机 M2 最小和最大允许转矩；f_{M1-min}、f_{M1-max} 分别是电机 M1 关于转速和温升的函数；f_{M2-min}、f_{M2-max} 分别是电机 M2 关于转速和温升的函数；ζ_{M1}、ζ_{M2} 分别是电机 M1、M2 的损耗功率，η_{M1}、η_{M2} 分别是电机 M1、M2 的效率，如图 4-16 和图 4-17 所示。

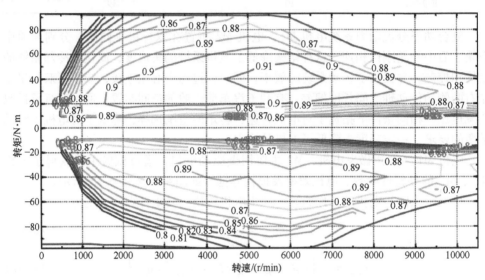

图 4-14　复合功率分流系统电机 M1 外特性曲线

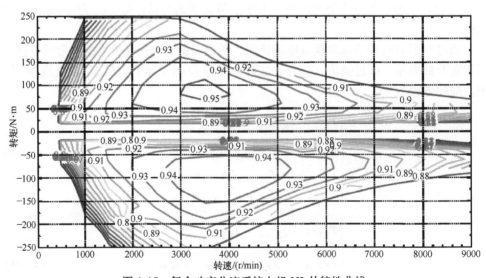

图 4-15　复合功率分流系统电机 M2 外特性曲线

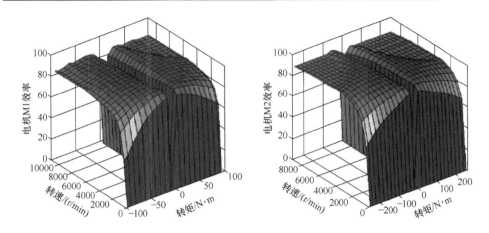

图 4-16 复合功率分流混合动力系统电机效率曲线

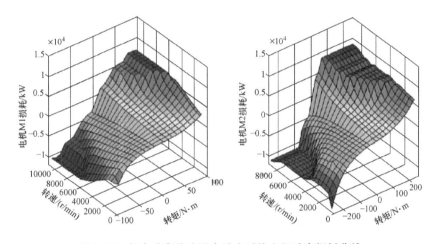

图 4-17 复合功率分流混合动力系统电机功率损耗曲线

复合功率分流动力系统对电机 M1、电机 M2 的控制也是采用基于转矩的控制，整车控制器根据当前工况下整车轮边需求转矩经复合功率分流系统进行转矩分配，电机控制单元根据电机需求转矩确定电机工作点，因此电机模型采用与发动机模型类似的基于试验测试数据的试验建模法进行建模。

4.6.5 动力电池模型

混合动力电动汽车要求其动力电池具备比功率高、充放电特性好、寿命长及成本低等特点。相比其他电池，镍氢电池能较好地满足混合动力电动汽车对电池的需求，同时对环境的污染低，使用安全，复合功率分流混合动力系统采用的镍氢电池由 6 个单体组成 1 个模块，共 40 个模块，基本参数见表 4-3。

表4-3 复合功率分流混合动力系统动力电池技术参数表

动力电池主要指标	单位	技术参数
额定电压	V	288
额定容量	A·h	6
峰值充电功率（10s）	kW	30
峰值放电功率（10s）	kW	35
冷起动功率（2s）	kW	6
SOC（荷电状态）	—	0.35~0.7
单体内阻	mΩ	10.2~15
工作温度	℃	-30~50
冷却方式	—	风冷

电动汽车电池性能模型有多种，其中最具代表性的是等效电路模型。模型中 R_0 是动力电池等效内阻（Ω），U_i 是理想电压源，R_d 电池极化内阻。动力电池电压方程为

$$U = U_i - R_0 i - \frac{1}{C_d}\int i \mathrm{d}t - R_d i \tag{4-60}$$

电池荷电状态（SOC）是复合功率分流动力系统控制的重要参数，它用于描述电池的剩余电量，安时计量法是SOC估算常用方法，设定电池充放电起始状态时电池剩余电量为 SOC_o，则SOC估算方程为

$$SOC = SOC_o - \frac{1}{C_{bat}}\int_0^t \eta_{bat} I_{bat} \mathrm{d}t \tag{4-61}$$

式中，C_{bat} 为动力电池额定容量（A·h）；η_{bat} 为电池充放电效率；I_{bat} 为动力电池充放电电流（A）。

对复合功率分流混合动力系统有重大影响的动力电池参数主要有电池所允许的瞬时最大充放电功率、电池SOC（即电池荷电状态）。整车控制器根据工况需求控制电池SOC的范围在0.35~0.7之间，这样做的目的是让动力电池既要有足够的充电容量又有充足的放电容量，以便制动时充分的回收能量，急加速时又有充沛的动力。复合功率分流混合动力系统要求动力电池在满足行车过程中常规电器的基础功率需求的同时，动力电池要起到整个功率分流系统总电量平衡的作用，整车控制去根据动力电池提供的瞬时最大充放电功率，不断调整系统控制策略，在SOC较高、最大充电功率小时，减少发动机输出功率或控制系统进入纯电动模式，在SOC较低、最大放电功率低时，控制发动机起动并给动力电池充电。

4.6.6 液压系统模型

复合功率分流动力装置的液压系统主要是对行星轮系进行必要的润滑和冷却、

制动器1和制动器2的锁止、电力拖动系统的冷却等，该系统的设计采用一体式油冷方案。制动器1和2处于打开状态时，液压系统只起冷却润滑作用；锁止制动器1或2时，液压系统需同时提供足够的摩擦力矩以锁止制动器。

复合功率分流动力装置的液压系统组成主要包括液压泵、压力调节装置、冷却润滑油路和制动器高压油路等。液压泵包括一个机械泵和一个电动泵，机械泵与动力装置的输出轴减速齿轮相连，因此，其转速与车速成正比。电动泵的作用主要是整车低速运行时为复合功率动力系统提供必要的冷却、润滑，在纯电动模式下锁止行星架。电动泵由油泵电动机带动，油泵电动机控制器根据整车控制器的指令完成对油泵电动机的控制。油泵电动机及其控制器三维数字模型如图4-18所示，油泵电动机及其控制器基本参数见表4-4。

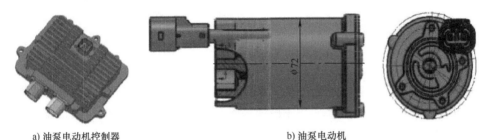

a) 油泵电动机控制器　　　　　　b) 油泵电动机

图4-18　油泵电动机及其控制器三维数字模型

表4-4　油泵电动机及其控制器技术参数

油泵电动机			油泵电动机控制器		
项目名称	单位	技术参数	项目名称	单位	技术参数
额定电压	V	288	额定电压	V	288
最高转速	r/min	4000	工作电压	V	200~420
连续转矩	N·m	1.5	连续电流	A	3
峰值转矩	N·m	4	峰值电流	A	10
峰值功率	kW	1	控制方式	—	转速闭环
工作温度	℃	-40~125	工作温度	℃	-40~85
冷却方式	—	自然冷却	冷却方式	—	自然冷却

经液压台架试验所获取的油泵电动机效率曲线如图4-19所示。从油泵电动机效率曲线可知，该油泵电动机最佳效率点在小转矩高转速区，整车控制策略中油泵电动机控制策略应尽量保证其工作在高效区，以减少系统损耗从而提高整车节油率。

整车控制器综合不同工况下系统对液压需求，计算出油泵电动机各工作模式下的需求转速，通过CAN总线发送给油泵电动机控制器，经其判定确认后再送给油

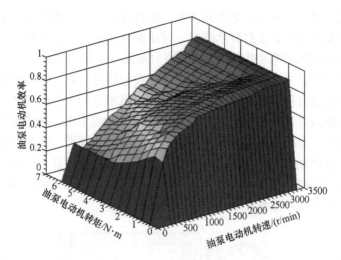

图 4-19　油泵电动机效率曲线

泵电动机执行相应转速，进而控制电动油泵工作。整车较长时间低速运行或倒车时，由于机械油泵转速较低（与主减速齿轮轴相连）或者反方向泵油，致使液压系统流量不足，无法满足系统润滑和冷却需求时，整车控制器（VCU）控制电动油泵起动对流量进行补偿，为系统提供必要的润滑和冷却；当系统运行在中、高速工况时，如果机械油泵提供的流量足以满系统润滑和冷却，整车控制器控制电动油泵停止工作。

4.7　本章小结

控制系统建模方法包括机理建模法、实验建模法及综合建模方法三类。模型的验证，一是检验其是否能描述实际系统的性能与行为，二是检验其仿真结果与实际结果的近似程度。验证方法包括数理统计方法验证和实物模型方法验证。

控制系统的数学模型有微分方程、状态方程、传递函数、零极点增益、部分分式等几种形式，不同形式相互之间可以转换。

汽车机电系统可以分解为若干几种理想等价的简单模型；复杂的汽车机电系统的数学模型往往由若干简单的模型通过串并联等相关关系整合而成。

参考文献

[1] COLLEEN SPIEGEL. 质子交换膜燃料电池电池建模与 MATLAB 仿真 [M]. 张新丰，张智明，译. 北京：电子工业出版社，2013.

[2] MANFRED M, HENNING W. 汽车动力学 [M]. 陈荫三，余强，译. 北京：清华大学出版

社,2009.
- [3] 郭孔辉. 汽车操纵动力学 [M]. 长春:吉林科学技术出版社,1991.
- [4] 吴重光. 系统建模与仿真 [M]. 北京:清华大学出版社,2008.
- [5] HEDRICK J K. Nonlinear Controller Design for Automated Vehicle Application [C] //KACC international conference on control' 98,1 - 4,September 1998.
- [6] YI K,RYU N,YOON H J,et al. Implementation and Vehicle Tests of A Vehicle Stop - and - Go Cruise Control System [J]. Proc Instn Mech Engrs,216(7):537 - 544.
- [7] 公彦军,赵韩,等. 拉维娜行星齿轮机构的运动分析和传动效率计算 [J]. 设计与研究,2010,(9):9 - 11.
- [8] 李欣,过学迅. 拉维娜式行星齿轮机构传动比的图解法计算 [J]. 汽车科技,2005(6):30 - 33.
- [9] 马宪民. 电动汽车的电气驱动系统 [J]. 西安公路交通大学学报,2001,3(21):83 - 86.
- [10] 郭晓颖,苏建中,马志国,等. 电动汽车高效率开关磁阻机系统设计 [J]. 研究与设计,2012,39(4):14 - 16.
- [11] LAI J S. Resonant snubber - based soft - switching inverter for electronic propulsion drives [J]. IEEE Transactions on Industrial Electronics,1997,44(1):71 - 80.
- [12] DO Y J,BAEKHL,SUNW K. Development of battery management system for nickel - metal hybrid batteries in electric vehicle applications [J]. Journal of Power Sources 2002,109(1):1 - 10.
- [13] 黄文华,韩晓东,等. 电动汽车 SOC 估计算法与电池管理系统的研究 [J]. 汽车工程,2007,29(3):198 - 202.
- [14] 韩兵,蔡忆昔,张彤,等. 强混合动力变速器液压系统设计与动态特性仿真 [J]. 农业机械学报,2011,42(2):43 - 47.
- [15] 单金荣. 复合功率分流混合动力轿车巡航控制方法研究 [D]. 上海:同济大学,2016.

第 5 章　汽车控制系统的经典分析方法

凡是善于思考的人，一定是能根据其思考而追求，并可以通过行动取得最有益于人类东西的人。

——亚里士多德

对控制系统而言，无论是线性或非线性、开环的或是闭环的、离散的或是连续的、时变的或是定常的、分布的或是集总的、确定的或是随机的，分析的目的是找出特定的方法，寻找到最有益于答案的固有属性。在计算机和仿真软件广泛应用的当下，许多工程师在证明自己工作有效的时候似乎经常忽略模型的可信性、结论的普遍性。

本章以汽车电子控制系统中最常见的线性定常系统为例，以经典分析方法为主，讲述其固有特性，如静态性能、动态性能、稳定性等的分析方法，最后以氢能汽车动力系统为例，演示其在寒冷天气下冷起动过程的时域仿真。因本书面向汽车动态系统的控制应用，如需要系统地了解控制系统的分析方法和工具，还需要参看自动控制理论类著作。

5.1　控制系统的数字仿真分析方法

控制系统的时域分析任务包括描述控制系统的稳定性、分析静态性能和动态性能。

5.1.1　静态性能分析

如果一个线性控制系统是稳定的，那么从任何初始条件开始，经过一段时间就可以认为它的过渡过程已经结束，进入与初始条件无关而仅由外作用决定的条件，即静态。控制系统在静态下的精度是它的一项重要的技术指标，通常用静态下输出量的要求值与实际值之间的差来衡量。如果这个差是常数，则称为静态误差，简称静误差或静差。

不稳定的系统不能实现静态，因此也就谈不上静态误差，因此，我们讨论静态误差时所指的都是稳定的系统。

静态误差可以分为两种。一种是当系统仅仅受到输入信号的作用而没有任何扰动时的静差，称为输入信号引起的静差。另一种是输入信号为0而有扰动作用于系统上时的静差，称为扰动引起的静差。当线性系统既受到输入信号作用同时又受到扰动作用时，它的静差是上述两项静差的代数和。

一个稳定系统在输入量或扰动的作用下，经历过渡过程进入静态后，静态下的误差就称为静态误差，对于如图5-1所示的控制系统来说通常情况下，反馈环节$H(s)$可取为1，即单位负反馈，稳态误差记作$e_{ss}(t)$，包括两个部分：

$$\begin{cases} e_{\text{ssr}} = \lim_{s \to 0} s E_R(s) \\ e_{\text{ssd}} = \lim_{s \to 0} s E_D(s) \end{cases} \tag{5-1}$$

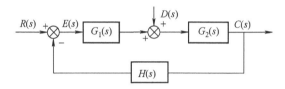

图5-1 典型的反馈控制系统

即系统未能达到期望输入产生的误差e_{ssr}和扰动产生的误差e_{ssd}

$$E(s) = E_R(s) + E_D(s) = \frac{1}{1 + G_1(s)G_2(s)}R(s) - \frac{G_2(s)}{1 + G_1(s)G_2(s)}D(s) \tag{5-2}$$

如果静态误差是常量，就可以写作e_{ss}。关于静态误差的分析，有成熟的理论分析结论，上述系统对位置输入（输入量不随时间变化）、速度输入（输入量随时间一阶变化）及加速度输入（输入量随时间二阶变化）的静态误差分别为

$$\begin{cases} \dfrac{1}{1+K_p}, K_p = \lim_{s \to 0} G_1(s)G_2(s) \\ \dfrac{1}{K_v} = \lim_{s \to 0} s G_1(s)G_2(s) \\ \dfrac{1}{K_a} = \lim_{s \to 0} s^2 G_1(s)G_2(s) \end{cases} \tag{5-3}$$

利用数值仿真工具可以非常方便地求解系统的稳态增益，并求得静态误差。

5.1.2 动态性能分析

一个控制系统除了静态精度要满足要求以外，对控制信号的响应过程也要满足对应的要求，也就是说系统何时才能达到上述动态精度，在达到动态精度之前的行为如何，这些要求表现为动态性能指标。

控制系统对控制信号的响应过程不仅仅取决于系统的特性，也和输入信号本身有关。所以为了评价和比较，需要规定一些典型信号，根据系统对这些典型信号的响应来衡量和比较它们的动态性能。为研究动态性能而广泛采用的典型输入信号与研究静态误差所采用的大体相同。从原则上说，应当选择取与系统在正常运行情况下的输入信号最接近的典型信号。例如系统正常运行时的输入信号具有突变的性质，则宜选用阶跃函数作为典型输入信号，比如汽车中经常出现突变输入，比如驾驶员猛踩加速踏板、猛踩制动踏板、突然转动转向盘等，阶跃响应输入是汽车中常见的典型信号。

线性控制系统在零初始条件和单位阶跃信号输入下的响应过程曲线称为系统的阶跃响应曲线，典型形状如图 5-2 所示。

阶跃响应曲线中关键的物理量包括以下 6 个。

1）超调量。对于图 5-2 所示的振荡性的响应过程，响应曲线第一次越过静态值达到峰点时，越过部分的幅度与静态值之比称为超调量，记作 σ。

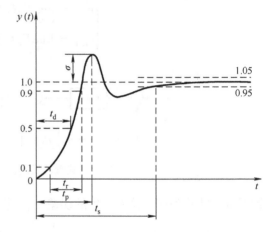

图 5-2 系统对阶跃输入的典型动态响应

$$\sigma = \frac{y_{\max} - y(\infty)}{y(\infty)} \tag{5-4}$$

式中，$y(\infty)$ 表示响应的静态值。$y_{\max}$ 表示峰值，σ 常用百分数来表示。

2）过渡过程时间。指响应曲线最后进入偏离静态值的误差为 ±5%（也有取 ±2%）范围并且不再越出这个范围的时间，记作 t_s。

3）振荡次数。指响应曲线在 t_s 之前在静态值上下振荡的次数。例如图 5-2 所示的响应曲线，在 t_s 之前在静态值上下振荡过 1 次，就说它的振荡次数为 1。

4）延迟时间。指响应曲线首次达到静态值的一半所需的时间，记作 t_d。

5）上升时。指响应曲线从静态值的 10% 过渡到 90% 所需的时间（有的情况下则取从 0 首次达到静态值所需的时间），记作 t_r。

6）峰值时间。指响应曲线第一次达到峰点的时间，记作 t_p。

一个实际系统的响应曲线不一定都如图 5-2 那样。它可能取单调过程的简单形式，如图 5-3a。也可能很复杂，如图 5-3b。图 5-3c 的响应曲线是由一些快振荡曲线与慢振荡曲线或指数曲线叠加而成的。

MATLAB 提供了 step、impulse 等函数，对系统的动态响应过程做快速分析。

若开环系统的传递函数为 $1/(s^2 + 0.48s + 1)$，求该系统闭环对阶跃响应输入的

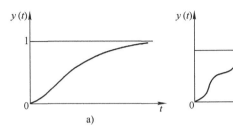 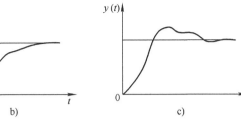

图 5-3 动态过程响应特征

动态响应参数。那么利用 MATLAB 仿真工具箱中的函数，编写以下代码，其生成的响应曲线如图 5-4 所示。

```
syso = tf([1],[1 0.48 1]);
sysc = feedback(syso,1,-1);         % 求解闭环系统传递函数；
t = 0:0.1:40;
[y,t] = step(sysc,t);               % 闭环系统阶跃响应；
D = dcgain(sysc);
Sigma = (max(y) - D)/D* 100         % 求解超调量；
peak(1) = 0;j = 1;                  % 记录各个峰值；
for i = 2:length(t) -1              % 求解延迟时间；
    if (y(i +1) > =0.5* d) & (y(i) <0.5* d)
        td = t(i);
    end
    if (y(i +1) <y(i))&(y(i) >y(i -1))
        peak(j) = y(i);
        tp(j) = t(i +1);
        j = j +1;
    end
end
if y(i +1) >y(i)                    % 求解峰值时间,并记录每个峰值；
peak(j) = y(i +1);
tp(j) = t(i +1);                    % 记录所有峰值时间,ts(1)即为峰值
                                      时间；
end
    if (y(i +1) <y(i)) & (y(i) >y(i -1))  % 找到一个峰值；
j = j +1;
end
end
for i = 2:j -1
    if (peak(i) - D) <0.05* D;
```

```
        ts = tp(i);
        break;
    end
end
plot(t,y);hold on;plot(tp,peak);
```

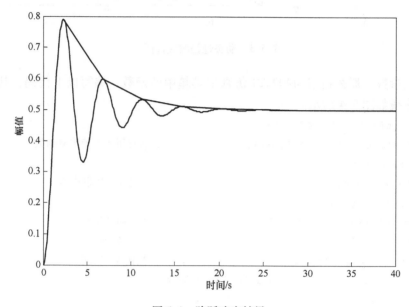

图 5-4　阶跃响应结果

根据计算结果，系统对阶跃响应的超调量 $\sigma = 29.0477\%$，过渡过程时间 $t_s = 15.8s$，振荡次数 $i = 4$，延迟时间 $t_d = 0.07$，峰值时间 $t_p = 2.3s$。

5.1.3　频域分析方法

频率特性函数 $G(j\omega)$ 与传递函数 $G(s)$ 之间有非常简单的关系：

$$G(j\omega) = G(s)|_{s=j\omega} \tag{5-5}$$

即只要把传递函数的复数自变量 s 取作 $j\omega$，得到的就是频率特性函数。频率特性函数 $G(j\omega)$ 是依赖于 ω 的函数。在给定的 ω 下，$G(j\omega)$ 就是一个复数。例如 $\omega = 1$ 时 $G(j\omega) = 0.316\angle 18.4°$。这表示对于振幅为 1，角频率也为 1 的正弦输入信号输出的信号是角频率为 1，振幅为 0.316，相角领先 18.4°的正弦函数。

我们用 $|G(j\omega)|$ 表示函数 $G(j\omega)$ 的模，它也是 ω 的函数，称为幅频特性函数。$\arg G(j\omega)$ 表示函数 $G(j\omega)$ 的角。它也是 ω 的函数，称为相频特性函数。显然有

$$\begin{cases} |G(j\omega)| = \dfrac{|\dot{Y}|}{|\dot{U}|} \\ \arg G(j\omega) = \arg \dot{Y} - \arg \dot{U} \end{cases} \tag{5-6}$$

式（5-6）的含义是：幅频特性函数表示的是正弦输出信号与正弦输入信号的振幅之比，而相频特性函数表示的是正弦输出信号相对于正弦输入信号的相位领先量。对于电子放大器来说，它们相当于放大器的放大倍数（增益）与相移。频率特性函数则是二者的集中表示。

按照频率特性函数的本义，频率 ω 是正实数，但是如果不考虑物理意义，只把它看作是 ω 的一个函数，那么我们也可以考察当 ω 为负数时频率特性函数的图像。$G(j\omega)$ 是 $j\omega$ 的有理函数，对于任一给定的频率 ω_1，$G(j\omega_1)$ 和 $G(-j\omega_1)$ 必定是互为共轭的一对复数。它们在复平面上的位置是关于实轴对称的。

频率特性函数有一个重要的优点就是可以用图像来表示。从频率特性图像上可以很方便地得到关于系统稳定性和动态特性的一些信息。因此，它是我们研究控制系统的一个重要工具。频率特性函数 $G(j\omega)$ 的值是复数，这就使它的图像表示形式比实函数复杂，工程实践中形成了频率特性函数的多种图示方法，如极坐标图、逆极坐标图、对数频率特性图、对数幅相特性图，以及幅频特性图、相频特性图、实频特性图、虚频特性图等多种形式。其中应用最广泛的是极坐标图［亦称 Nyquist（奈奎斯特）图］和对数频率特性图［亦称 Bode（伯德）图］。

极坐标图，也称奈魁斯特（Nyquist）图，简称奈氏图。它是以开环频率特性的实部 $\text{Re}[G(j\omega)H(j\omega)]$ 为直角坐标横坐标，以其虚部 $\text{Im}[G(j\omega)H(j\omega)]$ 为纵坐标，以 ω 为参变量的幅值与相位的图示法。

利用 MATLAB 仿真工具可以很容易画出开环系统的传递函数为 $100/(s^2 + 0.48s + 1)$ 的 Nyquist 曲线，如图 5-5 所示。

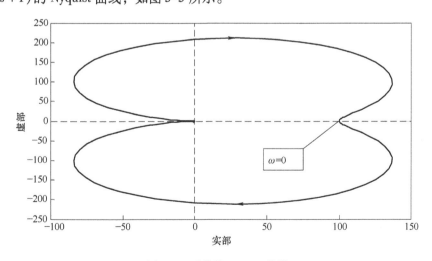

图 5-5 系统的 Nyquist 曲线

奈奎斯特函数的调用形式有多种，比如：

Nyquist(sys,{ω_1,ω_2})：根据给定的最小和最大频率范围绘制系统 sys 的奈奎斯特曲线,最大最小频率满足 $0 < \omega_1 < \omega_2$,单位为 rad/s。

nyquist(sys,ω):根据给定的频率向量来绘制系统 sys 的奈奎斯特图。

[Re,Im] = nyquist(sys,ω):根据给定的频率向量来求取系统 sys 的实部和虚部,不绘制奈奎斯特图。

[Re,Im,ω] = nyquist(sys):根据系统自动生成的 ω 来求取系统 sys 的频率响应特性值。

对数频率特性图,也称伯德(Bode)图。它由对数幅频特性和对数相频特性两张图组成,以 lgω 为横坐标(即取对数分度),分别以 $L(\omega) = 20\lg|G(j\omega)H(j\omega)|$ 和 $\Phi(\omega)$ 作纵坐标的一种图示法。

对数频率特性图由对数幅频特性及对数相频特性两张图构成,都画在半对数纸上。横坐标取 lgω,即以 ω 的对数分度;纵坐标分别取 $L(\omega)$(单位为 dB)及 $\Phi(\omega)$(单位为°)。这样的组成具有下列优点。

1) 由于幅频特性的纵坐标取 $L(\omega) = 20\lg|G(j\omega)H(j\omega)|$,可把 $\lg|G(j\omega)H(j\omega)|$ 因子的乘与除转变成对数(纵)坐标上的加与减的运算。

2) 由于横坐标采用了 ω 的对数分度,则使 $|G(j\omega)H(j\omega)|$ 的特性从低频到高频的很宽频段内都能在较短长度上清楚地表达出来。

3) 对数幅频特效曲线可用直线段的折线加以近似,这给绘制带来很大方便。

同样,利用 MATLAB 仿真工具箱中的函数可以很快绘制如 $100/(s^2 + 0.48s + 1)$ 开环系统频率响应特性的对数坐标图。如图 5-6 所示。

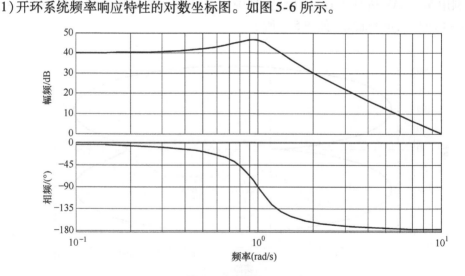

图 5-6 系统的 Bode 图

伯德图在控制系统频率分析中用处最大,它是经典控制器设计方法中常用的工具。对数频率特性图包括对数幅频特性图和对数相频特性图。横坐标为频率 ω,采用对数分度,单位为 rad/s;纵坐标均为分度。对数幅频特性图的纵坐标为幅值函

数 $20 \lg A(\omega)$，以 dB（分贝）表示；对数相频特性图的纵坐标为相角，以度表示。MATLAB 提供了函数 bode()来绘制系统的伯德图，其用法如下。

bode（sys）：绘制系统 sys 的伯德图。

bode（sys，$\{\omega_1, \omega_2\}$）：根据给定的最小最大频率范围绘制系统 sys 的伯德图。最大最小频满足 $0 < \omega_1 < \omega_2$。

bode（sys，ω）：根据给定的频率向量 ω 来绘制系统 sys 的伯德图。

[mag，pha，ω] = bode（sys）：返回系统伯德图相应的幅值 mag、相角 pha 及角频率点 ω 向量。相角以度为单位，幅值可转换为分贝单位 dB = $20 \lg 10$（mag）。

[mag，pha] = bode（sye）：只是返回幅值与相角的向量，角频率向量由系统自动生成。

[mag，pha] = bode（sye，ω）：根据给定的角频率向量 ω，返回幅值与相角的向量。此外，伯德函数也可以采用以下调用格式。

bode（num，den）：可绘制出以连续系统的多项式系数表示传递函数的系统伯德图。

bode（a，b，c，d）：自动绘制出系统的一组伯德图，它们是针对连续状态空间系统［a，b，c，d，］的每个输入的伯德图。其中频率范围由函数自动选取，而且在响应快速变化的位置会自动采用更多取样点。

bode（a，b，c，d，iu）：可得到从系统第 iu 个输入到所有输出的伯德图。

bode（a，b，c，d，iu，ω）或 bode（num，den，ω）：可利用指定的角频率向量绘制出系统的伯德图。

尼科尔斯图是将线性非时变系统在不同频率下的增益分贝值及相位绘在一直角坐标系的图上，尼科尔斯图将二种伯德图（伯德增益图及伯德相位图）结合成一张图，而频率只是曲线中的参数，不直接在图中显示。尼科尔斯图的命名是来自美国控制工程师尼科尔斯（Nathaniel B. Nichols）。

尼科尔斯图常应用在闭环控制系统的稳定性分析中，这时会将开环系统的频率响应绘在尼科尔斯图上，而尼科尔斯图上会有其他曲线，标示对应闭环系统的增益分贝值及相位。因此只要知道开环系统的频率响应，即可找到单位反馈系统的频率响应。

开环的频率响应特性的 Nichols 极坐标图，以传递函数 $100/(s^2 + 0.48s + 1)$ 为例，得到结果如图 5-7 所示。

尼科尔斯图中的虚线分别为等相角和等幅值曲线。与 nyquist 函数相似，Nichols 的调用形式有多种：

nichols（sys，$\{\omega_1, \omega_2\}$）：根据给定的最小和最大频率范围绘制系统 sys 的尼科尔斯曲线，最大最小频率满足 $0 < \omega_1 < \omega_2$，单位为 rad/s。

nichols（sys，ω）：根据给定的频率向量来绘制系统 sys 的尼科尔斯图。

[Mag，Phase] = nichols（sys，ω）：根据给定的频率向量来求取系统 sys 响应

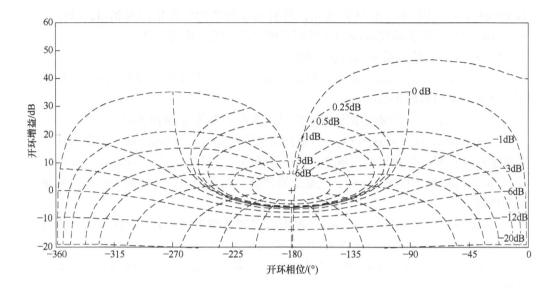

图 5-7 开环系统的 Nichols 极坐标图

的幅值和相位特性,不绘制尼科尔斯图。

[Mag, Phase, ω] = nichols(sys):根据系统自动生成的 ω 来求取系统 sys 的频率响应特性值。

5.1.4 根轨迹分析法

一个控制系统的全部性质,都取决于闭环传递函数:稳定性取决于其极点,静态精度取决于其比例系数,动态性能既取决于其极点,也与其零点有关。我们又知闭环传递函数的零极点与开环传递函数的零点相同,比例系数之间也有简单的关系,都比较容易确定。唯有闭环传递函数的极点(即闭环特征方程的根)计算起来是比较困难的。因此工程上很重视间接研究的方法,即在给定开环传递函数的极点、零点和开环增益后,无须求出闭环传递函数的极点,便能分析闭环系统的性质,甚至可以根据要求的性质选择闭环系统的某些参数。

根轨迹法是 W. R. E Vans 于 1948 年提出的一种求解闭环特征方程根的简便的图解方法,在工程上获得了广泛的应用。它根据系统开环传递函数极点和零点的分布,依照一些简单的规则,用作图的方法求出闭环极点的分布,而避免了复杂的数学计算,而在数值仿真工具中,可以很精确地根据开环系统的零极点绘制出闭环系统特征方程根的分布。

1. 模的条件和角条件

设控制系统的开环传递函数为 $G_K(s)$,现在 $G_K(s)$ 是带有参数 K 的一个传递函数,K 的主要作用是调节开环系统的增益,那么在单位负反馈系统中,特征方程的

根可表示为

$$G_K(s) = -1 \Leftrightarrow \begin{cases} |G_K(s)| = 1 \\ \arg G_K(s) = (2k+1)\pi, k = 0, \pm 1, \pm 2, \cdots \end{cases} \quad (5\text{-}7)$$

方程右边的两个等式分别为模条件和角条件，满足上述特征方程的根实际上是随着 K 的变化而变化的。根轨迹上所有点都应满足模条件和角条件。反之，所有满足模条件和角条件的复平面上的根组成了开环系统的根轨迹。

2. 根轨迹与系统性能

系统某一参数从零变到无穷大时，闭环系统特征方程的根在 s 平面上的轨迹。一般来说，这一参数选为开环系统的增益 K，而在无零极点相互抵消时，闭环系统特征方程的根就是闭环传递函数的极点。

有了根轨迹图，可以立即分析系统的各种性能。以开环传递函数为 $G_K(s) = 2K/(s^2 + 2s + 2K)$ 的单位负反馈系统根轨迹图为例进行说明，如图 5-8 所示。

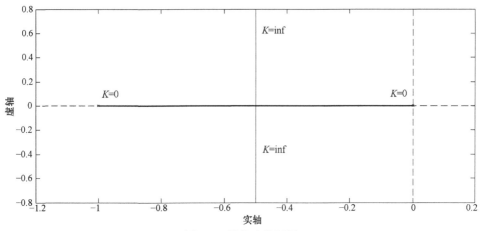

图 5-8　根轨迹分析图

系统的主要性能包括：

1）稳定性：当开环增益从零变到无穷时，图 5-8 上的根轨迹不会越虚轴进入右半 s 平面，因此系统对所有的 K 值都是稳定的。

2）稳态性能：由图 5-8 所示，开环系统在坐标原点有一个极点，K 增大过程中所有系统是典型 I 阶系统，因而根轨迹上的 K 值就是静态速度误差系数。如果给定了系统的稳态误差要求，则由根轨迹图就可以确定闭环极点位置的容许范围。

3）动态性能：当 $0 < K < 0.25$ 时，所有闭环极点位于实轴，系统为过阻尼系统，其单位阶跃响应为非周期过程。当 $K = 0.25$ 时，闭环系统的两个实数极点重合，系统为临界阻尼系统。当 $K > 0.25$ 时，闭环系统为复数极点，系统为欠阻尼系统，单位阶跃响应为阻尼振荡过程，且超调量随 K 值的增大而加大。

根轨迹分析法是一种用开环系统零极点分布来分析闭环系统极点的方法，开环系统的零极点分布可以用 MATLAB 控制系统工具箱的 pzmap 来求解。

以开环系统传递函数 $(s+1)/(s^3+0.58s^2+s+1)$ 为例，分别画出开环系统和闭环系统的零极点分布图，如图 5-9 所示。

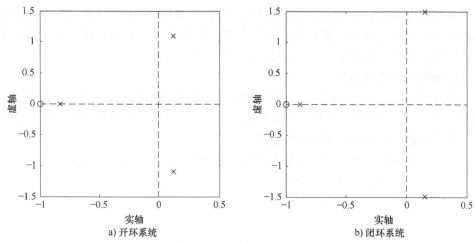

a) 开环系统　　　　　　　　　　　　b) 闭环系统

图 5-9　利用 pzmap 绘制的系统零极点分布

事实上，开环系统和闭环系统的零点是完全一样的，其稳态增益也有简单的函数形式，因此对闭环系统极点的求解是最关键的。MATLAB 提供了函数 pzmap（）来绘制系统的零极点图，其用法如下。

pzmap（sys）：直接在 s 复平面上绘制系统 sys 的零极点图。

pzmap（a，b，c，d）或 pzmap（num，den）：直接在 s 复平面上绘制出系统对应的零极点位置。

pzmap（p，z）：根据系统已知的零极点列向量或行向量直接在 s 复平面上绘制出对应的零极点位置。

[p，z] = pzamp（sys）：求取系统的零极点列向量 p 和 z，但不绘制系统零极点分布图。

[p，z] = pzmap（a，b，c，d）或[p，z] = pzmap（num，den）：根据指定系统，求取系统的零极点列向量 p 和 z，但不绘制系统的零极点分布图。以上所有零极点分布图中，极点用 X 表示，零点用 o 表示。

3. 根轨迹绘制

MATLAB 提供了函数 rlocus()来绘制系统的根轨迹图，其用法如下：

rlocus（sys）：直接绘制系统 sys 的根轨迹图。开环增益的值从零到无穷大变化。

rlocus（sys，k）：根据给定的根轨迹增益向量，绘制系统 sys 的部分根轨迹图。

rlocus（A，B，C，D）或 rlocus（num，den）：根据 SISO 开环系统的状态空间描述模型和传递函数模型，直接在屏幕上绘制出系统的根轨迹图。开环增益的值从零到无穷大变化。

rlocus(A, B, C, D, k)或rlocus(num, den, k)：根据SISO开环系统的状态空间描述模型和传递函数模型，绘制由k指定的部分根轨迹图。

Rlocus还可以采用下面带返回参数的调用格式。

r = rlocus(sys, k)：不在屏幕上直接绘出系统的根轨迹图，而根据轨迹增益变化向量k，返回闭环系统特征方程$1 + k \cdot num(s)den(s) = 0$的根$r$，它有length($k$)行，length(den) -1列，每行对应某个k值时的所有闭环极点。

[r, k] = rlocus(sys)：由系统自动生成根轨迹增益向量k，并返回每个k值所有对应的全部闭环极点。以开环传递函数$G_o(s) = K/[s(s+3)(s^2+2s+2)]$为例，绘制出该系统的根轨迹如图5-10所示。

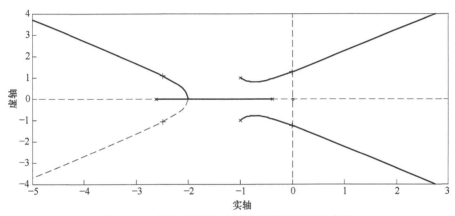

图5-10 系统的根轨迹及特定增益下的极点求解

利用鼠标选取的点有误差，若要精确的临界增益值，可直接调用rlocus函数。

4. 参数根轨迹

在控制系统中，除了根轨迹增益K^*以外，还有其他情形下的根轨迹增益，如系统的参数根轨迹。通常将负反馈系统中的K^*变化时的根轨迹称为常规根轨迹。

参数根轨迹是指以非开环增益为可变参数绘制的根轨迹增益，以区别于开环增益K为可变参数的常规根轨迹。绘制参数根轨迹与绘制常规根轨迹完全相同，只是在绘制参数根轨迹之前，引入等效单位反馈系统和等效传递函数概念。常规轨迹增益的所有绘制法则和MATLAB函数均适用于参数根轨迹的绘制。为此，需要对闭环特征方程

$$1 + G(s)H(s) = 0 \tag{5-8}$$

进行等效变换，将其写出如下形式：

$$A\frac{P(s)}{Q(s)} = -1 \tag{5-9}$$

其中，A是除K^*外，系统任意变化参数，而$P(s)$和$Q(s)$为两个与A无关的首一多项式。显然，式（5-8）与式（5-9）相等，即

$$Q(s) + AP(s) = 1 + G(s)H(s) = 0 \quad (5\text{-}10)$$

根据式 (5-10) 可得到等效单位反馈系统，其等效开环传递函数为

$$G_1(s)H_1(s) = A\frac{P(s)}{Q(s)} \quad (5\text{-}11)$$

根据式 (5-11) 画出的根轨迹，就是参数 A 变化的参数轨迹。

以单位负反馈系统的开环传递函数 $K/[s(s+a)(s^2+2s+2)]$ 为例，尝试绘制出①K 为 10 时，系统闭环随 a 从 0 到 ∞ 的根轨迹；②K 从 1 到 100，a 从 2 到 10 变化时，系统根轨迹簇。那么当 $K=10$ 时，系统闭环传递函数为 $G_o(s) = 10/[s(s+a)(s^2+2s+2)]$，因此闭环系统特征方程为

$$1 + G_o(s) = 0 \Rightarrow 1 + \frac{10}{s(s+a)(s^2+2s+2)} = 0 \quad (5\text{-}12)$$

将上式变为根轨迹方程的标准型：

$$1 + a\frac{(s^3+2s^2+2s)}{(s^4+2s^3+2s^2+10)} = 0 \quad (5\text{-}13)$$

利用 MATLAB 的根轨迹绘制函数 syso = tf([1 2 2 0],[1 2 2 0 10]);rlocus (syso);可得到如图 5-11 所示的根轨迹及如图 5-12 所示的根轨迹簇。

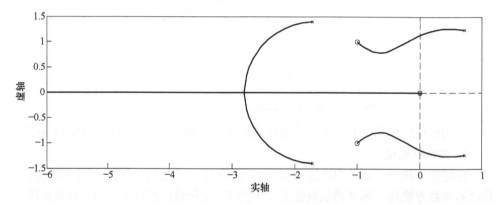

图 5-11 函数 syso = tf([1 2 2 0],[1 2 2 0 10]) K 与 a 同时变化的系统根轨迹簇

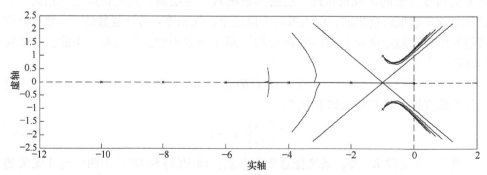

图 5-12 函数 rlocus (syso) K 与 a 同时变化的系统根轨迹簇

5.1.5 图形化系统分析工具

MATLAB 控制系统工具箱的 ltiview 函数用于分析线性时不变系统的响应特性。其基本的调用格式为 ltiview ('plottype', sys), 其中 plottype 为: 'step'、'impulse'、'initial'、'lsim'、'pzmap'、'bode'、'nyquist'、'nichols'、'sigma'。分别用于绘制系统的阶跃、脉冲、初始、任意输入的响应以及绘制系统零极点分布、伯德图、奈奎斯特、尼科尔斯及特征值图。在没有任何参数输入的情况下输入 ltiview 将出现图形化系统分析工具 LTI Viewer, 如图 5-13 所示。

1. 模型的输入输出操作

在 LTI Viewer 中对模型进行分析, 首先要将模型输入。选择 file→import 就可以将 workspace 或以 .mat 格式存放的系统模型导入。

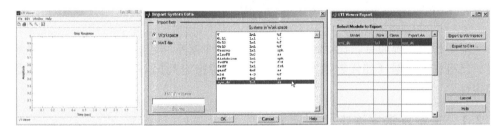

图 5-13 LTI Viewer 图形化系统分析界面、模型导入及导出对话框

在对话框中, 已经列出了 MATLAB 工作空间内已有的系统模型, 如果选择 MAT - File 则需要打开文件对话框选择文件。

选择 file→export 就可以将 LTI Viewer 中的模型导入到 workspace 或以 .mat 格式存放至计算机硬盘中。

2. 选择响应类型

LTI Viewer 中提供了控制系统分析所需的全部分析工具, 在图中空白处单击鼠标右键, 即可弹出快捷菜单, 如图 5-14 所示。

其中绘图类型包括阶跃输入响应、脉冲响应、伯德图、伯德幅值特性、奈奎斯特、尼科尔斯、特征值、零极点。

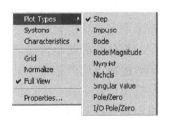

图 5-14 LTI Viewer 快速设置绘图类型的菜单

3. 绘图区域设置

LTI Viewer 的优势在于能同时利用多种分析工具对控制系统进行分析, 这样就可以进一步深入认识控制系统的性能。选择 Edit→plot configuration, 弹出绘图配置对话框, 如图 5-15 所示。

LTI Viewer 最多可以同时显示 6 个窗口, 上图, 分布选择了阶跃响应、脉冲响应、尼科尔斯图、奈奎斯特图、伯德图及零极点。

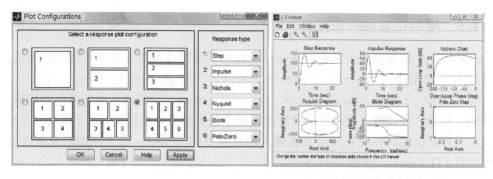

图 5-15 LTI Viewer 绘区域图设置

5.2 控制系统稳定性分析与判定

对于控制系统而言，稳定性是需要研究的一个基本问题。在研究线性定常系统时，已有许多判据（如代数稳定判据、奈奎斯特稳定判据等）可用来判定系统的稳定性。

5.2.1 李雅普诺夫稳定性判定方法

李雅普诺夫稳定性判定方法是俄国数学家和力学家 A. M. 李雅普诺夫在1892年所创立的用于分析系统稳定性的理论，李雅普诺夫稳定性理论能同时适用于分析线性系统和非线性系统、定常系统和时变系统的稳定性，是更为一般的稳定性分析方法。

1. 李雅普诺夫稳定性第一法

又称李雅普诺夫间接法，它是通过研究非线性系统的线性化状态方程的特征值的分布来判定系统稳定性的。李雅普诺夫稳定性判据第一法可描述为：闭环控制系统稳定的充分和必要条件是闭环系统特征方程的所有根均具有负实部，或者说闭环传递函数的极点均严格位于 s 左半平面。

在数值仿真工具产生以前，对特征仿真根的求解是十分困难的，但是计算机技术和求根算法的不断改进，对仿真特征根的求解已变得相对容易，因此完全可以应用李雅普诺夫判据进行控制系统的稳定性分析。

2. 李雅普诺夫稳定性第二法

李雅普诺夫稳定性理论主要指李雅普诺夫第二方法，又称李雅普诺夫直接法。李雅普诺夫第二方法可用于任意阶的系统，运用这一方法可以不必求解系统状态方程而直接判定稳定性。对非线性系统和时变系统，状态方程的求解常常是很困难的，因此李雅普诺夫第二方法就显示出很大的优越性。在现代控制理论中，李雅普诺夫第二方法是研究稳定性的主要方法，既是研究控制系统理论问题的一种基本工具,又是分析具体控制系统稳定性的一种常用方法。李雅普诺夫第二方法的局限性,是运用时需要有相当的经验和技巧,而且所给出的结论只是系统为稳定或不稳定的充分条件;但在用其他方法无效时,这种方法还能解决一些非线性系统的稳定性问题。在本书中不介绍这一方法。

5.2.2 奈奎斯特稳定性判定方法

奈奎斯特稳定性判定方法是美国学者 H. 奈奎斯特在 1932 年所提出的,根据控制系统的开环频率响应特性来判断闭环系统稳定性的准则。奈奎斯特稳定判据是一种图解分析方法,且开环频率响应容易通过计算或实验途径定出,所以它在应用上非常方便和直观。奈奎斯特稳定判据只能用于线性定常系统。在经典控制理论中,奈奎斯特稳定判据主要用于分析单变量系统的稳定性。在此基础上形成的频率响应法是经典控制理论的主要分析和综合方法之一。

设 $G(s)$ 为系统开环传递函数,在 $G(s)$ 中取 $s=j\omega$ 得到系统开环频率响应 $G(j\omega)$。当参变量 ω 由 0 变化到 $+\infty$ 时,可在复数平面上画出 $G(j\omega)$ 随 ω 的变化轨迹,称为奈奎斯特图。奈奎斯特稳定判据的基本形式表明,如果系统开环传递函数 $G(s)$ 在 s 复数平面的虚轴 $j\omega$ 上既无极点又无零点,那么有 $Z=P-2N$。Z 是闭环控制系统的特征方程在右半 s 平面上根的个数,所谓特征方程是传递函数分母多项式为零的代数方程。P 是开环传递函数在右半 s 平面上的极点数。N 是当角频率由 $\omega=0$ 变化到 $\omega=+\infty$ 时 $G(j\omega)$ 的轨迹沿逆时针方向围绕实轴上点 $(-1,j0)$ 的次数。奈奎斯特稳定判据还指出:当 $Z=0$ 时,闭环控制系统稳定;$Z\neq0$ 时,闭环控制系统不稳定。

当开环传递函数 $G(s)$ 在 s 复数平面的虚轴上存在极点或零点时,必须采用判据的推广形式才能对闭环系统稳定性做出正确的判断。在推广形式判据中,开环频率响应 $G(j\omega)$ 的奈奎斯特图不是按 ω 连续地由 0 变到 $+\infty$ 来得到的,ω 的变化路径如图所示,称为推广的奈奎斯特路径。在这个路径中,当遇到位于虚轴上 $G(s)$ 的极点(图中用×表示)时,要用半径很小的半圆从右侧绕过。只要按这条路径来做出 $G(j\omega)$ 从 $\omega=0$ 变化到 $\omega=+\infty$ 时的奈奎斯特图,则 $Z=P-2N$ 和关于稳定性的结论仍然成立。

以系统开环传递函数为 $G(s)=3/(s^2+2s+2)$,通过绘制开环系统的奈奎斯特曲线,并判断系统的稳定性,得到奈奎斯特图如图 5-16 所示。

从图中可以看出,系统在右半 s 平面极数 $N=0$,极坐标频率特性曲线绕 $(-1,j0)$ 点的圈数 $P=0$。不稳定的闭环极点个数 $Z=P-2N=0$,因此可以判断闭环系统是否稳定。

细心的读者可能已经注意到,对于各类稳定的基本单元,其对数频率特性函数图都有这样的共同特征:如果在某一相当宽的频率段内,对数幅频特性函数的斜率近似为 0,则其相频特性函数就近似为 0。如果在某一相当宽的频率段,其对数幅

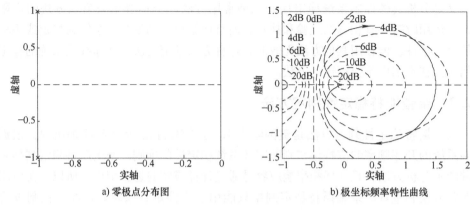

a) 零极点分布图   b) 极坐标频率特性曲线

图 5-16 零极点分布图和极坐标频率特性图

频特性函数的斜率接近于 -1，则其相频特性函数就接近于 π/2。甚至对于一个复杂系统，如果在某一相当宽的频率段，对数幅频特性函数的斜率处处为 k，频特性函数就近似为 $kπ/2$。上述性质只存在于右半平面既无零点也无极点的传递函数。具有这种传递函数的对象称为最小相位对象。

5.2.3 利用伯德图进行奈奎斯特判定

一个反馈控制系统，其闭环特征方程正实部根的个数为 Z，可以根据开环传递函数右半平面极点的个数 P 和开环对数幅频特性大于 0dB 的所有频率范围内，对数相频曲线与 -π 线的正负穿越之差 $N = N^+ - N^-$ 来确定，即 $Z = P - 2N$。若 $Z = 0$，则闭环系统稳定，则闭环系统不稳定 Z 为闭环特征方程正实部根的个数。

这种判据在实质上与奈奎斯特判据相似。唯一的差别在于，对数判据是根据 $G(jω)$ 的幅值对数图和相角图来确定 N 的。在幅值对数图上特性为正值时的频率区间内，规定相角图上特性曲线由下向上穿过 -180° 线称为正穿越，而由上向下称为负穿越。分别用 N^+ 和 N^- 表示正穿越次数和负穿越次数，则 $N = N^+ - N^-$。判据的结论仍然是 $Z = P - 2N$，且 $Z = 0$ 时闭环系统稳定，$Z ≠ 0$ 时闭环系统不稳定。由于频率响应的幅值对数图和相角图易于绘制，因此对数频率响应稳定判据应用更广。

5.2.4 利用尼科尔斯图进行判定

尼科尔斯图可以用来分析系统的稳定性，以及增益裕度、相位裕度等有关系统相对稳定性的信息。在尼科尔斯图上可以看到相位 -180°，增益 0dB 的点，利用尼科尔斯图进行判定的方法是：若此点在增益 0dB 的点上方，表示其增益大于 0dB，对应的单位反馈系统不稳定，反之则稳定；若此点在相位 -180° 点左方，表示其相位小于 -180°，对应的单位反馈系统不稳定，反之则稳定，如图 5-17 所示。

以两个系统单位负反馈系统的开环传递函数 $G_1(s) = [10(0.5s+1)] / [s(s+1)$

$(0.5s^2+s+1)]$,$G_2(s)=[10(0.5s+1)]/[(s+1)(s^2+s+1)]$,利用尼科尔斯图来确定该系统的稳定性。

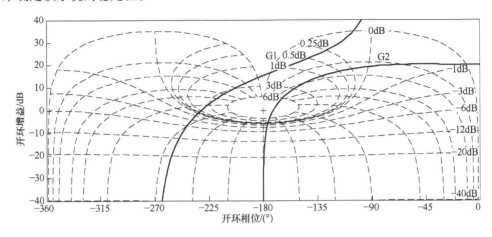

图 5-17 G_1 和 G_2 的尼科尔斯图

从图中可以发现，尼科尔斯曲线总是从右上角到左下角走向，点 ($-180,0$) 在 G_1 的下方，在 G_2 的上方，因此根据尼科尔斯图判定，表明系统 G_1 构成的闭环将不稳定，由 G_2 构成的闭环系统是稳定的。

5.2.5 稳定裕量分析

从理论上讲，一个线性系统的结构和参数一旦确定，它是否稳定这个问题也就确定了，但是实际情况并不如此简单，大多数情况下一个系统的参数都有不确定性。也就是说，写下来的系统参数与它的实际参数可能有出入。有些情况下连系统的结构都可能与实际有某些不同。例如我们以为系统中某个惰性单元的传递函数是线性的，事实上它可能是非线性环节。这样我们用稳定判据判断稳定性时得出的结论就可能不正确，我们以为是稳定的系统事实上可能是不稳定的。

不确定性的原因很多，比如测量的误差、公称值与实际值之间的容许偏差、温度变化引起的参数波动等等。例如有的生产机械的参数随着运行时长的增加会发生相当大的变化；有的控制对象在不同的运行条件下（例如汽车在不同路面以不同速度前进）其参数可以在很大范围内变化，甚至基本动态性质也会发生变化（惰性单元变为振荡单元）；还有的情况下，为了便于进行研究，人们有意或不得已地忽略系统中某些次要的因素以求简化它的数学模型。

考虑到不确定性的存在，我们就不能满足于仅仅判明某一系统是否稳定，而往往要问：如果系统的参数或结构发生了某些不太大的变化，这个我们认为它稳定的系统是否仍能保持稳定呢？我们自然不愿对各参数可能发生变化的一切组合逐一判断系统是否稳定，而希望一个已经判明为稳定的系统本身就具有这样一种性质，即当参数（或结构）有某些不确定性时它仍然能保持为稳定。"稳定裕量"的概念说明，一个系统不但必须是稳定的，而且还应该有相当的稳定裕量，才是在工程中可用的。

一个系统的稳定裕量有多大，以及如何提高其稳定裕量的问题，常被称为系统的鲁棒性问题。"鲁棒性"是英文 robustness 一词的半音半意的流行译名。对于多输入多输出系统的分析和设计，鲁棒性问题十分重要，并且还是一个正在深入研究的问题。但是在单输入单输出系统中，鲁棒性问题要简单得多，并且常常用系统的开环频率特性曲线与复平面上（-1, $j0$）点的接近程度来表征，如图 5-18 所示。

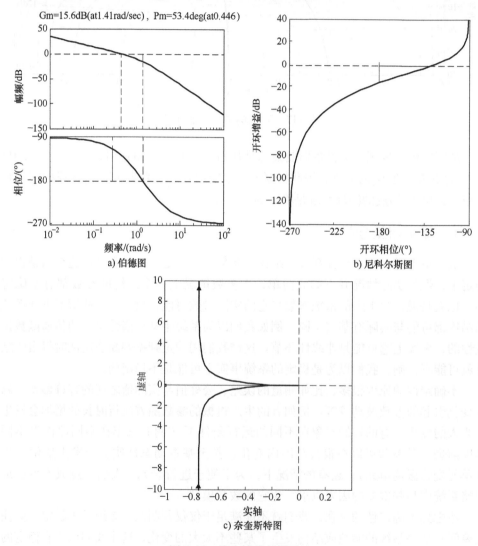

图 5-18 稳定裕量的图示法

考虑开环系统，若其传递函数为 $1/(s^3+3s^2+2s)$，那么该系统距离不稳定有多远呢？我们分别在伯德图、尼科尔斯图和奈奎斯特图上标注了系统距离临界稳定的距离。

复平面上的 -1 点，其模是 1，角是 $-180°$。如果开环频率特性曲线远离 -1 点，那么当它的模为 1 时，它的角必远离 $-180°$；而当它的角为 $-180°$ 时，它的模必远离 1。根据这个关系，工程上通常把一个系统的稳定裕量表示为相角稳定裕量和增益稳定裕量。不稳定的系统谈不上稳定裕度，也就没有增益或相角稳定裕量。

增益稳定裕量能直接指出系统的开环增益还能够增加多少而不致失去稳定。但增益稳定裕量和相角稳定裕量更重要的作用是大致告诉人们，系统在参数或结构不确定的情况下的稳定裕度，亦即关于系统稳定性的判断的可靠程度，这两项指标应当是一同使用的。不过在工程实践中更多地使用相角稳定裕量这个指标。

除了指明系统在不确定情况下的性质以下，稳定裕量还能近似告诉人们一个系统在阶跃信号作用下的动态特性。系统的稳定裕量过小，阶跃响应往往剧烈，振荡倾向较严重，反之，稳定裕量过大，其动态响应又往往迟缓。因此正确设计系统的相角稳定裕量和增益稳定裕量，可以使控制系统具有适当的动态性能，同时也可避免系统中某些元部件参数不确定性所造成的有害影响。工程上一般设法使相角裕量在 $30°\sim 60°$ 之间，增益裕量大于 6dB。

【例】一个多环系统，其结构如图 5-19 所示，其中 $G(s)=16.7s/[(0.8s+2)(0.25s+1)(0.0625+1)]$，使用对数频率稳定判据判断系统的稳定性。

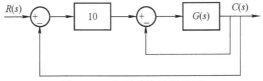

图 5-19 多环系统的结构图

解：求解命令如下：

```
num1=[16.7 0]                              % 首先求内环传递函数
den1=conv([0.8 2],conv([0.25 1],[0.0625 1]));
GK1=tf(num1,den1);                         % 生成内环开环传递函数
[Gm1,Pm1,wcg1,wcp1]=margin(GK1)            % 求取内环开环幅值裕量和相
                                             角裕量

disp('内环幅值裕量和对应的相角穿越频率是')  % 在 Command Window 显示幅
                                             值裕量

disp(Gm1),disp(wcg1)
disp('内环相角裕量和对应的幅值穿越频率是')  % 在 Command Window 显示相
                                             角裕量

disp(Pm1),disp(wcg1)
G1=feedback(GK1,1,-1);                     % 生成内环闭环传递函数
```

```
GK2 = series(10,G1);                          % 生成外环开环传递函数
[Gm2,Pm2,wcg2,wcp2] = margin(GK2);            % 求取外环开环幅值裕量和相角
                                                裕量
disp('外环相角裕量和对应的相角穿越频率是')    % 在 Command Window 显示幅
                                                值裕量
disp(Gm2),disp(wcg2)
disp('外环相角裕量和对应的幅值穿越频率是')    % 在 Command Window 显示相
                                                角裕量
disp(Pm2),disp(wcp2)
if(Gm1 < =0) |(Pm1 < =0)
disp('内环不稳定')
else
disp('内环稳定')
if(Gm2 < =0) |(Pm2 < =0)
disp('闭环系统不稳定')
else
disp('闭环系统稳定')
end
end
    figure(1)
    margin(GK2),grid    % 绘制外环开环传递函数的 bode 图,并显示相角裕量和幅值
                          裕量
```

执行上述命令后,可得到如图 5-20 所示的多环系统伯德图,从图中可以看出闭环系统稳定。

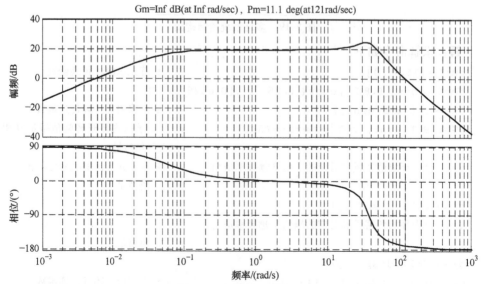

图 5-20 多环系统的伯德图

使用 margin 命令可方便求取幅值稳定裕度、相角稳定裕度、幅值穿越频率及相角穿越频率。具体使用格式如下：

[Gm, pm, wcg, wcp] = margin (sys)：返回系统的幅值裕量 G_m，相角裕量 P_m，相角穿越频率 ω_{cg} 和幅值穿越频率 ω_{cp}。

[Gm, pm, wcg, wcp] = margin (mag, phase, ω)：由幅值 mag（不是以 dB 为单位）、相角 phase 及相应的角频率 ω 计算出系统幅值裕量和相角裕量，以及相应的相角穿越频率 ω_{cg}、幅值穿越频率 ω_{cp}，而不直接绘出 Bode 曲线图。

当不带输出变量引用时，margin 可在当前图形窗口中绘制出带有裕量及相应频率显示的伯德图，其中幅值裕量以分贝为单位。具体格式如下。

margin (sys)：绘制系统 sys 的伯德图，并显示幅值裕量和相角裕量。

margin (mag, phase)：绘制由 mag 和 phase 指定的伯德图，并显示幅值裕量和相角裕量。

此外，margin 也可以使用其他调用格式，如下所示：

margin (num, den)：计算以传递函数分子分母多项式系数表示的系统幅值裕量和相角裕量，并绘制相应伯德图。

margin (a, b, c, d)：计算以状态空间模型表示的系统幅值裕量和相角裕量，并绘制相应伯德图。

5.3 复杂控制问题的仿真分析方法

实际控制系统的微分方程阶次往往比较高，对其研究和分析就比较困难，为了将问题简化，常常需要忽略一些次要因素，即将高阶系统降阶。

5.3.1 理想高阶系统的响应与近似

若只有实零点、复极点、实极点，高阶系统传递函数的一般式为

$$\frac{C(s)}{R(s)} = \frac{K_r \prod_{i=1}^{m}(s+z_i)}{\prod_{j=1}^{r}(s+p_j) \prod_{l=1}^{q}(s^2+2\xi_l\omega_{nl}s+\omega_{nl}^2)} \quad (5-14)$$

一般而言 p_j 远远大于 1，记 $r+2q=n$，当 $R(s)=1/s$，$C(s)$ 则可分解为

$$C(s) = \frac{A_0}{s} + \sum_{j=1}^{r}\frac{A_j}{s+p_j} + \sum_{l=1}^{q}\frac{B_l(s+\xi_l\omega_{rl})+C_l\omega_{nl}\sqrt{1-\xi_l^2}}{s^2+2\xi_l\omega_{nl}s+\omega_{nl}^2} \quad (5-15)$$

对式（5-15）取拉氏反变换可得

$$C(t) = A_0 + \sum_{j=1}^{r} A_j e^{-p_j t} + \sum_{l=1}^{q} B_l e^{-\xi_l\omega_{nl}t}\cos(\omega_{nl}\sqrt{1-\xi_l^2})t +$$

$$\sum_{l=1}^{q} C_l e^{-\xi_l \omega_{nl} t} \sin(\omega_{nl} \sqrt{1-\xi_l^2}) t \qquad (5\text{-}16)$$

观察式（5-16）可发现，$\sum_{j=1}^{r} A_j e^{-p_j t}$ 项随时间衰减很快，$C(t)$ 的状态变化仅取决于后两项，因此对于高阶小项可以忽略。

【例】有两个系统，其闭环传递函数分别为

$$G_1(s) = 1/(s^2 + 0.48s + 1), G_2(s) = 1/(0.0033s^4 + 0.3349s^3 + 1.1633s^2 + 0.8133s + 1)$$

试分析他们对阶跃信号的响应。

求解命令如下：

```
sysc1=tf(1,[1,0.48,1]);
subplot(2,2,1);step(sysc1);
subplot(2,2,2);pzmap(sysc1);
sysc2=tf(1,[ 0.0033 0.3349 1.1633 0.8133 1]);
subplot(2,2,3);step(sysc2);
subplot(2,2,4);pzmap(sysc2);
```

得到 G_1 和 $G_2(s)$ 闭环系统高阶系统的阶跃响应曲线及零极点分布如图 5-21 所示。

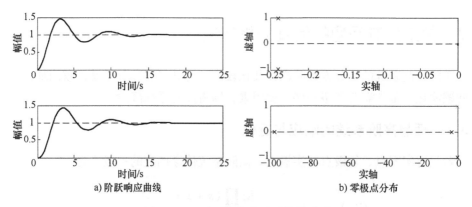

a) 阶跃响应曲线   b) 零极点分布

图 5-21 二阶系统与高阶系统的响应

从式（5-16）和图 5-21 可见：

1) 高阶系统动态响应的稳态分量的类型决定于输入函数的极点，而暂态分量则决定于系统环传递函数的极点。

2) 响应曲线由一些小振荡曲线、大振荡曲线或指数曲线加而成，快速衰减项只在初始瞬时起作用。

3) 或存在有主导极点，高阶系统的动态特性将主要由主导极点决定，此时，高阶系统可近似以二阶系统来进行分析。

4) 高阶系统动态响应不仅和极点位置有关，而且和零点位置有关。暂态响应的类型（指数型、正弦振荡型）取决于环极点，而响应的形状（各分量幅值的大小）则取决于环零点。

5) 系统环极点距虚轴越远，其所对应的留数就越小，所产生的暂态分量幅值也越小，衰减得也就越快，此项对整个系统总响应的影响就越小。反之，若某极点离虚轴较近，又远离零点，则其暂态分量不仅幅值大，而且衰减较慢，对系统总响应的影响就越大。

如果一个稳定系统的极点和零点的分布基本上符合如下的模式：左半复平面上离虚轴最近的极点是一对共轭复极点（而不是实极点），它们的附近没有零点；至于系统的其他极点，有的恰有邻近的零点与之相消，有的又在上述这对极点左方很远，并离所有零点也很远的地方，我们就可以把这对离虚轴最近的极点视为主导极点，并把其他极点和零点的作用都略去不计，这样就把系统近似化为一个二阶系统，其动态特性主要就由这一对主导极点决定。

设某一高阶系统的闭环传递函数为 $G_1(s) = 1/[(s^2 + 2\xi\omega_n s + \omega_n^2)(t_n s + 1)]$，如果 $1/t_n \gg \xi\omega$，则可将 $(t_n s + 1)$ 项略去。因为与其他极点相比，这个极点具有绝对值很大的负实部，它们对瞬态响应不会产生太明显的影响，这是最简单的一种模型降阶方法。模型降阶方法一直是自动控制领域研究的热点，经典降阶方法主要有 Pade 逼近法，时间矩法，连分式法，Routh 逼近法及混合法等，这些方法已超出本书的范围，不再叙述。

【例】对模型进行降阶处理 $G_2(s) = 1/(0.0033s^4 + 0.3349s^3 + 1.1633s^2 + 0.8133s + 1)$

解：利用 MATLAB 求解主导极点，并将非主导极点略去：

```
>>[z,p,k]=tf2zpk(1,[0.0033 0.3349 1.1633 0.8133 1]);
z =    0    0    0    0
p =
  -97.9098
   -3.0950
   -0.2400 + 0.9708i
   -0.2400 - 0.9708i
k =303.0303
```

可知，对上述系统，可将极点 -97.9 直接忽略，保留其他三个极点：

```
>>sys=zpk([],[p(2),p(3),p(4)],k/p(1))
Zero/pole/gain:
         -3.095
    -------------------------
    (s+3.095) (s^2 + 0.48s + 1)
```

5.3.2 开环小参数对闭环的影响

上面已经讲到,在对高阶系统进行近似分析时,有时可以把那些远离原点的闭环极点忽略掉。如果这些极点是实的,它们就是微分方程中那些较小的时间常数,工程上常称作小惯性。忽略它们就意味着把它们看成是零。如果没有求出闭环传递函数的极点,而研究开环传递函数,那么在开环传递函数中,多小的时间常数才是可以忽略的呢?我们看一个例子。对于如下的系统:

$$\frac{0.75T_a}{K}\frac{d^3y}{dt^3} + \frac{0.75}{K}\frac{d^2y}{dt^2} + \frac{1}{K}\frac{dy}{dt} + y = \psi \quad (5\text{-}17)$$

如果取 $T_a = 0$,则式(5-17)就简化为

$$\frac{0.75}{K}\frac{d^2y}{dt^2} + \frac{1}{K}\frac{dy}{dt} + y = \psi \quad (5\text{-}18)$$

这两个方程的差别就在于是否忽略 T_a 这个小时间常数。我们依次取 $K=2.5$、5.0 和 12.5 这三个值,分别解出式(5-17)和式(5-18)。所得结果依次如图 5-22a~图 5-22c 所示。

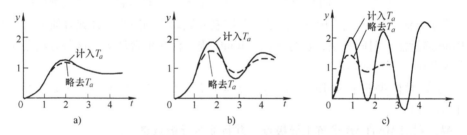

图 5-22 二阶系统与高阶系统的响应

由图 5-22 可以看出:

1)当 $K=2.5$,系统的动态性能较好,这时略去 T_a 或不略去 T_a 对过渡过程的影响不大。

2)当 $K=5.0$,系统的动态性能较差,这时略去 T_a 或不略去 T_a 对过渡过程的影响较大。

3)当 $K=12.5$,系统是不稳定的,谈不上动态性能,但这时若略去 T_a,系统可以被误认为是稳定的。

由此可见,在系统的开环比例系数比较适当、动态性能较好的情况下,略去开环系统的较小的时间常数,不至于造成重大误差;而当系统的开环比例系数较大,动态性能较差的情况下,略去同样的时间常数就要慎重。

利用数字仿真技术,可以很快地分析对高阶系统进行降阶处理后,系统是否仍然保留以前的性能。在汽车的机电系统中,存在着许多非线性的时间常数,比如通

过 CAN 发送过来的信号具有时间延迟，其延迟时间必须控制在一定的范围之内，否则这种延迟也会造成系统不稳定。

5.4 氢能汽车动力系统零下过程的仿真实例

5.4.1 电电混合动力系统结构

能量混合型氢燃料电池汽车在零下冷起动仍然是制约燃料电池汽车商业化的技术难点。本文主要研究能量混合型燃料电池汽车动力系统的零下冷起动电堆的温升过程。依据动力蓄电池、燃料电池的电化学特性、热动力学特性以及燃料电池辅助系统特性，建立了电电混合型燃料电池汽车动力系统零下冷起动过程的仿真模型；最后利用 MATLAB/Simulink 作为仿真工具，研究不同加热功率对电堆温升过程中能量消耗与动力电池状态变化的影响，为动力系统配置和能耗优化控制提供了依据。

尽管目前燃料电池汽车在全球范围内积极推进商业化应用，但还存在着各种挑战，如可靠性、耐久性、成本及氢燃料基础设施建设等问题。实现燃料电池汽车零度下快速起动，并且尽可能地减轻或者消除低温循环起动对燃料电池的损伤是一个急需解决的问题。

要实现燃料电池汽车的零下冷起动性能，关键是燃料电池系统要快速起动。研究表明，起动初始温度 -5℃ 以上，电堆基本上可利用起动时电流在其内部产生的焦耳热暖机，确保起动过程中不会因为生成的水再次结冰、封住催化剂层/气体扩散层界面而停止反应；初始温度在 -10℃ 以下时，电堆一般需要通过工程化方法实现快速暖机，达到快速起动的效果。

实现快速暖机的方法包括电堆保温和加热两种。但保温受到绝热层厚度及保温时间的限制，只能在较小的范围内适用，间歇式加热需要不断消耗能量，都无法在汽车上推广应用。加热法理论上也可使用电堆自身产生的热量（如 -5℃ 以上的情况），但目前仍有许多问题难以协调，比如性能衰退，起动不成功等；使用外部热源则是一种简便可行的方案。

燃料电池汽车上可供选择的外部热源一般有：①氢气，经过催化燃烧等方式产生热，优点是产热快，但需要附加催化及换热装置；②电池，通过电热丝产生热量，优点是产热快，但需要增加蓄电池容量；③其他诸如废气、余热等，在汽车起动时未必能提供。

本节以电电混合型燃料电池汽车动力系统（以下简称动力系统）为例子，以燃料电池电堆、辅助系统及动力电池电化学特性和热动力学特性为基本依据，建立燃料电池汽车动力系统零下冷起动的热电耦合模型，说明复杂控制系统模型的建模过程和仿真方法。

电电混合型燃料电池汽车的动力源为燃料电池系统,动力电池在峰值功率需求时输出电能。其动力系统结构如图 5-23 所示。燃料电池电堆端电压通过 DC/DC 变换器,与蓄电池和电机控制器母线连接。

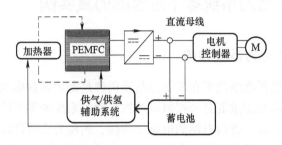

图 5-23 燃料电池混合动力系统结构及冷起动配置

在图中,冷起动过程蓄电池驱动加热器作为外部热源给电堆加热,动力电池本体和燃料电池电堆的参数根据其基本配置,见表 5-1。

表 5-1 动力电池本体和燃料电池电堆基本配置

燃料电池参数	值	动力电池参数	值
电极/极板材料	Pt/C,石墨	材料(正/负极)	C/ LiFeO$_4$
额定功率	55kW	单电池容量	8A·h
单体串联数	400	单体串联数	96
电堆重量	173kg	电池重量	65kg
尺寸	1000mm × 1200mm × 20mm	尺寸	837mm × 375mm × 235mm
额定电压	263~380V	额定电压	375V

5.4.2 冷起动过程数学模型

针对燃料电池电堆、辅助系统及蓄电池,需要建立:①燃料电池不同温度的电化学动力学模型;②燃料电池电堆热动力学模型;③辅助系统功耗模型;④蓄电池化学动力学模型;⑤蓄电池热动力学模型。

1. 燃料电池电化学动力学模型

在采用外部加热的起动控制策略上,设置临界温度(可确保成功起动的最低温度):①在临界温度以下,不给电堆施加负载,没有功率输出;②达到临界温度时输出功能。利用简化的能斯特电压模型来描述,其输出电压模型为:

$$v_{\text{cell}} = \begin{cases} 0 & T_{\text{st}} \leq T_{\text{critical}} \\ E_{\text{nernst}} + v_{\text{act}} + v_{\text{ohmic}} + v_{\text{conc}} & T_{\text{st}} > T_{\text{critical}} \end{cases} \tag{5-19}$$

式中,能斯特电压 E_{nernst} 为电堆温度 T_{st} 的函数,而极化电动势 v_{act} 及 v_{ohmic} 均为电流

（或电流密度）i 的函数：

$$E_{\text{nernst}} = E^0 + \frac{RT}{nF}\ln\left(\frac{P_{O_2}^{1/2}P_{H_2}}{P_{H_2O}}\right),$$

$$v_{\text{act}} = a + b\ln(i), v_{\text{ohmic}} = Ri, v_{\text{conc}} = c\ln\left(\frac{i_L - i}{i_L}\right) \quad (5\text{-}20)$$

2. 燃料电池电堆热动力学模型

电堆的热力学模型主要考虑热量输入、散热、内部生成热与电堆温度变化之间的关系，为简化问题，认为起动过程中电堆温度分布均匀、一致。

暖机过程燃料电池的热主要来自以下几个部分：①电加热器产生的热量，通过冷却液带入；②由于电堆内阻产生的焦耳热；③阴极空气传入的净热值；④电堆表面传热损失。因此电堆在暖机过程中的热动力学方程可描述为：

$$\frac{dT_{\text{st}}}{dt}M_{\text{st}}c_{\text{st}} = Q_{\text{cool}} + Q_{\text{st}} + \Delta Q_{\text{gas}} - Q_{\text{sur}} \quad (5\text{-}21)$$

式中，T_{st}、M_{st}、c_{st} 分别为电堆温度、质量及比热。电堆比热与电堆所采用的材料及水含量相关，比如采用金属双极板的电堆就比采用石墨双极板的电堆比热小很多，水含量大时，比热就大，这里假设按一般正常工作状态，认为水含量稳定在一定水平。Q_{cool}、Q_{st}、$\Delta Q_{\text{gas}} = Q_{\text{in}} - Q_{\text{out}}$、$Q_{\text{sur}}$ 分别是冷却液带入的热流，电堆产生的热流（当温度低于临界温度或电流为零时，$Q_{\text{st}} = 0$），加湿反应气输入电堆净热量以及电堆表面热交换。

3. 冷却液输入热量

通过加热器对冷却液进行加热，再把加热的冷却液输入电堆以实现暖机的目的，因此由冷却液带入的热流 Q_{cool} 为

$$Q_{\text{cool}} = \dot{m}_{\text{cool}}c_{\text{cool}}(T_{\text{st,in}} - T_{\text{st,out}}) \quad (5\text{-}22)$$

式中，$\dot{m}_{\text{cool}}$、c_{cool} 分别为冷却液的质量流量和比热；$T_{\text{st,in}}$、$T_{\text{st,out}}$ 分别为冷却液进堆和出堆温度，一般情况下出堆温度可认为电堆平均温度 T_{st}。进堆温度为冷却液经过水管后进入加热器的温度加上吸收了加热器所发热量：

$$T_{\text{st,in}} = T_{\text{st,out}} + \frac{\eta_{\text{heat}}P_{\text{heat}}}{\dot{m}_{\text{cool}}c_{\text{cool}}} \quad (5\text{-}23)$$

式中，P_{heat} 为加热器功率，η_{heat} 为考虑所有小循环过程中热量散失及冷却液温升后的加热效率。

4. 电堆反应生成热量

电堆反应生成热可通过下面的公式来计算：

$$Q_{\text{st}} = NI(E_r - v_{\text{cell}}) \quad (5\text{-}24)$$

式中，E_r 为氢氧燃料电池的可逆电压（1.229V）；v 为实际输出电压；N 代表电堆中电池单体的数量。

5. 反应气输入净热流

当电堆温度超过临界温度，且有电功率输出时，反应气输入的净热流为

$$\Delta Q_{\mathrm{gas}} = \sum_i \dot{m}_{j,\mathrm{in}} c_{j,p}(T_{\mathrm{ca,in}} - T_{\mathrm{st}}) - \sum_j \dot{m}_{j,\mathrm{out}} c_{j,p}(T_{\mathrm{st}} - T_{\mathrm{en}}) \quad (5\text{-}25)$$

式中，i 和 j 表示不同组分组分；$\dot{m}$ 为气体的质量流量；c_p 为气体的比热；$T_{\mathrm{ca,in}}$ 为入口温度。起动阶段的阴极和阳极质量流量可通过下列公式估算：

$$\begin{cases} \dot{m}_{\mathrm{H_2}} = \gamma_{\mathrm{an}} \dfrac{I}{2F} M_{\mathrm{H_2}} \\ \dot{m}_{\mathrm{air}} = \gamma_{\mathrm{ca}} \dfrac{I}{4F}\left(M_{\mathrm{O_2}} + \dfrac{79}{21} M_{\mathrm{N_2}}\right) \end{cases} \quad (5\text{-}26)$$

式中，F 为法拉第常数；γ_{an} 及 γ_{ca} 分别为阳极和阴极化学计量比；$M_{\mathrm{O_2}}$ 及 $M_{\mathrm{N_2}}$ 分别为氧气和氮气的摩尔分子量。

式中阳极入口温度 $T_{\mathrm{an,in}}$ 可直接取环境温度，阴极入口温度 $T_{\mathrm{ca,in}}$ 可做下面的估计：对于压缩机来说，机械效率部分以热的形式耗散在电机及压缩机泵头中，压缩效率耗散在空气中，因此，

$$T_{\mathrm{ca,in}} = T_{\mathrm{air}} + \frac{P_{\mathrm{comp}} \cdot \eta_{\mathrm{comp}}}{\dot{m}_{\mathrm{air,in}} c_p^{\mathrm{air}}} \quad (5\text{-}27)$$

式中，P_{comp} 为压缩机功率，由于在 $-10 \sim 10\text{℃}$ 之间，水的饱和蒸汽压非常小，忽略出口气体的水蒸气的影响，令出口空气比热与进口空气比热相等。将式(5-22)、式(5-24)、式(5-28)、式(5-30)代入式(5-21)，则得到

$$\Delta Q_{\mathrm{gas}} = P_{\mathrm{comp}} \eta_{\mathrm{comp}} - c_p^{\mathrm{air}}\left[(2\gamma - 1)M_{\mathrm{O_2}} + 2\gamma \frac{79}{21}M_{\mathrm{O_2}}\right]\frac{I}{4F}(T_{\mathrm{st}} - T_{\mathrm{en}}) \quad (5\text{-}28)$$

$$= P_{\mathrm{comp}} \eta_{\mathrm{comp}} - (304\gamma - 32) c_p^{\mathrm{air}} \frac{I}{4F}(T_{\mathrm{st}} - T_{\mathrm{en}})$$

由此看出在冷起动过程中：①从能量利用的角度看，应该维持较低的化学计量比，减少空气流量以充分利用压缩机所产生的热能；②从暖机速率上考虑，可适当提高压缩机功率，即提高压比，减少流量。

6. 表面交换热损失

由于电堆所处环境有一定的密闭性，因此电堆表面与外界主要是通过辐射和传导进行传热，因此电堆表面产生的热量损失 Q_{sur} 可用下式计算：

$$Q_{\mathrm{sur}} = A_{\mathrm{st}}\left[\Phi\delta(T_{\mathrm{st}}^4 - T_{\mathrm{en}}^4) + \left(h + \frac{l}{k}\right)_{\mathrm{st}}(T_{\mathrm{st}} - T_{\mathrm{en}})\right] \quad (5\text{-}29)$$

式中，Φ 为表面黑度系数；δ 为斯蒂芬-玻尔兹曼常数；A_{st} 为电堆表面换热面积；T_{st} 为电堆表面温度（在不精确的情况下可近似认为等于电堆平均温度 T_{st}）；T_{en} 为环境温度；h 为电堆所处环境空气的传热系数。

上述由于玻尔兹曼常数、表面黑度系数及温度4次方的乘积非常小（$\approx 10^{-15}$），因此辐射换热非常小，可忽略：

$$Q_{\text{sur}} = A_{\text{st}}\left(h + \frac{l}{k}\right)(T_{\text{st}} - T_{\text{en}}) \tag{5-30}$$

最后将式 (5-22)、式 (5-24)、式 (5-28)、式 (5-30) 代入式 (5-21), 化简可得燃料电池电堆的热平衡方程为

$$\frac{dT_{\text{st}}}{dt} m_{\text{st}} c_{\text{st}} = \eta_{\text{ht}} P_{\text{ht}} + I\Delta V + P_{\text{comp}} \eta_{\text{comp}} - \varphi(T_{\text{st}} - T_{\text{en}}) \tag{5-31}$$

电堆温升系数为

$$\varphi = \frac{c_p^{\text{air}} I}{4F}\left[(2\gamma - 1)M_{O_2} + 2\gamma \frac{79}{21} M_{N_2}\right] + A_{\text{st}}\left(h + \frac{l}{k}\right)$$

7. 燃料电池辅助系统功耗模型

燃料电池辅助系统主要在冷起动过程中需要消耗电功率主要包括：①提供电堆进行外部加热的电功率；②提供空气流量的压缩机电功率。其他氢气阀门、控制器弱电等可忽略。压缩机工作状态可由其 MAP 图决定，先根据流量和压力在等转速图中查出转速，再根据转速和压比求出功率：

$$\begin{cases} P_{\text{comp}} = \text{MAP}^{-1}\left(N_{\text{comp}}, \frac{100}{21} P_{O_2}\right) \\ N_{\text{comp}} = \text{MAP}^{-1}\left(\dot{m}_{\text{air}}, \frac{100}{21} P_{O_2}\right) \end{cases} \tag{5-32}$$

燃料电池辅助系统总电功率需求为：

$$P_{\text{e\_req}} = P_{\text{comp}} + P_{\text{heat}} + P_{\text{coolant}} - V_{\text{cell}} I_{\text{cell}} \tag{5-33}$$

式中，P_{heat} 为电堆外部加热功率。

8. 蓄电池电化学模型

二次电池的电化学模型一般都采用基于等效电路进行建模的方法。等效电路模型由理想电压源加上若干反应内阻的电阻组成。本文采用的等效电路模型，如图 5-24 所示。

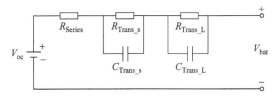

图 5-24 等效电路模型

一般认为磷酸铁锂（$LiFePO_4$）/锂石墨嵌入结构为正负极材料的电池，其开路电压 V_{oc} 只与荷电状态 (SOC) 有关，开路电压的公式为

$$V_{\text{oc}}(x) = -1.031 e^{-35\text{SOC}} + 3.685 + 0.2156\text{SOC} - 0.117\text{SOC}^2 + 0.32\text{SOC}^3 \tag{5-34}$$

温度在 -20~40℃ 这个范围内，用这个公式计算蓄电池的开路电压，与实际的

测量值进行比较，最大的误差为8mV，多数误差小于2mV。

图 5-24 的等效电路中使用了充放电内阻又是另一个需要考虑的因素，Min 等人拟合只与 SOC 有关的经验公式[21]：

$$\begin{cases} R_{\text{Series}} = 0.1562e^{-24.37\text{SOC}} + 0.07446 \\ R_{\text{Trans\_s}} = 0.3208e^{-29.14\text{SOC}} + 0.04669 \\ C_{\text{Trans\_s}} = 7.529e^{-13.51\text{SOC}} + 703.6 \\ R_{\text{Trans\_L}} = 6.603e^{-1553.2\text{SOC}} + 0.04984 \\ C_{\text{Trans\_L}} = -6056e^{-27.12\text{SOC}} + 4475 \end{cases} \quad (5\text{-}35)$$

由于在冷起动过程中，蓄电池的瞬态响应时间常数远远小于整个混合动力系统的响应，实际上可以忽略蓄电池内部电感和电容效应，只考虑电阻效应。输出电压可简化为：

$$V_{\text{bat}} = V_{\text{oc}}(\text{SOC}) - I(R_{\text{Series}} + R_{\text{Trans\_s}} + R_{\text{Trans\_L}}) \quad (5\text{-}36)$$

9. 考虑温度对蓄电池放电性能的影响

当考虑温度对电池化学动力学模型影响时，还需要采用耦合温度参数的修正方法。用温度作为参数直接修正内部各个电阻、电容及开路电压的参数。Lam 等人[22]采用了 178 个拟合参数和 38 个方程来描述和修正电压和电阻，非常烦琐；Gao 等人[23]在前述等效电路的基础上，采用了放电倍率系数 α 和温度系数 β，首先对 SOC 进行修正，然后再对开路电压和内阻进行修正。荷电状态值的修正方法为

$$\begin{aligned} \text{SOC}_R &= \frac{1}{C_{\text{bat}}} \int \alpha(I(t),t)\beta(T(t),t)I(t)\text{d}t, \\ \alpha &= 0.95 + 0.05\frac{I}{C_{\text{bat}}}; \\ \beta &= 1.061 - 0.002(T-296) \end{aligned} \quad (5\text{-}37)$$

式中，C_{bat} 为蓄电池标称容量。很显然电流越大或者温度越小，那么修正后的荷电状态值就会越小，开路电压越小，实际输出电压也越小，修正后的开压电压公式为

$$V_{\text{oc}}(\text{SOC},T) = V_{\text{oc}}(\text{SOC}_R,T) + 0.01(T-296) \quad (5\text{-}38)$$

10. 蓄电池热动力学模型

蓄电池在工作过程中由于自身内阻及内部物质扩散等原因，也存在放热[24]。蓄电池的热平衡方程为

$$\frac{\text{d}T_{\text{bat}}}{\text{d}t}m_{\text{bat}}c_{\text{bat}} = P_{\text{bat,thermal}} - A_{\text{bat}}\left(h + \frac{l}{k}\right)_{\text{bat}}(T_{\text{bat}} - T_{\text{en}}) \quad (5\text{-}39)$$

蓄电池在暖机过程中的自身产热功率为

$$P_{\text{bat,thermal}} = I\left[(V_{\text{oc}} - V_{\text{bat}}) + T\frac{\partial V_{\text{oc}}}{\partial T}\right] \quad (5\text{-}40)$$

($V_{oc} - V_{bat}$) 是由焦耳热效应产生，可根据式（5-38）及电流计算得出；$T\frac{\partial V_{oc}}{\partial T}$ 实际上是由于在充放电过程中正负极各组分发生变化，生成焓中一部分变成自由能（即电能）释放，另外一部分以熵变形式化为热能留在电池内部。熵变热在充电过程中吸热，在放电过程中放热。文献［25］中给出了在不同温度下熵变的一个实验测量结果：

$$\Delta S = \frac{\partial V_{oc}}{\partial T} = (-80 + 100 \text{SOC})\frac{I}{F} \tag{5-41}$$

5.4.3 系统仿真与分析过程

1. 基于 MATLAB/Simulink 的数字仿真模型

利用 MATLAB/Simulink 对式(5-19)～式(5-41)进行数字仿真模型搭建，结果如图 5-25 所示。

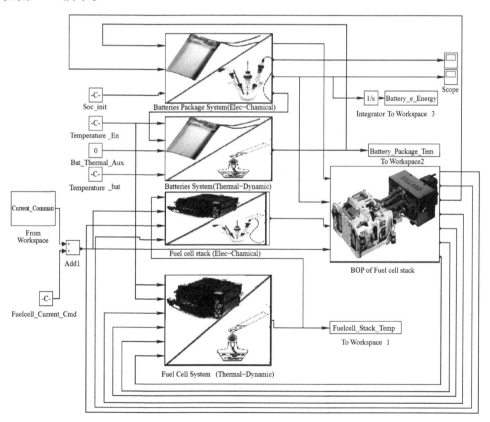

图 5-25 MATLAB 中的数字仿真模型

用 MATLAB/Simulink 的 Subsystem 及 Mask 工具，将总体模型封装成锂离子电

池电化学及热动力学模型、燃料电池电化学、热动力模型、燃料电池辅助系统模型5个子模型。

子模型之间相互耦合：燃料电池化学动力学的输入参数（电堆温度）来自其热动力子模型；其热动力学模型的输入参数（反应热/压缩机功率）分别来自电化学动力学子模型和辅助系统子模型；动力电池的热动力学子模型输入参数（电池温度）也来自电池热动力学模型，而其电化学动力学子模型的参数（温度、电功率需求）分别来自其热动力学子模型及燃料电池辅助系统子模型。

2. 模型参数的估算与设定

对于式（5-19）～式（5-41）所构成模型中的参变量，分以下两类设定参数值：

1）电池包外层用聚氨酯泡沫，厚度25mm；内层用钢板，厚度0.8mm，电池包在密闭环境中，等效传热系数近似为$0.92\mathrm{Wm^{-2}K^{-1}}$。磷酸铁锂电池的等效热电容可通过对内部各种物质进行加权平均来求得，其值可取为$842.45\mathrm{kJkg^{-1}K^{-1}}$。

2）燃料电池辅助系统。冷冻液的比热根据体积25%乙二醇溶液由公式估算；其他设计参数见表5-2。

表5-2 燃料电池辅助系统参数

参数	符号	值
加热器额定功率	P_{heat}	3.0kW
压缩机额定功率	P_{comp}	5.0kW
水泵额定功率	P_{pump}	0.50W
冷却液容量	V_{cool}	5.1L
冷却液密度	kg/L	1.04kg/L
冷却液比热@0℃	c_{cool}	3.75kJ/(kg·K)
冷却液质量流量	$\dot{m}_{cool}$	2.074kg/min
辅助系统质量	M_{BOP}	115.67kg
阴极空气入口温度	$T_{air,in}$	−20～0℃
阴极空气入口压力	P_{air}	0.12～0.16MPa
阴极空气入口相对湿度	R_{air}	60%
空气比热	c_{air}	1.029kJ/(kg·K)
电堆比热	c_{st}	600kJ/(kg·K)
电堆表面换热面积	A_{st}	2.5m²
电堆等效传热系数	$(h+1/k)$	1.5W/(m²·K)
阴极化学计量比	Γ	1.8

在燃料电池辅助系统子模型中，为简化压缩机功耗计算，直接建立了压缩机功

率 P_{comp} 与电堆电流密度 i 的一般关系，如图 5-26a 所示。

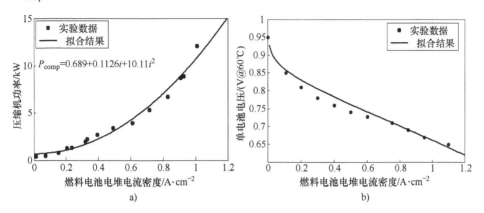

图 5-26 空压机功率、单体电压与电堆电流密度的关系

如图 5-26b 所示，燃料电池电化学模型利用实验数据拟合式（5-20）中的参数，并添加温度项修正，得到：

$$v_{\text{cell}} = 0.8252 + 0.85 \times 10^{-3} \cdot (T - 333.15) - 0.1293 \cdot i -$$
$$0.0226 \cdot \ln(i) + 0.0501 \cdot \ln\left(\frac{2.0 - i}{2}\right) \quad (5\text{-}42)$$

对动力电池由式（5-37）~ 式（5-41）表达的电化学子模型，输入量为 SOC、电流和温度，输出量为电压，而仿真过程实际的输入量为电功率需求，电流为求解量，因此需要利用功率和 SOC 作为逆向求解，图 5-27 所示为利用动力电池电化学模型求解的电流输出表，利用 MATLAB 中的 Lookuptable 表达。

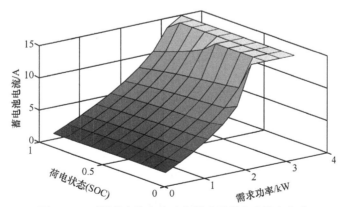

图 5-27 不同荷电状态和功率需求下蓄电池输出电流

3. 暖机及起动过程分析

燃料电池混合动力系统在零下冷起动过程中，各个零部件之间发生能量交换和调配，使得电堆温度快速达到工作温度，其主要考虑的指标包括起动能量消耗和起

动时间。

设初始温度为-10℃,以不同功率(图5-28中①3kW,②2kW及③1kW)进行暖机加热,动力电池初始SOC为100%,并设置电堆临界温度为0℃,那么起动暖机过程变化终点动力电池的状态如图5-28所示。

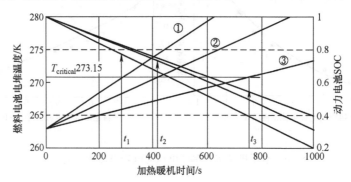

图5-28 暖机过程电堆温度及动力电池状态

由图5-28可知,外部加热功率越大,不仅暖机时间越短($t_1 < t_2 < t_3$),而且暖机终点动力蓄电池剩余SOC越大,3kW、2kW、1kW加热时剩余SOC分别为0.78、0.72和0.55(图中箭头所指)。实际上由于停机之前对电堆通过吹扫,SOC初始值小于1,这样完全利用加热进行暖机起动很可能会失败。通过提高加热功率来缩短起动时间,则需要扩充动力电池容量并增加加热器功率。

如果设置电堆的临界温度$T_{critical}$为-5℃,电堆在达到该温度时即施加0.05A/cm²负载电流密度(电堆输出功率约为4kW,同时保持加热)。在上述相同的初始温度和三种功率加热暖机并起动,其起动过程如图5-29所示。

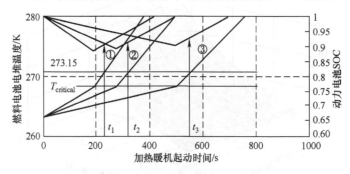

图5-29 起动过程电堆温度及动力电池状态

对比图5-28可以发现,电堆温度达到0℃的时间分别缩短了30s、100s及200s;动力电池荷电状态由于燃料电池开始工作而回到0.85以上。临界温度$T_{critical}$对电堆冷起动性能影响很大。目前许多公司都努力采用自加热方法实现起动,从这个角度看实际上是追求低的临界温度 T_{critical}。

5.5 本章小结

控制系统分析包括时域分析方法、频域分析方法和根轨迹分析法,时域分析能直观地理解系统稳定性、静态性能及动态性能。频域分析方法包括奈奎斯特图、伯德图及尼科尔斯图等分析方法。根轨迹是利用幅角条件和相角条件根据增益变化绘制特征根在复平面上的分布轨迹,利用数值计算软件可以迅速地对系统进行分析。

控制系统的稳定性分析方法有许多,包括李雅普诺夫判定法、奈奎斯特判定法、伯德图判定法、尼科尔斯图判定法等。一个系统不但必须是稳定的,而且还应该有相当的稳定裕量才是工程上可用的。稳定裕量常用相角裕量和幅值裕量这一对指标来表示,利用数值分析工具可以快速求解系统的稳定裕量。

高阶系统往往通过降阶的方法来简化控制系统的设计,但在降阶过程中必须注意开环小参数对闭环的影响。从氢能汽车动力系统零下过程的仿真实例中可以看出,实际的仿真模型往往是由多种子模型组合而成。

参 考 文 献

[1] 徐薇莉,曹柱中,田作华. 自动控制理论与设计 [M]. 上海:上海交通大学出版社,1995.
[2] 汤姆·登顿. 汽车电气与电子控制系统(原书第3版)[M]. 于京诺,宋进桂,杨占鹏,等译. 北京:机械工业出版社,2008.
[3] 黄向华. 控制系统仿真 [M]. 北京:北京航空航天大学出版社,2008.
[4] 刘坤. MATLAB 自动控制原理习题精解 [M]. 北京:国防工业出版社,2004.
[5] 吴麒. 自动控制原理(上)[M]. 北京:清华大学出版社,2002.
[6] 张晓华. 系统建模与仿真 [M]. 北京:清华大学出版社,2005.
[7] ARICH I. 微分方程数值分析基础教程 [M]. 刘晓艳,刘学深,等译. 北京:清华大学出版社,2005.
[8] 杨国安. 数字控制系统——分析、设计与实现 [M]. 西安:系统交通大学出版社,2008.
[9] 胜彦绪方. 离散时间控制系统(原书第2版)[M]. 陈杰,蔡涛,张娟,等译. 北京:机械工业出版社,2006.
[10] R. C. 多尔夫,R. H. 毕晓普. 现代控制系统英文版 [M]. 10版. 科学出版社,2005.
[11] 王海英,孟庆松,袁丽英. 控制系统 CAD 与仿真-MATLAB 语言及应用 [M]. 沈阳:东北林业大学出版社出版. 2002.
[12] GRAHAM C G, STEFAN F. GRAEBE, MARIO E. SALGADO. Control system design. [M]. Upper Saddle River:Prentice Hall. 2000.
[13] PESARAN, AHMAD A, KIM, et al. PEM Fuel Cell Freeze and Rapid Startup Investigation. [M]. Denver:National Renewable Energy Laboratory,2005.
[14] 马建新,高鑫,张存满. 质子交换膜燃料电池冷起动机理及冷起动策略 [J]. 电源技术,

2009, 33 (7): 533 - 540.

[15] WANG Y, PMUKHERJEEB P, MISHLERA J, et al. Cold start of polymer electrolyte fuel cells: Three - stage startup characterization [J]. Electrochimica Acta 2010, 55 (8): 2636 - 2644.

[16] TABE Y, SAITO M, FUKUI K, et al. Cold start characteristics and freezing mechanism dependence on start - uptemperature in a polymer electrolyte membrane fuel cell [J]. Journal of Power Sources, 2012, 208 (1): 366 - 373.

[17] ALI A, SOUSSO K, LOIC B, et al. A Comprehensive Review of Solutions and Strategies for Cold Start of Automotive Proton Exchange Membrane Fuel Cells [J]. IEEE Access, 2016, 4: 4989 - 5002.

[18] WAN Z, CHANG H, SHU S, WANG Y, TANG H. A Review on Cold Start of Proton Exchange Membrane Fuel Cells [J], 2014, 7 (5): 3179 - 3203.

[19] KIM S, LEE N W, KIM Y S, KIM M S. Effective purge method with addition of hydrogen on the cathode side for cold start in PEM fuel cell [J]. Int. J hydrogen energy. 2013, 38 (26): 11357 - 69.

[20] COLLON S. 质子交换膜燃料电池建模与MATLAB仿真 [M]. 张新丰, 译. 北京: 电子工业出版社, 2013.

[21] MIN C, GARincon - Mora. Accurate electrical battery model capable of predicting runtime and I - V performance [J]. IEEE Transactions on Energy Conversion, 2006, 21 (2): 504 - 11.

[22] LONG L, BAUER P, KELDER E. A Practical Circuit - based Model for Li - ion BatteryCells in Electric Vehicle Applications [C] //33rd International Conference on telecommunications Energy, Amsterdam. New York: IEEE, 2011, 1 - 9.

[23] GAO L, LIU S, DOUGAL R A. Dynamic lithium - ion battery model for system simulation [J]. IEEE Transactions on Components and Packaging Tech., 2002, 25 (3): 495 - 505.

[24] BERNARDI D, PAWLIKOWSKI E, NEWMAN J. A general energy balance for battery systems [J]. Journal of the Electrochemical Society (0013 - 4651), 1985, 132 (1): 5 - 12.

[25] ONDA K, OHSHIMA T, NAKAYAMA M, et al. Thermal behavior of small lithium - ion battery during rapid charge and discharge cycles [J]. Journal of Power Sources, 2006, 158 (1): 535 - 542.

[26] HALLAJ S, MALEKI H, HONG J S, et al. Thermal modeling and design considerations of lithium - ion batteries [J]. Journal of Power Sources, 1999, 83 (1 - 2): 1 - 8.

第6章　汽车控制器的经典设计方法

经济学的重点在于解释财富的交换、分配和消费。设计则是关于以满足我们功利主义需求的方式，塑造并实现人的能力，从而创造意义——其中也包括创造财富的来源。

——约翰·赫斯科特

本章以经典控制理论知识为基础，从控制系统的性能和目标评价入手，讲述基于波特图、根轨迹、PID、二自由度等的控制器设计方法，最后还介绍了超现代控制系统设计理论。文中举例和叙述时采用了数字仿真软件 MATLAB/Simulink 及内含的控制工具箱需要读者自学。

6.1　控制器性能评价

控制系统是由相互连接在一起、提供期望的系统响应的各个部分组成。我们这里主要讨论的控制系统一般都是闭环反馈控制系统。一个典型的闭环反馈控制系统如图 6-1 所示。它主要由控制器、执行机构、过程和传感器等部分组成。闭环控制系统利用对输出的测量，并经过反馈，将该信号与期望的输出进行对比，从而使实际的输出尽可能地接近期望的输出。闭环控制系统的一个典型例子是由驾驶员根据观察汽车在道路上的位置，来适当调整汽车转向的人-车-路闭环系统。

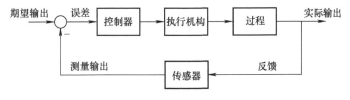

图 6-1　闭环反馈控制系统

控制系统设计的目的是为满足一项实际需求而对系统提出性能要求，并得到满足实际要求的系统配置和关键参数。控制系统的设计过程一般有七个主要流程，如图 6-2 所示。同时，这七大流程也可以归为三大步：

1）建立控制目标、变量和要求。
2）定义系统和建立模型。
3）控制系统设计、仿真和分析。

总而言之，控制器设计的问题可以描述为：给定被控系统（包括传感器和执行机构）的模型以及一组设计目标，找出一个合适的控制器或判定不存在满足要求的控制器。值得注意的是，反馈控制系统的设计是一个迭代和非线性的过程。成功的设计者必须考虑被控对象的物理过程、控制设计的策略、控制器设计的结构以及有效的控制器调试策略。由此可见，设计和实现控制系统是一项十分富有挑战性的任务。

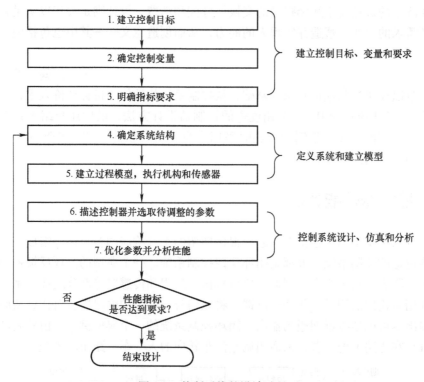

图 6-2　控制系统的设计过程

6.1.1　控制系统的性能设计指标

集成性能指标既要反映控制器软硬件系统集成之后实际性能的特点，又要便于测量和检验。所以，对于不同类型的系统和不同的研究和应用领域，应采用不同的性能指标。性能指标的提法有很多种，大体上可以归纳成两类：时间域指标和频域指标。

1. 时间域指标

时间域指标包括静态指标与动态指标。静态指标指的是静态误差 e_{ss}、静态误差系数 K（包括 K_P, K_v, K_a）。这里 e_{ss} 是指系统在跟踪典型输入（单位阶跃输入，单位斜坡输入和抛物线输入）时的静态误差。动态指标主要指的是过渡时间 t_s 和超调量 $\sigma\%$。此外，上升时间、延迟时间、峰值时间、振荡次数等也都属于时间域动态指标。时间域动态指标如图6-3所示。

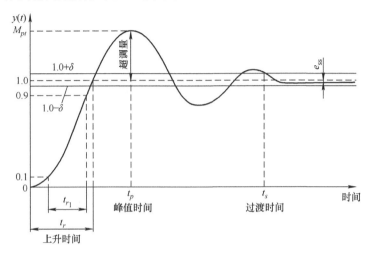

图6-3 时间域动态指标

2. 频域指标

系统的开环频域指标包括期望的相角裕度 γ、幅值裕度 K_g 和幅值穿越频率 ω_c 等。闭环系统的频域指标包括零频振幅比 M_0、谐振峰值 M_r、谐振频率 ω_r、闭环截止频率 ω_b 等，如图6-4所示。

闭环系统的频域指标直接反映系统的性能，零频振幅比 M_0，即 $\omega=0$ 时的闭环幅频特性，他反映了系统的稳态精度，M_0 越接近1，系统的精度越高。谐振峰值 M_r

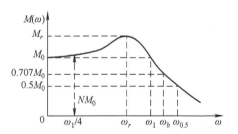

图6-4 闭环系统频域指标

是判断系统稳定性的一种常用指标，M_r 越大，说明系统稳定性较差，对应的阶跃响应有较大的超调量，一般 M_r 取 1.1~1.5。

谐振频率 ω_r 即产生谐振峰值时的频率。闭环截止频率 ω_b 即幅值下降到零频振幅70.7%时候的频率，也称为系统的闭环带宽。闭环滤掉频率大于 ω_b 的信号分量，因此带宽反映系统对噪声的滤波特性；同时也能反映系统的响应特性，带宽大说明系统响应快，反之系统响应慢，失真较大。

6.1.2 控制器硬件性能评价

1. 电源适配性

电源适配性表示控制器对供电的适应性,通常指标包括:

1)供电范围,范围越宽表示该控制器对于兼容不同电压等级的能力越强,很多器硬件的设计往往为了兼容乘用车 12V 平台和商用车的 24V 平台,供电范围都能做到 9~36V。

2)最高耐电压,指的是在极端情况下控制器能承受的最大电压。该指标反映了控制器对车载异常供电电压的承受能力。

3)抗反接能力,在调试、测试、试制、安装过程中,出现电源反接异常。

4)抗电压波动、中断能力,上述性能均可以通过施加随曲线波动到电压来进行测试。

5)抗电流冲击能力,出现瞬间异常电流的情况,能否恢复正常。

2. 环境适应性

环境适应性主要表示控制器对温度、气压、机械振动及盐雾等环境的适应程度。通常包括以下指标:

1)低温工作特性,即在低温下其他性能的变化,如精度、响应等。

2)耐低温或低温存储性能,不工作时能在多少温度下存放。

3)高温工作特性,即在高温下其他性能的变化,如精度、响应等。

4)耐高温或高温存储性能,不工作时能在多少温度下存放。

5)耐湿热环境性能,在湿热综合环境下控制器的工作性能。

6)耐振动特性,一般选择用最大加速冲击下(跌落)的特性,以及振动环境下的耐久性试验效果来衡量。

3. 耐久性

控制器硬件中的电子元器件、接插件、密封等通常在热应力、机械应力下会逐步失效。广义的电子元器件包括:电阻、电容、电感、电位器、电子管、散热器、机电元件、连接器、半导体分立器件、电声器件、激光器件、电子显示器件、光电器件、传感器、电源、开关、微特电机、电子变压器、继电器、印制电路板、集成电路、各类电路、压电、晶体、石英、陶瓷磁性材料、印制电路用基材基板、电子功能工艺专用材料、电子胶(带)制品、电子化学材料及部品等。元器件出厂规格一般都会做连续高温老化寿命实验。控制器的耐久通常在振动环境、湿热循环环境中进行。

4. 防护特性

防护特性指在灰尘及潮湿环境下是否能正常工作的特性。在国家标准中常用 IP 等级来表示。如防尘箱中使用滑石粉进行防尘等级测试、使用喷水或浸泡试验进行防水等级测试。

5. 电磁特性

传导发射、辐射发射、抗传导干扰、抗辐射干扰、抗大电流干扰、抗静电干扰是控制器电磁特性的主要测试项目及指标。

6.1.3 控制器软件算法性能评价

1. 算法复杂性

算法复杂性通常包括时间复杂性和空间复杂性。算法的时间复杂性是因为执行算法通常需要时间。一般来说，计算机算法是问题规模 n 的函数 $f(n)$，时间复杂性一般用复杂度来表示，记作

$$T(n) = O(f(n)) \tag{6-1}$$

问题的规模 n 越大，算法执行的时间增长率与 $f(n)$ 的增长率正相关，称作渐进时间复杂度。汽车控制器的控制算法与为了追求时效性，其往往通过查表、差值、逼近等方法来进行精度与速度的合理平衡而简化。

算法的空间复杂性是因为算法需要消耗内存空间。其计算和表示方法一般以所占内存和代码长度来表示。同时间复杂性相比，空间复杂度的分析要简单得多。

2. 控制稳定性

控制系统的稳定性是指系统在受到外部作用后，其动态过程的振荡倾向和能否恢复平衡状态的能力。稳定性是控制系统最重要的特性之一，它表示了控制系统承受各种扰动，保持其预定工作状态的能力。不稳定的系统是无用的系统，只有稳定的系统才有可能获得实际应用。跟随性用来描述系统输出对输入响应的准确性和快速性。抗扰性是指系统抵抗外界干扰（如侧向风干扰）的能力。鲁棒性就是系统的健壮性，它是在异常和危险情况下系统生存的关键。具体来说就是指控制系统在一定（结构、大小）的参数扰动下，维持某些性能的特性。

当系统各个参数匹配不好或收到外部信号冲击时，将会引起系统输出量的振荡。如果这种振荡是发散的或等幅的，系统就是不稳定或临界稳定的，它们都是没有实际意义的稳定工作状态，控制系统也就失去了工作能力。尽管控制系统振荡通常不可避免，但只有这种振荡随着时间的推移而逐渐减小乃至消失，控制系统才是稳定的，控制系统才有实际的工作能力和使用价值。

3. 动态响应性

控制系统响应的快速性是指在系统稳定的前提下，通过系统的自动调节，最终消除因外部作用改变而引起的输出量与给定量之间偏差的快慢程度。快速性一般用调节时间来衡量，调节时间越短、快速性越好，但控制系统的快速性常常与相对稳定程度相互矛盾。

4. 计算准确性

控制系统响应的准确性是指在系统的自动调节过程结束后,其输出量与给定量之间仍然存在的偏差大小,也称稳态精度。准确性一般用稳态误差来衡量,它是评价控制系统工作性能的重要指标,对准确性的最高要求就是稳态误差为零。

最小方差控制(Minimum Variance Control, MVC)性能评价指标和总平方波动(Total Squared Variation, TSV),是常用的实时性能评价方法,即对控制变量的输出误差累计求和。

$$\begin{cases} \text{ISE} = \int_0^\infty y^2 \mathrm{d}t \approx T_s \sum_{i=0}^\infty y^2(i), \\ \text{TSV} = \int_0^\infty \left(\frac{\mathrm{d}u}{\mathrm{d}t}\right)^2 \mathrm{d}t \approx \frac{1}{T_s} \sum_{i=0}^\infty u_\Delta^2(i). \end{cases} \quad (6\text{-}2)$$

实施过程中可以使用 HIL 设备或实际台架进行数据采样收集实时计算。稳定程度高、动态过程平稳性能好、能够较快地到达系统稳态值、瞬态响应时间短、最终控制精度高、稳态误差小是对控制系统的总体性能要求。

5. 安全与可靠性

与其他行业的安全性要求相比,汽车功能的安全性要求比一般系统制造工程学科或电子通信学科严格许多,这是为了保证一旦发生意外事故,能最大程度确保驾驶员及行人的安全。因此,控制器各个功能都按照高度完整的安全等级进行分类。而在其他消费类电子或机械制造行业中,由于可以对工作进行适当的约束限制来降低此类意外事故和人员伤亡的可能性,所以相对而言不用过多考虑这方面的问题。

安全与可靠性通常参照国际标准 ISO 26262,该标准根据安全风险程度对系统或系统某组成部分确定划分由 A 到 D 的安全需求等级(Automotive Safety Integrity Level, 汽车安全完整性等级 ASIL),其中 D 级为最高等级,安全需求最苛刻。伴随着 ASIL 等级的增加,针对系统硬件和软件开发流程的要求也随之增强。对系统供应商而言,除了需要满足现有的高质量要求外,还必须满足这些因为安全等级增加而提出的更高的要求。

6.2 经典控制器设计一:基于频率特性的设计方法

由于控制器的频域设计方法以及比较成熟,当系统性能指标以频域量的形式给出时,用频率特性法来设计控制器较为合适;当系统性能指标以时域量给定时,也可将时域指标化为频域指标,采用频域方法设计。经典控制理论及频域设计方法见表 6-1。

表 6-1 经典控制理论及频域设计方法

经典控制理论	年代	方法特点	适用范围
奈奎斯特判据（Stability criterion of Nyquist）	1932	以传递函数为基础，研究单输入单输出这类定常控制系统的分析与设计问题 这些理论由于其发展较早，现已臻成熟	研究对象：单输入－单输出线性时不变系统 数学基础：傅里叶变换、拉普拉斯变换 系统模型描述：传递函数、频率响应 分析综合方法：频率响应法、根轨迹法 局限性：①难以有效处理多输入多输出线性系统的分析综合；②难以揭示系统内部结构的特性；③模型误差的影响所造成的控制极限无法明确
伯德图法（Bode）	1938—1945		
根轨迹法（Root locus method（W. R. Evans））	1948		
尼科尔斯图线法（Nichols chart method）	1947		

6.2.1 开环频率特性的分段设计

从系统的开环频率特性可以大体分析出其主要的动态和静态性能。如果根据给定的性能指标，设计一个符合指标的开环频率特性，也就是希望系统具有频率特性，然后把它同系统的"固有"部分的频率特性相比较，就可以知道所需要的校正装置的频率特性和参数，这就是综合的做法。上述工作希望系统具有的频率特性称为预期频率特性。如何为图 6-5 所示的系统建立预期开环频率特性是本单元要讨论的内容。

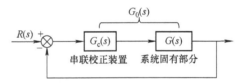

图 6-5 闭环控制系统框图

图 6-5 的系统开环传递函数 $G_0(s)$ 为

$$G_0(s) = G_c(s)G(s) \tag{6-3}$$

如果 $G_0(s)$ 已经设计好，则校正装置的传递函数 $G_c(s)$ 应取为

$$G_c(s) = G_0(s)/G(s) \tag{6-4}$$

如果系统中没有延时单元，开环传递函数 $G_0(s)$ 可以写成如下形式：

$$G_0(s) = \frac{K\prod_{j=1}^{m}(\tau_j s + 1)}{s^\nu \prod_{i=1}^{n}(T_i s + 1)} = \frac{K(\tau_1 s + 1)\cdots(\tau_m s + 1)}{s^\nu(T_1 s + 1)\cdots(T_n s + 1)} \tag{6-5}$$

其中 $m < (\nu + n)$，$\nu = 0, 1, 2$，$\nu \geqslant 3$ 的系统实际很少见，$G_0(j\omega)$ 的对数幅频特性如图 6-6 所示。

设计预期的 $G_0(j\omega)$ 就是选择 K、ν、$\tau_j (j = 1, \cdots, m)$ 和 $T_i (i = 1, \cdots, n)$ 等参数，

使闭环系统能满足给定的性能指标。同时还要保证求出的 $G_0(s)$ 是一个不太复杂的真分式,以便物理实现。

设计预期开环频率特性也就是建立系统的开环模型。由于不同类型的系统可以满足相同的性能指标,所以开环模型的选择有很大的灵活性。采用简单的

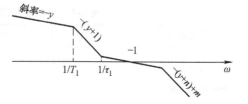

图 6-6　$G_0(j\omega)$ 的对数幅频特性

开环模型(如二阶模型),系统性能指标和模型参数之间的关系固然比较简单,便于计算,然而二阶模型的适应性较差,通常不能保证 $G_0(s)$ 容易实现,所以二阶模型只适用于综合简单的系统。采用较高阶的模型,其适用范围就比较广,实用价值较大。但是高阶系统的性能指标与模型参数之间的关系比较复杂,通常无法准确计算。往往要借助于工程经验和图表或经验公式。

预期开环频率特性的设计需根据系统的性能指标及可实现性,将频率范围分成中高低三个频段来设计。原则上,低频段采用高增益实现控制的准确性,高频段采用增益降低较迅速的特性以减小噪声等的影响,而在中频段主要考虑系统的稳定性和快速性的指标要求。

1. 中频段设计

(1) 开环截止角频率 ω_c 的选择

中频段的实际频率范围反映系统的时间尺度,所以在设计时应当根据对系统运动速度的要求来确定中频段的频率范围。也可以说,根据希望系统的阶跃响应过渡过程时间确定截止角频率 ω_c。

根据式 (6-5) 中 ν 的数值可将系统分成为 3 类,而实际系统中属 1 类的居多。对于 1 类系统阶跃响应的过渡时间,初步设计时可按式 (6-7) 简化来选择 ω_c。在可能的条件下,尽可能把 ω_c 选高些。但必须注意,阶跃响应过渡过程时间是受系统执行机构限制的。例如,一台执行电动机的最大加速度是有一定限度的,而加速度与阶跃响应过渡过程的时间的平方成反比,从而与 ω_c 的平方成正比(这一点我们在后面还要证明)。所以阶跃响应时间不能要求太短,ω_c 也不能选得过高。

(2) 中频段对数幅频特性宽度与斜率的选择

中频段预期频率特性的设计主要应从稳定性出发,因此必须兼顾幅频特性与相频特性。这就使中频段设计工作比较复杂。但是我们可以利用最小相位系统的性质把设计工作简化一些,因为最小相位系统的幅频特性与相频特性之间存在着确定的关系。具体就说是:相频特性在某一频率点的数值正比于对数幅频特性斜率在该频率点附近一段频率范围内的加权平均值。为保证系统稳定,它的 Nyquist 曲线不能包围 -1 点。所以频率特性的模由大于 1 到小于 1 的过渡应当在第 4 或第 3 象限内完成,而不能在第 2 象限内完成。这就是说,在 ω_c 点的相频特性数值应当在 0° 到 $-180°$ 之间而不能小于 $-180°$。因此,在 ω_c 附近的一段频率范围内,对数幅频率特性斜率的加权平均值应当在 0 到 -2 之间,而不能小于 -2(实际上,为了保持

足够的稳定裕量，不应达到 -2)。再考虑到，渐近对数幅频特性的斜率总是整数，就可以明白，在渐近对数幅频特性穿过 0dB 的点（即 ω_c 点），它的斜率事实上必须是 -1。而且，在 ω_0 附近一段频率范围内，这个斜率在多数频率点上的取值都应是 -1（或 0），少数点上才允许为 -2（或 -3）。

由此看来，中频段的渐近对数幅频特性的基本形状应当是：在 ω_c 点以斜率 -1 穿过 0dB 线；在相当宽度内保持这一斜率（也可以有个别段落为水平）；在 ω_c 点两侧相当距离以外可以改取 -2（或 -3）的斜率。

(3) 斜率为 -1 的宽度选择

下面来讨论斜率为 -1 的频率段的宽度以多宽为合适。图 6-7 是一个三阶的对数幅频特性。其中中频段内斜率为 -1 的频率段的宽度 h 为

$$h = b\omega_c / (\omega_c/a) = ab \quad (6-6)$$

由于频率特性的斜率左右对称，所以相频特性曲线必也左右对称。其中点显然位于斜率为 -1 的频率段的几何中心。令该点的角频率为 ω_m，则有，

$$\frac{\omega_m}{\omega_c/a} = \frac{b\omega_c}{\omega_m} \quad (6-7)$$

即

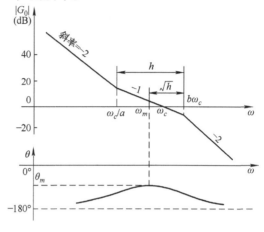

图 6-7 三阶对数幅频特性

$$\omega_m = \frac{\sqrt{h}}{a}\omega_c = \frac{b}{\sqrt{h}}\omega_c \quad (6-8)$$

设 ω_m 点的相角为 θ_m，有

$$\theta_m = -\pi + \arctan\sqrt{h} - \arctan\frac{1}{\sqrt{h}} = -\pi + \arctan\frac{h-1}{2\sqrt{h}} \quad (6-9)$$

这是整条相频特性曲线 $\theta(\omega)$ 的最大值。如果改变系统的开环增益，幅频特性曲线将上下移动，而相频特性曲线则不动。这时闭环系统谐振峰值点就会随之变化，如果调整系统的开环增益，使闭环谐振峰值点恰好位于 ω_m 点，也就是使 $\omega_r = \omega_m$，则由式 (6-10) 可知，这时闭环谐振峰值 M_r 将为最小：

$$\begin{cases} M_r = \dfrac{1}{\sin\gamma} \\ \sigma(\%) = \begin{cases} 100(M_r - 1), M_r \leq 1.25 \\ 50\sqrt{M_r - 1}, M_r > 1.25 \end{cases} \\ \sigma(\%) = \dfrac{2000}{\gamma} - 20 \end{cases} \quad (6-10)$$

$$M_r = -\frac{1}{\sin\theta_m} = -\frac{1}{\sin\left(-\pi + \arctan\dfrac{h-1}{2\sqrt{h}}\right)} = \frac{h+1}{h-1} \quad (6\text{-}11)$$

由此就有

$$h = \frac{M_r + 1}{M_r - 1} \quad (6\text{-}12)$$

式（6-11）或式（6-12）可以作为初步设计中频段宽度时的参考。例如要求相位裕量 γ 为 $45°$，则应有 $\theta_m = -135°$，由式（6-11）可求出 $M_r = \sqrt{2}$，再由式（6-12）可求得为 $h \approx 6$。

怎样才能做到使闭环谐振峰值点恰好位于 ω_m 点，即 $\omega_r = \omega_m$ 呢？

设开环截止角频率为 ω_c，并假设 ω_c 与 ω_r 很接近，且开环相频特性在 ω_c 附近变化比较缓慢。于是在 $\omega = \omega_r$ 点的开环幅值 $|G_0(j\omega_r)|$ 由 $|G_0| = -1/\cos\theta$ 和 $M_r = -1/\sin\theta$ 可求得

$$|G_0(j\omega_r)| = -\frac{1}{\cos\theta} = \frac{1}{\cos\gamma} = \frac{1}{\sqrt{1-\sin^2\gamma}} = \frac{M_r}{\sqrt{M_r^2 - 1}} \quad (6\text{-}13)$$

由图 6-7 可以看出

$$|G_0(j\omega_m)| = \frac{\omega_0}{\omega_m} \quad (6\text{-}14)$$

由于现在 $\omega_r = \omega_m$，所以有

$$|G_0(j\omega_r)| = \frac{\omega_c}{\omega_m} \quad (6\text{-}15)$$

由图 6-7 可还可以看出

$$\frac{b\omega_c}{\omega_m} = \sqrt{h} \quad (6\text{-}16)$$

从式（6-12）~式（6-14）就可以导出

$$b = \frac{\sqrt{h}}{\left(\dfrac{\omega_c}{\omega_m}\right)} = \frac{\sqrt{h}}{|G_0(j\omega_r)|} = \frac{\sqrt{h}}{\left(\dfrac{M_r}{\sqrt{M_r^2-1}}\right)} = \frac{\sqrt{(M_r^2-1)h}}{M_r} \quad (6\text{-}17)$$

再利用式（6-12）就可以得到

$$b = \frac{\sqrt{\left[\left(\dfrac{h+1}{h-1}\right)^2 - 1\right]h}}{\left(\dfrac{h+1}{h-1}\right)} = \frac{2h}{h+1} \quad (6\text{-}18)$$

又由于 $ab = h$，故有

$$a = h/b = (h+1)/2 \quad (6\text{-}19)$$

在给定 h 后，就可以根据以上两式选择 a 和 b 的值。由于 $h > 1$，恒有 $1 < b < 2$。

通常 $h \gg 1$，所以 $a \approx h/2$，而 $b \approx 2$。

以上分析说明，对于图 6-7 的三阶模型，应当使 ω_c 置于中频段斜率为 -1 的频段的中点偏右，这样可以使闭环谐振峰值较小。

如果选择比图 6-7 为复杂的开环模型，则相角的计算也要作相应修正，通常总是会使相角裕量变小。所以当我们按式（6-11）和式（6-12）初选 h 时，应再将 h 的值取大些。

2. 高频段的设计

高频段指的是比截止角频率 ω_c 高出许多倍以上、对系统稳定性已经没有明显影响的频率段。一个系统的开环频率特性在高频段的性质主要影响到系统作迅速运动时的动态性质，例如在阶跃信号作用下系统的最大加速度；此外高频段的性质还影响系统的抗噪声能力。

假设系统的开环频率特性图如图 6-8a 所示，对应的传递函数是

$$G_0(s) = \frac{\omega_c}{s\left(\dfrac{1}{\gamma\omega_c}s+1\right)\left(\dfrac{1}{\gamma\delta\omega_c}s+1\right)} \tag{6-20}$$

对应的闭环控制框图如图 6-8b 所示。

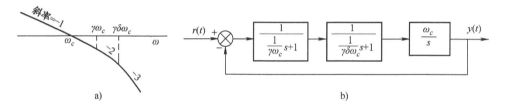

图 6-8 系统的开环频率特性及闭环控制框图

在阶跃信号 $r(t)$ 加上后的很短时间内，输出量 $y(t)$ 还来不及做明显的变化。经由反馈通道反馈到输入端的信号很小，不起重要作用。所以在很短时间内可以近似地认为反馈回路是断开的。在这样的近似条件下，可以根据 $G_0(s)$ 写出系统的微分方程如下

$$\frac{1}{\gamma^2\delta\omega_c^3}y''' + \frac{1}{\gamma\omega_c^2}\left(1+\frac{1}{\delta}\right)y'' + \frac{1}{\omega_c}y' = r \tag{6-21}$$

令 $r(t) = 1(t) = 1(t)$，在零初始条件下可解得

$$y'(t) = \omega_c\left(1 - \frac{\delta}{\delta-1}e^{-\gamma\omega_c t} + \frac{1}{\delta-1}e^{-\gamma\delta\omega_c t}\right) \tag{6-22}$$

为求 $y''(t)$ 的最大值，可令 $y'''(t)$
由此求得最大加速度发生的时刻

$$t_{\max} = \frac{\ln\delta}{(\delta-1)\gamma\omega_c} \tag{6-23}$$

瞬时最大加速度

$$y''_{\max} = \gamma\omega_c^2\delta^{-\frac{1}{\delta-1}} \tag{6-24}$$

可以证明，在式（6-24）右端的$\delta^{-\frac{1}{\delta-1}}$随$\delta$的增大而增大。因此，从上式可以看出，输出量的瞬时最大加速度$y''_{\max}$正比于ω_c的二次方，正比于γ，并且随δ的增大而增大。该结论对于选择中频段斜率为 -1 频段与斜率为 -2 频段的衔接点以及高频段内转折点的频率是重要的。

此外，高频段频率特性对于系统抗噪声能力的影响是另一个需要考虑的因素。在工业环境中运行的控制系统，其主要放大器都不可避免地受到各种各样的电磁噪声信号的干扰。例如，系统的输入指令信号及输出测量信号中都可能受到噪声信号的干扰。噪声信号频率通常高于有用的系统输入和输出信号。噪声的电平常常很高。这些噪声信号通过高增益的放大器时，有可能使放大器堵塞，使得放大器乃至整个控制系统不能正常运行。即使不发生这种情况，噪声信号传递到输出端，也可能使输出量$y(t)$也随着噪声信号变化，造成误差。总而言之，噪声的存在对控制系统是不利的。

一般而言，开环$G_0(s)$的形状决定了系统的抗干扰能力，为了减小高频噪声的影响，期望在高频区内$G_0(s)$曲线应尽可能迅速衰减。但为了使校正装置不过于复杂，期望特性的高频段应尽量与未校正系统特性一致。由于未校正系统高频段特性的斜率是 -3，故期望特性中频段与高频段之间也应有一斜率为 -2 的直线作为连接线，此连接线与中频段期望特性相交，其交接频率$\gamma\omega_c$距离ω_c不宜过近，否则也影响系统的相角裕度。

总体来说，预期对数幅频特性在ω_c点穿过0dB线后，应当在保证足够的相角稳定裕量的前提下，尽快地随频率的升高而迅速减小。第一个转折点的频率不要超过ω_c太多。无论从减小最大加速度方面，还是从提高抗噪声能力方面看，这样做都是有利的。

3. 低频段的设计

低频段的设计一要满足系统的无静差度，二要满足静态精度。

系统对无静差度的要求，是由其所要完成的控制任务决定的。如果要求被控制量在扰动下保持为一给定的常值，或跟随输入量缓慢变化，则可以把系统设计成0型的，即恒值调节系统。如果要求被控制量能准确地跟随输入量的比较迅速的变化，则至少应该设计成1型的，即1阶无静差的随动系统。根据对无静差度的要求，确定使用的积分元件的个数，这是设计低频段开环频率特性的首要内容。

确定积分元件数目后，就要进一步选定系统的开环比例系数。开环比例系数的大小取决于静态精度的要求。但需要指出的是，与开环比例系数成反比的静态误差仅仅是系统实际静态误差的一部分，称作原理性的误差。系统中有一些由原件和部件本身的缺陷所造成的误差，常常不能靠提高开环比例系数来减小。所以在根据静态误差确定开环比例系数时,应当首先在总静态误差中扣除这一部分固有误差。开环比例系数选定以后,还应根据外界扰动作用于系统上的地点合理安排系统各部分的比例系数,以求尽量减小扰动带来的误差。

低频段设计的另一个重要内容是与中频段的衔接问题。举例说,如果已选定采用1个积分单元,开环比例系数为100,则系统在低频段的传递函数就应是

$$G_{l.f}(s) = \frac{100}{s} \tag{6-25}$$

如图6-9a的直线1所示,现在假设系统在中频段的频率特性已设计好,如图6-9a的折线2所示。那么自然就需要设计一段"过渡"的频率特性,把这两段特性衔接起来。最简便的衔接方法自然是用一条斜率比较陡的直线把这两段频率特性连接起来。如图6-9b中斜率为-2或斜率为-3的那段直线。

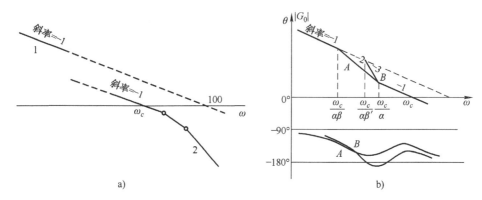

图6-9 频率特性示意图

因此衔接点的设计就可以归结为两点:①选择衔接段的斜率(-2还是-3);②选择衔接点的角频率,即选择系数α。

由图6-9可见,选择-3为衔接段斜率,显然比选择-2能更好地符合高增益原则。这是它的优点。但是采用-3为衔接段斜率,将使开环相频特性更加趋负,从而不利于系统的稳定裕量。

衔接点角频率的选择(即α的选择),同样要考虑到互相矛盾的因素。α较小,则衔接点离截止角频率点ω_c较近。它对中频段中斜率为-1的这段的宽度的影响,以及对于相角稳定裕量的影响,显然都是不利的。但是α选得大了,也会对系统的动态特性产生不好的影响,也就是说会产生"爬行"现象。

6.2.2 串联校正

可在系统的前向通道或主反馈通道中加上一个校正器,根据校正器的性质,可分为相位超前校正、相位滞后校正和超前滞后校正。

这里首先要明确的一个概念是,什么叫做校正器或者校正装置?校正器是在对

控制系统进行再设计以改变系统响应的过程中，在反馈系统的结构中会插入附加的部件，这个附加的部件或装置对系统性能的缺陷起到均衡或校正作用。校正装置可能是电子的、机械的、液压的、气动的或其他类型的装置或网络。通常电子线路或嵌入式控制器作为校正装置在控制系统中应用广泛。

控制系统的性能指标可以用时域性能指标或频域性能指标来描述。系统性能可以通过对阶跃输入具有一定的峰值时间 T_P、最大超调、调整时间来给出，而且通常也有必要给定对若干典型测试输入信号和输入扰动的最大可允许稳态误差。这些性能指标可以通过闭环传递函数 $T(s)$ 零点和极点期望位置给出。因此，可以给定 $T(s)$ 的零极点在 s 平面上的位置。因此我们可以利用根轨迹方法确定一个适当的校正网络传递函数，以便使得到的根轨迹产生期望的闭环极点配置。

另外，还可以用频域性能指标来描述反馈控制系统的性能。系统可以用闭环频率响应最大值 M_{pw}、谐振频率 ω_r、带宽和相角裕度描述。网络 $G_c(s)$ 的设计是借助绘制在 Nyquist 图、伯德（Bode）图或 Nichols 图上的频率响应进行的。因为串联传递函数在 Bode 图上可以通过在图上增加该网络的频率响应很容易地描述，我们通常倾向于选择使用 Bode 图作为处理频率响应的方法。

综上所述，系统设计方法大致分为两种：一是通过改变系统的频率响应来得到可接受的系统性能；二是改变和整形根轨迹，使得系统的极点位于 s 平面上期望的位置。不过在具体讨论各种校正方法之前，我们先来回顾一下什么叫做串联校正网络。

一个典型的串联校正系统一般如图 6-10 所示。校正网络 $G_c(s)$ 串联与不可变的过程 $G(s)$ 以提供合适的传递函数 $G_c(s)G(s)H(s)$。无论哪种情况，网络总可以选得具有如下传递函数：

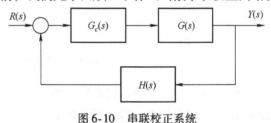

图 6-10　串联校正系统

$$G_c(s) = \frac{K\prod_{i=1}^{m}(s+z_i)}{\prod_{j=1}^{n}(s+p_j)} \tag{6-26}$$

这样，问题就可以转换为恰当选择校正装置的零极点。为了简单说明校正网络的性质，我们以一阶校正装置 $G_c(s) = \dfrac{K(s+z)}{(s+p)}$ 为例，这时，设计问题变成选择 z、p 和 K 以提供合适的性能。当 $|z|<|p|$，极点位于零点的左侧，称为超前校正网络；反之，当 $|z|>|p|$，即极点位于零点的右侧，则称为滞后校正网络。这两种的网络的 Bode 图在自动控制理论上有详细描述，在此就不做赘述。

在 Bode 图中的对数频率特性的低频区表征了闭环系统的稳态特性，中频区表征了系统的相对稳定性，而高频区表征了系统的抗干扰特性。在大多数实际情况中,校正问题实质上是一个在稳态精度和相对稳定之间取折中的问题。

为了获得比较高的开环增益及满意的相对稳定性,必须改变开环频率特性响应曲线的形状,这主要体现为:在低频区和中频区增益应该足够大,且中频区的对数幅频特性的斜率应为 -20dB/dec,并有足够的带宽,以保证适当的相角裕度;而在高频区,要使增益尽可能地衰减下来,以便使高频噪声的影响达到最小。下面分别讨论基于 Bode 图法的串联超前、滞后、滞后-超前校正的方法及 MATLAB 实现。

1. 基于伯德(Bode)图的超前校正

超前校正装置的主要作用是改变伯德(Bode)图中曲线的形状来产生足够大的超前相角,以补偿原系统中过大的相角滞后,从而提高系统的相对稳定性,致使闭环系统的频带扩宽。设超前校正装置的传递函数为

$$G_c(s) = \frac{1+aTs}{1+Ts}, a>1 \tag{6-27}$$

超前校正函数的伯德图如图 6-11 所示,其中 $a = \dfrac{1+\sin\phi_m}{1-\sin\phi_m}$。

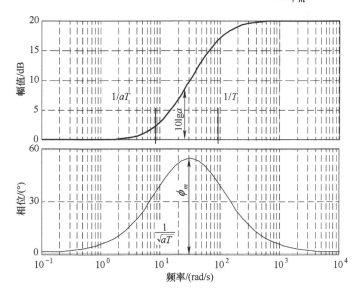

图 6-11 超前校正函数的伯德图

利用 Bode 图的几何设计方法,用这种方法设计超前校正装置的步骤为:

1)根据稳态指标要求确定未校正系统的型别和开环增益 K,并绘制其伯德图;

2)根据动态指标要求确定超前校正装置的参数,分两种情形加以讨论:

第一种情形:给出了 ω_c 的要求值。

确定超前校正所应提供的最大超前相角 $\phi_m = \gamma - [180° + \angle G_0'(j\omega_c)] + 5°$。

根据 $a = \dfrac{1+\sin\phi_m}{1-\sin\phi_m}$ 求出 a 的值,再根据 $20\lg|G_0'(j\omega_m)| = -10\lg a$ 确定 ω_m 的值;

假如 $\omega_m \approx \omega_c$，则说明可以确保相角裕度的指标要求，否则二者相差很大时，采用如下的方法设计：

根据 $20\lg|G'_0(j\omega_c)| = -10\lg a$ 求出 a 的值：$a = \dfrac{1}{|G'_0(j\omega_c)|^2}$，并求出其所提供的最大超前相角 $\phi'_m = \sin^{-1}\dfrac{a-1}{a+1}$，再判断 $\phi'_m \geqslant \phi_m$ 是否成立，若成立，则求出的 a 值满足相角裕度 γ 的要求，否则需要重新调整 a 值。最后由 $\omega_m = \omega_c = \dfrac{1}{\sqrt{a}T}$ 求出 T 的值。

第二种情形：未给出 ω_c 的要求值。

确定串联超前校正所应提供的最大超前相角 $\phi_m = \gamma - [180° + \angle G'_0(j\omega'_c)] + 5°$，其中 ω'_c 为未校正系统的穿越频率。

根据 $a = \dfrac{1+\sin\phi_m}{1-\sin\phi_m}$ 求出 a 的值。

根据 $20\lg|G'_0(j\omega_m)| = -10\lg a$ 求出 $\omega_c = \omega_m$。

根据 $\omega_m = \omega_c = \dfrac{1}{\sqrt{a}T}$ 求出 T 的值。

3）验算性能指标。

对于三阶及其以上的高阶系统应该验证 $20\lg K_g$，以评价系统抑制干扰的能力。即当 $\omega \geqslant \omega_g$（相位穿越频率）时，$K_g > 2$ 或 $20\lg K_g > 6\mathrm{dB}$ 及在此频段内对数幅频特性的斜率均小于等于 $-40\mathrm{dB/s}$。

我们编写了 MATLAB 函数来实现上述超前校正方法，其调用格式为：

[ngc, dgc] = lead4(ng0, dg0, KK, Pm, w)
[ngc, dgc] = lead5(ng0, dg0, KK, Pm, wc, w)

其中 Pm, wc 为期望的相角裕度和剪切频率，w 为指定的 Bode 图频率范围，函数 lead4()，lead5() 如下。

```
% lead4.m 基于 Bode 图法的串联超前校正函数,已知 Pm,wc 未知
function [ngc,dgc] = lead4(ng0,dg0,KK,Pm,w)
[mu,pu] = bode(KK* ng0,dg0,w);
[gm,pm,wcg,wcp] = margin(mu,pu,w);
alf = ceil(Pm - pm + 5);
phi = (alf)* pi/180;
a = (1 + sin(phi))/(1 - sin(phi));
dbmu = 20* log10(mu);mm = -10* log10(a);
wgc = spline(dbmu,w,mm);
T = 1/(wgc* sqrt(a));
ngc = [a* T,1];
dgc = [T,1];
```

```
% lead5.m 基于 Bode 图法的串联超前校正函数,已知 Pm,wc
function[ngc,dgc]=lead5(ng0,dg0,KK,Pm,wc,w)
[mu,pu]=bode(KK*ng0,dg0,w);
ngv=polyval(KK*ng0,j*wc);
dgv=polyval(dg0,j*wc);
g=ngv/dgv;
theta=180*angle(g)/pi;
alf=ceil(Pm-(theta+180)+5);
phi=(alf)*pi/180;
a=(1+sin(phi))/(1-sin(phi));
dbmu=20*log10(mu);   mm=-10*log10(a);
wgc=spline(dbmu,w,mm),T=1/(wgc*sqrt(a)),
ngc=[a*T,1];
dgc=[T,1];
```

【例】 自动引导小车如图 6-12 所示,其控制系统框图如图 6-13 所示。自动引导小车是 1 型系统,执行机构和车轮系统是由比例环节、一个积分环节、一个惯性环节组成,转角频率为 $\omega_r = 1\text{rad/s}$。试设计串联校正环节,使系统 $K = 12$、$\gamma \geq 40°$、$\omega_c \geq 4\text{rad/s}$。

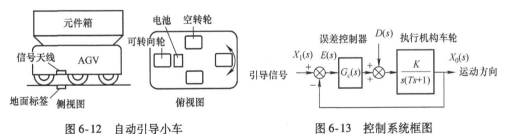

图 6-12　自动引导小车　　　　　　图 6-13　控制系统框图

解: 根据条件可得未校正系统为 $\dfrac{12}{s(s+1)}$。编写程序对系统进行校正:

```
ng0=1;
dg0=[1,1,0];
KK=12;
w=0.01:0.001:100;
Pm=40;
wc=4;
[ngc,dgc]=lead5(ng0,dg0,KK,Pm,wc,w);
```

运行结果：
```
ngc =
    0.3883    1.0000
dgc =
    0.1243    1.0000
```

系统校正前后的单位阶跃响应伯德图如图 6-14 所示。其中，未校正系统用虚线表示，校正后系统用实线表示，本书均采用此方法进行曲线绘制。可以看出校正后的系统符合题目要求。

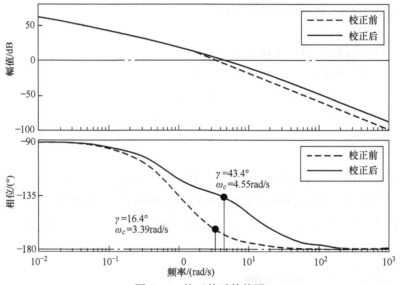

图 6-14 校正前后伯德图

利用伯德（Bode）图的解析设计方法，采用这种方法设计校正装置 $G_c(s) = K_c \frac{1+aTs}{1+Ts}$ $(a>1)$ 的步骤如下：

1) 根据 $G_c(j\omega_c)G_0(j\omega_c) = 1 \cdot e^{j(-180°+\gamma)}$，可得到

$$G_c(j\omega_c)G_0(j\omega_c) = K_c \frac{1+jaT\omega_c}{1+jT\omega_c} M_1 e^{j\theta_1} \quad (6-28)$$

$$G_0(j\omega_c) = M_1 e^{j\theta_1} \quad (6-29)$$

2) 利用该方程可分为实部、虚部两个方程，求出两个未知数 a、T 的

$$T = \frac{M_1 K_c + \cos(\gamma - \theta_1)}{\omega_c \sin(\gamma - \theta_1)} \quad (6-30)$$

$$aT = -\frac{M_1 K_c \cos(\gamma - \theta_1) + 1}{M_1 K_c \omega_c \sin(\gamma - \theta_1)} \quad (6-31)$$

我们编写了 lead7() 函数用来实现上述解析设计方法，其调用格式为

```
[ngc, dgc] = lead7(ng0, dg0, KK, Pm, wc, w)
```

函数程序如下：

```
Function [ngc,dgc] =lead7(ng0,dg0,KK,Pm,wc,w)
ngv =polyval(ng0,j* wc);
dgv =polyval(dg0,j* wc);
g =ngv/dgv;
thetag =angle(g);
mg =abs(g);
thetar =Pm* pi/180;
tz =(1 +kk* mg* cos(thetar -thetag))/(-wc* KK* mg* sin(thetar -thetag));
tp =(cos(thetar -thetag) +KK* mg)/(wc* sin(thetar -thetag));
ngc =[tz,1];
dgc =[tp,1];
```

2. 利用伯德（Bode）图进行滞后校正

串联滞后校正的主要作用在于：①在不改变系统动态特性的前提下，提高系统的开环放大倍数，使系统的稳态误差减小，并保证一定的相对稳定性；②在不改变系统稳态误差的前提下，通过降低中、高频段的增益，使系统的相对稳定性提高，减小外部噪声信号对系统的影响，但常以降低系统带宽为代价。设滞后校正装置的传递函数为 $G_c(s) = (1+aTs)/(1+Ts)$ $(a<1)$，其 Bode 图如图 6-15 所示。

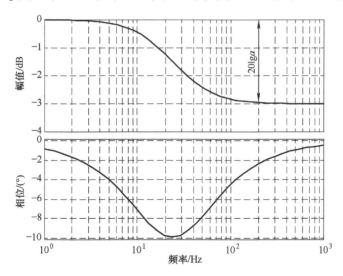

图 6-15 滞后校正 Bode 图

利用 Bode 图的几何设计方法，用这种方法设计校正装置的步骤为：

1）根据稳态值表确定未校正系统 $G_0'(s)$ 的型别和开环增益 K，并绘制其 Bode 图；

2) 根据动态指标要求确定滞后校正装置的参数,分两种情形加以讨论。

第一种情形:给出了 ω_c 的要求值。

根据 $20\lg|G_0'(j\omega_m)| = -20\lg a$ 求出 a 的值:$a = \dfrac{1}{|G_0'(j\omega_c)|}$。

为了减少滞后校正对系统 γ 的影响,通常取 $1/aT \approx (1/5 \sim 1/10)\omega_c$。并求出 $T = 10/(a\omega_c)$。

第二种情形:未给出 ω_c 的要求值。若相角裕度 γ 不足,找出满足 γ(可加 5°~12°的裕量)的频率点 ω_c 作为校正系统的期望幅值穿越频率,然后按第一种情形的步骤处理。

3) 验算性能指标。

我们编写了相应函数来实现上述滞后校正方法,其调用格式为:

```
[ngc,dgc]=lag2(ng0,dg0,KK,Pm)
[ngc,dgc]=lag3(ng0,dg0,KK,Pm,wc)
```

其中参数定义与函数 lead7( ) 相同,函数 lag2( )、lag3( ) 如下。

```
function [ngc,dgc]=lag2(ng0,dg0,w,KK,Pm)
[mu,pu]=bode(KK* ng0,dg0,w);
wgc=spline(pu,w,Pm+5 -180);
ngv=polyval(KK* ng0,j* wgc);
dgv=polyval(dg0,j* wgc);
g=ngv/dgv;
alph=abs(1/g);
T=10/alph* wgc;
ngc=[alph* T,1];
dgc=[T,1];


function [ngc,dgc]=lag3(ng0,dg0,w,KK,wc)
ngv=polyval(KK* ng0,j* wc);
dgv=polyval(dg0,j* wc);
g=ngv/dgv;
alph=abs(1/g);
T=10/(alph* wc);
ngc=[alph* T,1];
dgc=[T,1];
```

采用伯德图的解析设计方法设计校正装置 $G_c(s) = K_c(1+aTs)/(1+Ts), (a<1)$,其实现方法与 lead7( ) 完全相同。

3. 用伯德(Bode)图进行超前滞后校正

设串联滞后 – 超前校正装置的传递函数为

$$G_c(s) = K' \frac{T_1 s + 1}{\alpha T_1 s + 1} \cdot \frac{T_2 s + 1}{\beta T_2 s + 1} \qquad (6\text{-}32)$$

其中 $\alpha < 1$,$\beta > 1$ 采用 Bode 图法设计串联滞后 – 超前校正装置的基本步骤如下：

1）根据给定的动态指标，确定串联超前校正部分的参数。为了保证相角裕度，确定超前校正提供的超前角时，应为滞后校正留出 5° ~ 10°的裕量。通常滞后校正会使原系统的剪切频率减小，因此确定超前校正的剪切频率时应比预定的指标大一些。

2）根据给定的稳态指标，确定串联滞后校正部分的参数。

3）验算性能指标。如果不满足于其指标，视具体情况适当调整校正环节的参数。

【例】图 6-16 所示为线控转向盘和助力电机的机械结构。其中，T_h 为驾驶员的操纵力矩，J_{hw} 和 C_{hw} 分别代表转向盘转动惯量和阻尼，θ_{hw} 为转向盘转角，K_{sc} 为转向管柱的刚度，T_m 为电机输出力矩，J_m 和 C_m 分别表示反力电机的转动惯量和阻尼，θ_m 为电机转角。易得系统的微分方程为

$$\begin{cases} J_{hw}\ddot{\theta}_{hw} + C_{hw}\dot{\theta}_{hw} + K_{sc}(\theta_{hw} - \theta_m) = T_h \\ J_m\ddot{\theta}_m + C_m\dot{\theta}_m + K_{sc}(\theta_m - \theta_{hw}) = T_m \end{cases}$$
(6-33)

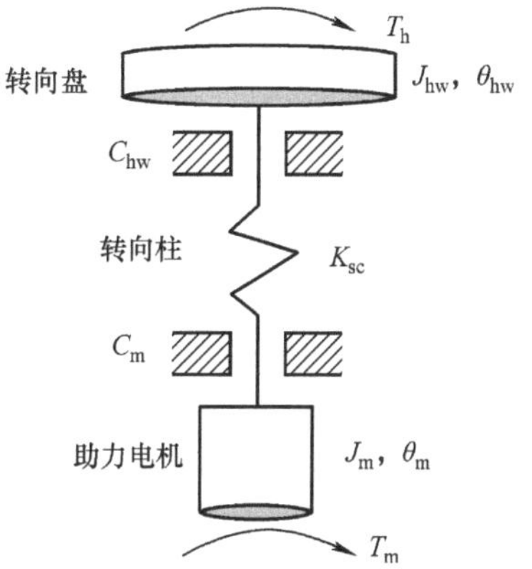

图 6-16 线控转向盘和助力电机机械结构

此系统的相关参数见表 6-2。

表 6-2 线控转向系统机械参数

参数	数值	含义
J_{hw}	0.02 kg·m²	转向盘转动惯量
C_{hw}	0.01 N·m/(rad/s)	转向盘阻尼
K_s	140 N·m/rad	扭杆刚度
C_m	0.0044 N·m/(rad/s)	助力电机阻尼
J_m	0.00013 kg·m²	助力电机转动惯量

这里考虑一种情况，当驾驶员不操纵转向盘时，$T_{hw} = 0$，转向盘在电机输出力矩 T_m 的作用下转动，此时对转向盘做转角闭环控制。此时 $\theta_{hw} = \theta_m$，记 $\theta_{hw} = \theta_m = \theta$，则上式简化为

$$(J_{hw} + J_m)\ddot{\theta} + (C_{hw} + C_m)\dot{\theta} = T_m \qquad (6\text{-}34)$$

写成传递函数的形式为

$$G(s) = \frac{\theta(s)}{T_m(s)} = \frac{1}{(J_{hw}+J_m)s^2 + (C_{hw}+C_m)s} \qquad (6-35)$$

系统框图如图6-17所示,令 $K=1$。

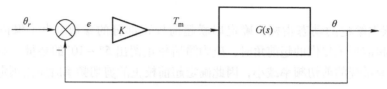

图6-17 线控转向转角闭环控制系统框图

设计一校正环节,使其满足要求:$\gamma \geq 40°$,$3\text{rad/s} < \omega_c < 5\text{rad/s}$。编写如下程序:

```
Jhw=0.02;Jm=0.00013;Chw=0.01;Cm=0.0044;
ngo=1;
dgo=[Jhw+JmChw+Cm 0];
KK=1;
w=logspace(-1,3);
[ngc1,dgc1]=lead5(ngo,dgo,KK,45+5,8,w);
ng1=conv(ngo,ngc1);
dg1=conv(dgo,dgc1);
[ngc2,dgc2]=lag3(ng1,dg1,w,KK,4);
go=tf(KK*ngo,dgo);
g1=tf(conv(KK*ng1,ngc2),conv(dg1,dgc2));
gc=tf(KK*conv(ngc,ngc2),conv(dgc,dgc2));
bode(go);
hold on
margin(g1);
bode(gc);
grid;
```

校正环节的传递函数为

```
gc =
  0.5885 s^2 +2.735 s +1
  - - - - - - - - - - - - - - - - - - - - - - - -
  0.3248 s^2 +10.45 s +1
```

校正前后的伯德图如图6-18所示。

6.2.3 反馈校正

反馈校正是在系统中加入一个校正器,使系统形成一个局部反馈,也有称其为并联校正或局部反馈校正,如图6-19所示。

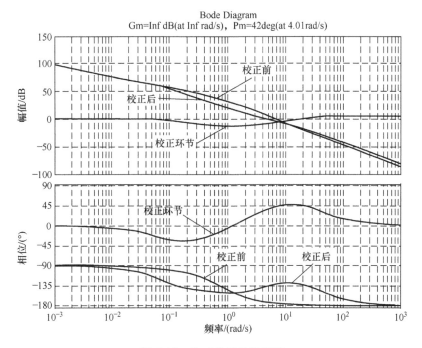

图 6-18 校正前后的伯德图

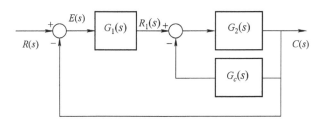

图 6-19 反馈校正示意图

在图 6-19 中，环节是系统的固有部分，我们在环节的反馈通路上，引入一个并联校正装置，由构成的反馈称为局部反馈，其传递函数为：

$$\frac{C(s)}{R_1(s)} = \frac{G_2(s)}{1 + G_2(s)G_c(s)} \quad (6\text{-}36)$$

如果局部闭环本身是稳定的，则当 $|G_2(s)G_c(s)| \ll 1$ 时，

$$\frac{C(s)}{R_1(s)} = G_2(s) \quad (6\text{-}37)$$

当 $|G_2(s)G_c(s)| \gg 1$ 时，

$$\frac{C(s)}{R_1(s)} = \frac{1}{G_c(s)} \quad (6\text{-}38)$$

从以上两式可以看出，当局部环增益远小于 1 时，该反馈可认为开路，局部闭

环的传递函数近似等于前向通路的固有传递函数 $G_2(s)$；而当局部环增益远大于1时，其传递函数几乎与固有特性 $G_2(s)$ 无关，仅取决于反馈通路的特性 $G_c(s)$ 的倒数，这说明通过选择 $G_c(s)$，能在一定的频率范围内改变系统的原有特性，这就是并联校正装置的基本作用。

1. 速度反馈

在图 6-19 中，若 $G_c(s)=K_c(s)$，表示从部件 $G_2(s)$ 的输出端引出输出量的导数（速度）反馈到该部件的输入端，形成并联校正。$G_2(s)$ 可以代表随动系统中的功率放大器及执行电机，$G_c(s)$ 代表测速发电机；形成执行电机带测速机的速度反馈，这是在实际控制系统中经常采用的一种校正方法。现已有公式（6-40），求校正后的系统特性。

设局部闭环的开环传递函数为

$$\begin{cases} G_2(s) = \dfrac{K_1}{s(T_m s+1)(T_1 s+1)} \\ G_2(s)G_c(s) = \dfrac{K_1}{s(T_m s+1)(T_1 s+1)} K_c s = \dfrac{K_1 K_c}{(T_m s+1)(T_1 s+1)} \end{cases} \qquad (6-39)$$

$G_2(s)$、$G_c(s)$、$1/G_c(s)$、$G_2(s)G_c(s)$ 的对数幅频特性，分别如图 6-20 所示。

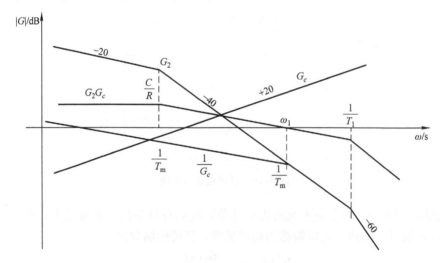

图 6-20 速度反馈校正示意图

从图可知，$G_2(s)G_c(s)$ 幅频特性与 0dB 线的交点是

$$\omega_1 = \frac{1}{T'_m} = \frac{K_1 K_c}{T_m} \qquad (6-40)$$

当 $\omega < \dfrac{1}{T'_m}$ 时，$|G_2(j\omega)G_c(j\omega)| \gg 1$，$\dfrac{C(s)}{R_1(s)} \approx \dfrac{1}{G_c(s)}$，当 $\omega > \dfrac{1}{T'_m}$ 时，

$|G_2(j\omega)G_c(j\omega)| \ll 1$,$\frac{C(s)}{R_1(s)} \approx G_2(s)$;从图 6-20 中可得

$$\begin{cases} \dfrac{C(s)}{R_1(s)} = \dfrac{1/K_c}{s(T'_m+1)(T_1s+1)} \\ T'_m = \dfrac{T_m}{K_1K_c} \end{cases} \quad (6\text{-}41)$$

式（6-42）表明，采用速度反馈，将使原有特性的放大倍数 K_1 和时间常数 T_m 均缩小 K_1K_c 倍，它降低了系统的速度误差系数，但改善了系统的动态性能。速度反馈校正的作用与具有如下传递函数的微分串联校正装置等效。

$$G_d(s) = \frac{T_m s + 1}{K_1 K_c (T'_m s + 1)} \quad (6\text{-}42)$$

在实际设计过程中不需要画出 $|G_c(j\omega)|$、$1/|G_c(j\omega)|$ 及 $|G_2(j\omega)G_c(j\omega)|$ 诸多对数幅频特性，只需把 $1/|G_c(j\omega)|$ 轨线重叠在 $|G_2(j\omega)|$ 上，寻找一适当的交点 $1/T'_m$，就能设计出 $G_c(s)$。

2. 加速度反馈

加速度反馈也称为速度微分反馈，采用了速度反馈可改善系统的动态性能，但降低了静态性能。当系统对静态性能及动态性能都提出较高要求时，就不能利用速度反馈，而需要采用速度微分反馈。速度微分反馈校正原理如图 6-21 所示。

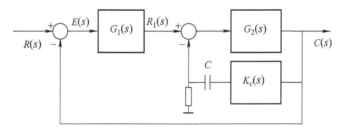

图 6-21　速度微分反馈校正原理

校正网络的传递函数为

$$G_c(s) = \frac{K_c T_c s^2}{T_c s + 1} \quad (6\text{-}43)$$

式中，$T_c = RC$。

$$\frac{1}{G_c(s)} = \frac{1 + T_c s}{K_c T_c s^2} \quad (6\text{-}44)$$

当 $K_c = 1$ 时，$\dfrac{1}{G_c(s)}$ 的对数幅频特性如图 6-22 所示。若图 6-21 中

$$G_2(s) = \frac{K_1}{s(T_m s + 1)(T_1 s + 1)} \quad (6\text{-}45)$$

同样，先分析局部闭环的开环传递函数

$$G_2(s)G_c(s) = \frac{K_1 K_c T_c s}{s(T_m s+1)(T_c s+1)(T_1 s+1)} \tag{6-46}$$

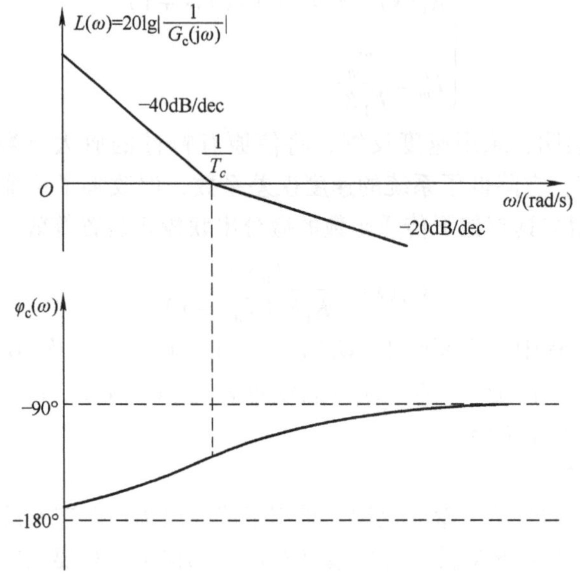

图 6-22 $\dfrac{1}{G_c(s)}$ 对数幅频特性图

$G_2(s)$、$G_c(s)$、$G_2(s)G_c(s)$ 频率特性如图 6-23 所示。根据 $G_2(s)G_c(s)$ 的幅频特性，可知它与 0dB 线有两个交点，即是 $\left|\dfrac{1}{G_c}\right|$ 与 $|G_2|$ 的交点 $\omega_1 = \dfrac{1}{T_1}$ 和 $\omega_2 = \dfrac{1}{T'_m}$。

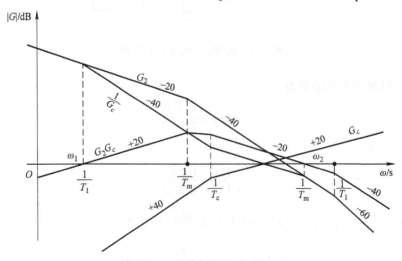

图 6-23 速度微分反馈校正示意图

当 $\omega_1 < \omega < \omega_2$ 时，$20\lg|G_2G_c| > 0\mathrm{dB}$，即 $|G_2G_c| \gg 1$，$\dfrac{G(s)}{R_1(s)} = \dfrac{1}{G_c(s)}$。

当 $\omega < \omega_1$ 或 $\omega > \omega_2$ 时，$20\lg|G_2G_c| < 0\mathrm{dB}$，即 $|G_2G_c| \ll 1$，$\dfrac{G(s)}{R_1(s)} \approx G_2(s)$。

因而，实现速度微分反馈校正的一般步骤如下：

1）根据静态特性要求（一般是 K_v），求得 K_1。

2）基于上述所得 K_1，画出 $G_2(s)$ 的对数幅频特性。

3）把 $20\lg\left|\dfrac{1}{G_c(j\omega)}\right|$ 重叠在 $20\lg|G(j\omega)|$ 轨线上，寻找适当的交点 ω_1 及 ω_2。

所谓适当的交点就是使 $\omega_1 \leq \dfrac{1}{10T_c}$、$\omega_2 \geq 10\dfrac{1}{T_c}$ 和 $20\lg\left|\dfrac{1}{G_c(j\omega)}\right|$ 与 $0\mathrm{dB}$ 相交点的斜率为 $-20\mathrm{dB/dec}$。通过试探法即可得到图 6-23 上所示的 ω_1、ω_2 及 $1/T$。

4）当 $\omega_1 < \omega < \omega_2$ 时，$C(s)/R_1(s) \approx 1/G_c(s)$；当 $\omega < \omega_1$ 及 $\omega > \omega_2$ 时，$C(s)/R_1(s) \approx G_2(s)$，得

$$\frac{C(s)}{R_1(s)} = \frac{K(T_c s + 1)}{s(T_1 s + 1)(T'_m s + 1)(T_1 s + 1)} \tag{6-47}$$

它的对数幅频特性如图 6-23 中粗黑线所示。

5）求 K_c：在 $\omega = \omega_1$ 时，有 $\left|\dfrac{1}{G_c(j\omega_1)}\right| = |G_2(j\omega_1)|$，则 $\left|\dfrac{-1}{K_1 T_c \omega_1^2}\right| = \left|\dfrac{K_1}{j\omega_1}\right|$，所以 $K_c = \dfrac{1}{K_1 T_c \omega_1}$；或在 $\omega = \omega_2$ 时，有 $\left|\dfrac{1}{G_c(j\omega_1)}\right| = |G_2(j\omega_1)|$，则 $\left|\dfrac{T_c(j\omega_2)}{K_c T_c(j\omega_2)^2}\right| = \left|\dfrac{K_1}{(j\omega_2)^2 T_m}\right|$，所以 $K_c = \dfrac{\omega_1 T_m}{K_1}$。

K_c 可从步骤 1）得到，K_1、T_c 或 ω_2、T_m 可从图 6-23 找到，则就能由以上两式求得 K_c。从式（6-48）近似轨线求得系统相位裕量，校验指标。步骤 3）实际上已保证了系统具有足够的相位裕量，而且一般准确模型的相位裕量比式（6-47）近似模型还要有所改善。从上可知，采用速度微分反馈校正，等效于加入一个与 $G_2(s)$ 相串联的微分-积分校正，其传递函数是 $\dfrac{(T_m s + 1)(T_c s + 1)}{(T_1 s + 1)(T'_m s + 1)}$，也能改善系统的性能。

6.3 经典控制器设计二：基于根轨迹的设计方法

根轨迹法是一种图解法，它是当系统的某一参数（通常为增益）从零到无穷大变化时，根据开环极点和开环零点的位置信息确定全部闭环极点位置的方法。在应用根轨迹法进行设计时，实质上是通过采用校正装置改变系统的根轨迹，从而将一对闭环主导极点配置到需要的位置上。

若在开环传递函数中增加极点,可以使根轨迹向右移动,从而降低系统的相对稳定性,增加系统响应的调整时间。而在开环传递函数中增加零点,可以导致根轨迹向左移动,从而增加系统的稳定性,减少系统响应的调整时间。因此,掌握了在系统中增加极点和(或)零点对根轨迹的影响,就能容易地确定校正装置的零、极点位置,从而将根轨迹改变成所需要的形状。下面分别讨论基于根轨迹法的串联超前、滞后、滞后—超前校正以及反馈校正的方法及其 MATLAB 实现。

设原系统的开环传递函数为

$$G_0(s) = k \frac{\prod_{i=1}^{m}(s-z_i)}{s^\nu \prod_{i=1}^{n-\nu}(s-p_i)} \tag{6-48}$$

校正装置的传递函数记为 $G_c(s)$,未校正系统的开环传递函数为

$$G'_0(s) = K' G_0(s), \quad K' = \frac{K \prod_{i=1}^{n-\nu}(-p_i)}{k \prod_{i=1}^{m}(-z_i)} \tag{6-49}$$

式中,K 为所给定的开环增益要求值或由给定的稳态误差 e_{ss} 所求出的值;K' 是为了使原系统具有给定开环增益值 K 而需要把原来的增益提高的倍数;K 与 K'、e_{ss} 的关系为 $K = s^\nu K' G_0(s) \big|_{s=0} = \frac{1}{e_{ss}}$。

则校正后系统的开环传递函数为 $G(s) = G'_0(s) G_c(s)$。

用根轨迹法设计系统控制器时,一般给定的时域指标是 σ_p、t_s 和 K 或 $e_{ss}(\infty)$。

6.3.1 串联超前校正

原系统可能对于所有的增益值都不稳定,也可能虽属稳定,但不具有理想的瞬态响应特性。为了校正这些问题,可以在前向通道中串联一个或几个适当的超前校正装置,使闭环主导极点位于复平面内希望的位置上,这样既保证了闭环系统具有较好的稳定程度,又能使整个闭环系统达到预期的瞬态响应特性。

1. 根轨迹的几何设计方法

1)根据动态性能指标要求确定闭环主导极点的希望位置。

由给定的 σ_p、t_s,通过 $\zeta = \sqrt{1 - \frac{1}{1+\left(\frac{1}{\pi}\ln\frac{1}{\sigma_p}\right)^2}}$,$\omega_n = \frac{1}{\zeta t_s}\ln\frac{1}{\Delta\sqrt{1-\zeta^2}}$($\Delta = 0.02$ 或 0.05),可求出基于二阶系统的 ζ 和 ω_n,而 $s_1 = -\zeta\omega_n + j\omega_n\sqrt{1-\zeta^2}$ 是两个闭环主导极点之一。

2)计算出需要校正装置提供的补偿相角 $\phi = 180° + i360° - \angle G_0(s_1)$,$i = 0, 1, 2, \cdots$ 其中 $\angle G_0(s_1) = \sum_{i=1}^{m} \angle(s_1 - p_i) - \sum_{i=1}^{n-\nu} \angle(s_1 - p_i) - \nu \angle s_1$。若 $\phi = 0$,则说明根轨迹的幅角条件已经满足,只需调整系统增益就可使闭环主导极点满足幅值条件,

从而达到设计的目的；否则未校正系统就需要超前校正装置来补偿相角。

注意：若未给出 k 的具体值，则默认为 1。若 $\phi > 90°$，那么可以考虑采用两个 PD 控制器的多级串联校正方案。

3) 确定校正装置的参数。第一种情形：采用 PD 控制器，即 $G_c(s) = 1 + \tau s = \tau(s - z_c)$。其中 $z_c = -1/\tau$。由 $\angle(s_1 - z_c) = \phi_c$ 可以求出实数 z_c，进而确定微分时间常数 $\tau = -1/z_c$。第二种情形：采用带惯性的 PD 控制器，即 $G_c(s) = \dfrac{1 + aTs}{1 + Ts} = a\dfrac{s - z_c}{s - p_c}$。其中 $z_c = -1/(aT)$，$p_c = -1/T$，$a = \dfrac{|p_c|}{|z_c|} > 1$。在选择 z_c、p_c 的位置时存在多种方案，这里介绍的是求 a 的最大可能值的方案。

首先画一条连接坐标原点 O 至 P（对应于 s_1）的直线 OP，再过点 P 画一条水平线 PA。作 PA 与 PO 间夹角等分线 PB，然后做 PC 和 PD 两条直线，它们与等分线 PB 构成夹角 $\pm \varphi_c/2$。PC 和 PD 与负实轴的交点就是 p_c、z_c 所必须的位置。这样的设计过程使得 z_c、p_c 位置间的距离最小，如图 6-24 所示。

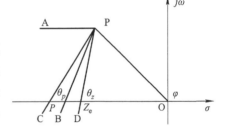

图 6-24 确定超前校正的极点和零点

由图 6-24 可知，$\theta_p = (\varphi - \varphi_c)/2$ 和 $\theta_z = (\varphi + \varphi_c)/2$，则由 $p_c = Re(s_1) - \dfrac{Im(s_1)}{\tan\theta_p}$ 求得极点位置由 $z_c = Re(s_1) - \dfrac{Im(s_1)}{\tan\theta_z}$ 求得零点位置。

验算性能指标：按 $G(s) = G_0'(s)G_c(s)$ 的开环增益要求值 K 找出全部闭环极点和闭环零点。若 s_1 确实是校正系统的闭环主导极点且满足动态指标的要求，则设计过程完毕。否则调整 s_1 的位置重复上述的设计过程，直至所有的性能指标得到满足位置。

我们编写了 MATLAB 函数实现上述两种方案，其调用格式为

[ngc,dgc] = lead1(ng0,dg0,s1)
[ngc,dgc] = lead2(ng0,dg0,s1)


```
% lead1new.m 基于根轨迹法的串联超前校正函数
function [ngc,dgc] = lead1new(ng0,dg0,s1)
ngv = polyval(ng0,s1);  dgv = polyval(dg0,s1);
g = ngv/dgv;
theta = angle(g)
phi = angle(s1);
if theta > 0
```

```
phi_c = pi - theta
end
if theta < 0;
phi_c = - theta
end
theta_z = (phi + phi_c)/2
theta_p = (phi - phi_c)/2
z_c = real(s1) - imag(s1)/tan(theta_z);
p_c = real(s1) - imag(s1)/tan(theta_p);
nk = [1 -z_c]; dgc = [1 -p_c]; kc = abs(p_c/z_c);     % 若 kc 可使超前补偿
传递函数 gc 的稳态增益为 0dB
if theta < 0
kc = - kc                           % 相当乘负 1
end
ngc = kc * nk;

% 若 s1 在根轨迹上,需满足幅值条件: |g* gc* ka| = 1, ka 为附加的增益
ngcv = polyval(ngc,s1);    dgcv = polyval(dgc,s1);
gc = ngcv/dgcv;
ka = 1/abs(g* gc)
```

ngc = ka * ngc; % 若 ka < 1 表示虽然可使 s1 在根轨迹上,但最终补偿后的开环传递函数 g * gc 的稳态增益将小于原开环传递函数 g 的稳态增益, % 即不满足系统稳态误差系数指标要求,需要调整设计参数。

```
% lead2new. m 基于根轨迹法的串联超前校正函数
function [ngc,dgc] = lead2new(ng0,dg0,s1)
ngv = polyval(ng0,s1);    dgv = polyval(dg0,s1);
g = ngv/dgv;
theta = angle(g)
phi = angle(s1);
if theta > 0
phi_c = pi - theta
end
if theta < 0;
phi_c = - theta
end
theta_z = (phi + phi_c)/2
theta_p = (phi - phi_c)/2
z_c = real(s1) - imag(s1)/tan(theta_z);
```

```
p_c = real(s1) - imag(s1)/tan(theta_p);
ngc = [1 - z_c];  dgc = [1 - p_c];
% kc = abs(p_c/z_c);

% 若 s1 在根轨迹上,需满足幅值条件:|g* gc* ka|=1,ka 为附加的增益
ngcv = polyval(ngc,s1);  dgcv = polyval(dgc,s1);
gc = ngcv/dgcv;
ka = 1/abs(g* gc)
ngc = ka* ngc;
```

其中，ng0、dg0 分别为原系统的开环传递函数的分子、分母系数向量，s1 是满足性能指标的闭环主导极点的位置，ngc，dgc 为超前校正装置传递函数的分子、分母系数向量。

下面介绍几个常用的设计函数。

a) s = bpts2s(bp,ts,delta)

根据超调量 bp、响应时间 ts、响应时间误差宽度 delta，求解闭环主导极点 s，函数 bpts2s ( ) 如下。

```
function s = bpts2s(bp,ts,delta)
kosi = sqrt(1 - (1/(1 + ((1/pi)* log(1/bp)).^2)))
wn = log(1/delta* sqrt(1 - kosi.^2))/(kosi* ts)
s = - kosi* wn + j* wn* sqrt(1 - kosi.^2);
```

b) s = kw2s(kosi,wn)

根据阻尼比 kosi、无阻尼自振频率 wn，求解闭环主导极点 s，函数 kw2s ( ) 如下。

```
function s = kw2s(kosi,wn)
s = - kosi* wn + j* wn* sqrt(1 - kosi.^2);
```

c) [kosi,wn] = s2kw(s)

根据闭环极点 s，求解阻尼比 kosi 和无阻尼自振频率 wn，函数 s2kw ( ) 如下。

```
function [kosi,wn] = s2kw(s)
kosi = 1/sqrt(1 + (imag(s)/real(s)).^2);
wn = - real(s)/kosi;
```

d) [pos,tr,ts,tp] = stepchar(g,delta)

求解系统单位阶跃响应的特征量，即系统的时域性能指标。其中，g 为系统的闭环传递函数，delta 为调整时间误差范围，pos 为超调量，tr 为上升时间，ts 为过渡过程时间，tp 为峰值时间，函数 stepchar ( ) 如下。

```
function [pos,tr,ts,tp] = stepchar(g0,delta)
[y,t] = step(g0);
[mp,ind] = max(y);
dimt = length(t);
```

```
yss = y(dimt);
pos = 100 * (mp - yss)/yss;
tp = t(ind);
for i = 1:dimt
    if y(i) > =1
        tr = t(i);
        break;
    end
end;
for i = 1:length(y)
    if y(i) < =(1 - delta) * yss |y(i) > =(1 + delta) * yss
    ts = t(i);
    end
end
```

【例】设单位负反馈系统的开环传递函数为

$$G_0(s) = \frac{k}{s(s+5)(s+20)} \tag{6-50}$$

指标要求：①开环增益 $K_v \geq 12$；②单位阶跃响应的特征量：$\sigma_p \leq 25\%$，$t_s \leq 0.7s$（$\Delta = 0.02$）。试确定带惯性的 PD 控制器的串联超前校正参数。

解：根据 $K_v \geq 12$ 可得到 $k = 1200$，运行以下程序。

```
KK = 1200; bp = 0.25; ts = 0.7; delta = 0.02;
ng0 = [1]; dg0 = conv([1,0],conv([1,5],[1,20]));
g0 = tf(KK * ng0,dg0);
s = bpts2s(bp,ts,delta)
[ngc,dgc] = lead1(KK * ng0,dg0,s);
gc = tf(ngc,dgc); zpk(gc), g0c = tf(g0 * gc);
b1 = feedback(g0,1); b2 = feedback(g0c,1);
step(b1,'r - -'),  hold on
step(b2),  hold off
axis([0,1.2,0,1.8]);
[pos,tr,ts,tp] = stepchar(b2,delta)
```

运行结果：s1 = -5.4615 + 12.3768i

Transfer function:
6.1757(s + 5.444)
- - - - - - - - - - - - - - - -
(s + 33.62)

pos = 23.0331, tr = 0.1959, ts = 0.6563, tp = 0.2939

从校验结果可知系统的性能指标完全达到设计要求，$\sigma_p \approx 23\% < 25\%$，$t_s = 0.6563 < 0.7s$，系统校正前后的单位阶跃响应曲线如图 6-25 所示。其中，未校正

系统用虚线表示，校正后系统用实线表示，本书均采用此方法进行曲线绘制。

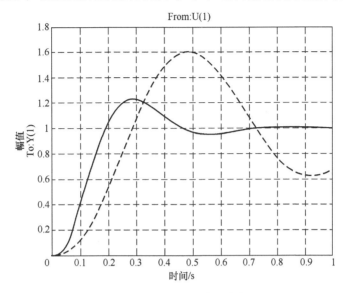

图 6-25　校正前后阶跃响应

【例】如今电子节气门的应用越来越广泛。如图 6-26 所示为电子节气门系统结构简图。

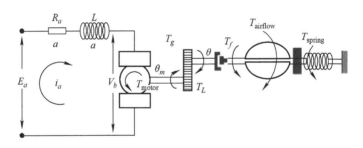

图 6-26　电子节气门系统结构简图

可列写以下方程：
根据基尔霍夫定律，

$$R_a i(t) + L \frac{\mathrm{d}i(t)}{\mathrm{d}t} + k_b \dot{\theta}(t) = V_{\mathrm{bat}} u(t) = E_a \tag{6-51}$$

节气门阀片的运动方程为

$$Jn^2 \ddot{\theta} = nk_t i - T_f - T_s \tag{6-52}$$

摩擦力矩可以表示为（我们暂时只考虑滑动摩擦）

$$T_f = k_f \dot{\theta} \tag{6-53}$$

复位弹簧力矩可表示为（忽略复位弹簧预警力矩）

$$T_s = k_{sp}(\theta - \theta_0) \tag{6-54}$$

由于电机电感 L 非常小,因而我们忽略电流的动态特性 $L\dfrac{di(t)}{dt}$,根据上述方程组可得到电子节气门模型:

$$\ddot{\theta} = \dfrac{1}{n^2 J}\left[-\left(\dfrac{n^2 k_b k_t}{R_a} + k_f\right)\dot{\theta} - k_{sp}(\theta - \theta_0) + \dfrac{nk_t V_{bat}}{R_a}u(t)\right] \tag{6-55}$$

式中,$u(t)$ 为占空比,是系统的输入;θ 为节气门阀门旋转角度,是系统的输出。其他各参数符号含义及其数值见表 6-3。

表6-3 电子节气门中各参数符号含义及其数值

符号含义	代号	数值	单位
电机反电动势常数	k_b	0.016	V/(rad·s)
电机电阻	R_a	2.8	Ω
电机转矩常数	k_t	0.016	Nm/A
折算到电机侧的系统总转动惯量	J	4.0×10^{-6}	kg·m²
滑动摩擦系数	k_f	4×10^{-4}	Nm/(rad·s)
节气门默认开度	θ_0	0	rad
弹簧弹性系数	k_{sp}	0.0247	N·m
齿轮传动比	n	16.95	—
电池电压	V_{bat}	12	V

将电子节气门模型两边进行拉普拉斯变换,并代入各参数,可得到输入为 u,输出为 θ 的传递函数:

$$G_0(s) = \dfrac{\theta(s)}{u(s)} = \dfrac{0.4843}{0.001149s^2 + 0.02667s + 0.0247} \tag{6-56}$$

指标要求:①系统单位阶跃响应的稳态误差小于 2%;②单位阶跃响应的特征量 $\sigma_p < 25\%$,$t_s \leq 0.25s$($\Delta = 0.005$)。试确定带惯性的 PD 控制器的串联超前校正参数。

解:先根据给定的稳态误差要求确定需要将原系统增益提高的倍数,当 $k = 2$ 时,稳态误差为

$$e_{ss} = \dfrac{1}{1 + \dfrac{0.4843}{0.0247}k} = 0.0249 > 0.02 \tag{6-57}$$

当 $k = 3$ 时,稳态误差为

$$e_{ss} = \dfrac{1}{1 + \dfrac{0.4843}{0.0247}k} = 0.0167 > 0.02 \tag{6-58}$$

因而 $k = 3$,运行以下程序

```
kb=0.016;Ra=2.8;kt=0.016;J=4e-6;ktf=4.8e-3;
kf=4e-4;ksp=0.0247;n=16.95;Vbat=5;% 输入系统参数
KK=3;delta=0.005;bp=0.25;ts=0.25;% 输入指标要求
ng0=n*kt*Vbat/Ra;
dg0=[n*n*J n*n*kb*kt/Ra+kf ksp];
g0=tf(KK*ng0,dg0);
s=bpts2s(bp,ts,delta)
[ngc,dgc]=lead1new(KK*ng0,dg0,s);
gc=tf(ngc,dgc);
zpk(gc),g0c=tf(g0*gc);
b1=feedback(g0,1);
b2=feedback(g0c,1);
step(b1,'r--'),hold on
step(b2),hold off
axis([0,0.5,0,1.8]);
legend('校正前','校正后');
[pos,tr,ts,tp]=stepchar(b2,delta)
```
运行结果：s1 = -20.8374+47.2214i
```
Transfer function:
 1.6298 (s+40.43)
 -------------------
      (s+65.89)
pos=22.7853,tr=0.0525,ts=0.2228,tp=0.0815
```

从校验结果可知系统的性能指标完全达到设计要求，$\sigma_p \approx 23\% < 25\%$，$t_s = 0.2228 < 0.25s$，系统校正前后的单位阶跃响应曲线如图6-27所示。其中，未校正系统用虚线表示，校正后系统用实线表示，本书均采用此方法进行曲线绘制。

2. 根轨迹的解析设计设计方法

采用这种方法既可以设计超前校正装置，也可以设计滞后校正装置。设串联超前校正装置的传递函数 $G_c(s) = \dfrac{1+aTs}{1+Ts}(a>1)$，其设计步骤为：

1）根据稳定性能和动态特性要求，确定 K' 和希望的 s_1 在 s 平面上的位置。

2）确定所求的 a、T 需满足的方程。由于校正系统的根轨迹为

$$K'G_0(s)G_c(s) = K'\frac{aTs_1+1}{Ts_1+1}M_0 e^{j\theta_0} = 1 \cdot e^{j\pi} \quad G_0(s_1) = M_0 e^{j\theta_0} \tag{6-59}$$

如果 s_1 用 $s_1 = M_1 e^{j\theta_1}$ 表示，那么

$$aTM_1 e^{j\theta_1} + 1 = \frac{1 \cdot e^{j\pi}}{K'M_0 e^{j\theta_0}}(TM_1 e^{j\theta_1}) \tag{6-60}$$

3）利用上述方程可分为实部、虚部，通过方程组求解来确定未知数 a、T；

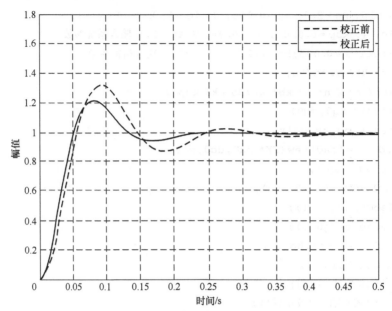

图 6-27 校正前后阶跃响应

$$aT = \frac{\sin\theta_1 + M_0K'\sin(\theta_1 - \theta_0)}{M_1M_0K'\sin\theta_0}, \quad T = -\frac{\sin(\theta_1 + \theta_0) + M_0K'\sin\theta_1}{M_1\sin\theta_0} \quad (6\text{-}61)$$

注意：要经常选择几个 K' 值进行设计，从而能使性能指标满足设计要求。

我们编写了 lead3（）函数来实现上述解析校正方法，其调用格为：

$$[\text{ngc},\text{dgc}] = \text{lead3}(\text{ng0},\text{dg0},\text{KK},\text{s1})$$

其中，KK 为原系统为满足开环增益要求而需要的增益调整倍数，其他参数定义与 lead1（）函数相同。

【例】同本小节第 1 例，将其程序中的超前校正调用函数 lead1(KK*ng0,dg0,s1) 改为

lead3(ng0,dg0,KK,s1)，运行程序得到如下结果：

```
Transfer function:
0.197 s +1
---------------
0.03176 s +1
pos=23.7973   tr=0.1921   ts=0.6369   tp=0.2831
```

经校验可见，系统的性能指标完全达到设计要求，$\sigma_p \approx 23.8\% < 25\%$，$t_s = 0.6369 < 0.7$s，系统校正前后的单位阶跃响应曲线如图 6-28 所示。

6.3.2 串联滞后校正

如果原系统具有令人满意的动态响应特性，但是其稳态特性不能令人满意，我们可以通过在前向通道中串联一个适当的滞后校正装置，并采用增大开环增益，同

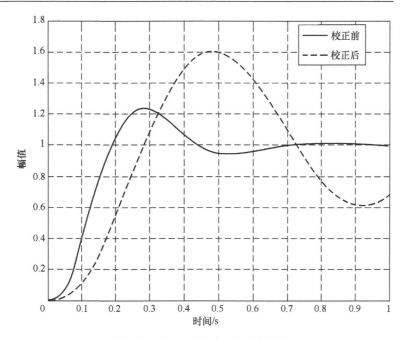

图 6-28 矫正前后的单位阶跃响应

时又使动态响应特性不发生明显变化的方法来解决。

为了避免根轨迹的显著变化，滞后校正产生的相角应当限制在 0°~5°的范围内，为此我们将滞后校正装置的零极点配置的相距很近，并靠近 s 平面上的原点。这样，校正后系统的闭环极点将稍稍偏离原来的位置（准确地说是稍偏右下侧）。这样动态响应特性将变化很小。

下面讨论采用根轨迹法设计近似 PI 控制器的问题，校正装置的传递函数为

$$G_c(s) = \frac{1+aTs}{1+Ts} = a\frac{s-z_c}{s-p_c} \tag{6-62}$$

式中，$z_c = -1/(aT)$；$p_c = -1/T$；$a = \frac{|p_c|}{|z_c|} < 1$。

1. 根轨迹的几何设计方法

这种方法设计滞后校正装置的步骤为：

1) 根据动态指标要求，确定闭环主导极点的希望位置。

2) 求取未校正系统根轨迹上的对应于闭环主导极点 s_1 的开环增益 K_1。

$$K_1 = k\frac{\prod_{i=1}^{m}(-z_i)}{\prod_{i=1}^{n-\nu}(-p_i)}$$

$$k = k\frac{|s_1^\nu|\prod_{i=1}^{n-\nu}|s_1-p_i|}{\prod_{i=1}^{m}|s_1-z_i|} \tag{6-63}$$

3) 根据给定的稳态要求计算校正系统应具有的开环增益 K，并求取 $a = K_1/K$。

4) 确定滞后校正装置的 z_c、p_c。

首先，令 $s_1' = -\zeta\omega_n c_1 + j\omega_n c_2 \sqrt{1-\zeta^2} = -\zeta'\omega_n' + j\omega_n' \sqrt{1-\zeta'^2}$，$c_1$、$c_2$ 取小于 1 的正数。并验证 $\sigma_p' = e^{\frac{\zeta'\pi}{\sqrt{1-\zeta'^2}}} \leq \sigma_p$，$t_s' = \frac{-1}{\zeta'\omega_n'}\ln(\Delta\sqrt{1-\zeta'^2}) \leq t_s$，否则选择 s_1'。

其次，求取 z_c 的值：$z_c = \dfrac{-\omega_n' \sin\varepsilon}{\sin\left(180° - \varepsilon - \arctan\dfrac{\sqrt{1-\zeta'^2}}{\zeta'}\right)}$，$\varepsilon = (0° \sim 5°)$，$p_c = -a|z_c|$，则 $T = -1/p_c$，$a = K_1/K$。

5) 验算性能指标。

验算系统的相对稳定性、动态性能和稳态性能。

我们编写了 lag1() 函数来实现上述设计方法，其调用格式为：

[ngc,dgc,k] = lag1(ng0,dg0,KK,s1,a)

其中，k 为满足动态要求的未校正系统的增益，a 为调整的幅角余量，其他参数与 lead3() 相同。

2. 根轨迹的解析设计方法

采用根轨迹的解析设计方法设计滞后校正装置与超前校正装置的方法相同，设滞后校正装置的传递函数为 $G_c(s) = \dfrac{1+aTs}{1+Ts}(a<1)$。

6.4 经典控制器设计三：PID 控制器设计方法

PID 控制（比例－积分－微分控制器）器具有简单的控制结构，在实际应用中又较易于整定，因此它在工业过程控制中有着最广泛的应用。大多数 PID 控制器是现场调节的，可以根据控制原理和控制效果对 PID 控制器进行精确而细致的现场调节。

6.4.1 PID 控制器结构及原理

PID 控制器，由比例单元 P、积分单元 I 和微分单元 D 组成，通过 K_p，K_i 和 K_d 三个参数进行设定。PID 控制器主要适用于基本线性和动态特性不随时间变化的系统。PID 控制器结构如图 6-29 所示。

PID 控制器的形式如下：

$$u(t) = K_p e(t) + K_i \int_0^t e(\tau)\mathrm{d}\tau + K_d \frac{\mathrm{d}}{\mathrm{d}t}e(t) \qquad (6\text{-}64)$$

1. 比例环节的控制功能

在比例控制器中，调节规律是：控制器的输出信号 u 与偏差 e 成比例，其方

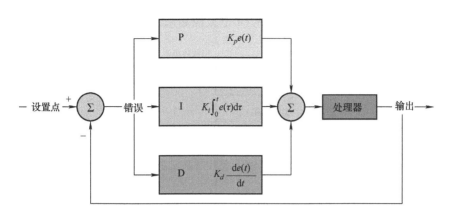

图 6-29 PID 控制器结构

程为

$$u = K_p e \tag{6-65}$$

式中，K_p 为比例增益。其传递函数表示为

$$G_j(s) = K_p \tag{6-66}$$

从减小偏差的角度出发，我们应该增加 K_p，但是另一方面，K_p 还影响系统的稳定性，K_p 增加通常导致系统的稳定性下降，过大的 K_p 会使系统产生激烈的振荡和不稳定。因此在设计时必须合理的优化 K_p，在满足精度的要求下不要过分增大 K_p。

2. 积分环节的控制功能

在积分控制器中，调节规律是：偏差 e 经过积分控制器的积分作用得到控制器的输出信号 u。其方程为

$$u = K_I \int_0^t e \mathrm{d}t \tag{6-67}$$

式中，K_I 为积分增益。

其传递函数表示为

$$G_j(s) = \frac{K_I}{s} \tag{6-68}$$

积分控制器的显著特点是无差调节，也就是说当系统达到平衡后，稳态设定值和被调量无差，偏差 e 等于 0。可以这样来理解，积分的作用实际上是将偏差 e 累积起来得到 u，如果偏差 e 不为 0，积分作用将使积分控制器的输出 u 不断增加或减小，系统将无法平衡，故只有 e 为 0，积分控制器的输出 u 才不发生变化。

积分控制器的相位始终是滞后的，因此滞后校正通常也认为是近似的积分校正。以电动助力转向系统（EPS）为例，作为转矩伺服系统，要求助力电机转矩响应快速准确。永磁同步电机（PMSM）具有高功率密度、小转动惯量、损耗转矩小、可靠性高等优点，逐渐成为 EPS 助力电机的研究重点。瞬时电磁转矩的控制

实质上就是 q 轴电枢电流的控制,PMSM 电流控制系统方框图如图 6-30 所示。

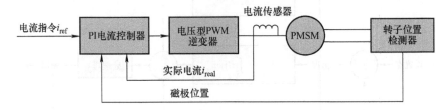

图 6-30 PMSM 电流控制系统方框图

在两相旋转直流坐标系（$d-q$）下永磁同步电机的电压方程为[4]：

$$v_{da} = R_a i_{da} + L_a \frac{\mathrm{d}i_{da}}{\mathrm{d}t} - L_a w_{re} i_{qa} \tag{6-69}$$

$$v_{qa} = R_a i_{qa} + L_a \frac{\mathrm{d}i_{qa}}{\mathrm{d}t} + L_a w_{re} i_{da} + w_{re} \varphi_{fa} \tag{6-70}$$

为了便于设计永磁同步电机控制系统,希望 v_{da}、v_{qa} 能够分别独立控制 i_{da}、i_{qa},需要对其进行解耦控制。解耦后的永磁同步电机的电压方程为：

$$v'_{da} = R_a i_{da} + L_a \frac{\mathrm{d}i_{da}}{\mathrm{d}t} \tag{6-71}$$

$$v'_{qa} = R_a i_{qa} + L_a \frac{\mathrm{d}i_{qa}}{\mathrm{d}t} \tag{6-72}$$

此时,含有电流控制器的永磁同步电机 q 轴控制框图如图 6-31 所示：

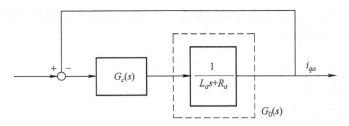

图 6-31 永磁同步电机 q 轴控制框图

各参数符号含义及其数值见表 6-4。

表 6-4 永磁同步电机中各参数符号含义及其数值

符号含义	代号	数值	单位
d 轴电枢电压	v_{da}	—	V
q 轴电枢电压	v_{qa}	—	V
d 轴电枢电流	i_{da}	—	A
q 轴电枢电流	i_{qa}	—	A

(续)

符号含义	代号	数值	单位
电枢绕组电阻	R_a	0.425	Ω
电枢绕组自感	L_a	3.78	mH
磁链	φ_{fa}	0.233	Wb
转子角速度	w_{re}	—	r/min

将永磁同步电机 q 轴电压方程两边进行拉普拉斯变换，并代入各参数数值，可得到输入为 v'_{qa}，输出为 i_{qa} 的传递函数：

$$G_0(s) = \frac{v'_{qa}(s)}{i_{qa}(s)} = \frac{1}{0.00378s + 0.425} \quad (6-73)$$

如果电流控制器采用比例积分控制环节 $G_c(s) = K_p\left(1 + \frac{1}{T_i s}\right)$ 进行调整，且设置比例系数 K_p 为 1.52，分析积分时间常数为 0.001、0.004、0.007 及 0.010 时，q 轴电流闭环控制系统的阶跃响应，并分析比例积分控制环节对电流闭环控制系统性能的影响。

解：

```
Go=tf(1,[0.00378,0.425]);
Kp=1.52;                   % 将比例系数固定在 Kp=1.52，采用 PI 控制策略
Ti=[0.001:0.003:0.010];
t=0:0.01:5;
figure; hold on;
for i=1:length(Ti);
    Gc=tf(Kp*[1,1/Ti(i)],[1,0]); G=feedback(Go*Gc,1);
        step(G,t)
end
grid;
```

运行以上结果后，得到不同积分时间常数下 PMSM 电流闭环系统单位阶跃响应曲线，如图 6-32 所示。

从仿真结果可以看出，随着积分系数的增大（积分时间常数的减小），闭环响应速度加快，但同时超调量增加、振荡次数增加、稳定性变差，实际上当 $T_i = 0.6$ 时，系统已经不稳定了。通过观察稳态误差可发现，积分环节能使得系统对阶跃响应的稳态误差为零，这是积分环节的一个重要作用。

3. 微分环节的控制功能

在微分控制器中，调节规律为：偏差 e 经过微分控制器的微分作用得到控制器的输出信号 u，即控制器的输出 u 与偏差的变化速率 $\frac{de}{dt}$ 成正比，其方程如下：

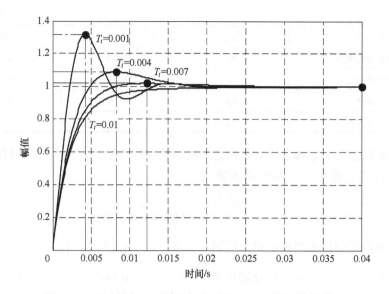

图 6-32　不同积分时间常数对电流闭环控制系统性能的影响

$$u = K_D \frac{\mathrm{d}e}{\mathrm{d}t} \tag{6-74}$$

式中，K_D 为微分增益，其传递函数表示为

$$G_c(s) = K_D s \tag{6-75}$$

比例控制器和积分控制器都是根据当时的偏差大小和方向进行调节的，而微分控制器则主要针对被调量的变化速率来进行调节，而不需要等到被调量已经出现较大的偏差后才开始动作，也就是说，微分调节器可以对被调量的变化趋势进行调节，及时避免出现大的偏差。

一般情况下，实现微分作用不是直接对检测信号进行微分操作，因为这样会引入很大的冲击，即使是小信号，只要有剧烈的变化也会导致对器件很大的冲击，造成某些器件工作不正常。另外对于噪声干扰信号，由于其突变性，直接微分将引起很大的输出，从而忽略实际信号的变化趋势，也即直接微分会造成对于线路的噪声过于敏感。故而对于性能要求较高的系统，往往使用检测信号速率的装置来避免对信号直接微分。

由于微分控制器的相位始终超前，同时为了避免微分引起高频噪声增加而通常在分母增加一阶环节，因此超前校正通常也认为是近似的微分校正。

6.4.2　PID 控制器设计方法

由于很难获取被控对象的精确数学模型，所以用理论计算得到的 PID 参数应用到实际系统后，控制效果不会很好，甚至引起振荡。齐格勒-尼科尔斯是一种工程整定方法，可以在不知道对象模型的前提下，确定 PID 参数，为细调提供了起点。

齐格勒-尼科尔斯调节律有两种方法，其目标都是使闭环系统在阶跃响应中，达到25%的最大超调量。

1. 齐格勒-尼科尔斯整定第一法

该整定方法适用于原开环系统不包括积分器、主导共轭复数极点，可进行开环试验的系统。通过实验获取开环系统某工作点处的S形响应曲线（阶跃响应），通过S形曲线的转折点画一条切线，可以求得延迟时间L和时间常数T，如图6-33所示。

开环传递函数可近似为

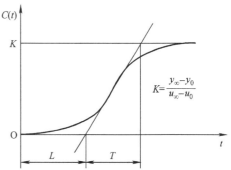

图6-33 开环系统阶跃响应曲线

$$G_0(s) = \frac{Ke^{-Ls}}{Ts+1} \quad (6-76)$$

PID参数的设定见表6-5。

表6-5 齐格勒-尼科尔斯调整法则（第一法）

控制器类型	K_p	T_i	T_d
比例控制	T/KL	无	无
比例积分控制	$0.9T/KL$	$3L$	无
比例积分微分控制	$1.2T/KL$	$2L$	$0.5L$

PID控制器的传递函数为

$$G_c(s) = K_p\left(1 + \frac{1}{T_i s} + T_d s\right) = 1.2\frac{T}{L}\left(1 + \frac{1}{2Ls} + 0.5Ls\right) = 0.6T\frac{\left(s + \frac{1}{L}\right)^2}{s} \quad (6-77)$$

2. 齐格勒-尼科尔斯整定第二法

闭环系统只采用比例控制作用，使K_p从0增加到临界值K_c，并测量在临界稳定情况下的系统振荡周期P_c。闭环系统临界稳定时的响应曲线如图6-34所示。

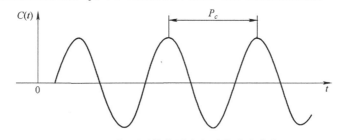

图6-34 闭环系统临界稳定时的响应曲线

在实际工程应用上，这种方法简单易行，如果借助于数值仿真工具，临界稳定增益K_c及振荡周期也很容易在根轨迹图上获得。PID控制器的参数设定，即齐格勒-尼科尔斯调整法则（第二法）见表6-6。

表6-6 齐格勒-尼科尔斯调整法则（第二法）

控制器类型	K_p	T_i	T_d
比例控制	$0.5K_c$	∞	0
比例积分控制	$0.45K_c$	$0.83P_c$	0
比例积分微分控制	$0.6K_c$	$0.5P_c$	$0.125P_c$

PID控制器的传递函数为

$$G_c(s) = K_p\left(1 + \frac{1}{T_i s} + T_d s\right) = 0.6K_c\left(1 + \frac{1}{0.5P_c s} + 0.125P_c s\right) = 0.075K_c P_c \frac{\left(s + \frac{4}{P_c}\right)^2}{s}$$

(6-78)

由于齐格勒-尼科尔斯调整法则是经验公式，各个文献中对各个参数的取值都为近似值，不完全相同。

6.5 经典控制器设计四：二自由度控制器设计方法

采用内模二自由度调节器结构简单，参数调整方便，系统的性能和调节器参数之间存在单调变化的关系，通过两个可调参数的调整，可以对系统的跟随性及干扰抑制特性进行独立设计，使系统按设计要求同时具有良好的目标值跟踪特性和干扰抑制特性。

6.5.1 二自由度控制原理

内模二自由度控制在常规内模控制的基础上增加了一个控制器，使整个控制系统具有两个控制器两个自由度的调节作用，如图6-35所示。

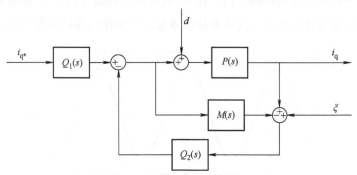

图6-35 二自由度控制结构框图

图6-35中$P(s)$为加载装置开环系统，$M(s)$为加载装置开环系统的标称数学模型，即内部模型，$Q_1(s)$为前馈控制器，$Q_2(s)$为内模控制器，i_{q*}为给定指令，

d 为扰动，n 为检测噪声。系统拥有两个自由度的调节作用，$Q_1(s)$ 主要用来调整系统的目标值跟踪特性，$Q_2(s)$ 主要用来调整系统的干扰抑制特性和鲁棒性。

从图中可得到输入输出的关系式：

$$i_q(s) = \frac{P(s)Q_1(s)}{1+Q_2(s)[P(s)-M(s)]}i_{q^*}(s) + \frac{[1-M(s)Q_2(s)]P(s)}{1+Q_2(s)[P(s)-M(s)]}d(s) - \frac{Q_2(s)P(s)}{1+Q_2(s)[P(s)-M(s)]}\xi(s)$$

(6-79)

由上式可知，当模型精确，即 $M(s)=P(s)$ 时，只要 $M(s)$ 和控制器 $Q_2(s)$ 都是稳定的，那么内模二自由度系统闭环稳定。在这种情况下，如果

$$Q_1(s) = M(s)^{-1} \qquad (6\text{-}80)$$

则 $i_q(s) = i_{q^*}(s)$，即系统的输出始终等于输入。

$Q_1(s)$ 主要用来调整系统的目标值跟踪特性，$Q_2(s)$ 主要用来调整系统的干扰抑制特性和鲁棒性。

当 $M(s) \neq P(s)$ 时，

$$\begin{cases} Q_1(s) = M^{-1}(s)F_1(s) \\ F_1(s) = \dfrac{1}{(\lambda_1 s + 1)^n} \end{cases} \qquad (6\text{-}81)$$

$$\begin{cases} Q_2(s) = M^{-1}(s)F_2(s) \\ F_2(s) = \dfrac{1}{(\lambda_2 s + 1)^n} \end{cases} \qquad (6\text{-}82)$$

式中，n 取决于 $M(s)$ 的阶数，以使 $Q_1(s)$，$Q_2(s)$ 能实现；λ_1 可调整系统的给定值跟踪特性，λ_2 可调整系统的干扰抑制特性。在模型不够精确的情况下，改变 λ_2 对系统的给定值跟踪特性影响不大，而改变 λ_1 不影响系统的干扰抑制特性。合理选择 λ_1、λ_2，可使系统同时获得目标值跟踪特性、干扰抑制特性和鲁棒性。

将内模二自由度控制框图进行简化，得到的等效给定值滤波型二自由度控制框图如图 6-36 所示。

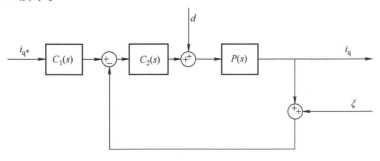

图 6-36 等效给定值滤波型二自由度控制框图

其中，

$$\begin{cases} C_1(s) = \dfrac{Q_1(s)}{Q_2(s)} \\ C_2(s) = \dfrac{Q_2(s)}{1 - M(s)Q_2(s)} \end{cases} \tag{6-83}$$

6.5.2 二自由度控制器设计

当 $P(s)$ 为一阶环节，并取 $M(s)$、$F_1(s)$、$F_2(s)$ 如下式所示：

$$\begin{cases} P(s) = \dfrac{k}{\tau s + 1}, \ M(s) = \dfrac{k_m}{\tau_m s + 1} \\ F_1(s) = \dfrac{1}{T_{f1} s + 1}, \ F_2(s) = \dfrac{1}{T_{f2} s + 1} \end{cases} \tag{6-84}$$

则由式（5-63）~式（5-66）得

$$C_1(s) = \dfrac{Q_1(s)}{Q_2(s)} = \dfrac{F_1(s)}{F_2(s)} = \dfrac{T_{f2} s + 1}{T_{f1} s + 1} \tag{6-85}$$

$$C_2(s) = \dfrac{Q_2(s)}{1 - M(s)Q_2(s)} = \dfrac{1}{M(s)} \dfrac{F_2(s)}{1 - F_2(s)} = \dfrac{\tau_m s + 1}{k_m T_{f2} s} \tag{6-86}$$

可见此种情况下 $C_2(s)$ 具有与 PI 控制器相同的传递函数。当 $\tau_m = t$，$k_m = k$ 时，由该 PI 控制器构成的单位负反馈环节的传递函数为 $1/(T_{f2} s + 1)$。

【例】已知被控对象 $P(s)$，且 $M(s)$ 与 $P(s)$ 结构相同，但参数有 15% ~ 20% 的偏差。

$$P(s) = \dfrac{2}{2.3s + 1}, \ M(s) = \dfrac{2.4}{2s + 1}$$

设

$$F_1(s) = \dfrac{1}{\dfrac{1}{2\pi f_1}s + 1}, \ F_2(s) = \dfrac{1}{\dfrac{1}{2\pi f_2}s + 1}, \ f_1 = 100\text{Hz}, \ f_2 = 300\text{Hz}$$

控制结构框图如图 6-36 所示。

系统输出对指令输入（iq(s)/iq*(s)）的频率响应特性仿真结果如图 6-37 所示。图中 "PI&TDOF with P" 的幅频特性曲线显示了当内模取 $P(s)$ 时，PI 控制与二自由度控制（TDOF）具有相同的带宽。$C_1(s)$ 为一阶环节，用于调节系统带宽。

当被控对象为内模 $M(s)$ 时，二自由度控制系统的带宽仍然能维持在 100Hz（见 TDOF with M 幅频特性曲线），而 PI 控制系统的带宽却有所增加（见 PI with M 幅频特性曲线）。

系统输出对扰动输入（iq(s)/d(s)）的频率响应特性仿真结果如图 6-38 所示。当 $f_1 = f_2 = 100\text{Hz}$ 时，在相同的系统带宽条件下 PI 控制与二自由度控制的扰动抑制能力相同。当 f_2 增加时，二自由度的扰动抑制能力有明显的提高（见 $f_2 = 300\text{Hz}$，

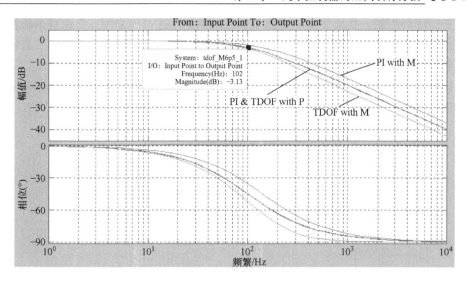

图6-37 系统输出对指令输入(iq(s)/iq*(s))的频率响应特性

500Hz频率特性响应曲线),说明二自由度控制比单自由度的PI控制多一个自由度,$C_2(s)$可以用来调节系统的抗干扰性能。

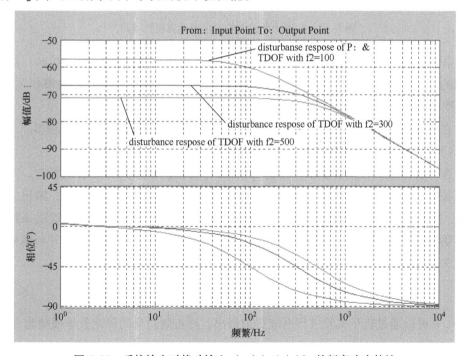

图6-38 系统输出对扰动输入 (iq(s)/d(s)) 的频率响应特性

【例】对于电动汽车纵向控制系统,车辆的驱动与制动是通过施加在驱动电机的驱动力矩进行控制的。当希望车辆按照期望车速行驶时,此时需要对车辆的纵向

185

车速进行闭环控制,从而使实际车速能够跟随期望车速。如采用二自由度内模控制器进行车速闭环控制,则系统的结构框图如图 6-39 所示。试设计合适的二自由度内模控制器,从而实现车速闭环控制。

按照图 6-39 的二自由度控制结构框图,对应车速控制器结构,可得出图 6-40 所示的车速闭环控制的二自由度内模控制器的结构框图。

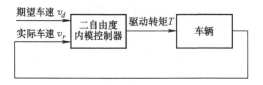

图 6-39 二自由度内模控制器

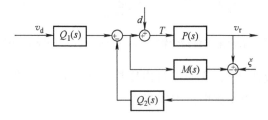

图 6-40 车速闭环控制的二自由度内模控制器

各物理量分别代表的含义为:$P(s)$:被控车辆的底盘驱动系统;$M(s)$:被控车辆的底盘驱动系统简化数学模型;$Q_1(s)$:前馈控制器;$Q_2(s)$:内模控制器;v_d:期望车速;v_r:实际车速;T:驱动转矩。

在明确各物理量含义后,接下来按照如下步骤搭建二自由度内模控制器。

1) 建立控制对象的简化数学模型 $M(s)$。

在二自由度内模控制器中,控制对象 $M(s)$ 对控制效果具有显著的影响。对于车速控制而言,控制对象为车辆的底盘驱动系统,其输入为驱动力矩 T,输出为车速 v。则该简化模型为车速 v 到驱动力矩 T 的数学模型。为简化分析,这里采用单轮车辆模型作为 $M(s)$,并忽略车辆的滚动阻力、摩擦阻力等因素,此时车辆可以简化为一个积分环节:

$$v(s) = \frac{k}{s} T(s) \quad (6\text{-}87)$$

式中,k 可以通过实车实验进行系统辨识得出,则控制对象的简化数学模型为

$$M(s) = \frac{k}{s} \quad (6\text{-}88)$$

针对本实车平台而言,辨识出 $k = 0.015$。

2) 设定内模控制器。

一般情况下，设定内模控制器 $Q_1(s)$ 和 $Q_2(s)$ 如下的形式：

$$\begin{cases} Q_1(s) = M^{-1}(s) \dfrac{1}{(\lambda_1 s + 1)^n} \\ Q_2(s) = M^{-1}(s) \dfrac{1}{(\lambda_2 s + 1)^n} \end{cases} \quad (6\text{-}89)$$

式中，λ_1 与 λ_2 为待定系数，n 为 $M(s)$ 的阶数，这里 $n=1$。化简后的结果为

$$\begin{cases} Q_1(s) = \dfrac{s}{k(\lambda_1 s + 1)} \\ Q_2(s) = \dfrac{s}{k(\lambda_2 s + 1)} \end{cases} \quad (6\text{-}90)$$

3）确定参数 λ_1 与 λ_2。

通过车辆纵向动力学特性可以确定 λ_1 与 λ_2 的取值范围，根据实验结果对 λ_1 与 λ_2 进行精细调整，最终确定调试 λ_1 与 λ_2。

图 6-41 所示为固定 $\lambda_2 = 0.2$，依次调节 λ_1 时车速的阶跃响应曲线，由结果可以看出，随着 λ_1 的减小，阶跃响应时间减小，但当 λ_1 足够小时，车速会出现抖动信号，综合考虑实际车速响应的需求，这里选取 $\lambda_1 = 0.3$。

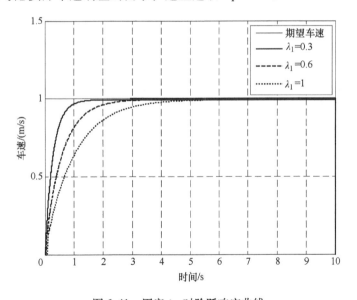

图 6-41　固定 λ_2 时阶跃响应曲线

图 6-42 所示为固定 $\lambda_1 = 0.3$，依次调节 λ_2 时车速的阶跃响应曲线，由结果可以看出，随着 λ_2 的增大，阶跃响应会出现超调，且出现稳态误差，λ_2 越大，超调越严重，稳态误差越大。综合考虑实际车速响应的需求，这里选取 $\lambda_2 = 0.2$。

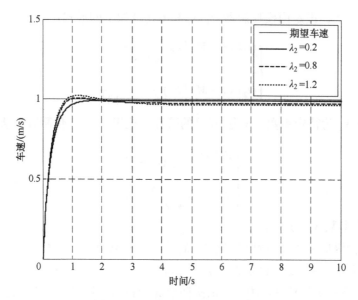

图 6-42　固定 λ_1 时阶跃响应曲线

6.6　控制系统设计理论的发展简介

19 世纪中后期和 20 世纪前期，自动控制系统设计的特点是依靠直觉和发明，随着自动控制需求井喷式增加，问题复杂性的增加，多输入多输出问题普遍存在，且提高控制系统精度的做法会导致过渡过程振荡的衰减变慢，甚至出现不稳定系统，从而使自动控制理论蓬勃发展。

6.6.1　状态空间方法与现代控制理论

状态与状态变量描述的概念早就存在于经典动力学和其他一些领域，但将它系统地应用于控制系统的研究，则是从 1960 年 R. E. 卡尔曼发表《控制系统的一般理论》开始的，状态空间法的引入促成了现代控制理论的建立。

所谓状态变量是指能完全描述系统运动的一组变量，状态空间法（State Space Solution，SSS）是现代控制理论中建立在状态变量描述基础上的对控制系统分析和综合的方法，在多输入/多输出、时变、非线性这类控制系统的分析与设计问题方面显得尤为重要。如果系统的外输入为已知，那么由这组变量的现时值就能完全确定系统在未来各时刻的运动状态。通过状态变量描述能建立系统内部状态变量与外部输入变量和输出变量之间的关系。反映状态变量与输入变量间因果关系的数学描述称为状态方程，而输出变量与状态变量和输入变量间的变换关系则由量测方程来描述。

由于采用矩阵表示,当状态变量、输入变量或输出变量的数目增加时,并不增加系统描述的复杂性。状态空间法是时间域方法,所以很适合于用电子计算机来计算。状态空间法能揭示系统内部变量和外部变量间的关系,因而有可能找出过去未被认识的系统的许多重要特性,其中能控性和能观测性尤其具有特别重要的意义。从系统的结构角度来看,状态变量描述比经典控制理论中广为应用的输入输出描述(如传递函数)更为全面。

1. 线性二次型调节控制

线性二次型调节器(Linear Quadratic Regulator,LQR)其对象是现代控制理论中以状态空间形式给出的线性系统,而目标函数为对象状态和控制输入的二次型函数。对于线性系统的控制器设计问题,如果其性能指标是状态变量和(或)控制变量的二次型函数的积分,则这种动态系统的最优化问题称为线性系统二次型性能指标的最优控制问题,简称为线性二次型最优控制问题或线性二次问题。线性二次型问题的最优解可以写成统一的解析表达式和实现求解过程的规范化,并可简单地采用状态线性反馈控制律构成闭环最优控制系统,能够兼顾多项性能指标,其控制器结构如图 6-43 所示。LQR 最优设计是指设计出的状态反馈控制器 K 要使二次型目标函数 J 取最小值,而 K 由权矩阵 Q 与 R 唯一决定,故此 Q、R 的选择尤为重要。LQR 理论是现代控制理论中发展最早、也最为成熟的一种状态空间设计法。特别可贵的是,LQR 可得到状态线性反馈的最优控制规律,易于构成闭环最优控制。

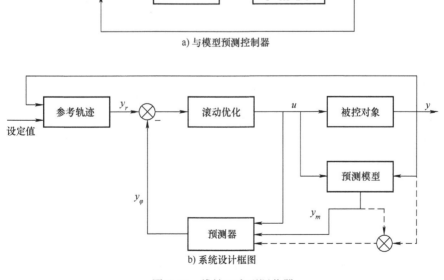

图 6-43 线性二次型调节器

线性二次高斯问题的最优控制理论（Linear Quadratic Gauss，LQG），是对确定性系统的 LQR 控制的随机情形的推广。由于随机干扰和测量不确定性（高斯分布的）的引入，把这类问题依据其稳定性、系统结构等特点，分为中性系统、可分离系统及确定性等价系统。一个具有随机扰动的控制问题，①如果它的状态不确定性的下降速度与控制无关，则称问题是中性的。对中性随机系统的控制，由于不存在影响状态不确定性下降速度的控制因素，因此在估计系统状态时无须引入任何特定的试探信号；②如果唯一需要传递的信息是当前状态的点估计，而不需要传递当前状态的精确信息，就称问题是可分离的；③如果它的控制律形式，恰与状态没有不确定性时所对应的确定性问题的最优反馈控制律的形式相同，就称可分离问题是确定性等价的。确定性等价意味着控制器设计时可以不考虑随机因素的影响。由于实际过程几乎总是包含着某些非线性特性，随机变量、扰动、初值和噪声等不确定性通常不是高斯的，因此理论上求出的 LQG 最优控制在实际中常常不是最优的。

2. 模型预测控制理论

模型预测控制（Model Predictive Control，MPC）是针对模型精度不足够高，而需要实现高质量的系统控制的问题而提出的。现代控制理论能实现具有最优的性能指标和控制规律，其包含的理论和设计方法在航天航空、制导等领域中获得了卓越的成就。但是在应用于工业过程控制时却没有收到预期的效果。因为工业过程往往具有非线性、时变性、强耦合和不确定性等特点，难以得到精确的数学模型，因而控制效果将大大降低。面对理论发展与实际应用之间的不协调，科学家和工程师们从工业过程控制的特点与需求出发，探索各种对模型精度要求不高而同样能实现高质量控制的方法。模型预测控制包括以下几个部分的算法。

1）具有预测功能的预测模型。能够根据系统当前时刻的控制输入以及过程的历史信息，预测过程输出的未来值，一般而言需要一个描述系统动态行为的模型作为预测模型。在预测控制中的各种不同算法，采用不同类型的预测模型，如最基本的模型算法控制（Model Algorithm Control，MAC）采用的是系统单位脉冲响应曲线，而动态矩阵控制（Dynamic Matrix Control，DMC）采用的是系统阶跃响应曲线。这两个模型相互之间可以转换，且都属于非参数模型，在实际的工业过程中比较容易通过实验测得，不必进行复杂的数据处理，尽管精度不是很高，但数据冗余量大，使其抗干扰能力较强。预测模型具有展示过程未来动态行为的功能，这样就可像在系统仿真时那样，任意地给出未来控制策略，观察过程不同控制策略下的输出变化，从而为比较这些控制策略的优劣提供了基础。

2）反馈校正环节。由于存在非线性、模型失配和干扰等不确定因素，使基于模型的预测不可能准确地与实际相符。因此，在预测控制中，通过输出的测量值 $Y(k)$ 与模型的预估值 $Y_m(k)$ 进行比较，得出模型的预测误差，再利用模型预测误差来对模型的预测值进行修正。由于对模型施加了反馈校正的过程，使预测控制具有很强的抗扰动和克服系统不确定性的能力。预测控制中不仅基于模型，而且利用了反馈信息，因此预测控制是一种闭环优化控制算法。

3) 滚动优化算法。该算法需要通过某一性能指标的最优化来确定未来的控制作用。这一性能指标还涉及过程未来的行为，它是根据预测模型由未来的控制策略决定的。但与通常的离散最优控制算法不同，它不是采用一个不变的全局最优目标，而是采用滚动式的有限时域优化策略。优化过程不是一次离线完成的，而是反复在线进行的。在每一采样时刻，优化性能指标只涉及从该时刻起到未来有限的时间，而到下一个采样时刻，这一优化时段会同时向前。所以，预测控制不是用一个对全局相同的优化性能指标，而是在每一个时刻有一个相对于该时刻的局部优化性能指标。

4) 参考轨迹更新计算。在预测控制中考虑到过程的动态特性，为了使过程避免出现输入和输出的急剧变化，往往要求过程输出 $y(k)$ 沿着一条期望的、平缓的曲线达到设定值 r。这条曲线通常称为参考轨迹 y，它是设定值经过在线"柔化"后的产物。

MPC 与其他控制算法相比，预测控制有其自身的许多特点，比如：①对模型的精度要求不高，建模方便，过程描述可由简单实验获得；②采用非最小化描述的模型，系统鲁棒性、稳定性较好；③采用滚动优化策略而非全局一次优化，能及时弥补由于模型失配、畸变、干扰等因素引起的不确定性，动态性能较好；④易将算法推广到有约束、大迟延、非最小相位、非线性等实际过程，尤为重要的是，它能有效地处理多变量、有约束的问题。

3. 自适应控制理论

自适应控制（Adaptive Control，APC）的研究对象是具有一定程度不确定性的系统，这里所谓的"不确定性"比 LQG 控制方法所面的问题更加宽泛，通常是指描述被控对象及其环境的数学模型不是完全确定的，同时包含一些未知因素和随机因素。

任何一个实际系统都具有不同程度的不确定性，这些不确定性有时表现在系统内部，有时表现在系统的外部。从系统内部来讲，设计者事先并不一定能准确知道描述被控对象的数学模型的结构和参数。作为外部环境对系统的影响，可以等效地用许多扰动来表示，这些扰动通常是不可预测的。此外，还有一些测量时产生的不确定因素进入系统。面对这些客观存在的各式各样的不确定性，如何设计适当的控制作用，使得某一指定的性能指标达到并保持最优或者近似最优，这就是自适应控制所要研究解决的问题。

自适应控制和常规的反馈控制和最优控制一样，也是一种基于数学模型的控制方法，所不同的是自适应控制所依据的关于模型和扰动的先验知识比较少，需要在系统的运行过程中去不断提取有关模型的信息，使模型逐步完善。具体地说 APC 是一种带有在线参数识别的控制方法，主要可以被分为模型参考自适应控制（Model Reference Adaptive Control，MRAC）、自校正控制器（Self-Tunning Control，STC）、参数自适应控制（Parameter Adaptive Control，PAC）等，可以依据对象的输入输出数据，不断地辨识模型参数，这个过程也称为系统的在线辨识。

自适应控制系统具有一定的环境适应能力和系统内部时变适应能力。当系统在设计阶段，由于对象特性的初始信息比较缺乏，系统在刚开始投入运行时性能可能不理想，但是只要经过一段时间的运行，通过在线辨识和控制以后，控制系统逐渐适应，最终将自身调整到一个满意的工作状态。常规的反馈控制系统对于系统内部特性的变化和外部扰动的影响都具有一定的抑制能力，但是由于控制器参数是固定的，所以当系统内部特性变化或者外部扰动的变化幅度很大时，系统的性能常常会大幅度下降甚至是不稳定。所以对那些对象特性或扰动特性变化范围很大，同时又要求经常保持高性能指标的一类系统，采取自适应控制是合适的。但是同时也应当指出，自适应控制比常规反馈控制要复杂得多，成本也高的多，因此只是在用常规反馈达不到所期望的性能时，才会考虑采用。

4. 滑膜变结构控制

滑模控制（Sliding Mode Control，SMC）也叫变结构控制，本质上是针对一类特殊的非线性系统而产生的控制方法。系统的非线性表现为控制的不连续性，这种控制策略与其他控制的不同之处在于系统的"结构"并不固定，而是可以在动态过程中根据系统当前的运动状态（如偏差及其各阶导数等）有目的有方向地不断变化，迫使系统按照预定"滑动模态"（Sliding Mode，SM）的状态轨迹运动。由于滑动模态可以进行设计且与对象参数及扰动无关，这就使得变结构控制具有快速响应、对参数变化及扰动不灵敏、无须系统在线辨识、物理实现简单等优点。

变结构控制系统的特征是具有一套反馈控制律和一个决策规则，该决策规则就是所谓的切换函数，将其作为输入来衡量当前系统的运动状态，并决定在该瞬间系统所应采取的反馈控制律，结果形成了变结构控制系统。该变结构系统由若干个子系统连接而成，每个子系统有其固定的控制结构，且仅在特定的区域内起作用。引进这种变结构特性的优势之一是系统具有每一个结构的优势特性或有用特性，并可进一步使系统具有单独每个结构都没有的新的特性，这种新的特性即是变结构系统的滑动模态。滑动模态的存在，使得系统在滑动模态下不仅保持对系统结构不确定性、参数不确定性以及外界干扰等不确定性因素的鲁棒性，而且可以获得较为满意的动态性能。

变结构控制方法的缺点在于当状态轨迹到达滑模面后，难以严格地沿着滑模面向着平衡点滑动，可能在滑模面两侧来回穿越，从而产生颤动、抖振、振荡等问题。

6.6.2 大系统与智能控制方法

1. 模糊逻辑控制方法

模糊逻辑控制（Fuzzy Logic Control，FLC）是以模糊集合理论、模糊语言及模糊逻辑为基础的控制，它是模糊数学在控制系统中的应用，是一种可以用于非线性系统的智能控制方法。模糊控制是利用人的知识对控制对象进行控制的一种方法，通常用"if 条件，then 结果"的形式来表现，所以又通俗地称为语言控制。模糊逻辑控制器及系统设计框图如图 6-44 所示。

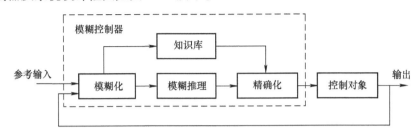

图 6-44 模糊逻辑控制器及系统设计框图

模糊逻辑控制方法的核心算法为模糊控制器。模糊控制器的控制规律一般按如下步骤实施进行：①将控制对象的反馈信号与参考输入进行对比，获得误差信号；②误差信号基于先验的知识库和预先制定的模糊推理规则，获得精确的推理变量，再据推理的合成规则进行模糊决策，得到模糊控制量。因此模糊控制器的基本结构包括知识库、模糊推理、输入量模糊化、输出量精确化四部分。

模糊控制拥有很多的优势，可以简化系统设计的复杂性，特别适用于非线性、时变、模型不完全的系统上。模糊控制技术利用推理法则来描述系统变量间的关系，不用数值而用语言式的模糊变量来描述系统，模糊控制器不必对被控制对象建立完整的数学模型。模糊控制器是一个语言控制器，使得操作人员易于使用自然语言进行人机对话。模糊控制器是一种容易控制、掌握的较理想的非线性控制器，并且抗干扰能力强，响应速度快，并对系统参数的变化有较强的鲁棒性和较佳的容错性。

2. 神经网络控制方法

人工神经网络（Artificial Neural Network，ANN）是 20 世纪 80 年代以来人工智能领域兴起的研究方法。它从信息处理角度，依据人脑神经元网络模型进行抽象，建立某种简单模型，按不同的连接方式组成不同的网络。在工程与学术界也常直接简称为神经网络或类神经网络。神经网络是一种运算模型，由大量的节点（或称神经元）之间相互连接构成。每个节点代表一种特定的输出函数（Activation Function，也称为激励函数）；每两个节点间的连接都代表一个对于通过该连接信号的加权值，称之为权重，这相当于人工神经网络的记忆。网络的输出则依网络的连接方式、权重值和激励函数的不同而不同。而网络自身通常都是对自然界某种算法或者函数的逼近，也可能是对一种逻辑策略的表达。

神经网络控制就是利用神经网络这种工具，从机理上对复杂动态系统进行简单结构模拟的新型模型化和辨识化技术，它既可以充当被控对象模型，又可以充当控制器。常见的神经网络控制系统及结构包括：

1) 神经网络监督控制器。通过对传统经典的控制器（如 PID 控制器）进行学习，然后用神经网络控制器取代或逐渐取代原有控制器的方法。如图 6-45a 所示，神经网络 NNC 可以在线调整自身参数，直至反馈误差趋近于 0，使自己逐渐在控制中占据主导地位，最终取代传统控制器；当系统出现干扰时，传统控制器重新作用神经网络控制器重新进行学习。这种神经网络监督控制具有反馈结构，其稳定性和鲁棒性都可以得到保证。

2) 神经网络直接逆控制器。如图 6-45b 所示，将被控对象的神经网络逆模型直接与被控对象串联，使得系统期望输出与对象实际输出之间的传递函数等于 1，再将此网络至于全会控制器之后，于是得到被控对象的输出为期望输出。

3) 神经网络内模控制器。如图 6-45c 所示，被控对象的正向模型和控制器（逆模型）均由神经网络实现，滤波器为线性滤波器，以获得期望的鲁棒性和闭合回路的跟随响应性。

4) 神经网络预测控制器。如图 6-45d 所示，利用神经网络建立非线性被控对象的预测模型，利用当前控制输入、实际控制对象输出及预测误差来预测被控系统将来一段时间内的输出。

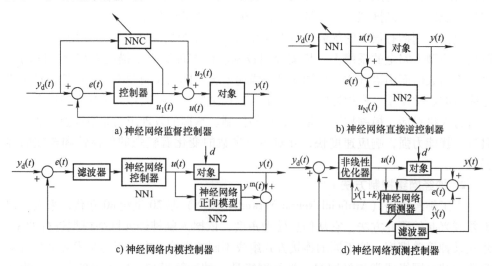

图 6-45 人工神经网络控制器及系统设计框图

人工神经网络在自动控制领域已成功地解决了许多现代计算机难以解决的实际问题，表现出了良好的智能特性。

6.6.3 超现代控制理论简介

1. 鲁棒控制理论

鲁棒性（Robustness）代表了系统的健壮性和抗干扰能力。鲁棒性，是指控制系统在一定结构和大小的参数摄动下，维持某些性能的特性。它是在异常和危险情况下系统生存的关键。比如，控制单元在输入错误、内存故障、网络过载或有意攻击情况下，仍然具有一定的控制和管理能力，就是该控制算法的鲁棒性。

根据对性能的不同定义，可分为稳定鲁棒性和性能鲁棒性。以闭环系统的鲁棒性作为目标设计得到的固定控制器称为鲁棒控制器。鲁棒控制是一个着重控制算法可靠性研究的控制器设计方法。鲁棒性一般定义为在实际环境中为保证安全要求，控制系统最小必须满足的要求。一旦设计好这个控制器，它的参数不能改变而且能保证控制性。鲁棒控制方法，是对时间域或频率域来说，一般假设过程动态特性的信息和它的变化范围。

2. H∞ 控制理论

H∞ 控制理论是 20 世纪 80 年代开始兴起的一门新的现代控制理论，它是为了改变近代控制理论过于数学化的倾向以适应工程实际的需要而诞生的，其设计思想的精髓是对系统的频域特性进行整形（Loop shaping），而这种通过调整系统频率域特性来获得预期特性的方法，正是工程技术人员所熟悉的技术手段，也是经典控制理论的根本。

1981 年 Zames 首次用明确的数学语言描述了 H∞ 优化控制理论，他提出用传递函数阵的 H∞ 范数来记述优化指标。1984 年，加拿大学者 Fracis 和 Zames 用古典的函数插值理论提出了 H∞ 设计问题的最初解法，同时基于算子理论等现代数学工具，这种解法很快被推广到一般的多变量系统，而英国学者 Glover 则将 H∞ 设计问题归纳为函数逼近问题，并用 Hankel 算子理论给出这个问题的解析解。Glover 的解法被 Doyle 在状态空间上进行了整理并归纳为 H∞ 控制问题，至此 H∞ 控制理论体系已初步形成。

在这一阶段提出了 H∞ 设计问题的解法，所用的数学工具非常烦琐，并不像问题本身那样具有明确的工程意义。直到 1988 年，Doyle 等人在全美控制年会上发表了著名的 DGKF 论文，证明了 H∞ 设计问题的解可以通过适当的代数 Riccati 方程得到。DGKF 的论文标志着 H∞ 控制理论的成熟。迄今为止，H∞ 设计方法主要依据 DGKF 论文提出的解法。不仅如此，这些设计理论的开发者还同美国的 The Math Works 公司合作，开发了 MATLAB 中鲁棒控制软件工具箱（Robust Control Toolbox），使 H∞ 控制理论真正成为实用的工程设计理论。

3. 结构奇异值理论

在工业生产过程和其他制造行业中，许多系统模型由于质量、惯量、电导、电容等小参数的存在，导致多尺度多时标效应。这种现象最早来源于天体力学，用来计算小天体对大天体运动的影响，后来广泛应用于上述这类系统，统称为奇异摄动系统。

奇异摄动方法（Perturbation Method）是通过考察系统参数或结构受微小扰动后的性质来研究其运动过程的数学方法。随着大规模、复杂系统的深入研究，多时间尺度系统涉及的工程领域越来越广，例如化工过程、机器人、航天工程、电力系统以及其他制造业，因此相关的理论和应用研究都引起了学术界和工程领域的广泛关注。

4. 脉冲控制理论

脉冲控制概念被首次提出是在 1999 年，脉冲控制理论的数学基础是脉冲微分方程。脉冲控制作为一种不连续的控制手段，已被广泛应用于卫星轨道转移、金融市场上货币供用控制、混沌同步与通信保密等领域。

脉冲控制是一种比连续控制方法成本更低、性能更好且易于实施的有效控制方法，与其他控制方法相比，脉冲控制的优势和突出特点可以归纳如下。

1）可以提供一种有效的方法来处理不能持续控制输入的系统，在某些情况下，脉冲控制比连续控制更为有效。

2）脉冲控制系统的鲁棒性比较强，适于解决强非线性、参数不确定性、时滞、随机扰动等问题。

3）脉冲控制器结构简单，易于实现，极大地降低了对传感器和通信技术的要求。

4）脉冲控制降低了信息冗余，使响应速度加快，与连续控制方法相比，脉冲控制具有更好的收敛特性。

5）在基于混沌同步的保密通信中，采用脉冲控制方法，只需要将离散时刻驱动系统中的采样脉冲信号传递给响应系统，过程事件允许数据包的丢失，并极大提高了信息的保密性。

目前，脉冲控制已成为控制和数学领域研究的热点问题之一，在汽车电子控制领域应用较少。

6.7　本章小结

控制器设计是控制系统设计中的重要组成部分。控制器设计除了需满足给定技术指标要求外，还需兼顾可实现性、经济性、可靠性等多方面的工程实践要求。控制器的设计方法也将随着控制理论的不断发展而不断地得到丰富与完善。

串联校正（包括超前校正、滞后校正、超前滞后校正）、反馈校正是控制器设计的两种不同的结构形式，可用于基于频域指标的伯德图设计方法及基于时域指标的根轨迹设计方法。频域指标和时域指标在一定条件下可以相互转换。

PID 控制是一种最为常见的串联校正形式。该控制方法在不知道被控对象模型的条件下也能通过经验公式对控制器参数进行整定，具有很强的实用性。

二自由度控制是一种基于扰动观测与反馈，并具有前馈控制的控制结构形式。该控制方法能实现系统的输入指令跟随性能及扰动抑制性能的独立设计，与单自由度的 PID 控制相比具有参数整定方便等特点。

参考文献

[1] 董明晓，李娟，杨红娟，等．机械工程控制基础［M］．北京：电子工业出版社，2010．

[2] 胡云峰，李超，李骏，等．基于观测器的输出反馈电子节气门控制器设计［J］．自动化学报，2011，6（6）：746-754．

[3] 孙可．EPS 用无位置传感器 PMSM 全转速范围控制技术研究［D］．上海：同济大学，2014．

[4] 李珍国．交流电机控制基础［M］．北京：化学工业出版社，2009．

[5] 汤姆·登顿．汽车电气与电子控制系统（原书第3版）［M］．于京诺，宋进桂，杨占鹏，等译．北京：机械工业出版社，2008．

[6] 崔胜民．现代汽车系统控制技术［M］．北京：北京大学出版社，2008．

[7] SKOGESTAD S. Simple analytic rules for model reduction and PID controller tuning [J]. Modeling, Identification and Control, 2003, 13 (4): 291-309.

[8] DESBOROUGH L, HARRIS T. Performance assessment measures for univariate feedforward/feedback control [J]. The Canadian Journal of Chemical Engineering, 1993, 71 (4): 605-616.

[9] HARRIS T J. Assessment of control loop performance [J]. Canadian Journal of Chemical Engineering, 2010, 67 (5): 856-861.

[10] HUANG H J, JENG J C. Monitoring and assessment of control performance for single loop systems [J]. Industrial and Engineering Chemistry Research, 2002, 41 (5): 1297-1309.

[11] 国际标准化组织．ISO26262 道路车辆功能安全标准［S］，北京：中国标准出版社，2007．

[12] 吴敏．鲁棒控制理论［M］．北京：高等教育出版社，2010．

[13] 孙凤琪，姜思汇，阚晓慧．奇异摄动离散系统理论与应用综述［J］．吉林师范大学学报（自然科学版），2015，36（3）：73-77．

[14] YANG T. Impulsive Control Theory [M]. Berlin: Springer, 2001.

[15] 李晓迪，吕晓晓，曹进德．脉冲控制系统理论进展综述［J］．山东师范大学学报（自然科学版），2018，33（1）：1-11．

第 7 章　智能网联汽车电子控制系统设计应用

> 人们总是崇尚伟大，但当他们看到伟大的真正面目时，则望而却步了。
> ——罗曼·罗兰《约翰·克里斯朵夫》

与百年前的车辆相比，如今一辆智能汽车的复杂性要上百倍于最原始的车辆，其功能之先进、结构之复杂必令我们的先辈瞠目结舌，它给我们带来价值也远远超出了仅仅作为"自由移动"的工具，包括但不局限于安全、舒适乃至身份、地位和探索世界的理想。要致敬一代又一代致力于智能网联汽车技术积累的设计师们付出的令人望而却步的艰苦努力。

本章以智能网联汽车所涉及的控制问题为导入，以前面讲述的控制系统建模、分析及控制方法为基础，并以实际汽车电子控制系统为例进行设计应用。

7.1　智能网联汽车中的几类控制问题

智能网联汽车是集感知、决策和控制等功能于一体的自主交通工具。智能网联汽车所面临的关键技术问题包括感知问题、决策问题和控制执行问题。它们之间的关系如图 7-1 所示。

感知和决策是控制执行的基础，是控制执行的上层。整个车载感知系统主要包括环境感知、车身感知与网联感知三大部分。其中，①环境感知主要负责车辆从外界获取信息，如附近车辆、车道线、行人、建筑物、障碍物、交通标志、信号灯等，主要包括四大类别的硬件传感器车载摄像头、毫米波雷达、激光雷达、超声波传感器；②车辆自感知主要负责车辆对自身状态的感知，如车辆位置、行驶速度、姿态方位等，主要包括惯性导航、卫星导航和高精度地图；③网联感知主要负责实现车辆与外界的网联通信以此来获得道路信息、行人信息等，主要包括各类路侧设备、车载终端以及 V2X 云平台等。

智能决策是依据感知信息来进行决策判断，制订相对控制策略，替代人类驾驶员做出驾驶决策。其中，①环境预测主要作用是对感知层所识别到的物体进行行为

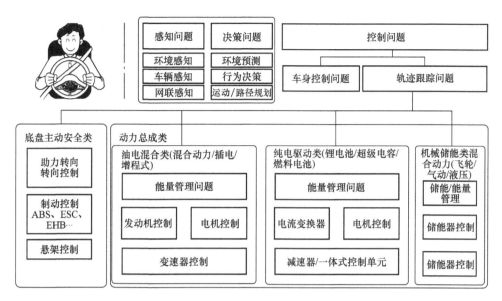

图 7-1 智能网联汽车车辆控制的关系

预测;②行为决策是基于感知的信息决定自动驾驶汽车的行驶策略,在整个自动驾驶决策规划控制软件系统中扮演着"副驾驶"角色;③运动规划主要是对短期感知瞬间时动作进行规划,例如转弯、避障、超车等动作;④路径规划是对较长时间内车辆行驶路径规划,例如从出发地到目的地之间的路线设计或选择。

控制执行类包括:①整车层面的路径跟踪控制;②底盘总成类系统控制和动力总成类系统控制。

7.1.1 自动驾驶汽车的路径跟踪

路径跟踪一般是通过控制转向角度实时对预测轨迹的跟踪。其不仅要求跟踪效果的准确性,从而保证智能车的行驶安全,还要求跟踪过程中车辆的稳定性和安全性。车辆轨迹跟踪控制问题及控制过程如图 7-2 所示。

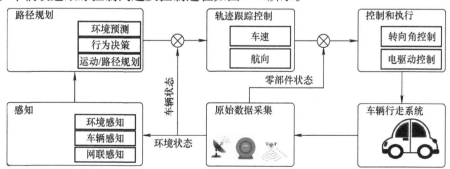

图 7-2 车辆轨迹跟踪控制问题及控制过程

1. 车辆模型

在轨迹跟踪控制过程中所用的车辆模型包括几何模型、半车辆模型以及全车辆模型,如图 7-3 所示。几何模型是最基础的一种模型,它将车辆转弯半径、航向角以及车辆尺寸关联起来,几何模型将车辆运动视为一种刚性的多体动力运动,是最早用于车辆轨迹跟踪的一种模型。

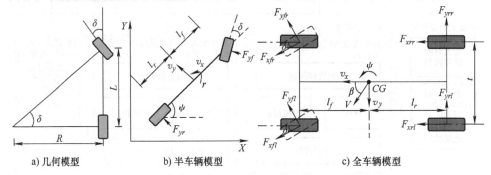

a) 几何模型   b) 半车辆模型   c) 全车辆模型

图 7-3 汽车的几何模型、半车辆模型和全车辆模型

另一种简化的模型是将汽车的运动比作自行车,如第 3 章相似性原理中所述,该模型为动态模型,一般都需要考虑纵向加速度和纵向速度的关系,以及横摆角速度和航向角的关系。全车辆模型则以 4 个车轮的动力学特性为为基础,得出整车的运动学和动力学方程。

2. 控制方法

路径跟踪控制器采用的控制方法,从 20 世纪 90 年代开发的基于几何车辆模型而开发的路线纯跟踪(Pure Pursuit & Stanley)算法,到 PID、LQR、MPC、H∞ 等方法均有应用案例,部分控制方法及其优势与不足见表 7-1。

表 7-1 智能网联汽车路径跟踪问题控制方法

控制方法	优化目标	优势	不足
Purepursuit & Stanley 方法	位置偏差、路径偏差	结构简单,适合于位置控制	高速工况或者大曲率半径道路不适应
PID 控制方法	位置偏差、路径偏差	原理简单,实施容易	无法适应多种工况,参数整定困难
无模型控制	预测航向偏差	控制器结构简单	稳定性分析困难
LQR	系统状态、控制输入	容易达成闭环优化控制目标	完全基于线性模型,鲁棒性较差
前馈/反馈控制	反馈误差/前馈信号	抗外部扰动、模型误差及传感信号	为获取更多的反馈信号而安装更多传感器
模型预测控制 MPC	系统状态/控制输入	能处理系统强约束	系统稳定性难以分析,计算复杂性高

(续)

控制方法	优化目标	优势	不足
H∞ 控制	系统的 H∞ 控制指标	H∞ 约束条件,鲁棒性强	求解过程复杂,仅能处理有限扰动
滑模控制	位置偏差、路径偏差	快速响应,对参数变化及扰动不敏感	抖振机制、需要自适应调整
鲁棒 MPC	系统状态及控制输入	容易处理系统限制,鲁棒性很强	稳定性分析困难,计算复杂度高
基于神经网络观测器	—	快速训练,快速收敛	需要大量实际车辆测试数据用于训练

7.1.2 新能源汽车混合动力总成的构型与配置

中国智能网联汽车的发展得益于动力系统的电动化,电驱动平台为汽车的智能化和网联化提供了良好的应用平台和电气架构。新能源汽车动力总成按能力提供来源及驱动方式不同,可以分为油电混合动力和电电混合动力,是目前新源动力总成的基本类型。

1. 油电混合动力

油电混合动力,即燃料(如汽油、柴油)和电能的混合,有着油耗低的优点。根据能量的传递路线不同,可以分为串联型、并联型和串并联混合型,如图 7-4 所示。

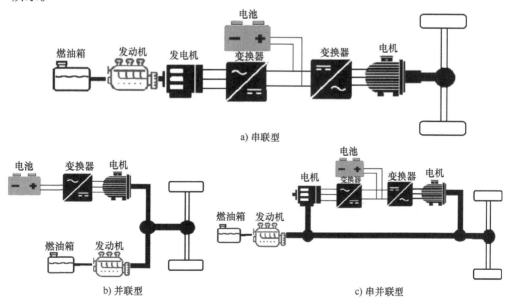

图 7-4 不同类型的油电混合动力总成

串联型动力总成如图 7-4a 所示,发动机只作为电源进行发电,汽车只靠电动机驱动行驶。由于发动机只作为发电机的动力来源,发动机可以不随车辆工况变化改变状态,始终工作在高效工作点,因此提升了系统效率。

并联型动力总成如图 7-4b 所示,发动机和电机以转矩耦合、转速耦合等方式,共同驱动车辆。由于电动机的灵活调节,在加速和高速工况下可以提供部分转矩,在制动或下坡工况中可以回收部分能量,使得发动机可以工作在高效区,因此提高了系统效率。

串并联型动力总成如图 7-4c 所示,在低速时只靠电机驱动行驶,速度提高时发动机和电机配合驱动的"串联、并联方式"。由于起动和低速时是只靠电动机驱动行驶,完全避开了发动机的低效区,因此效率进一步提高。但是这种方式需要专用变速器、发电机等部件,结构复杂。

2. 电电混合动力

以燃料电池或超级电容来替代汽柴油发电机作为辅助动力源的动力形式,称为电电混合动力。电电混合动力的动力源耦合方式相对简单,一般只需要通过直流母线电源电并联就可以实现。在电电混合动力装置中,不同类型的动力源特性对比见表 7-2。

表 7-2 不同储能单元作为动力源的对比

动力源	原理	技术	能量密度	补能时间	寿命	效率
电池	电化学	成熟	高	小时级	3~5 年	75%~85%
超级电容	电力器件	可用	低	秒级	>10 年	85%~95%
燃料电池	电化学	可用	非常高	分钟级	1 万小时	40%~60%
飞轮	机械	成熟	高	分钟级	>20 年	80%~90%

3. 混合动力的其他分类法(一):混合度

在稳态峰值情况下,电力系统输出的功率占总功率需求的比重称之为混合度,按照这个尺度,可以将混合动力系统分成微混、轻混、中混、重混或者全混,不同混合度动力总成的对比见表 7-3。

表 7-3 不同混合度动力总成的对比

分类	微混	轻混	中混	重混(全混)
混合度	<10%	<20%	20%~30%	30%~50%
结构特征	在传统内燃机基础上安装带式发电/起动式电机(BSG)	在内燃机离合器后端安装发电/起动一体式电机(ISG)	安装高电压大功率电机,结构复杂	更高电压、更大功率的电机
性能特征	行驶过程中电机不给予驱动力	成本低,技术要求低、实施方便	电机可以独立驱动汽车	拥有纯电行驶模式,高速下也可以使用电机驱动

(续)

分类	微混	轻混	中混	重混（全混）
功能	发动机起/停	发动机起/停，制动能量回收	发动机起/停，制动能量回收，电机辅助驱动	发动机起/停，制动能量回收，电机辅助/直接驱动
应用案例	雪铁龙 C3/丰田 Vitz	通用 Saturn Vue 通用 AURA 通用 MALIBU	奔驰 S400	丰田 PRIUS/CAMRY 福特 Fusion 通用 YUKON

4. 混合动力的其他分类法（二）：电机位置

根据电机和发动机的相对位置，还可以把只有一个电机的混合动力总成分为 P0、P1、P2、P3 及 P4。这里的 P 来源于电机所配置的位置（Position），如图 7-5 所示。

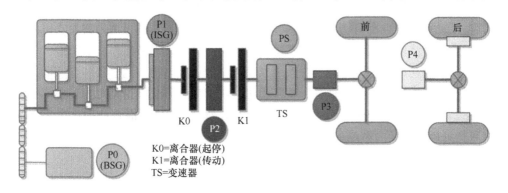

图 7-5　油电混合动力电机不同位置对比

一般而言，P0 位置为带轮式发电起动电机，属于微型混合；P1 为起动发电一体式电机，属于轻度混合；P2 为大功率起动发电一体式电机，前端通过离合器 K0 与发动机相连，后端通过离合器 K1 与变速器相连，属于中混系统；P3 和 P4 一般为大功率电机，可以直接驱动车辆。

5. 混合动力的其他分类法（三）：耦合方式

根据不同动力源输出动力的叠加途径不同，有转矩耦合、转速耦合、功率耦合及电力耦合等几种方式。

1）转矩耦合方式。转矩耦合系统的输出转速与发动机及电机转速之间成固定比例关系，而系统的输出转矩是发动机和电机转矩的线性组合。转矩耦合方式可以通过齿轮耦合、磁场耦合、链或带耦合等多种方式实现。转矩耦合方式的特点是发动机的转矩可控，而发动机转速不可控。通过控制电机转矩的大小来调节发动机转矩，使发动机工作在最佳油耗曲线附近。转矩耦合方式结构简单，传动效率高，而且无须专门设计耦合机构，便于在原车基础上改装。如东风公司 EQ7200 HEV 车型是基于机械式自动变速器（AMT）的耦合系统，日本五十铃公司小型混合动力载货车 ELF 是基于动力输出轴的耦合系统。

2）转速耦合方式。转速耦合系统的输出转矩与发动机和电机转矩成固定比例关系，系统的输出转速是发动机和电机转速的线性组合，其特点是发动机的转矩不可控，发动机的转速可以通过对电机的转速调整而得到控制。在行驶过程中采用转速耦合方式的混合动力汽车，可以通过调整电机转速来调节发动机转速，使发动机在最佳油耗曲线附近工作。即使在发动机的工作点不变的情况下，通过连续调整电动汽车电机转速，也可以使车速连续变化，因此采用转速耦合方式的混合动力汽车不需要无级变速器便可以实现整车的无级变速。

3）功率耦合方式。功率耦合方式的输出转矩与转速分别是发动机与电机转矩和转速的线性和，因此发动机的转矩和转速都可控。在采用功率耦合方式的混合动力汽车中，发动机的转矩和转速都可以自由控制，而不受汽车工况的影响。因此，理论上可以通过调整电机的转速和转矩，使发动机始终处在最佳油耗点工作。但频繁调整发动机工作点也可能会使经济性有所下降，因此通常的做法是将发动机的工作点限定在经济区域内，缓慢调整发动机的工作点，使发动机工作相对稳定，提高经济性。采用功率耦合方式的混合动力电动汽车理论上不需要离合器和变速器，而且可实现无级变速。与前两种耦合系统相比，功率耦合方式无论是对发动机工作点的优化，还是在整车变速方面，都更具优越性。如丰田 Pruis 混合动力汽车采用的单/双行星排混合动力系统、雷克萨斯 RX400h 混合动力汽车采用的双行星排混合动力系统都是功率耦合方式。

4）电力耦合则是通过汇流箱、电力箱等装置，将直流电源直接短接，达到功率叠加的目的，一般只用于电电混合动力系统中。

7.1.3　新能源汽车混合动力总成的优化与控制

1. 动态协调控制

由于混合动力是热机的机械功和电机的电功率联合驱动，其工作模式存在的切换跳变，从控制角度而言，需要解决如下问题。

1）纵向力学冲击和中断问题。在德国汽车行业的标准中，冲击力门限为 10m/s^3，我国的标准为 17.64m/s^3。

2）模式切换的过渡时间尽可能地短。

3）模式切换过程中如果存在制动或者加速，那么系统将会产生滑移功率损失，要求尽可能减少滑移功率损失。

4）控制策略的鲁棒性要求尽可能地高。

由于油电混合动力形式多样，其所面临的具体问题差异很大，针对发动机转矩管理、变速器档位控制、离合器控制及电机转速控制，各种控制方法（如 PID、MPC、APC、LGR 等）均有应用；对于纯电驱动（纯电动及电电混合动力总成）的汽车而言，由于离散工作部件很少，动态协调问题并不突出。

2. 能量管理的优化与控制

对于混合动力装置的能量管理问题，不仅要考虑如何把功率分配到各个动力源，还要考虑制动过程的能量回收。总之以百公里等效油耗或百公里等效电耗为主的经济性指标，是优化和控制的主要目标。

同时由于混合动力系统能量管理存在着多目标、非线性、时变、不确定等多重复杂控制学问题，在能量管理控制算法中通常以"控制策略"的形式出现。"策略"是根据具体问题、需求、形势而确定的原则和方法，具有选择性、倾向性和妥协性，往往是重点解决某一类问题，而将伴生问题通过其他方法加以"补救"。这种控制策略往往通过能量管理控制器/底层动力源执行控制器的分层结构来实现，本节罗列一些文献中出现且在实际车辆中广泛应用的控制策略加以说明。

第一类，节温器控制策略（Thermostat Control Strategy，TCS），即开关控制策略。混合动力汽车中经常要关注动力电池状态（SOC），经常以SOC为依据对发动机进行开关控制。门限的设置可分为单一门限和多门限，这类控制方法算法简单，响应快速，但是能耗优化的效果也比较差。

第二类，功率跟随策略（Power Follow Control Strategy，PFCS）。依据车辆实时的功率需求，将功率分配给不同的动力源。功率跟随策略往往同时使用模型预测控制、开关控制等其他方法。

第三类，基于规则的控制策略（Rule based Control Strategy，RCS），也称为逻辑门限控制。通过事先设定一堆的规则，控制结果由按条件满足规则的情景给出。规则的制定可以根据先验知识，也可以使用模糊逻辑等方法。

第四类，基于目标优化的控制策略（Optimization based Control Strategy，OCS）。这类策略通常又分为全局优化和局部实时优化。全局优化通常使用各种不同的运行工况对动力系统的控制策略进行仿真以获得期待的结果，再使用优化方法（如响应面法、模拟退火、粒子群算法、层次分析评估法等）对控制参数进行优化；而局部实施最优化方法通常只考虑当前特定工况。

7.1.4 驱动电机的控制问题

可以在电动汽车上使用的电机有很多种，但是作为主驱动力源的电机，必须具备体积紧凑、功率密度/转矩密度高、转矩/转速灵活可调、满足车辆安全和寿命要求，且成本可控等特点。主要车用电机种类如图7-6所示。

直流电机（Direct Current Motors，DCMs）、感应电机（Induction Motors，IMs）及永磁电机类（Permanent Magnet Motors，PMMs），包括永磁直流电机（PMDCM）、永磁同步电机（PMSM）、永磁无刷直流电机（PM-BLDCM）、永磁混合励磁电机（PM-HEM）、开关磁阻电机（Switched Reluctance Motors，SRMs）都有作为车辆主驱动电机使用。其中内置式永磁同步电机（Inner Permanent Magnetic Synchronization Machine，IPMSM）由于其优良的转矩特性和宽广的调速范围而被广泛

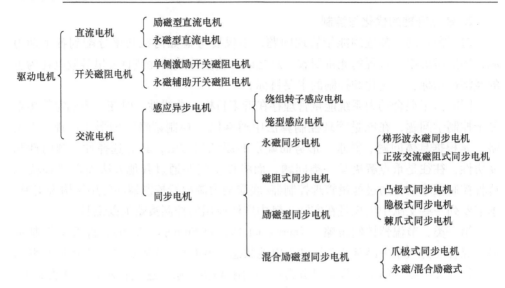

图 7-6　主要车用电机种类

运用于电动汽车电驱系统。

从控制理论和方法来看，电机作为一个特殊的被控对象，有其特定的控制方法，主流的发展过程包括三类：恒压频比控制方法、磁场定向控制及直接转矩控制方法。

恒压频比（V/F）控制，也称为恒磁通控制，可以通过保证每频率的定子电压保持恒定来获得恒定的磁通。恒 V/F 控制是一种比较常用的感应电机速度控制方法，具有简单、有效、对参数变化鲁棒性高等优点。但由于是开环控制，速度和磁通的漂移会降低系统的控制精度、动态响应和负载能力，导致起动能力差，转矩脉动大，速度范围窄。因此，V/F 控制很少用于车辆牵引电机控制。

磁场定向控制（Field Oriented Control，FOC）又称矢量控制，其方法是通过坐标变换将三相交流电的控制转换为产生转矩的 q 轴电流和产生磁场的 d 轴电流的控制，实现转矩和励磁的独立控制。空间矢量脉宽调制方法（Space Vector Pulse Width Modulation，SVPWM），被广泛用于交流电机、永磁电机、交流逆变器中的三相电压逆变调控中。由于 SVPWM 算法控制开关管通断顺序及脉宽，可产生相差 120°的旋转电动势，以三相对称正弦波电源电压的矢量和所形成的标准矢量圆为参考，通过控制三相逆变器的 IGBT 开关不同导通顺序及时间，所形成的 PWM 波形，通过电压的时间积所形成的电压矢量来追踪标准的矢量圆。

直接转矩控制系统（Direct Torque Control，DTC）是在 20 世纪 80 年代中期继矢量控制技术之后发展起来的一种高性能异步电动机变频调速系统。1977 年，美国学者 A. B. Plunkett 在 IEEE 杂志上首先提出了直接转矩控制理论，1985 年德国鲁尔大学 Depenbrock 教授和日本 Tankahashi 分别获得了直接转矩控制在应用上的成功，接着在 1987 年又把直接转矩控制推广到弱磁调速范围。不同于矢量控制，直接转矩控制具有鲁棒性强、转矩动态响应速度快、控制结构简单等优点，它在很大程度上解决了矢量控制中结构复杂、计算量大、对参数变化敏感等问题。

近年随着微处理器运算性能的不断提升,模型预测控制等许多控制领域的方法被引入电机控制器的设计,如模型预测控制(Model Predictive Control,MPC)由于具有滚动优化、反馈校正等诸多优点,已成为电力电子领域的研究热点。将 MPC 与 SVPWM 方法结合,可以获得更高精度的转矩输出。

容错控制(Fault-Tolerant Control)、无位置传感器控制(Sensorless Control)等新型控制方法是随着汽车安全需求提高、汽车成本要求降低等趋势又发展出来的控制方法和控制策略。

尽管电机和电机控制器在智能网联电动汽车上被大量使用,但是电机控制已经远远超出本书所涉及的范围,属于电气工程学科领域,本书仅作简要概述。读者可以参考的教材和著作有清华大学李永东/郑泽东教授的《交流电机数字控制系统》、同济大学钟再鸣教授的《车用驱动电机原理与控制基础》等。

7.2 高级驾驶辅助系统控制器设计应用案例

高级驾驶辅助系统(Advanced Driver Assistance System,ADAS)是前向碰撞报警、车距过近报警、车道偏离报警、定速巡航、自适应巡航、交通标志识别、路口快速通过报警、行人碰撞报警、自动紧急制动、前碰预防、车道偏离报警、车道偏离保持、盲区监测、自动泊车、驾驶员疲劳探测等各种主动安全功能的统称。高级驾驶辅助系统终端是指安装在车辆上满足工作环境要求,具备高级驾驶辅助、驾驶员状态监测等功能,旨在帮助道路运输车辆的驾驶员在车辆行驶过程中,尽可能更早、更多、更准确地发现可能产生交通事故的风险并提示驾驶员,以进一步降低交通事故率,并支持与行车记录仪、卫星定位、车载视频监控等其他外设车载电子设备进行通信及控制,提供主动安全智能预警系统平台所需信息的车载设备。

7.2.1 定速巡航控制系统

定速巡航控制系统(Crusie Control System,CCS)又称速度控制系统,是一种辅助驾驶系统。它能在外界风和道路坡度等干扰下,保持车辆以驾驶员设定的速度行驶。当汽车在长距离的高速公路行驶时,启动定速巡航系统就可以使车辆以恒定的速度行驶,从而免除驾驶员长时间脚踏加速踏板之苦。同时,它还能在巡航状态下改变设定的车速。

1. 汽车纵向动力学模型

由受力分析易得,车辆纵向动力学模型表达式如式(7-1)所示。
车辆纵向动力学模型框图如图 7-7 所示。图中 u_w 为风速,M 为车辆总质量,θ 为坡度,f 为滚动阻力系数,C_D 为空气阻力系数,A 为迎风面积,ρ 为空气密度。另外为了表示方便,这里令 $C_a = 0.5 C_D A \rho$。节气门执行机构及动力传动系统被简化为一个带延迟的一阶惯性环节和饱和非线性环节。各变量的具体数值如下:$C_1 =$

743、$T = 1s$、$f = 0.018$、$\tau = 0.2s$、$M = 1500kg$、$C_a = 1.19N/(m/s)^2$、$F_{dmax} = 3500N$、$F_{dmin} = -3500N$、$g = 9.8m/s^2$。

$$M\frac{du}{dt} = F_d - F_w - F_i - F_f \tag{7-1}$$

式中，$M(du/dt)$ 为惯性力；F_d 为驱动力；F_w 为空气阻力；F_i 为坡度阻力；F_f 为滚动阻力。

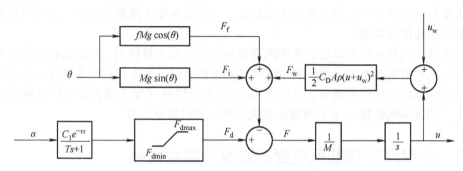

图 7-7　车辆纵向动力学模型

这里我们对车辆纵向动力学模型再进行简化，即假设无风且路面无坡度，即 $u_w = 0$、$\theta = 0$。简化后的车辆纵向动力学模型可表示为

$$\dot{u} = \frac{1}{M}(F_d - C_a u^2 - fMg) \tag{7-2}$$

$$\dot{F}_d = \frac{1}{T}(C_1 \alpha(t-T) - F_d) \tag{7-3}$$

不过式（7-2）是非线性的，为了方便之后控制器的设计，这里对式（7-2）、式（7-3）做线性化处理。即在假定 M、C_1、C_a、T、u 为常数的前提下，对式子左右两边求导。线性化处理后的结果为

$$\delta \dot{u} = \frac{1}{M}(\delta F_d - 2C_a u \delta u) \tag{7-4}$$

$$\delta \dot{F}_d = \frac{1}{T}(C_1 \delta \alpha(t-T) - \delta F_d) \tag{7-5}$$

式子两边做拉式变换后，整理得增量形式的车辆纵向动力学模型传递函数：

$$\frac{\Delta V(s)}{\Delta U(s)} = \frac{\dfrac{C_1 e^{-\tau s}}{MT}}{\left(s + \dfrac{2C_a u}{M}\right)\left(s + \dfrac{1}{T}\right)} \tag{7-6}$$

对传递函数中的延迟环节做近似处理，

$$e^{-\tau s} = \frac{1}{1 + \tau s} = \frac{\dfrac{1}{\tau}}{s + \dfrac{1}{\tau}} \tag{7-7}$$

将式 (7-7) 代入式 (7-6) 得

$$G_p(s) = \frac{\Delta V(s)}{\Delta U(s)} = \frac{\dfrac{C_1}{MT\tau}}{\left(s + \dfrac{2C_a u}{M}\right)\left(s + \dfrac{1}{T}\right)\left(s + \dfrac{1}{\tau}\right)} \quad (7\text{-}8)$$

将各变量的数值代入后,得线性化后车辆纵向动力学模型传递函数的最终表达形式

$$G_p(s) = \frac{\Delta V(s)}{\Delta U(s)} = \frac{2.4767}{(s + 0.0476)(s + 1)(s + 5)} \quad (7\text{-}9)$$

2. 定速巡航控制器仿真与设计

车辆定速巡航控制器的种类有很多,如 PID 控制器、状态空间控制器、模糊控制器等。本节采用 PID 控制器实现车辆的定速巡航功能。首先,针对上面得到的线性化后的车辆纵向动力学模型设计 PID 控制器。此时定速巡航控制系统框图如图 7-8 所示。请注意,此时系统的输入和输出都是以增量的形式表达的,即系统输入为期望车速与上一时刻车速的差值,系统输出为实际车速与上一时刻车速的差值。

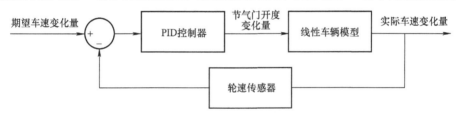

图 7-8 定速巡航控制系统框图(车辆模型线性化)

这里采用齐格勒-尼科尔斯第二整定法初步确定 PID 控制器各参数。由根轨迹法易得系统临界稳定时的增益为 12,振荡周期为 2.82s。故初步设定 PID 控制器各参数为 $K_p = 7.2$、$K_i = 5.1$、$K_d = 2.5$。这里将仿真工况设定为车辆初始车速为 20m/s,输入为 5m/s 的阶跃信号,即期望车速由 20m/s 变为 25m/s。仿真模型如图 7-9 所示。此时实际车速的响应如图 7-10 所示,超调量约为 70%,上升时间约为 1.1s,调整时间约为 10s。由于超调量过大,故需要对 PID 控制器各参数进行调整。

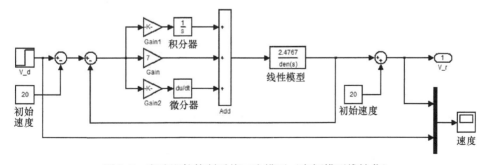

图 7-9 定速巡航控制系统二次模型(车辆模型线性化)

PID 控制器各参数细调时主要关注实际车速响应的超调量和调整时间。超调量反映了车速的波动，车速波动过大会影响系统的舒适性和安全性。调整时间则意味着系统保持设定车速，抗干扰的能力。所以 PID 控制器应保证响应的超调量不可过大，如小于 10%；调整时间也不可过长，如小于 20s。细调后的 PID 控制器各参数为 $K_p=7$、$K_i=2.6$、$K_d=4.5$。其实际车速的响应如图 7-11 所示。

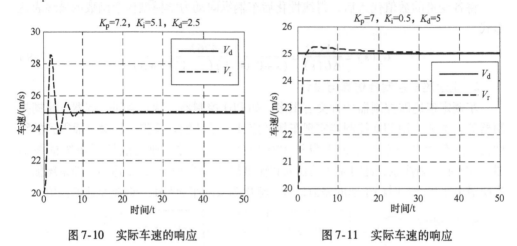

图 7-10 实际车速的响应　　　　图 7-11 实际车速的响应

由图 7-11 中可以看出，实际车速响应的超调量约为 5%，上升时间约为 2.5s，调整时间约为 17s，满足要求。

车辆模型线性化为应用 PID 控制器参数的整定方法提供了便利，可以方便快速地对所设计的控制器进行设计和验证。不过为了使仿真结果更加贴近实际，我们还需针对未线性化的车辆模型设计控制器。控制器各参数可参照上述针对线性化车辆模型设计的控制器参数。此时的定速巡航控制系统框图如图 7-12 所示。该框图与图 7-8 的主要差别在于系统的输入和输出不再是增量的形式，即输入为期望车速，输出为实际车速。另外考虑到 PID 控制器的输出为节气门开度的变化量 $\delta\alpha$，故节气门开度的真实值应等于上一时刻的节气门开度 α_0 加上节气门开度的变化量。α_0 的插入可通过设置 PID 控制器中积分器的初始值实现，不妨假设 α_0 的初始值为 0。

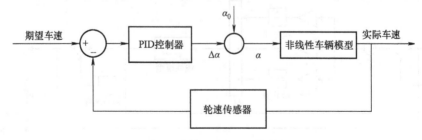

图 7-12 定速巡航控制系统框图（车辆模型未线性化）

仿真模型如图 7-13 所示，仿真工况和 PID 参数设置与之前一致，这里不再赘述。仿真结果如图 7-14 所示。

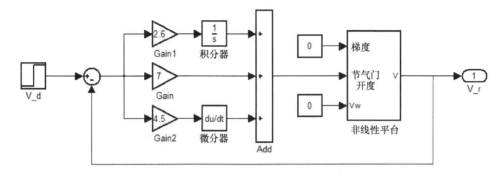

图 7-13 定速巡航控制系统二次模型（车辆模型未线性化）

由图 7-14 中可以看出，此时实际车速的超调量约为 8%，上升时间约为 3s，调整时间约为 20s。故将 PID 控制器应用于非线性车辆纵向动力学模型后，对车速仍有较好的控制效果。

事实上在不同的工况下，PID 控制器各参数 K_p、K_i、K_d 的数值也需不断调整，以保证系统的动态特性及稳态误差满足要求。由于实际车辆是复杂的非线性系统，仅采用线性控制器还无法使控制效果达到最优，对此可以通过引入非线性控制器进一步改善控制效果。所以大家如果对此感兴趣，可以查阅相关资料，这将有助于大家对定速巡航控制系统的理解。

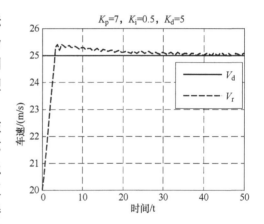

图 7-14 实际车速响应的仿真结果

7.2.2 自适应巡航控制系统

自适应巡航控制系统（Adaptive Cruise Control，ACC）是一种能够利用传感器探测前方车辆并能自动调整与前方车距的控制系统。经过半个多世纪的发展，ACC 系统已逐渐成为一些车型的标准配置。

ACC 的功能主要包括以下两个方面。

1）间距控制。当前方一定范围内存在车辆（即存在可跟随的目标车）且其速度小于设定的巡航速度时，按照既定的车间距离控制策略跟随前车。

2）速度控制。当条件不满足时，车辆按照预先设定的巡航速度行驶，该功能与定速巡航控制系统的功能类似。

1. 自适应巡航控制系统架构

基本的 ACC 系统包含：①传感器单元，用于感知本车状态及行车环境等信息；②ACC 控制器，是系统的核心单元，用于对行车信息进行处理，确定车辆的控制命令；③执行机构，主要由制动踏板、加速踏板及车辆传动系控制执行器等组成，用于实现车辆加、减速；④人机界面，用于驾驶员设定系统参数及系统状态的显示等。ACC 系统的一种分层结构如图 7-15 所示。

ACC 控制系统的关键传感器是前向雷达。前向雷达的作用是测知相对车距、相对车速、相对方位角等信息，其性能的优劣直接关系到系统性能的好坏。当前应用到自适应巡航系统上的雷达主要有单脉冲雷达、毫米波雷达、激光雷达以及红外探测雷达等。单脉冲雷达和毫米波雷达是全天候雷达，可以适用各种天气情况，具有探测距离远、探测角度范围大、跟踪目标多等优点。激光雷达对工作环境的要求较高，对天气变化比较敏感，但其最大的优点在于探测精度比较高，且易于控制和进行二次开发。无论使用何种类型的雷达，确保雷达信号的实时性处理是要首先考虑的问题。随着汽车电子技术的迅速发展，现在大都利用 DSP 技术来处理雷达信号，应用 CAN 总线输出雷达信号。

ACC 控制器一般可分为上层控制器和下层控制器，其中上层控制器通过采集车载雷达、车辆自身状态等反馈信息，按照设定的车间距离控制策略，计算出期望车速或期望加速度。下层控制器则根据上层控制器输出的期望车速或期望加速度，计算出节气门开度和制动液压力，从而使车辆能够跟随期望车速或期望加速度。

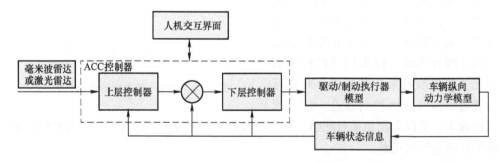

图 7-15　ACC 系统的一种分层结构

2. 车间距离控制策略

车间距离控制策略决定了期望车距的大小。下面列举几种较常见的控制策略。

1）固定车距策略。表达式为 $X_d = d_0$，其中 X_d 为期望车距，d_0 为常数。即期望车距始终为定值，由于控制策略无法适应一些复杂多变的行驶环境，无法平衡行驶过程中的多个控制目的，故现在采用地较少。

2）可变车距、恒定车头时距策略。表达式为 $X_d = t_h u + x_0$，其中 X_d 为期望车距，t_h 为车头时距，u 为自身车速，x_0 为最小安全间距。本车速度越大，相应的车间距离也越大。该控制策略与驾驶员日常的驾驶经验基本相符且应用相对广泛，本节将以该策略作为 ACC 控制器的车间距离控制策略。

3)可变车距,可变车头时距策略。表达式与前一策略所述类似,不同之处在于 $t_h = h_2 + h_3 u$,其中 u 为自身车速,h_2、h_3 为参数,也即车头时距与自身车速成正比。该控制策略针对前一策略在前车减速等复杂工况下表现过于保守,从而降低道路使用率等问题而提出,也逐渐受到研究学者的青睐。

3. 自适应巡航控制器设计

自适应巡航控制系统框图如图 7-16 所示。其中 X_p 为前车的行驶距离,X_s 为本车的行驶距离,t_h 为车头时距,X_d 为期望车距,X_r 为实际车距。K 是上层控制器,其输入为间距误差,输出为期望加速度。G 是对下层控制器和车辆纵向动力学模型进行简化后得到的模型,输入为期望加速度,输出为本车的行驶距离。

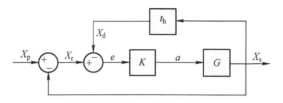

图 7-16 自适应巡航控制系统框图

G 保证了车辆的实际加速度能够与期望加速度基本保持一致,此处选用简化模型,其传递函数如式 7-10[33] 所示。

$$G(s) = \frac{K_G}{s^2(\tau s + 1)} e^{-\phi s} \tag{7-10}$$

自适应巡航控制器的上层控制器采用的控制方法有很多,如模型预测控制、模糊控制、线性二次型最优控制等。这里所采用的控制方法如式(7-11)所示。

$$a = K_P \Delta d + K_D \Delta u \tag{7-11}$$

式中,a 为期望车辆加速度;Δd 为间距误差,(即实际车距与期望车距的差值);Δu 为 Δd 的变化率。

对式(7-11)左右两边做拉氏变换,可得传递函数为 $K(s) = K_P + K_D s$。故这里的上层控制器相当于一个比例环节与一个微分环节并联。通过调节 K_P、K_D 的数值可以改变控制系统的带宽和相角裕度,也即系统的响应速度和稳定程度。这里介绍两种可用于确定 K_P、K_D 数值的方法。

1)试凑法。结合系统的单位阶跃响应曲线,借助超调量、调整时间等指标确定。

2)公式法。利用 $|L(j\omega_{b,d})| = 1$ 和 $\angle L(j\omega_{b,d}) + 180° = \gamma_d$ 计算,其中 $|L(j\omega)|$ 为系统开环传递函数的幅值,$\angle L(j\omega)$ 为系统开环传递函数的相角,$\omega_{b,d}$ 为期望的系统带宽,γ_d 为期望的相角裕度。

若以 X_p 为输入,X_s 为输出,则系统的传递函数如式(7-12)所示。车间距离的控制策略如式(7-14)所示,这里暂不考虑最小安全间距。

$$T(s) = \frac{X_s(s)}{X_p(s)} = \frac{G(s)K(s)}{1 + H(s)G(s)K(s)} \tag{7-12}$$

$$H(s) = 1 + t_h s \qquad (7\text{-}13)$$

$$X_d = t_h u \qquad (7\text{-}14)$$

自适应巡航控制系统的仿真模型如图 7-17 所示。仿真模型中各参数的取值如下：$K_P = 0.5$、$K_D = 0.5$、$K_G = 0.72$、$t_h = 3$、$\tau = 1.2$、$\phi = 0.05$。

由图 7-17 可得控制系统的开环传递函数如式（7-15）所示，不难得到开环控制系统的伯德图，如图 7-18 所示，易知控制系统的相角裕度约为72°，幅值裕度约为33dB，所以控制系统是稳定的。

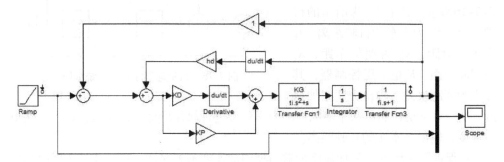

图 7-17 自适应巡航控制系统二次模型

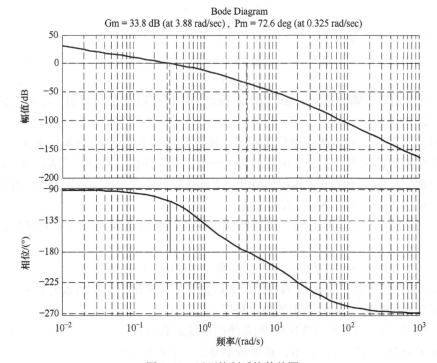

图 7-18 开环控制系统伯德图

$$G'(s) = \frac{K_G K_D s + K_G K_P}{\tau \phi s^4 + (\tau + \phi)s^3 + (1 + K_G K_D t_h)s^2 + K_G K_P t_h s} \tag{7-15}$$

仿真时，前车以 5m/s 的速度匀速行驶，本车从静止开始跟随前车行驶，仿真结果如图 7-19 至图 7-22 所示。由图 7-20 可以看出，本车车速响应的超调量为 4%、上升时间为 7s，响应迅速且车速波动小。由图 7-21 可以看出，间距误差最终收敛在 -0.1m，实现了稳定的跟车效果。

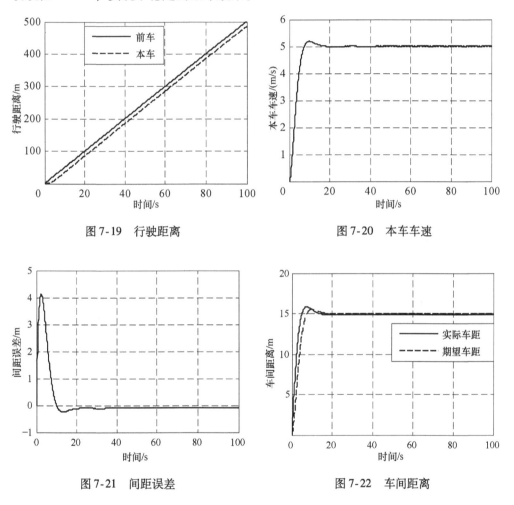

图 7-19　行驶距离　　　　　　　　图 7-20　本车车速

图 7-21　间距误差　　　　　　　　图 7-22　车间距离

在实际的 ACC 系统中，为了使实际车速或实际加速度能够较好地跟随期望车速或期望加速度，还需要设计相应的下层控制器，对节气门开度及制动液压力进行控制。其设计方法与上一节中介绍的定速巡航控制器的设计方法是类似的。

在 ACC 系统的实际应用中，不同于定速巡航系统，应用场景较为复杂，主要包括平稳跟车（can following）、前车换道插入（cut in）、前车换道离开（cut out）、远处接近前车（approaching）以及紧急制动（hard brake）这 5 种典型的交通场景。

因而一个好的 ACC 系统控制策略设计，需要它能够适应这 5 个典型的交通场景并表现出不错的动态特性。本专题只针对平稳跟车进行了建模仿真，对此有兴趣的读者可以尝试针对其他场景进行建模仿真，验证控制器的设计效果。

自适应巡航系统根据车速控制范围不同，可分为一般自适应巡航系统，适用车速为 30km/h 以上；走停巡航系统，适用的车速范围是 0～30km/h；全速自适应巡航系统，即适用于所有车速。另外，汽车低速时发动机、变速器等动力传动环节的非线性很强，实际控制系统往往非常复杂。

7.2.3 电驱动汽车的自适应巡航控制

巡航控制不仅需要考虑舒适性，在网络环境下车辆经济性驾驶更值得考虑。在速度优化过程中，道路坡度会对车辆的经济性产生重要影响，利用智能交通数据信息的车联网环境下的经济性驾驶技术已成为研究重点。在电驱动汽车中，巡航模型及能耗的估算要比混合动力及内燃机/变速器动力链的情况简单很多。本节以采用轮毂电机为驱动的汽车系统为例，来说明智能网联汽车的巡航控制系统设计。

轮毂电机可广泛应用于轿车、越野车、多功能商务车、轻型货车及各种专用车型上，并提供前驱或后驱，两轮或四轮驱动的混合动力、插电式或纯电动动力总成结构，其结构示意图如图 7-23 所示。比较著名的公司如 Protean Electric 的轮毂电机已经在国内广泛开展应用，从根本上改变了纯电动汽车及混合电动汽车的动力总成配置，为整个汽车业提供了新型的电力驱动系统解决方案。

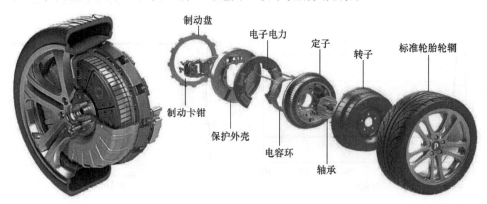

图 7-23 轮毂电机结构示意图

如果只考虑车辆纵向运动，驱动力采用左右平均分配，前后转矩按载荷分配。该方法是根据坡道上的载荷转移调整前后转矩比例系数，能有效保证车辆的稳定性，前后轴制动力采用文献 [20] 中提出的再生制动策略，左右平均分配，其不足部分由液压制动补足。以 Protean Electric PD16 电机为例，其驱制动电机效率特性如图 7-24 所示。

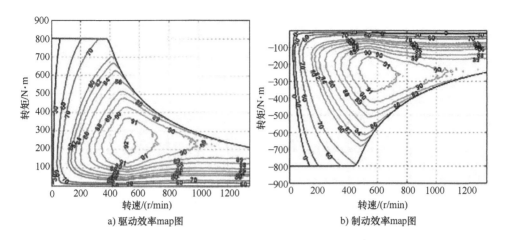

a) 驱动效率map图　　　　　　　b) 制动效率map图

图 7-24　电机驱动及制动效率的 map 图

纯电动车在行驶过程中能量消耗以电池消耗电量表示：

$$\begin{cases} E = \int_0^{T_f} P\mathrm{d}t \\ P = \dfrac{T_\mathrm{d} v}{r_\mathrm{w}} \eta_\mathrm{e}(v, T_\mathrm{d}) \end{cases} \quad (7\text{-}16)$$

式中，P 为消耗功率；T_f 为运行时间；T_d 为总需求力矩；η_e 为电机效率。当 $e = 1$ 时，电机转矩为正，消耗电池能量；当 $e = -1$ 电机转矩为负，进行能量回收。

吉林大学丁海涛课题组提出了一种基于距离域离散的能耗最优控制法，具体的做法如下：对于智能网联环境下的车辆，由于距离、坡度、工况等道路信息更容易获得，为了建立车速与行驶距离的映射关系，对控制优化问题进行距离域离散：定义优化的总距离为 S，离散的每个距离域长度为 ΔS，即全程的优化总步数 $N = S/\Delta S$（结果上取整）。设定下标 i 表示滚动优化阶段，即每次滚动优化总步数表示为 N_i，根据高精地图获得的前方坡度值设计优化步数，表示为

$$N_i = \begin{cases} \sqrt{S_1/\Delta S}, & \text{上坡路段} \\ \sqrt{S_2/\Delta S}, & \text{下坡路段} \end{cases} \quad (7\text{-}17)$$

式中，S_1 为当前位置到前方路段最近的海拔最高点的距离；S_2 为当前位置到前方路段最近的海拔最低点的距离。

设定当前步状态为 k，控制系统状态量为速度和运行时间，即 $\boldsymbol{x} = [x_1, x_2] = [v, t]^\mathrm{T}$，控制输入为车辆加速度：$\boldsymbol{u} = [a]$。在第 i 次优化过程中，优化问题表示如下：

$$\begin{cases} \min J_i = \sum_{k=0}^{N_i-1}(\beta_1 P_i(x(k),u(k)) + \\ \qquad\quad \beta_2\|u_i(k) - u(k-1)\|^2 + \beta_3\|v_i(k) - v_d\|^2 + \\ \qquad\quad \beta_4 f_i(\Delta D - D_{safe})) \\ \text{s. t.} \\ \qquad v(k+1) = \sqrt{v^2(k) + 2\Delta S a(k)} \\ \qquad t(k+1) = \dfrac{v(k+1) - v(k)}{a(k)} \\ \qquad v_{\min}(k) \leqslant v(k) \leqslant v_{\max}(k) \\ \qquad a_{\min}(k) \leqslant a(k) \leqslant a_{\max}(k); D_{safe} \geqslant 0 \end{cases} \quad (7\text{-}18)$$

在性能指标中,第1项为能量消耗,由式(7-16)计算得到;第2项为系统控制输入的幅值约束,防止过大的加速度导致舒适度下降;第3项表示通行效率,使车辆在 ACC 设定车速附近波动,防止车速过慢,影响其他车辆通行;第4项为跟车安全距离约束,防止发生碰撞。将本车不触发 AEB 的安全制动距离表示为前后车安全距离,那么本车制动距离表示为

$$D_{h\_break} = v_h T_{react} + (1/2 a_{h\_bmax}) v_h^2 \qquad (7\text{-}19)$$

式中,a_{h_bmax} 为最大制动减速度,取值 0.4m/s^2;T_{react} 为系统反应时间,取值 0.2s。前车制动距离 $D_{p\_break} = (1/2 a_{p\_bmax}) vp\ 2$;最小安全距离 $D_{safe} = D_{h\_break} - D_{p\_break}$;两车之间的距离 $\Delta D = dp(k-1) + vp(k-1)\Delta t(k) - [dh(k-1) + \Delta S]$。与前车的安全距离作为惩罚项,本文中选择 sigmoid 函数作为惩罚项,即 $\Delta D - D_{safe}$ 值越大,惩罚越小,反之惩罚越大。

为了实时获得经济性巡航的优化车速,即求解式(7-18)中速度规划问题的最优解,基本思想是将优化问题离散,在每个预测域内采用近似动态规划求解一个最优控制序列,并将优化序列的 $T_c(T_c \leqslant N_i)$ 个控制量作用到系统中,并进行滚动,进行下一次优化。

7.3 转向系统控制器设计

转向系统控制根据使用场景可以分为电动助力转向、自动泊车工况转向、高级辅助驾驶(LFC/LCA)及自动驾驶。电动助力转向(EPS)是系统基于驾驶员在转向盘上的转向力矩,通过助力电机提供辅助转向力来克服转向系统阻力,也是目前在乘用车上最为普及的电子系统;主动转向则不需要驾驶员输入转向意图,而是根据安全驾驶策略或者"驾驶脑"输出的意图来调节航向角,其结构示意如图 7-25 所示。

主动转向系统与电动助力转向的执行机构完全一样,是在转向盘系统中装置了

图 7-25　电动助力转向和主动转向系统结构示意

一套根据车速调整转向传动的传动机构，比如齿轮齿条结构或者行星齿轮机构。当车速较低时，控制电机与转向管柱呈同方向转动，以增加转向角度；而当高速行驶时，控制电机呈反方向转动，从而减少转向角度。

7.3.1　转向系统模型

采用机理建模的方法，首先需深入了解系统的工作原理及各部件或模块间的相互作用关系。电动助力转向系统各主要零部件间的相互连接及作用的示意如图 7-26 所示。

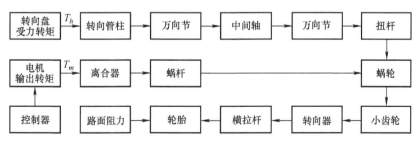

图 7-26　电动助力转向系统各主要零部件间的相互连接及作用

1. 系统的基本工作原理及各部分的输入输出关系

整个系统的输入为转向盘转角（角输入）或转向盘力矩（力输入）。转向盘转角或力矩首先作用到转向系统上，经过转向系统的传递，产生一个前轮转角，该转角成为车辆和轮胎子系统的输入。反过来,车辆和轮胎子系统会产生一个回正力矩,并反馈到转向系统上,成为转向系统的主要负载。

对于电动助力转向系统,还会有一套转向助力装置,此处称之为电控系统。该子系统的输入是力矩传感器测出的驾驶员操纵力矩,经过 ECU 的计算,会由电机产生一个助力力矩,该助力力矩和驾驶员的操纵力矩一起克服车辆的转向阻力矩(主要包括轮胎的回正力矩、转向系统的摩擦力矩、阻尼力矩和惯性力矩等),完成转向过程。

2. 系统模型抽象

基于对系统工作原理的理解,可将系统抽象成几个便于建模的模块。根据降阶建模的思想,将该系统抽象为转向盘、转向柱、电机和前轮四个集中质量块。各个集中质量块具有一定的转动惯量,并受到一定的阻尼力矩和摩擦力矩的作用。各个集中质量块之间由扭转弹簧加以弹性连接,可以互相传递运动和力。由于摩擦力矩对转向系统的动态特性具有非常大的影响,需考虑摩擦力矩的非线性特性。

3. 转向系统建模

图 7-27a 所示为小齿轮式电动助力转向系统在车辆上的安装示意图。图 7-27b 为小齿轮式电动助力转向系统的模型图。

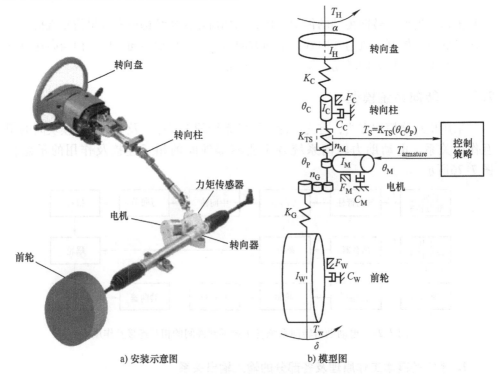

a) 安装示意图　　b) 模型图

图 7-27　小齿轮式电动助力转向系统安装示意图及模型图

该模型的动态特性可用下面的微分方程来描述：

$$\begin{cases} I_H \ddot{\alpha} + K_C(\alpha - \theta_C) = T_H \\ I_C \ddot{\theta}_C + C_C \dot{\theta}_C + K_C(\theta_C - \alpha) + K_{TS}(\theta_C - \theta_P) + \text{sign}(\dot{\theta}_C) \cdot F_C = 0 \\ n_M^2 I_M \ddot{\theta}_P + n_M^2 C_M \dot{\theta}_P + K_{TS}(\theta_P - \theta_C) + \frac{1}{n_G} \cdot K_G \left(\frac{\theta_P}{n_G} - \delta \right) + \cdots \\ n_M \text{sign}(\dot{\theta}_M) F_M = n_M \cdot T_{\text{armature}} \\ I_W \ddot{\delta} + C_W \dot{\delta} + K_G \left(\delta - \frac{\theta_P}{n_G} \right) + \text{sign}(\dot{\delta}) F_W = T_W \end{cases} \quad (7\text{-}20)$$

式中，$n_M = \dfrac{\theta_M}{\theta_P}$，$n_G = \dfrac{\theta_P}{\delta}$。微分方程各个变量的含义见表7-4。

表7-4 微分方程变量

变量名	描述	变量名	描述
I_H	转向盘的转动惯量	F_W	前轮的摩擦力矩（两个）
I_C	转向柱的转动惯量	n_M	电机减速机构的传动比
I_M	电机的转动惯量	n_G	转向器的传动比
I_W	前轮的转动惯量（两个）	α	转向盘的转角
C_C	转向柱的阻尼系数	θ_C	转向柱的转角
C_M	电机的阻尼系数	θ_M	电机的转角
C_W	前轮的阻尼系数（两个）	θ_P	小齿轮的转角
K_C	转向柱的刚度	δ	前轮的转角
K_{TS}	力矩传感器的刚度	T_H	转向盘上的转向力矩
K_G	转向器的刚度	T_W	前轮上的回正力矩（两个）
F_C	转向柱的摩擦力矩	T_{armature}	电机转子上的电磁转矩
F_M	电机的摩擦力矩		

4. 摩擦力矩建模

在转向系统中，存在着摩擦力矩。这个摩擦力矩增加了驾驶员的操纵负担，降低了转向盘的回正性能，但是又有利于抑制转向系统的振荡，提高了车辆的稳定性。因此，摩擦力矩是转向系统的一个很重要的特征，必须进行建模。黏滞摩擦力矩分跳变型和渐变型两种，如图7-28所示。

1）跳变型黏滞摩擦力矩，用数学公式来表达，则摩擦力矩为

$$\begin{cases} F = -F_a, & \omega > 0 \\ F = 0, & \omega = 0 \\ F = F_a, & \omega < 0 \end{cases} \quad (7\text{-}21)$$

其中 ω 为转动角速度，F_a 为摩擦力矩的绝对值。

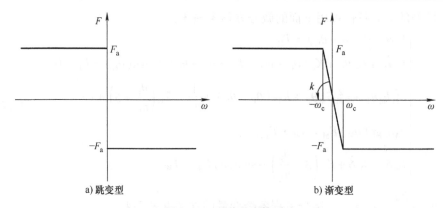

a) 跳变型   b) 渐变型

图 7-28 两种黏摩擦形式

2) 摩擦力矩渐变型。采用此种形式时，摩擦力矩如图 7-28b 所示。用数学公式来表达，则摩擦力矩为

$$\begin{cases} F = -F_a, & \omega > \omega_c \\ F = k\omega, & -\omega_c < \omega < \omega_c \\ F = F_a, & \omega < -\omega_c \end{cases} \quad (7\text{-}22)$$

式中，ω 为转动角速度；ω_c 为摩擦力矩饱和点的角速度；k 为摩擦力矩在饱和值间的斜率；F_a 为摩擦力矩的绝对值。采用摩擦力矩跳变型时，系统仿真有可能发散或计算缓慢，计算结果波动大；采用摩擦力矩渐变型模型，可以改善或克服上述缺点。

7.3.2 车辆动力学模型

车辆动力学模型包含二自由度车辆模型和轮胎模型。在车辆行驶过程中，给转向盘一定的转角输入，经转向系统的传递后，可产生前轮的偏转角。偏转时轮胎和路面之间的相互作用产生回正力矩，该回正力矩和转向系统的摩擦力矩是车辆转向过程中主要的转向阻力矩，驾驶员和动力转向系统需克服转向阻力矩才能够完成转向过程。转向系统和车辆之间是一种力和运动的耦合关系。需建立车辆模型和轮胎模型来计算转向过程中的回正力矩。

车辆模型采用二自由度车辆模型，假定车辆的纵向速度不变，只考察侧向运动和横摆运动。轮胎模型采用线性轮胎模型，轮胎的侧偏力和侧偏角成正比。该模型虽然简单，但是可以相当准确地描述车辆在中小侧向加速度情况下的运动状态，它适用于研究车辆侧向加速度小于 $0.4g$ 的运动情况。由二自由度汽车横向运动模型可知，其微分方程为

$$\begin{cases} mV\dot{\beta} + 2(K_f + K_r)\beta + \left[mV + \dfrac{2(l_f K_f - l_r K_r)}{V}\right]r = 2K_f\delta \\ I\dot{r} + 2(l_f K_f - l_r K_r)\beta + \dfrac{2(l_f^2 K_f + l_r^2 K_r)}{V}r = 2l_f K_f\delta \end{cases} \quad (7\text{-}23)$$

式 (7-23) 中车辆模型中变量的定义见表 7-5。

表7-5 车辆和轮胎模型变量

变量名	描述	变量名	描述
M	车辆的质量	V_r	后轮轮心的纵向速度
I	车辆的横摆转动惯量	β	车辆质心处的侧偏角
K_f	前轮的侧偏刚度	r	车辆的横摆角速度
K_r	后轮的侧偏刚度	δ	车辆的前轮转角
l_f	车辆质心到前轴的距离	a_f	前轮的侧偏角
l_r	车辆质心到后轴的距离	a_r	后轮的侧偏角
ξ	轮胎的总拖距	F_{yf}	前轮的侧偏力
D	主销的内移量	F_{yr}	后轮的侧偏力
σ	主销的内倾角	F_{zf}	前轮的垂向载荷
V	车辆质心的纵向车速	a_y	车辆质心处的侧向加速度
V_f	前轮轮心的纵向速度	T_w	回正力矩

回正力矩 T_w 由两部分组成,其中,T_{w1} 是由侧向力引起的回正力矩,主要在高速时起回正作用,T_{w2} 是由重力引起的回正力矩,主要在低速时起回正作用。回正力矩计算公式为

$$\begin{cases} T_w = 2\xi K_f \left(\beta + l_f \dfrac{r}{V} - \delta \right) + \dfrac{1}{2} F_{zf} D \sin(2\sigma) \sin\delta \\ T_{w1} = 2\xi K_f \left(\beta + l_f \dfrac{r}{V} - \delta \right) \\ T_{w2} = \dfrac{1}{2} F_{zf} D \sin(2\sigma) \sin\delta \end{cases} \quad (7-24)$$

7.3.3 转向助力控制器仿真与设计

根据上述转向系统模型和车辆动力学模型,电动助力转向系统的模型的总体结构包括三个部分组成,即转向系统、车辆与轮胎及电控系统。电动助力转向系统模型的总体结构如图7-29所示。

各系统分别为①转向系统:小齿轮式电动助力转向系统;②车辆与轮胎:线性二自由度车辆模型和线性轮胎模型(车辆侧向加速度小于0.4g);③电控系统:包括助力电机和控制器,助力电机可看作理想的执行器(动特性采用1阶惯性环节近似)。

转向助力控制的功能主要包括基本助力控制、力矩微分控制、电

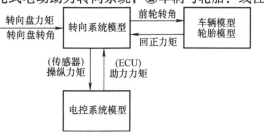

图7-29 电动助力转向系统模型的总体结构

机特性补偿控制、回正与阻尼控制、相位补偿控制等模块,控制框图如图 7-30 所示。此处主要讨论转向助力控制中最基本的两大功能的设计,即基本助力控制及相位补偿。

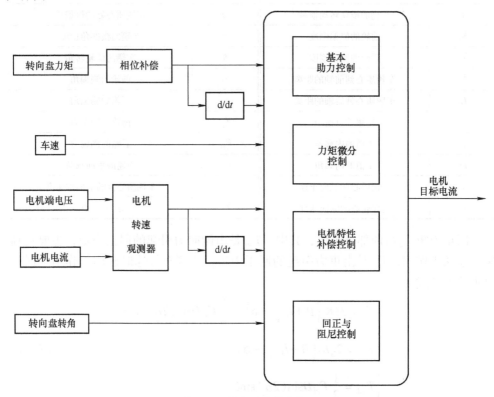

图 7-30 转向助力控制框图

1. 基本助力控制

电机助力力矩随驾驶员操纵力矩和车速变化的规律称为"助力特性"。

1)为了获得驾驶员期望的转向盘力矩特性,对"助力特性"提出了如下要求:随着车速的升高,助力应逐渐减小,以协调低速时的转向轻便性和高速时的操纵稳定性,并满足路感强度的要求,即随着车速的升高路感逐渐增强。

2)当驾驶员的操纵力矩小于某一特性值时,助力力矩为零,即有一个助力死区。这样就可以保证在不转向时电机不工作,降低了能耗,并且驾驶员可以获得较好的中间位置感,也避免了操纵力矩传感器的零点检测偏差所引起的转向盘自转等现象。

3)当驾驶员的操纵力矩较小时,助力力矩也应该比较小,以获得较好的中间位置感和适当的力矩梯度。

4)当驾驶员的操纵力矩较大时,助力力矩也应该比较大,以获得较好的转向轻便性。

转向助力特性曲线如图 7-31 所示。

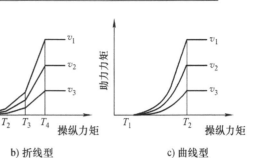

图 7-31 转向助力特性曲线

图 7-31 所示为三种典型的助力特性曲线。从图中可以看出，助力特性是一族曲线的集合。随着驾驶员操纵力矩和车速的不同，电机输出不同的助力力矩。

在某一车速下，随着驾驶员操纵力矩的不同，电机可以提供不同大小的助力力矩。也就是说，如果驾驶员的操纵力矩大，则电机的助力力矩也大；如果驾驶员的操纵力矩小，则电机的助力力矩也小，甚至可以为零。这是一种典型的"助力"控制方法。

所谓"车速感应型"基本助力控制是指随车速的不同，电机根据不同的助力特性曲线来提供助力。低速时采用能提供较大助力的特性曲线，而高速时采用提供较小助力的特性曲线，这样就兼顾了车辆在低速时的转向轻便性和高速时的操纵稳定性。从图 7-31 中可以看出，助力特性曲线共分三个区：无助力区、助力可变区和助力饱和区。

图 7-31a 所示为直线型助力特性曲线。它的特点是在助力可变区，助力力矩与操纵力矩呈线性关系。该助力特性曲线可用以下函数表示：

$$T_A = \begin{cases} 0 & 0 \leqslant T_{HW} < T_1 \\ k(v) \cdot (T_{HW} - T_1) & T_1 < T_{HW} < T_2 \\ k(v) \cdot (T_2 - T_1) & T_{HW} \geqslant T_2 \end{cases} \quad (7\text{-}25)$$

式中，T_{HW} 为驾驶员操纵力矩；T_A 为助力力矩；T_1 为开始有助力时所对应的操纵力矩；T_2 为助力饱和时所对应的操纵力矩；$k(v)$ 为助力特性曲线的斜率，其数值随车速的升高而变小。

图 7-31b 所示为折线型助力特性曲线。它的特点是在助力可变区，助力力矩与操纵力矩成分段线性关系。该助力特性曲线可用以下函数表示：

$$T_A = \begin{cases} 0 & 0 \leqslant T_{HW} < T_1 \\ k_1(v) \cdot (T_{HW} - T_1) & T_1 \leqslant T_{HW} < T_2 \\ k_2(v) \cdot (T_{HW} - T_2) + k_1(v) \cdot (T_2 - T_1) & T_2 \leqslant T_{HW} < T_3 \\ k_3(v) \cdot (T_{HW} - T_3) + k_2(v) \cdot (T_3 - T_2) + k_1(v) \cdot (T_2 - T_1) & T_3 \leqslant T_{HW} < T_4 \\ k_3(v) \cdot (T_4 - T_3) + k_2(v) \cdot (T_3 - T_2) + k_1(v) \cdot (T_2 - T_1) & T_{HW} > T_4 \end{cases}$$

$$(7\text{-}26)$$

式中，T_1 为开始有助力时所对应的操纵力矩；T_2 和 T_3 为助力特性曲线的斜率改变时所对应的操纵力矩；T_4 为助力饱和时所对应的操纵力矩；$k_1(v)$、$k_2(v)$、$k_3(v)$ 为各段助力特性曲线的斜率。

图 7-31c 所示为曲线型助力特性曲线。它的特点是在助力可变区，助力力矩与操纵力矩成光滑的非线性关系。该助力特性曲线可用以下函数表示：

$$T_A = \begin{cases} 0 & 0 \leqslant T_{HW} < T_1 \\ f(v, T_{HW}) & T_1 < T_{HW} < T_2 \\ f(v, T_2) & T_{HW} \geqslant T_2 \end{cases} \tag{7-27}$$

式中，$f(v, T_{HW})$ 是车速和驾驶员操纵力矩的二元函数。

在这三种形式的助力特性曲线中，直线型比较简单，容易调试；曲线型比较复杂，难以调试；折线型是二者的折中，它的形状不太复杂，调试难度也不太高。

在电动助力转向系统的最初开发阶段，大多采用直线型助力特性曲线。但是在开发完成时，主要使用折线型助力特性曲线。将折线型助力特性曲线用光滑的多项式曲线或样条曲线进行拟合，就可以得到相应的曲线型助力特性曲线。

2. 相位补偿控制

由图 7-31 的助力特性曲线可知，常用的曲线或折线型助力特性曲线上各点的助力增益（$K_a = dT_a/dT_h$）是从零开始逐渐增大的。当低速行驶时转向助力力矩较大，相应的动态助力增益也会较大，而过大的动态助力增益会引起力矩闭环的稳定裕度降低，常常会造成操纵力矩波动的增加，甚至会引起系统不稳定。因此，助力转向系统需要采用相位补偿控制，以适应不同助力力矩条件下的系统稳定裕度的要求。

下面通过一个例子来说明如何通过超前校正来设计转向助力系统的相位补偿控制器，以满足助力增益 $K_a = 3$ 时，操纵力矩波动小于 $0.3\text{N} \cdot \text{m}$ 的要求。

1）基本微分方程模型的建立。对于微分方程

$$A\ddot{X} + B\dot{X} + CX + D = 0 \tag{7-28}$$

做如下变换，得

$$\ddot{X} = A^{-1}(-B\dot{X} - CX - D) \tag{7-29}$$

由此建立 Simulink 模型如图 7-32 所示。

2）建立二自由度车辆模型。根据上文求得的车辆模型微分方程

$$\begin{cases} mV\dot{\beta} + 2(K_f + K_r)\beta + \left[mV + \dfrac{2(l_f K_f - l_r K_r)}{V}\right]r = 2K_f\delta \\ I\dot{r} + 2(l_f K_f - l_r K_r)\beta + \dfrac{2(l_f^2 K_f + l_r^2 K_r)}{V}r = 2l_f K_f\delta \end{cases} \tag{7-30}$$

将该方程改写为

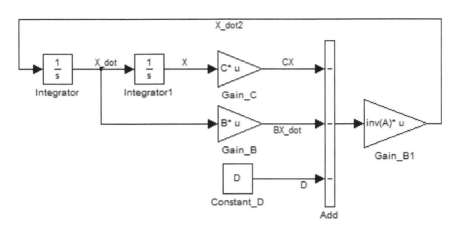

图 7-32　基本微分方程二次模型

$$\begin{bmatrix} mV & 0 \\ 0 & I \end{bmatrix}\begin{bmatrix} \dot{\beta} \\ \dot{r} \end{bmatrix} + \begin{bmatrix} 2(K_f+K_r) & mV+\dfrac{2(l_fK_f-l_rK_r)}{V} \\ 2(l_fK_f-l_rK_r) & \dfrac{2(l_f^2K_f+l_r^2K_r)}{V} \end{bmatrix}\begin{bmatrix} \beta \\ r \end{bmatrix} = \begin{bmatrix} 2K_f \\ 2l_fK_f \end{bmatrix}\delta \quad (7\text{-}31)$$

设 $\boldsymbol{X}=[\beta r]^{\mathrm{T}}$，该方程可表示成

$$\boldsymbol{C}_V \cdot \dot{\boldsymbol{X}} + \boldsymbol{K}_V \cdot \boldsymbol{X} = \boldsymbol{I}_V \delta \quad (7\text{-}32)$$

其中

$$\boldsymbol{C}_V = \begin{bmatrix} mV & 0 \\ 0 & I \end{bmatrix} \quad (7\text{-}33)$$

$$\boldsymbol{K}_V = \begin{bmatrix} 2(K_f+K_r) & mV+\dfrac{2(l_fK_f-l_rK_r)}{V} \\ 2(l_fK_f-l_rK_r) & \dfrac{2(l_f^2K_f+l_r^2K_r)}{V} \end{bmatrix} \quad (7\text{-}34)$$

$$\boldsymbol{I}_V = \begin{bmatrix} 2K_f \\ 2l_fK_f \end{bmatrix} \quad (7\text{-}35)$$

由此建立车辆动力学二次模型如图 7-33 所示。

3）回正力矩建模，根据回正力矩公式

$$\begin{cases} T_{w1} = 2\xi K_f\left(\beta + l_f\dfrac{r}{V} - \delta\right) \\ T_{w2} = \dfrac{1}{2}F_{zf}D\cdot\sin(2\sigma)\sin\delta \end{cases} \quad (7\text{-}36)$$

建立如图 7-34 所示的轮胎回正力矩二次模型。

其中 Tw1 Subsystem 如图 7-35 所示。

4）转向系统建模。根据上文求得的转向系统微分方程

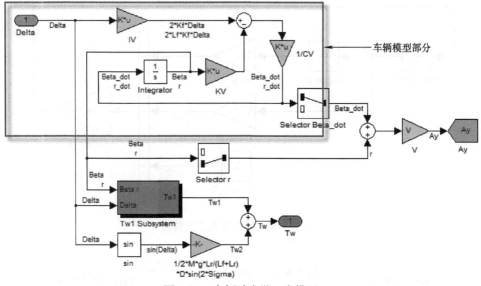

图 7-33　车辆动力学二次模型

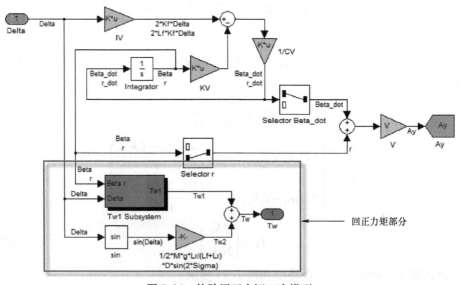

图 7-34　轮胎回正力矩二次模型

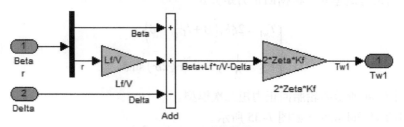

图 7-35　Tw1 子模块模型

$$\begin{cases} I_C\ddot{\theta}_C + C_C\dot{\theta}_C + K_C(\theta_C - \alpha) + K_{ts}(\theta_C - \theta_P) + \text{sign}(\dot{\theta}_C)F_C = 0 \\ n_M^2 I_M \ddot{\theta}_P + n_M^2 C_M \dot{\theta}_P + K_{ts}(\theta_P - \theta_C) + \dfrac{K_G}{n_G^2}(\theta_P - \delta n_G) + \cdots \\ n_M \text{sign}(\dot{\theta}_M)F_M = n_M T_{\text{armature}} = T_a \\ I_W \ddot{\delta} + C_W \dot{\delta} + K_G \delta - \dfrac{K_G}{n_G}\theta_P + \text{sign}(\dot{\delta})F_W = T_W \end{cases} \quad (7\text{-}37)$$

设 $X = [\theta_C \theta_P \delta]^T$，将该方程改写为

$$M_S \cdot \ddot{X} + C_S \cdot \dot{X} + K_S \cdot X = I_S \quad (7\text{-}38)$$

其中

$$M_S = \begin{bmatrix} I_C & 0 & 0 \\ 0 & n_M^2 I_M & 0 \\ 0 & 0 & I_W \end{bmatrix} \quad (7\text{-}39)$$

$$C_S = \begin{bmatrix} C_C & 0 & 0 \\ 0 & n_M^2 C_M & 0 \\ 0 & 0 & C_W \end{bmatrix}$$

$$K_S = \begin{bmatrix} K_C + K_{ts} & -K_{ts} & 0 \\ -K_{ts} & K_{ts} + K_G/n_G^2 & -K_G/n_G \\ 0 & -K_G/n_G & K_G \end{bmatrix} \quad (7\text{-}40)$$

$$I_S = \begin{bmatrix} \alpha K_C - \text{sign}(\dot{\theta}_C)F_C \\ T_a - n_M \text{sign}(\dot{\theta}_M)F_M \\ T_W - \text{sign}(\dot{\delta})F_W \end{bmatrix} \quad (7\text{-}41)$$

由此建立转向系统二次模型如图7-36所示。其中，摩擦力矩二次模型如图7-37所示。

5）模型验证。根据上述二次模型再进行封装，搭建如图7-38所示的完整仿真模型。

对模型进行仿真，Solver Type采用Fixed – step，Solver选择ode5（Dormand – Prince），定步长为0.0001s。采用转向盘角正弦输入，幅值使得车辆的侧向加速度达到4m/s²。记录在20km/h车速下的转向盘力矩、转向盘转角和侧向加速度的时间历程。仿真结果如图7-39所示。

6）EPS模型频域验证。使用频率特性分析仪，可以测量开环系统频率特性，如图7-40所示。

频率特性分析仪的结构如图7-41所示。从分析输入端子（通道1、通道2）到模拟数字（A/D）变换器之间，有可变增益放大器、直流去除电路和去除噪声用

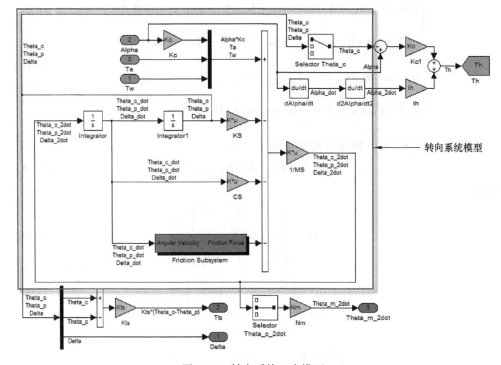

图 7-36 转向系统二次模型

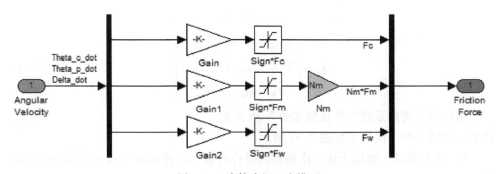

图 7-37 摩擦力矩二次模型

的低通滤波器（LPF）等。在进行了模拟信号预处理之后，用 A/D 变换器数字化，再用 DFT（离散傅里叶变换）运算求得增益和相位，最后用曲线表示出来。

频率特性分析仪的工作原理如图 7-42 所示。在图 7-42 中双斜杠处的力矩闭环处断开，然后接入扫频仪。扫频仪给系统输入一定频率范围的扫频信号（扫频信号如 $x = A\sin(\omega t^2 + \varphi)$，其频率 ωt 随时间变化）作为控制器的输入，扭矩传感器信号作为系统输出。对于一个电子助力转向系统，可将扫描频率范围选为 0.5 ~ 50Hz，若选择更大的频率范围（如 0.01 ~ 100Hz）意义不大，因为这通常超出了系统实际输入信号的频率范围，而且会严重降低扫频的速度。扫频结束后会在频率特

第7章 智能网联汽车电子控制系统设计应用

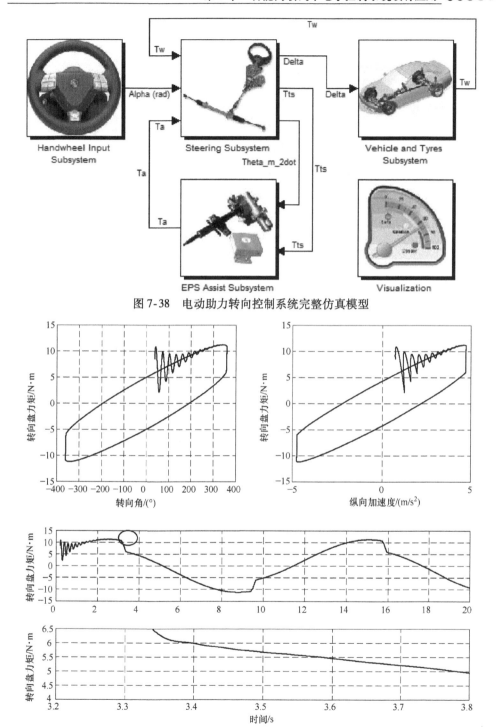

图 7-38 电动助力转向控制系统完整仿真模型

图 7-39 无助力控制时的转向盘力矩变化过程

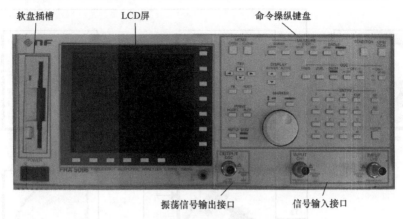

图 7-40　FRA5096 频率特性分析仪操作界面

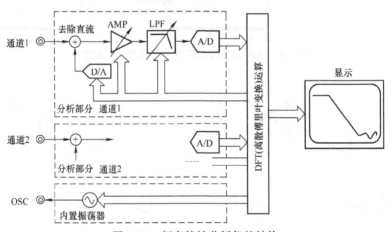

图 7-41　频率特性分析仪的结构

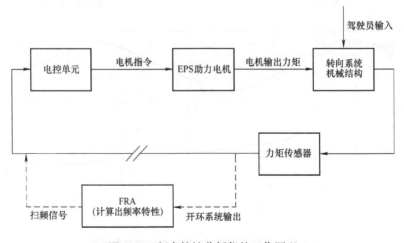

图 7-42　频率特性分析仪的工作原理

性分析仪 LCD 屏上显示出伯德图,并可以选择将其数据保存到软盘中。将保存的数据导入 MATLAB 中,通过系统辨识工具箱(System Identification Tool)处理,可得到相应的开环系统参数。

这里,我们直接给出最终得到的系统参数:
num =[3933 3.933e006 1.188e010 7.865e010 −0.1431]
den =[1 1040 3.764e006 1.717e008 2.682e010 6.355e011 5.523e011]
则转向系统的幅频特性如图 7-43 所示。

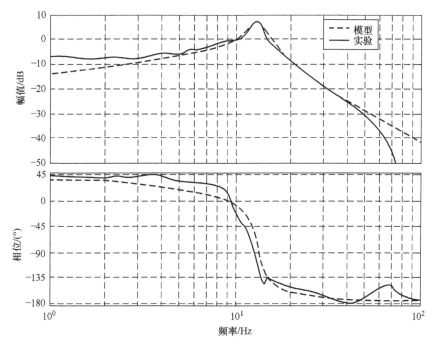

图 7-43 转向系统的幅频特性

7)电子助力控制过程。ECU 根据力矩传感器信号和车速传感器信号,由车速感应型助力特性曲线确定目标助力矩,然后转化为电机的目标电流,由控制器电流环部分跟踪目标电流,使得电机输出相应的助力力矩,如图 7-44 所示。

图 7-44 助力控制器控制过程

理想助力特性应当能同时满足转向轻便性和路感的要求,随着车速的增大,助力系数应逐渐变小,以保证车辆低速时的转向轻便性和高速时的操纵稳定性,如图 7-45 所示。

8)控制系统稳定性分析。

控制系统的相对稳定性理论指出,系统的开环增益越大,则稳定裕量越小,闭环系统越容易失去稳定。在 EPS 控制系统中,助力增益 K_a 对系统开环增益影响最

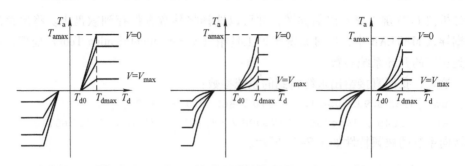

图 7-45 理想助力特性

大,若稳定裕量不够,则在模型误差等因素影响下,控制系统很容易丧失稳定性。至此,可将上述问题抽象化如下:首先设被控对象传递函数 $G_0(s)$ 为

$$G_0(s) = \frac{3933s^4 + 3.933 \times 10^6 s^3 + 1.188 \times 10^{10} s^2 + 7.865 \times 10^{10} s - 0.1431}{s^6 + 1040s^5 + 3.764 \times 10^6 s^4 + 1.717 \times 10^8 s^3 + 2.682 \times 10^{10} s^2 + 6.355 \times 10^{11} s + 5.523 \times 10^{11}}$$

(7-42)

其设计要求:$K_a = 3$,$\gamma = 40°$,$\omega_c = 30\text{Hz} = 188.5\text{rad/s}$,$20\log(K_g) \geq 10\text{dB}$。

1)根据稳态指标,确定开环增益 K,并绘制 $G_0'(s)$ 的伯德图。$K = K_a = 3$ 时的伯德图如图 7-46 所示。

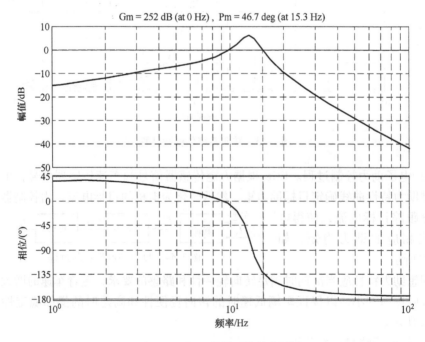

图 7-46 闭环控制系统伯德图

由上图可得 $\omega_c = 95.9 \text{rad/s}$，$\gamma = 46.7° > 40°$，显然不满足设计要求。为使系统相角裕度和剪切频率满足要求，引入串联超前校正网络。

2）根据动态指标的要求确定超前校正参数。确定超前校正所应提供的最大超前相角，相位余量为

$$\gamma_0 = 180° + \angle G_0'(j\omega_c) = 180° - 166.6° = 13.4°$$

$$\varphi_m = \gamma - \gamma_0 + \varepsilon = 40° - 13.4° + 11° = 38° \quad (7\text{-}43)$$

令 $\varphi_m = \varphi_0 = 38°$。然后求解 a 的值

$$a = \frac{1 + \sin(\varphi_m)}{1 - \sin(\varphi_m)} = 4.2037 \quad (7\text{-}44)$$

由 $\omega_m = \omega_c = 1/(\sqrt{a}T)$ 可求出 $T = 1/(\omega_c \sqrt{a}) = 0.0061$，求得超前装置的传递函数为：

$$G_c(s) = \frac{0.0255s + 1}{0.0061s + 1} \quad (7\text{-}45)$$

经超前校正后，系统剪切频率 $\omega_c = 194° > 188.5°$，相角稳定裕度 $\gamma = 42° > 40°$，均符合要求。未校正系统与校正后系统伯德图如图7-47所示。

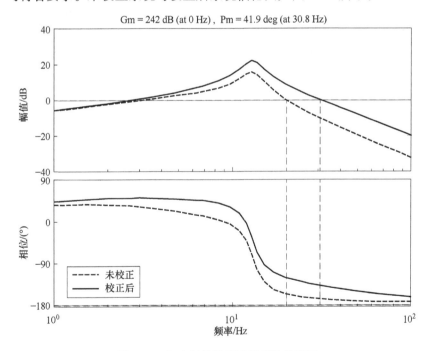

图7-47 加入超前装置后的系统伯德图

将该超前控制器串联至EPS助力系统，其系统仿真二次模型如图7-48所示。

当助力增益为3时，仿真结果用四张图分别给出了转向盘力矩（Steering Wheel Torque）随转向角、横摆角、时间的变化规律，如图7-49所示。特别在 $t = 3.2 \sim$

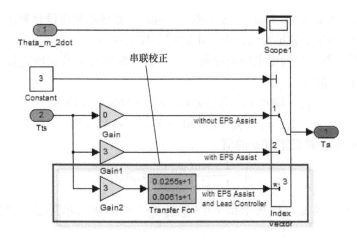

图 7-48 加入超前装置后的系统仿真二次模型

3.8s 时域内波动较大,从第四张放大图上看约 0.7N·m。

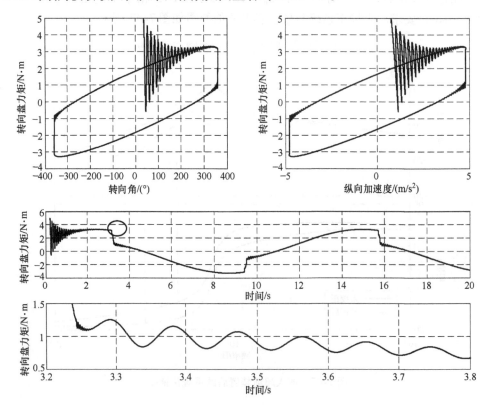

图 7-49 增益为 3 时转向盘力矩仿真结果

而一旦加上超前校正控制器后,系统的波动明显减小,如图 7-50 所示。

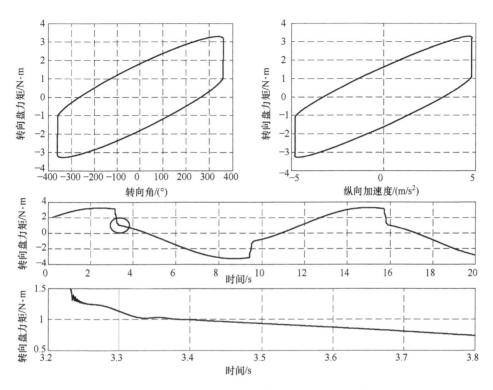

图 7-50　加入超前校正控制器后的系统波动变化

7.3.4　主动转向控制器

根据上述转向系统模型和车辆动力学模型，主动转向系统的模型的总体结构也包括三个部分，即控制器、电机和转向系统模型、车辆和轮胎模型，如图 7-51 所示。

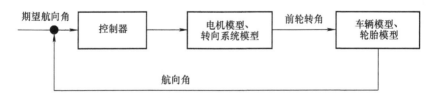

图 7-51　主动转向控制系统

主动转向系统的控制器接收来自"驾驶脑"（即自动驾驶智能计算平台）根据路径规划得出的实时航迹转化的期望航向角信号及偏航率传感器信号。依据这些系统提供的信息，提供最实时、最理想的转向角度，它的控制频率可以高达 100Hz。

在主动转向系统中，往往还有动态稳定控制系统，它能够依据车轮转动的圈数可以计算出车速，而偏航率传感器则可随时监控车辆垂直轴的稳定性。

7.4 车身自动鸥翼门的离散系统控制器设计

7.4.1 门锁系统功能需求分析

汽车车门是车上相对独立的总成，车门设计不但关系到汽车的安全性，对汽车也有很大的装饰作用。因此车门的设计也越来越讲究，而且使用了越来越多的网络和电控技术。传统的车门开启方式有旋转式、折叠式、后拉式等，旋转式又有逆开、顺开、上开等开启方式。

要求同时使用车载计算机、遥控器或按钮对门进行自动式开启，即要求在车门关闭的状态下，收到遥控器、按钮或计算机通过总线传输的开门指令后门锁自动打开，车门先外行，移动到预定位置，门再上行，直到完全打开；打开后，座椅向后移，以便驾驶员和乘客下车。在此过程中，门锁自动关闭（即锁体回到关闭位置，在该位置，如果门内行则会锁住）。关门过程动作与此相反，当驾驶员入座后，座椅先前行到特定位置后停止，车门下行到达特定位置后，再内行，直到门完全关上并被锁住。车门连贯动作控制逻辑如图 7-52 所示。

在此过程中车门机构应能立即响应关门或开门操作，在完成自动开门或关门过程后，座椅前后位置能通过按钮自动调节。

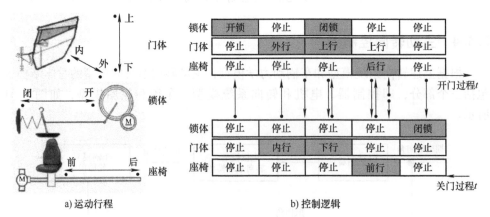

图 7-52 车门连贯动作控制逻辑

门锁采用双向直流电机驱动，使用齿轮和拉线传动，将电机的转动变为锁体的往复运动，达到闭锁和开锁的功能。座椅采用双向直流电机驱动，使用丝杠传动，将电机的旋转运动转化为座椅的前后运动。

同时在车门、车锁和座椅运动的行程止点（图 7-52a 中标有"·"的地方）安装位置传感器（包括车门在上、下、内、外的位置，锁体闭、开位置，座椅前、后位置）这样可以探测这些部件的物理极限位置和中间位置。

自动门连贯动作的控制逻辑，图 7-52b 按时间箭头表示连贯动作的逻辑，图中每个小方块表示锁体、门体和座椅的动作，开门过程按时间由左往右直到完成自动打开；关门过程按时间由右往左直到完成自动关闭。

车门从关闭状态到完全打开，经历 4 个阶段，每个阶段的动作如图 7-52b 开门过程中阴影框所示，即第一阶段先开锁，锁开后车门外行，然后上行，同时锁关闭，最后座椅后行。车门从打开状态到完全关闭，也经历 4 个阶段，每个阶段的动作如图 7-52b 关门过程中阴影框所示，如果锁没有关闭则先关闭，座椅前行，门再下行、内行。

该自动门系统共有 12 个合法的状态，如果使用变量来描述该系统的状态，那么涉及变量如下：

1）锁体位置 $l_s = \{1, 2, 0\}$，分别表示锁开、锁闭、中间位置 3 个状态。
2）车门内外的位置 $m_s = \{1, 2, 0\}$，表示门在内侧、外侧、内外中间位置 3 个状态。
3）车门上下位置 $n_s = \{1, 2, 0\}$，表示门在上侧、下侧、上下的中间位置 3 个状态。
4）座椅位置变量 $s_s = \{1, 2, 0\}$，表示座椅在前侧、后侧、前后的中间位置 3 个状态。

操作指令 $a = \{1, 2, 0\}$，表示开门、关门、无操作。座椅调节操作指令 $b = \{1, 2, 0\}$，表示前行、后行、无操作 3 种指令。

系统的控制输出变量如下：

1）锁体控制变量 $l_e = \{1, 2, 0\}$，表示开锁、闭锁、停止 3 个动作。
2）车门内外行控制变量 $m_e = \{1, 2, 0\}$，表示车门内行、外行、停止运动 3 个动作。
3）车门上下行控制变量 $n_e = \{1, 2, 0\}$，表示车门上行、下行、停止运动 3 个动作。
4）座椅前后运动控制变量 $s_s = \{1, 2, 0\}$，表示座椅前行、后行、停止运动 3 个动作。

7.4.2　基于有限状态机的系统模型

有限状态机理论可用于描述和解决离散事件输入输出问题，有限状态机 M 包括 6 个要素

$$M = \{S, I, O, f, g, s_0\} \tag{7-46}$$

式中，S 为有限状态集合；I 为有限输入字母表；O 为有限输出字母表；f、g 分别是状态转换和输出函数，每个状态都有 1 个输出函数；s_0 为静止状态；s_1 为开门过程状态；s_2 为关门过程状态。有限输入字母表 I 中的元素应包含有 6 个分量 $i =$

$[l_s, m_s, n_s, s_s, a, b]^T$, $i \in I$；有限输出字母表 O 中的元素含有 4 个分量，代表四个执行机构的输出，即 $o = [l_e, m_e, n_e, s_e]^T$, $o \in O$；根据连贯动作逻辑模型，该系统只可能有 9 种动作输出，即输出字母表有 9 个元素。根据系统的运动状态得出状态转换函数 f 可用图 7-53 所示状态转移图来表述。

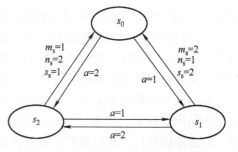

图 7-53 状态转换函数的状态转移图

s_0 为初始状态或默认状态，当收到开门信号时，进入开门过程状态 s_1，当完成开门程序（$m_s = 2$, $n_s = 1$, $s_s = 1$）时返回静止状态 s_0，a 归 0；当收到关门信号的时候，进入关门过程状态 s_2，当完成关门程序（$m_s = 1$, $n_s = 2$, $s_s = 2$）时，返回状态 s_0，a 归 0。每个状态都有输出函数，输出函数值定义为输入字母表到输出字母表的映射，即

$$o_j = g_{j(i)}, g_j : I \to O, i \in I, o_j \in O, j = 0, 1, 2$$

先定义一个函数 $\Gamma^i_{[x]}$：

$$\Gamma^k_{[x]} = \begin{cases} 0, & x \text{ 为真值} \\ k, & x \text{ 为假值} \end{cases}, k = 1, 2 \tag{7-47}$$

根据连贯动作的逻辑模型，静止状态 s_0 的输出函数定义为

$$o_0 = g_{0(i)} = \begin{cases} l_e = 0 \\ m_e = 0 \\ n_e = 0 \\ s_e = b \end{cases} \tag{7-48}$$

开门程序状态 s_1 的输出函数定义为：

$$o_1 = g_{1(i)} = \begin{cases} l_e = \Gamma^1_{[(m_s \neq 2) \cap (l_s \neq 1)]} + \Gamma^2_{[(m_s = 2) \cap (l_s \neq 2)]} \\ m_e = \Gamma^2_{[(l_s = 1) \cap (m_s \neq 2)]} \\ n_e = \Gamma^1_{[(m_s = 2) \cap (n_s \neq 1)]} \\ s_e = \Gamma^2_{[(m_s = 2) \cap (n_s = 1) \cap (s_s \neq 2)]} \end{cases} \tag{7-49}$$

关门程序状态 s_2 的输出函数定义为：

$$o_2 = g_{2(i)} = \begin{cases} l_e = \Gamma^2_{[(l_s \neq 2)]} \\ m_e = \Gamma^1_{[(l_s = 2) \cap (m_s \neq 1) \cap (n_s = 2) \cap (s_s = 1)]} \\ n_e = \Gamma^2_{[(n_s \neq 2) \cap (s_s = 1)]} \\ s_e = \Gamma^1_{[(s_s \neq 1)]} \end{cases} \tag{7-50}$$

于是有限状态机就完全建立起来了，运行这个状态机就能实现所要求的控制

功能。

7.4.3 系统仿真与设计

利用 MATLAB 的 Simulink/Stateflow 进行仿真试验。仿真试验的框图如图 7-54 所示。状态机根据输入 $[l_s, m_s, n_s, s_s, a, b]^T$，得到输出量 $[l_e, m_e, n_e, s_e]^T$，函数 $\Gamma k[x]$ 可以通过真值表来实现。

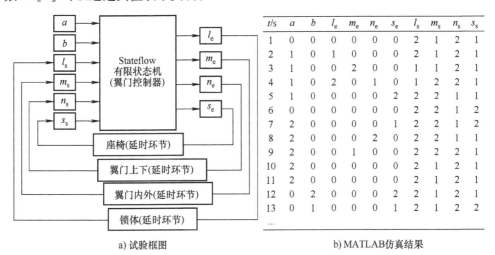

图 7-54 仿真试验框图及仿真结果

输出控制量经过延时变成状态量输入。使用 0、1、2 的随机值作为控制信号 a、b 的输入。从图 7-54b 中看，分别在第 2s 发生了开门操作，系统响应首先输出开锁指令（$l_e = 1$），锁开后（$l_s = 1$）输出门外行信号（$m_e = 1$），外行到位后（$m_s = 1$）输出上行信号（$n_e = 1$），完全正确，在第 7s、12s、13s 关门。

7.5 本章小结

本章首先介绍了智能网联汽车中的几大类控制问题，包括自动驾驶汽车的路径跟踪、混合动力总成能量管理与控制等，然后以巡航控制、转向控制和车身控制为例，主要讲述了控制器的设计思路。

巡航控制是车辆纵向动力学控制的基础，从车间模型到跟车模型到执行层面的模型，依次形成不同参数闭环的控制。

转向系统控制主要考虑转向系统模型、车辆横向运动模型及轮胎模型。在转向助力控制系统中，在考虑不同助力特性的情况下需要设计不同基本助力控制器，如果系统不满足稳定性要求，则需要设计相应的补偿控制。主动转向控制则是以航向角为输入的基本跟踪器设计。

车身控制系统设计往往根据需要而设计成离散系统,所采用的数学方法往往是基于有限状态机理论,所采用的仿真工具为 Simulink/Stateflow。

参考文献

[1] KHAIRUDDIN O, MOHD F, MOHD A A. Modelling and Controller Design for a Cruise Control System. [C] //5th CSPA, 2009.

[2] YAO, Q Q; TIAN, Y; WANG, Q; WANG, S Y. Control Strategies on Path Tracking for Autonomous Vehicle: State of the Art and Future Challenges [J]. EEE Acces, 2020, 8: 211-222.

[3] CHU W B; Q W; DU X P; et al. Cloud Control System Architectures, Technologies and Applications on Intelligent and Connected Vehicles: a Review [J]. Chinese Journal of mechanical engineering, 2021, 34 (1): 34-55.

[4] MARCANO M, DIAZ S, PEREZ J, IRIGOYEN E. A Review of Shared Control for Automated Vehicles: Theory and Applications [J]. IEEE Transaction on human machine system, 2020, 50 (6): 475-491.

[5] KRITHIKA V, SUBRAMANI C. A comprehensive review on choice of hybrid vehicles and power converters, control strategies for hybrid electric vehicles [J]. Int J Energy Res. 2018; 42: 1789-1812.

[6] KATRASNIK T. Analytical framework for analyzing the energy conversion efficiency of different hybrid electric vehicle topologies [J]. EnergConver Manage. 2009; 50 (8): 1924-1938.

[7] VERES SM, MOLNAR L, LINCOLN NK; et al. Autonomous vehicle control systems – a review of decision making [J]. Proceedings of the institution of mechanical engineering journal of mechanical part D – Journal of automobile engineering, 2011, 225 (I2): 155-195.

[8] HAQUE TS, RAHMAN MH, Islam MR, et al. A Review on Driving Control Issues for Smart Electric Vehicles [J]. IEEE ACCESS, 2021, 9: 135440-135472.

[9] ENANG W, BANNISTER C. Modelling and control of hybrid electric vehicles (A comprehensive review) [J]. Renewable and sustainable energy review, 2017, 74: 1210-1239.

[10] SWEET lm. Control – systems for automotive vehicle fuel – economy – a literature – review [J]. Journal of dynamic systems measurement and control – transactions of the asme, 1981, 103 (3): 173-180.

[11] HU XS, HAN J, TANG XL. et al. Powertrain Design and Control in Electrified Vehicles: A Critical Review [J]. IEEE Transactions on transportation electrification, 2021, 7 (3): 1990-2009.

[12] WEI CY, HOFMAN T, CAARLS, EI, et al. A Review of the Integrated Design and Control of Electrified Vehicles [J]. Energies, 2020, 13 (20): 113-144.

[13] RHIF A. A Review Note for Position Control of an Autonomous Underwater Vehicle [J]. IETE technical review, 2011, 28 (6): 486-492.

[14] ELLIOTT SJ. Active Control in Vehicles and in the Inner Ear: a Review [J]. International journal of acoustics and vibration, 2009, 14 (4): 212-219.

[15] HEKMATMANESH A, NARDELLI, PHJ, HANDROOS H. Review of the State – of – the – Art of Brain – Controlled Vehicles [J]. IEEE ACCESS, 2021, 9: 110173 – 110193.

[16] CUNHA B, BRITO C, ARAUJO G, et al. Smart Traffic Control in Vehicle Ad – Hoc Networks: A Systematic Literature Review [J]. International Journal of Wireless Information Networks, 2021, 28 (3): 362 – 384.

[17] WIRASINGHA SG, EMADI A. Classification and Review of Control Strategies for Plug – In Hybrid Electric Vehicles [J]. IEEE transactions on vehicular technology, 2011, 60 (1): 111 – 122.

[18] SHLADOVER, SE. Review of the state of development of advanced vehicle control – systems (avcs) [J]. Vehicle System Dynamics, 1995, 24 (6 – 7): 551 – 595.

[19] AHANGARNEJAD AH, RADMEHR A, AHMADIAN M. A review of vehicle active safety control methods: From antilock brakes to semiautonomy [J]. Journal Of Vibration And Control, 2021, 27 (15 – 16): 1683 – 1712.

[20] LIPU MSH, FAISAL M, ANSARI, S. et al. Review of Electric Vehicle Converter Configurations, Control Schemes and Optimizations: Challenges and Suggestions [J]. Electronics, 2021, 10 (4): 5 – 25.

[21] LIU CH, CHAU KT, LEE CHT et al. A Critical Review of Advanced Electric Machines and Control Strategies for Electric Vehicles [J]. Proceedings Of The IEEE, 2021, 109 (6): 1004 – 1028.

[22] KATSUYAMA E, YAMAKADO M, ABE M. A state – of – the – art review: toward a novel vehicle dynamics control concept taking the driveline of electric vehicles into account as promising control actuators [J]. Vehicle System Dynamics, 2021, 59 (7): 976 – 1025.

[23] DE Kl ML, SAHA AK. A Comprehensive Review of Advanced Traction Motor Control Techniques Suitable for Electric Vehicle Applications [J]. IEEE ACCESS, 2021, 9: 125080 – 125108.

[24] PUMA B, IZQUIERDO R J, CALDERON N JD; et al. A Systematic Review of Technologies, Control Methods, and Optimization for Extended – Range Electric Vehicles [J]. Applied Sciences – Basel, 2021, 11 (15): 7094 – 8119.

[25] ABDALLAOUI S, AGLZIM E, CHAIBET A, et al. Thorough Review Analysis of Safe Control of Autonomous Vehicles: Path Planning and Navigation Techniques [J]. Energies, 2022, 15 (4): 1358 – 1377.

[26] XU, N, KONG Y, CHU L, et al. Towards a Smarter Energy Management System for Hybrid Vehicles: A Comprehensive Review of Control Strategies [J]. Applied Sciences – Basel, 2019, 9 (10): 2025 – 2063.

[27] XUE Q C, ZHANG X, TENG T, et al. A Comprehensive Review on Classification, Energy Management Strategy, and Control Algorithm for Hybrid Electric Vehicles [J]. ENERGIES, 2020, 13 (20): 5354 – 5384.

[28] SAFAYATULLAH, M, ELRAIS MT, GHOSH S, et al. A Comprehensive Review of Power Converter Topologies and Control Methods for Electric Vehicle Fast Charging Applications [J]. IEEE ACCESS, 2022, 10: 40753 – 40793.

[29] AMER NH, ZAMZURI H, HUDHA K, et al.. Modelling and Control Strategies in Path Tracking Control for Autonomous Ground Vehicles: A Review of State of the Art and Challenges [J]. Journal of Intelligent & Robotic Systems, 2017, 86 (2): 225 - 254.

[30] WANG JJ, CAI YF, CHEN L, et al. Review on multi - power sources dynamic coordinated control of hybrid electric vehicle during driving mode transition process [J]. International Journal Of Energy Research, 2020, 44 (8): 6128 - 6148.

[31] ZHOU Q, DU, CQ. A quantitative analysis of model predictive control as energy management strategy for hybrid electric vehicles: A review [J]. Energy Reports, 2021, 7: 6733 - 6755.

[32] 罗莉华. 车辆自适应巡航系统的控制策略研究 [D]. 上海: 上海交通大学, 2013.

[33] GERRIT J. L. NAUS, RENÉ P. A. et al. String - Stable CACC Design and Experimental Validation: A Frequency - Domain Approach [C] //IEEE TRANSACTIONS ON VEHICULAR TECHNOLOGY, VOL59, NO. 9, November, 2010.

[34] HEDRICK J K. Nonlinear Controller Design for Automated Vehicle Application [C] // KACC international conference on control'98, 1 - 4, September 1998.

[35] YI K, RYU N, YOON H J, et al. Implementation and Vehicle Tests of Avehicle Stop - and - Go Cruise Control System [J]. Proc Instn Mech Engrs Vol 216 Part D: J Automobile engineering.

[36] 侯德藻, 高锋, 李克强, 等. 基于模型匹配方法的汽车主动避撞下位控制系统 [J]. 汽车工程, 2003, 25 (4): 399 - 404.

[37] YU LY, WANG R Y. Researches on Adaptive Cruise Control system: A state of the art review [J]. Proceedings of the Institution of Mechanical Engineers, Part D: Journal of Automobile Engineering, 2022, 236 (2 - 3): 211 - 240.

[38] KYONGSU Y, MINSU W, SUNG H K, et al. An Experimental Investigation of a CW/ CA System for Automobile Using Hardware in the Loop [C] //Simulation&Proceedings of the American Control Conference, San Diego, California, 1999.

[39] SEILER P, SONG B, HEDRICK J, et al. Development of a Collision Avoidance System [J]. Journal of passenger cars, 1998, 107 (6): 1334 - 1340.

[40] 李克强, 陈涛, 罗禹贡, 等. 智能环境友好型车辆——概念、体系结构及工程实现 [J]. 汽车工程, 2010, 30 (9): 743 - 748.

[41] 付锐, 张雅丽, 袁伟. 生态驾驶研究现状及展望 [J]. 中国公路学报, 2019, 32 (3): 1 - 12.

[42] CHEN H, GUO L, DING H, et al. Real - time predictive cruise control for eco - driving taking into account traffic constraints [J]. IEEE Transactions on Intelligent Transportation Systems, 2018, 20 (3): 1 - 11.

[43] 张哲, 丁海涛, 张袅娜, 等. 智能网联电动汽车经济性巡航速度规划 [J]. 2022, 44 (4): 609 - 618.

[44] 季鹏凯, 沈斌, 陈慧, 等. 主动转向系统的神经网络模型逼近自适应控制的研究 [J]. 汽车工程, 2014, 36 (1): 107 - 113.

[45] 季鹏凯, 沈斌, 陈慧, 等. 主动转向系统鲁棒控制的研究 [J]. 2013, 35 (12): 1092 - 1095.

第8章 汽车嵌入式控制软件开发流程与工具

我们的晚餐并非来自屠宰商、酿酒师和面包师的恩惠，而是来自他们对自身利益的关切。

——亚当·斯密

方法、工具和流程是人类近代工业文明大繁荣的三大法宝，它们解决了知识积累（方法）、技术应用（工具）和分工合作（流程）的问题。

本章重点以汽车嵌入式软件开发为研究对象，讲述汽车电子控制系统其开发过程中的流程化分工、合作及面临的困境和挑战，并介绍目前已被越来越广泛采用的开发流程和工具链。

8.1 电子控制单元与嵌入式软件

8.1.1 电子控制单元

电子控制单元是汽车电子控制系统的重要组成部分，是控制系统的核心，对控制系统的控制效果起着至关重要的作用，控制单元的主要任务是实时地采集数据、控制决策和控制输出。尽管不同控制系统的电子控制单元在结构和功能方面并不相同，但都是由硬件和软件构成的，各种汽车电子控制系统的控制单元的软件和硬件都有一定的共性。

硬件是计算机控制的基础，是构成控制单元的实体系统，大多数电子控制单元都是自成一体的独立结构，但也有一些控制系统的控制单元与传感单元或执行单元集成一体。控制单元的硬件结构可以从实体结构和功能结构两个方面来分析。控制单元的实体结构可以分为壳体、插座、电路板和电子元器件等部分，典型的实体与电路框图如图8-1所示。

控制单元的壳体是非标准件，其体积和外形有很大的变化，一般由金属或塑料制成，金属壳体不仅强度高，还能起到屏蔽干扰的作用。随着技术的发展，控制单

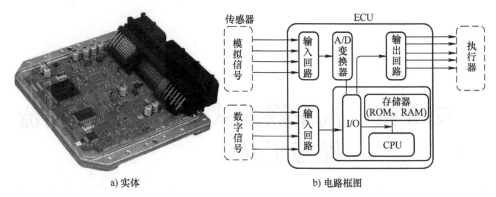

图 8-1 电子控制单元实体与电路框图

元的环境适应性显著提高,并向着轻量化、小型化方向发展,一些控制单元已经采用塑料壳体。当控制单元安置在驾驶室或行李舱内时,壳体可以采用非密封结构,当控制单元安置在发动机舱内时,壳体必须采用密封结构。插座固定在控制单元的壳体上,是控制单元与外部电路的连接部分,不同控制单元的插座数量、形状、布置以及端脚的数量也不相同,有些控制单元的端脚数量多达近百个,为了保证插座与插头可靠插接,插座与线束插头之间设有锁扣机构。电路板装在控制单元壳体之内,一般采用印制电路板,对于结构复杂和电磁兼容性要求较高的控制单元可以采用多层结构,有特殊要求时还可以采用以陶瓷为基底的电路板。

印制电路板的底板由玻璃纤维或陶瓷制成薄片,是布线的载体。印制在电路板表面的电路是 17~70μm 厚的紫铜薄层,在紫铜层表面涂覆铅锌合金、金或有机物保护剂。目前,汽车计算机控制系统的控制单元多采用由 2~8 层陶瓷底板印制电路板组成的多层混合电路,有利于减小控制单元的体积、提高耐热性和耐腐蚀性。混合电路是附加分立元件(如电容)的集成电路和半导体集成电路的混合。在刻蚀好的印制电路板上安装有控制单元的电子器件,主要是一些通用或专用的大规模集成电路芯片和半导体元件,如单片机芯片、存储器芯片、模数转换器芯片和数模转换器芯片等。

由于集成电路的发展,很多信号调理电路、通信电路、存储器等都被集成到单片上,且广泛采用表面安装技术,所以尽管控制单元的控制功能越来越多,但控制单元的体积却越来越小。微控制器是一种集成了中央处理器、数据存储器及输入输出模块的通用数字信号计算单元,其典型的结构如图8-2所示。

软件是保证控制单元能够完成特定功能的程序系统,它是计算机系统的神经中枢,整个系统都是在软件的指挥下协调工作。在汽车计算机控制系统中,以微处理器为核心的控制单元是控制系统的中枢,是控制系统中最重要的组成部分,它从质和量两方面决定了控制系统的性能。控制单元一般具有信号变换、比较、运算、逻辑等处理功能。按照控制器算法设定的程序对输入指令和监测、反馈信号进行实时数据采集和处理,进行实时控制决策,形成控制指令,进行实时控制输出,使执行

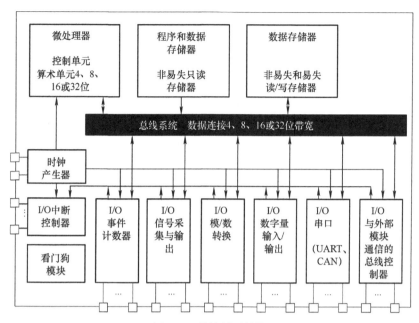

图 8-2　微控制器结构

单元产生相应的动作。一个系统的控制单元也是与其他系统控制单元连接和对汽车进行故障诊断的接口。

8.1.2　简单嵌入式程序结构

决定嵌入式系统程序结构的众多因素中,最重要的是对系统响应的控制程度。获得良好响应的程度,不仅取决于绝对的响应时间,而且取决于所使用的微处理器的速度和其他的处理需求。一般来说,对于一个功能有限、响应时间要求很低的系统,可以用一种很简单的结构来实现;而对于一个能对多种不同的事件做出快速响应、并且对截止时间和优先级具有各种不同的处理要求的系统,则要采用一种更加复杂的结构。几种常见的嵌入式软件结构包括下列 3 种。

1. 轮转结构（Round – robin Architecture）

这种嵌入式结构一般只有一个主循环程序,放在称为 main 的函数中,启动之后一直重复运行。每次运行简单地检查每一个 I/O 设备,并且为需要服务的设备提供服务,比如采样、计算、显示、蜂鸣等。其特点是程序简单、执行效率高;缺点是安全性较差,不能及时处理紧急事务。最长响应时间为一次循环所需的最大时间。

在早期的单片机系统中,采用 8 位（甚至 4 位）微处理单元,在如数字万用表、灯光控制单元,配电盒等应用中,都采用这种程序结构。

2. 前后台结构（Foreground and Backgroun Program）

前后台结构也称为带中断的转轮结构。主要依赖中断服务（前台程序）处理异步事件,其他任务在循环结构（后台程序）中完成,因受限于中断处理程序不能阻塞太长时间,避免影响其他中断处理,因此需要添加标记或者通知后台循环来执行相应的任务。

这种程序结构需要单独设置微处理器的中断程序,前台程序与后台程序共同组成了整个软件系统。其优点是可以获得快速的响应,并可以通过设置中断的优先级实现更多的控制。其主要缺点是可能存在潜在的数据共享、数据同步等问题。

3. 函数队列结构(Function – Queue – Scheduling Architecture)

在这种结构中,中断程序在一个函数指针队列中添加一个函数指针,以供 main 程序调用。主程序只需从该队列中读取相应的指针并且调用相关的函数。该结构的特点是没有规定 main 必须按照中断程序发生的顺序来调用函数,main 可以根据任何可以到达目标的优先级方案来调用函数,这样可以使得任何需要更快响应的任务代码能更早地执行。

最坏响应时间的情况是等于最长任务代码的执行时间加中断程序的执行时间。问题是较低优先级的中断或较低优先级的函数可能永远不能执行。

当较低优先级的中断程序很长时,较高优先级的中断程序不能得到及时响应,可将较低优先级的函数分段写,但这样会增加处理的复杂度,需要使用操作系统。

8.1.3 实时操作系统的软件架构

1. 实时操作系统

使用实时操作系统(Real – time Operating System Architecture)能够做到:①中断程序与任务代码之间的必要信号发送是由实时操作系统处理的,而不需要使用共享变量。②在代码中没有用循环来决定下一步要做什么。实时操作系统内部的代码可以决定什么任务代码函数可以运行,它也知道各种任务的子程序,并且可以在任何时刻运行它们中相对比较紧急的子程序。③实时操作系统可以在一个任务代码子程序运行期间将其挂起,以便运行另一个子程序。实时操作系统不仅能控制任务代码的响应时间,还可以控制中断程序的响应时间。

微 C 系统(Micro C Operation System,uC/OS)是一个产生于 1992 年的微型开源实时操作系统,基于 C 语言编写的内核代码仅为几个 KB,最早被设计用于 8 位处理器,经过了多年的使用和上千人的反馈,已经产生了很多的进化版本,现今在 16/32 位处理器中同样能工作得很好。uC/OS – Ⅲ 是第 3 代的系统内核,支持现代的实时内核所期待的大部分功能。全球著名开源网站 SOURCE Forge 罗列了应用最为广泛的 27 种开源实时操作系统,如 VxWorks、FreeRTOS、MbedOS、embOS 等。

在汽车行业中,应用最广泛、最著名的应该是 OSEK/VDX 标准及 AUTOSAR 操作系统标准。OSEK/VDX 分别称为汽车电子类开放系统和对应接口标准(Offene System und deren Schnittstellen für die Elektronikim Kraftfahrzeug,OSEK),及汽车分布式执行标准(Vehicle Distributed eXecutive,VDX),在 20 世纪 90 年代末由德国汽车工业协会及法国汽车工业协会各自发起 VDX 后来加入了 OSEK 团体,两者的名字都反映出 OSEK/VDX 的目的是为汽车电子制定标准化接口。OSEK/VDX 标准的主题包括：实时的操作系统（OSEK OS），通信子系统（OSEK-COM）和网络管理系统（OSEK-NM），以分别应对汽车嵌入式系统所面临的主要任务：信息处理与实时控制、软件组件间通信及电子控制单元间的通信。

自2003年起，欧美汽车、芯片、软件行业的公司开始携手合作，致力于为汽车工业开发一个开放的、标准化的软件架构，于是诞生了汽车开放系统架构（Automotive Open System Architecture，AUTOSAR）的联盟。汽车开放系统架构联盟是由全球汽车制造商、部件供应商及其他电子、半导体和软件系统公司联合建立，各成员保持开发合作伙伴关系。AUTOSAR这个架构有利于车辆电子系统软件的交换与更新，并为高效管理愈来愈复杂的车辆电子、软件系统提供了一个基础。AUTOSAR在复杂功能系统开发方面，能确保产品及服务质量的同时，提高了成本效率。

2. 汽车控制系统软件架构

车控软件通过ECU（电子控制单元）直接向执行机构发送指令，以控制车辆转向机构、制动机构等关键部件协同工作，属于复杂测控系统。如果系统任务的响应不及时或延迟过大，就可能导致严重的损失。例如，在车辆发生碰撞的很短时间内（毫秒级），汽车安全气囊如不能快速打开，就无法对乘车人员起到保护作用。因此汽车ECU必须是高稳定性的嵌入式实时操作系统。

汽车电子控制软件的开发吸收了软件行业的工业化生产模式，进一步加速了软件功能的细分，例如软件功能之间的通信和具体计算硬件的抽象，软件中间件的诞生等等。其中，软件平台层又分为平台基础层和平台服务层。平台基础层由公开API到应用软件组件的系统软件模块组成，并实现基本平台功能，如硬件抽象、大容量存储、网络通信、电源管理和过程控制。此外，还提供了诸如时间和空间隔离，强制访问控制和运行时监视等低级安全和其他安全机制。平台服务层由实现高级管理和监控功能的软件组件组成，如状态管理、空中更新、诊断和实时入侵检测。该层也应该使用开源方法实现，并应尽可能重用现有的软件。软件平台层还允许应用软件组件的分区，并提供防御恶意攻击，设计缺陷和硬件故障的弹性保护机制。实时操作系统中的汽车控制系统软件如图8-3所示。

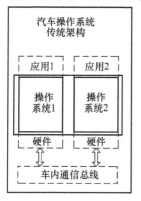
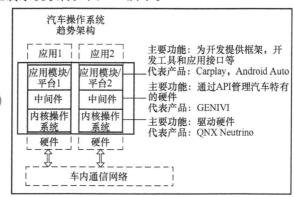

图8-3 实时操作系统中的汽车控制系统软件

8.2 智能网联汽车控制系统开发面临的挑战

自 21 世纪 20 年代开始，汽车制造商正开始一场源于数字化转型的结构重组之旅，这场变革中促使汽车制造商引入新的信息和运营技术，助力开发下一代汽车"新四化"（网联化、自动化、共享化及电动化）的战略。汽车制造商将通过软件定义的方式开启新的商业模式，开创新的收入来源，并提供个性化的客户体验。随着驾驶体验与客户期望的变化，曾经的高端功能将成为标配。据 Frost & Sullivan 预测，到 2030 年，整车厂（OEM）在车联网和自动驾驶软件基础设施方面的支出将达到 23 亿美元左右，产业技术升级的同时也带来了技术开发的变革和挑战。

8.2.1 嵌入式系统的软硬件耦合矛盾

在传统架构中，硬件和软件的关系是强耦合状态，软件功能的实现更加依赖于硬件，简言之就是硬件决定软件功能，并且硬件之间难以形成较强的协同性，汽车软件的可复用性和 OTA 升级能力整体较弱。例如增加一个新功能、仅仅是添加一个 ECU 以及电线、线束布线等，却极大地加大了系统的复杂性，主车企集成验证更为困难。如果需要实现较为复杂的功能，则需要多个控制器同时开发完成才能进行验证，一旦其中任意一个控制器出现问题，可能导致整个功能全部失效。

在软件工程中，降低耦合度即可以理解为解耦，模块间有依赖关系必然存在耦合，理论上的绝对零耦合是做不到的，但可以通过一些现有的方法将耦合度降至最低。设计的核心思想是尽可能减少代码耦合，如果发现代码耦合，就要采取解耦技术。让数据模型、业务逻辑和视图显示三层之间彼此降低耦合，把关联依赖降到最低，而不至于牵一发而动全身。汽车行业很可能复制计算机和智能手机的"底层硬件、中间层操作系统、上层应用程序"的软件分工模式，同时涌现出智能汽车中间件的行业巨头，上层 APP 开发者无须关注底层硬件架构，而专注于应用开发。

但是软件定义汽车是一个逐步渗透的过程，大量的现有控制系统、开发方法及工具在很长时间内仍然保持使用。在云-车-路协同环境下，与硬件整合相关的数据获取以及提供规范化和安全数据访问的能力，导致软件开发人员无法创建新的微服务。需要为跨领域更新服务和开发部署新功能的容器方法，以便在云端开发容器，并在车内部署。车企面临的挑战是如何将现代化的持续集成和持续部署（CI/CD）工具及框架，与现有"V"型开发模式融合。

8.2.2 低成本与高安全的任务矛盾

电控单元的成本通常指的就是单位成本，一般由材料成本、制造成本，加上企业管理和研发分摊成本。在规模化大生产、硬件成本占比较高的领域，硬件工程师往往将降低 ECU 单位成本转化为有限的内存以及有限的运算能力；因而控制器开发员就想方设法尽可能使之最优化，比如尽可能在可行的条件下使用整数型算法来实现功能执行。随着人工成本增加、硬件成本所占比重降低，往往要求研发爆款产品，或者减少设计变更，或者以极低的代价实现功能升级。

长期以来，车厂一直只注重车辆功能安全，依赖 ISO26262 为车厂和零部件供应商提供道路车辆功能安全开发指导，但是车联网之后访问控制需求大增，攻击者可通过伪造凭证的方式访问车联网管理平台进行网络攻击。随着软件的迭代和更新，交通道路安全、数据安全成为双重安全矛盾。工业和信息化部于 2021 年 7 月 30 日发布的《关于加强智能网联汽车生产企业及产品准入管理的意见》，明确指出要强化数据安全管理和加强网络安全保障。针对数据安全管理，车企需建立相关数据安全管理制度，履行数据安全保护义务，建立数据资产台账，实施数据分类分级管理，加强数据安全防护。确保数据采集安全、传输安全、存储安全、处理安全及交换安全。

如今智能网联汽车主要面临以下 4 点安全问题。

1）车辆自身安全问题。其主要体现在应用系统和密钥安全等。对于应用系统的安全性则分为软件系统和硬件系统两部分，随着智能网联汽车的不断发展，各种新型的应用软件开始上线应用。在为用户提供便利的同时，也存在较大的安全隐患。比如软件安装包下载通常被设置为开放性，在下载过程中就很容易受到黑客攻击而导致信息泄露，甚至系统瘫痪。在硬件方面，当汽车利用设定系统实行自动驾驶时，可能会通过伪造的障碍物来干扰雷达判断，对车辆行进安全产生严重威胁。另外，智能网联汽车是通过数据加密的方式对信息进行保护，如果发生密钥泄露，则会导致加密数据的安全性缺失，致使风险出现。

2）网络传输安全问题。在智能网联汽车网络传输过程中，其存在的风险主要是认证风险，不法分子可能会通过伪造身份、劫持动态等手段冒充用户身份，同时存在传输风险，对于未加密或者加密保护等级不够的传输信息，可能在通信中受到恶意攻击。最后还存在协议风险，即在通信环节，将一种协议伪装为另一种，在协议链路层通信未实现加密的情况下，就可通过抓取链路层标识来定位和跟踪车辆。

3）路侧单元安全问题。在智能网联汽车中，以路侧单元为支撑的车路协同技术路线逐渐受到重视。即在路端基础增加摄像头、气象站、电子路牌等设施。汽车可通过其对交通运行状态和路面条件进行提前感知，能够保障路况信息得到有效更新，促使周边环境信息更加完备，为车辆行驶和运行提供良好的安全保障。但当其受到恶意攻击时，就会导致协同网络体系失效，难以支撑车辆感知系统的有效工作，影响智能控制决策和操作，严重时会引发交通事故。

4）云平台安全问题。云平台是智能网联汽车系统的重要组成部分，通过云平台可实现车辆的远程控制。基于云平台还能够开展远程故障诊断，提供相应类型的服务。但其存在的信息安全风险也相对较大，比如数据被恶意窃取、病毒侵入、不良访问等，很有可能会出现用户的隐私信息泄露等问题。因此在智能网联汽车的信息安全领域，仍存在多样的安全风险，应当做好安全测试，保证数据信息传输的稳定性、可靠性，避免影响车辆的控制运行。

8.2.3 开发周期加速性与产品功能多样性的市场矛盾

传统汽车的生命周期包括：①3 年的开发阶段；②约 7 年的产品生产阶段；③15年左右的运转和保养阶段。就以上而言，汽车的完整产品生命周期是 25 年左右。激烈的市场竞争迫使开发、生产阶段越来越短而要求的运转保养阶段越来越长。随着汽车智能化发展，软件的迭代周期将越来越短，独立于硬件的软件升级是持续为客户提供价值的关键。

汽车的软件价值正在以非常快速的增长势头变化，并成为智能汽车的全新制高点。"硬件为流量入口、软件为收费服务"的商业模式更是带来了显著的"鲶鱼效应"，未来，许多汽车企业很有可能以接近成本价的价格销售汽车，并主要通过软件为用户提供价值，软件将成为汽车的灵魂和 OEM 的新的利润中心。软件销售需要关注客户的需求以及支付意愿。根据麦肯锡 2020 年的 ACES 消费者调查，39%的客户希望能够在购车后通过解锁形式获得更多联网功能，而非必须在购车时做决定。在高端车领域，这一比例为 47%。不同国家的比重有所不同。例如在法国、日本和瑞士，这一比例不到 30%，中国受访者希望在购车后获取新功能的比例高达 63%。

对电子电气系统部分而言，工程师和销售团队都希望这个过程会由于硬件技术的持续进步而显著缩短，实现更加强大的 OTA 升级能力与更快的迭代速度，以便提升主机厂自主权。

8.2.4 组织分工与系统集成的管理矛盾

一个电子控制系统往往涉及上百个电子零部件的采购、测试与组装，以及系统的各个设计、分析与测试任务，由分布在好几个地区与国家的不同研发中心共同完成，这就需要设计文档能够有效共享，便于及时发现错误与反馈。

在整车开发过程中考虑供应商参与，可以提高汽车企业开发能力和自主创新能力，缩短开发周期，降低开发成本。面对日益加剧的企业竞争环境，供应商资源已成为企业竞相争夺的新资源，供应商参与产品开发已成为新趋势。通过供应商参与产品开发，提升企业和供应商的整体竞争力，加强相互合作，已是国内汽车行业普遍做法。

与此同时，我国汽车产业，尤其是自主品牌汽车企业在工程师红利和自由化市场化竞争中得到了长足发展，我国汽车企业已经建立了比较完善的研发体系。

在整车电子电气系统的开发过程中，一些车企也开始积极探索供应商参与整车开发的研发模式。伴随着汽车供应商的跨界转型以及互联网造车企业的入局，竞争日趋激烈。而传统主机厂往往以机械设计、车辆动力学见长，在面对智能网联技术升级的时候，往往出现人才储备不足、技术规范落后、供应链短缺、集成能力偏弱、无法有效组织研发及高度依赖供应商等矛盾。

8.3 控制器软件的开发流程

8.3.1 基于模型的 V 形开发流程

单个嵌入式控制系统的控制器开发过程相对比较简单，其核心流程包括一系列不同的开发步骤。

1）用户需求分析和系统逻辑体系结构的确定。这个步骤的目的是基于与项目相关的用户的需求，对系统逻辑体系结构进行详细定义说明。系统逻辑体系结构包括了对功能网络、功能界面和整个汽车（某种情况下也可以是单个子系统）中各项功能间通信的详细定义说明。这个过程并不对具体的技术实现方面做出任何决定。

2）系统逻辑体系结构的分析和系统技术体系结构的确定。系统逻辑体系结构是确定系统技术体系结构的基础。各种技术实现方案的分析是建立在统一的系统逻辑体系结构的基础之上，并得到一系列工程学科的理论与方法的支持。系统技术体系结构包括了所有通过软件实现的功能以及子功能的定义说明。这个定义也称之为软件需求的确定。

3）软件需求的分析和软件体系结构的确定。对软件的需求进行分析，并确定软件的体系结构，具体就是确定软件系统的边界和接口，确定软件的组件、软件层和软件的工作模式和状态。

4）软件组件的确定。这个步骤详细定义软件的组件。在这一步骤中我们开始假定处于理想状态环境下。这意味着在整个步骤中可以完全不用理会任何执行细节，比如整型算法执行。

5）软件组件的实现和测试。在设计阶段，上一步骤假定的理想状态将被重新审视。在此，所有会影响到实际实现的细节都必须进行定义说明。由此得到的设计方案将支配软件组件的实现。在这个步骤的最后，还要对软件组件进行测试。

6）软件组件的集成和软件的集成测试。一旦软件组件开发完成——当然这个过程的进行要遵循分工原则，而且组成部分已经通过了接下来的测试——这时就能开始集成过程了，将各个组成部分整合入一个软件系统中之后，最后进行软件的集成测试。

7）系统组件的集成和系统的综合测试。为了给各个 ECU 提供相应的功能，必须把软件装载到相应的 ECU 硬件上。然后 ECU 要与其他电子系统组件集成起来，比如设定点发生器、传感器和执行器。在接下来的系统综合测试中，对所有系统设备的交互响应进行评估。

8) 校准与标定。ECU 软件功能的校准包括了参数的确定,常常根据不同的车型分别确定不同的参数值。这些参数设定往往由软件通过特征值、特征曲线和特征图的形式来提供。

9) 系统测试和验收测试。最后根据系统的逻辑体系结构,就可以开始进行系统测试和以用户要求为中心的验收测试。

为了配合核心开发流程,还需要很多另外的支持流程,从对系统的需求、故障信息、修改要求的识别和文档化,从计划到执行的跟踪,直到变量数据存档。这些就是所谓的支持过程,其中包括了需求管理、结构配置管理、项目和供给管理、质量保证。

为了保证电子系统和软件开发的持续发展,必须管理、支持和集成多个不同的团体和众多的任务。这些包括所有的开发步骤、公司间和公司内消费者/供应商的关系、中间的开发成果、并行开发和各开发步骤间的转换/同步点。与实际商业过程类似,开发过程往往也能以图表形式清晰地表述出来。

在很多情况下,要缩短开发时间,就要求多个开发任务的同时进行。在软件开发中,并行工程意味着对一个软件功能的分析、说明、设计、实现和集成之后进行测试和校准工作的同时,也进行其他的软件功能开发工作。另外,还要针对不同的开发环境进行适当调整或理想化整合;也就是在实验室、测试台和在汽车中进行的仿真模拟开发步骤,必须尽可能按照高度标准化来设计,然后对彼此进行同步协调。图 8-4 显示了不同开发环境中并行工程的结构。

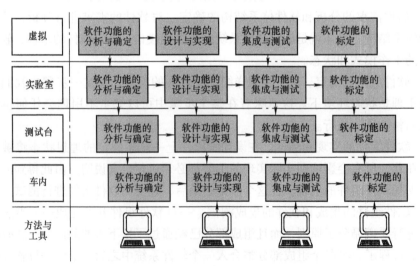

图 8-4　不同开发环境中并行工程的结构

控制器 V 形开发模式能够适应上述需求,使得软硬件开发能并行进行,大大提高了效率。V 形开发模式的主要环节如图 8-5 所示。

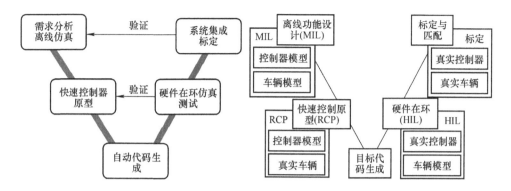

图 8-5 控制器 V 形开发模式的主要环节

1. 需求分析与离线仿真

根据系统的功能要求对系统的性能进行定义,包括传感器和执行器信号接口、控制目标和控制精度等,并在数字仿真软件中进行建模,建立控制器模型和被控对象模型,并进行离线仿真,开发符合系统功能要求的控制器和被控对象模型。这一过程也称为"模型在环"(Model in the Loop,MiL)。

2. 快速控制器原型

移除离线仿真模型的被控对象模型,接入快速控制器原型,建立实时仿真模型。所谓快速控制器原型是一类通用控制器硬件系统,包含丰富的 I/O 通道、AD/DA 通道和相应的 PWM 通道等嵌入式控制器外围接口电路,并具有类似于嵌入式控制器的 CPU 工作环境,能模拟控制器在嵌入式控制器中的运行和接口输入输出,利用快速控制器原型机替代最终的目标电子控制单元,能实现对控制器算法的快速在线验证,并验证控制系统软硬件方案的可行性。

3. 自动代码生成

自动代码生成是将离线仿真设计并通过快速控制器原型验证过的图形化控制器代码自动生成嵌入式目标系统的代码,这种代码不需要进行手工修改直接通过编译器编译便可下载到最终的目标系统。其优点在于:①替代了手工软件编写的过程,避免了人工引入到错误和调试过程;②从控制器设计到嵌入式代码的无缝连接,使得算法修改、标定与测试更加方便快捷。快速控制器原型和自动代码生成如图 8-6 所示。

4. 硬件在环仿真测试

随着软件复杂性和规模的迅猛增长,对电子控制单元执行全面测试已经变得越来越迫切。只有严格贯彻零错误的政策才能有助于避免汽车召回事件的发生。因此对于众多制造商和供应商来说,执行电子控制单元测试已经成为开发流程的一个重要环节。然而,进行实车路试需要花费很高的成本。路试常常在严寒或酷热的天气下进行,以测试 ECU 在极端条件下的性能。如果未能及时准备好必需的车辆原型,

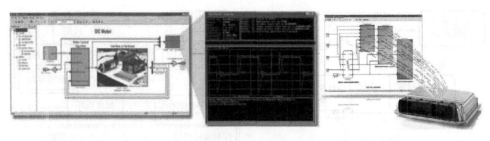

图 8-6　快速控制器原型和自动代码生成

测试将推迟进行，与开发流程同步进行的工程技术工作也难以达到相应的目标。这些还只是实车路试中遇到的其中一部分固有问题，路试不仅需要耗费大量时间和费用，受天气以及汽车原型影响，测试工程师还常常不得不面对实际的人身危险以及应对测试结果不完整的情况。

被控对象或者系统运行环境部分采用实际物体，部分采用仿真模型来模拟，进行整个系统的仿真测试。这种测试主要利用已经测试验证过的控制器软件算法，针对电子控制单元的硬件进行测试。

在产品级电子控制单元上开发和实现功能之后，需要对其进行彻底测试。通过硬件在环仿真，可以测试所有不同类型的电子控制单元。硬件在环测试使得：①功能测试有可能在早期开发阶段完成，甚至在所有零部件成型之前完成；②实验室测试可缩短时间和成本，并且在受控条件下进行，可以在不给驾驶员或受控的机器带来风险的情况下测试故障及通常危险状况下的控制器行为；③提高控制器软件质量，通过硬件在环仿真可以避免产品被召回和公司形象受损等事件发生；④原型样机数量减少、路试次数减少、成本降低；⑤在更短时间内进行更全面、更系统的测试；⑥质量提高、风险降低；⑦使用更少资源即可保证准时生产。

5. 系统集成与标定

标定系统允许用户对电子控制单元进行所有的标定和测试，可在最便利的情况下及最短的时间内对控制器的参数进行最后的调整。

8.3.2　软件过程改进和能力测定标准

适用于 SOA 架构的 ASPICE 软件开发过程是在敏捷开发模式下进行的系统开发流程。从智能驾驶功能开发层面上讲，基于 SOA 架构开发模式包括了系统功能、系统架构、软件功能、软件架构几个方面。其中分别由分别称之为产品负责人（Product Owner）、功能负责人（Function Owner）、架构负责人（Architect Owner）、子模块负责人（Module Owner）等几个角色共同承担。功能设计是搭建功能架构图和依据产品工程师输入的产品需求定义进行功能分解定义，架构负责人则根据整车架构及功能负责人输入的要素信息制定合适的软硬件架构。这里需要说明的是，在很多情况下，功能负责人和架构负责人往往是同一个人。模块负责人则是根据功能定义编制相应的系统软硬件模块、零部件软硬件模块以实现上层定义的功能需求。各负责人之间的角色定位将在如下分层流程图中进行详细说明。

1. 项目功能定义阶段（Project Function Defination）

项目功能元素包含与顶层设计相关的不同属性，例如车辆类型、预期市场、项目功能以及功能发布计划等。在实际开发中，这类输出一般是产品策划部门或市场部输出的整车功能开发需求或整车装备需求。

2. 系统架构设计阶段（System Architecture Design）

这个阶段涉及产品能力定义及模块定义。用于描述智能汽车中的用户功能，通过定义相应的函数来指出使用哪些子系统或者零部件具备相应的产品能力（Product Capabilities，PC）并对其进行相应的实例化来实现此功能，如图8-7所示。

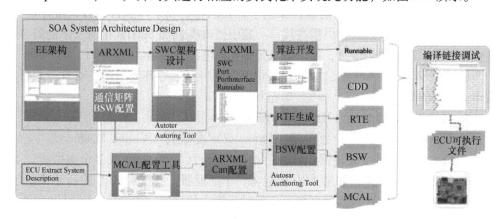

图8-7 从电子电气架构到软件系统架构设计

1）产品能力（Product Capability，PC）：该模块主要是用于定义想要实现该功能模块的传感器或执行器所具备的能力，这也是位于各个时序图上各个节点的能力描述。通常，该产品能力的定义主要由产品工程师牵头，功能所有者、架构师和模块所有者/设计者的跨职能小组共同决定。

2）产品能力实例化（PC Instance）：产品能力可以被认为是一种高级服务，一些需要在汽车中实现的功能，但它没有描述应该如何实现。产品能力实例是PC的简单实例化，可以在平台中拥有PC的不同变体。如果需要PC的不同变体实例以及在何处使用不同的实例，则模块所有者负责。系统架构师负责定义系统中定义了产品能力PC的不同类型，并确定哪些PC需要由跨职能团队才能完成。通过将当前定义的PC和其他的需要PC建立依赖关系，我们可以建模一个完整的功能架构，该功能层级的架构无须研究实际的实现机制。上述过程一般是通过各种图表（包含用例图、序列图、活动图等）来完成的。

由于在定义过程中还建立了与功能之间的连接，因此我们可以使用该模块来规划需要实现PC的顺序，以便我们在每个版本的集成阶段开发出正确的功能。

3）模块及实例（Module Instance，MI）：模块是整个模型其至整个组织中非常核心的元素。从 SOA 的架构设计上讲，每个设计的 PC 都被分配到一个并且只有一个模块（或者称之为函数），该模块负责实现 PC，但在整个平台生命周期内维护和发展 PC，规划 PC 的演进步骤，提供路线图等。

PC 定义的功能在 Component 中实现，模块实例可以确保在平台中拥有模块的不同变体。系统架构师负责定义系统中存在哪些模块，但模块所有者负责领导模块内的工作，并负责维护和发展模块。模块所有者还负责是否需要模块的不同变体实例以及在何处使用等。

3. 软件架构设计阶段（Software Archecture）

软件组件（Software Component）：组件是模块的实际设计和实现。组件可以是软件或硬件组件，但在 SOA 的软件架构中，我们将主要处理软件组件，组件定义了模块需要哪些接口以及提供哪些接口。其中接口将包括 SOA 架构所要求的服务、属性和事件。在硬件组件上，接口可以是螺孔或电线插接器。

软件包 Software Package：软件包是将部署到特定运行环境时的所有软件组件、清单文件等的集合。

4. 底层驱动设计阶段（Hardware Driver）

中央控制单元（ECU）/处理器（Processor）/虚拟机（Virtual Machine）：一个 ECU 可以由一个或多个处理器组成，一个处理器可以运行一个或多个虚拟机。不必对每个组件进行建模，如果 ECU 仅包含一个处理器，则仅对 ECU 进行建模就足够了。可以将各个软件包部署到如上运行时环境中的任何一个。

网络及连接器（Network Connector）：定义网络以及连接到它的运行时环境。运行时环境可以由一个或多个网络连接组成，这些网络连接可以是 CAN、CAN FD、以太网、VLAN、LIN 等。

严格说来，底层驱动设计应该属于软件架构设计的其中一个部分，面向底层软件设计部分通常与顶层软件开发人员不是一个团队，且具有较大区别，该开发过程由顶层软件设计人员对底层软件开发人员单独提出需求及建议。一般的需求包括平台软件总体架构及对相关 AUTOSAR 标准组件和复杂驱动的调度框架设计、开发和集成要求；内存、非易失性存储、任务、中断等等资源和权限分配；上下电流程和管理的设计；系统运行状态监控、异常处理等功能的设计等方面。

8.3.3 软件能力成熟度模型的集成

能力成熟度模型集成（Capability Maturity Model Integration，CMMI）源自 1984 年，美国国防部（DoD）委托美国卡内基梅隆大学（CMU）的软件工程研究学院（SEI）和美国国防工业协会（NDIA）共同进行一项研究，用于评估国防部委托的外部软件公司的软件开发能力。

CMMI 基本上都采用 IDEAL 方法来进行过程改进，通过不断的分析差距、建立计划、实施行动、总结经验来获得提升。CMMI 包括了多种模型，其中开发模型（Development Model）可用于指导软件产品开发，简称 CMMI – DEV。其流程大致包括有过程管理、项目管理、工程管理、项目支持四大类。

与 ASPICE 类似，CMMI 流程在软件迭代更新、过程质量控制等方面具有重要的作用，主要针对大型软件项目，目前汽车行业采用的较少。

8.4 控制器开发工具链

控制器 V 型开发模式是一种基于模型的控制器开发方法，在软件开发中，各学科间的协作交流，比如自动驾驶、网联应用、动力总成、底盘和电车身子系统开发之间的合作，就意味着对问题的了解和解决有一个共同的认识。比如，当给一辆汽车设计控制功能时，在考虑到这些控制功能通过嵌入式系统软件实现的同时，也必须考虑舒适性和安全性方面问题。一个基于模型的软件功能开发方式包括了许多定义明确的独立开发步骤，如图 8-8 所示。

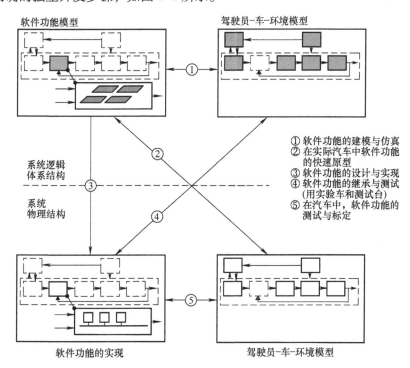

图 8-8　基于模型的软件功能开发过程

一个包括所有系统部件的图形化的功能模型通常有助于了解系统的功能。因此，用图形符号表示的基于模型的软件开发方法，比如方块图和有限状态机，正在逐渐取代文本式的软件规范说明。除了有助于对问题本身和解决方式的了解，软件功能的模型也能给我们提供其他的帮助。

如果规格说明的模型是形式化的,也就是明确且没有歧义的,那么就可以放到计算机上进行仿真执行了。接着可以通过快速原型技术在汽车上进行早期试验。所有这些都能促进"数字化规格说明"的广泛接受。

使用代码自动生成技术,可以在ECU上以软件组件的形式实现指定的软件功能模型。为此,必须通过增加设计信息以增强功能模型,这些信息包括必需的非功能性产品特性,比如优化措施。

软件功能标定的最终确定通常是和产品整个开发过程的收尾同时进行的。在很多情况下,这个过程是在汽车所有功能正常运转后,在适当的方法和工具支持下完成的。

基于模型的控制器开发需要有丰富的工具链支持,以下就每个步骤中所用到的软硬件工具进行介绍。

8.4.1 需求管理与分析工具

需求是控制系统项目开发的第一环,开发产品的目的就是满足需求。需求管理是一种用于查找、记录、组织和跟踪系统需求变更的系统化方法,可用于获取、组织和记录系统需求并使客户和项目团队在系统需求变更上保持一致。有效的需求管理在于维护清晰明确的需求阐述、每种需求类型所适用的属性,以及与其他需求和其他项目工作之间的可追踪性。

需求管理活动包括:

1)定义需求基线。
2)评审需求变更并评估每项需求变更对软件产品的影响,从而决定是否实施。
3)以一种可控制的方式将需求变更融入当前的软件项目。
4)令当前的项目计划和需求保持一致。
5)估计变更所产生的影响并在此基础上协商新的约定。
6)实现通过需求可跟踪对应的设计、源代码和测试用例。
7)在整个项目过程中跟踪需求状态及其变更情况。

需求管理软件不下几十种,如泛Office类、ONES、EA等,这里介绍汽车工业界常用的一款软件Systemweaver。Systemweaver能提供结构化的需求管理功能其界面如图8-9所示。其主要功能包括:①提供灵活的需求结构模型,可自定义需求属性,如验证方法,定义ID等。②可进行需求分配及追溯,逐层进行需求分解,并查看需求覆盖度进行需求变更影响分析。③可定制需求报告模板,根据客户需求生成相应的需求规范。

能进行功能及逻辑设计,可支持功能及用例定义,进行功能描述并进行功能-逻辑系统的分解。通过部件和接口定义完成逻辑系统设计,实现具体产品功能。其主要功能包括:①可根据产品模型进行功能定义及功能分解;②可进行图形化功能逻辑系统设计，基于AUTOSAR标准定义SWC、Port、DataType等设计内容；③可基于AUTOSAR标准进行数据一致性校验。

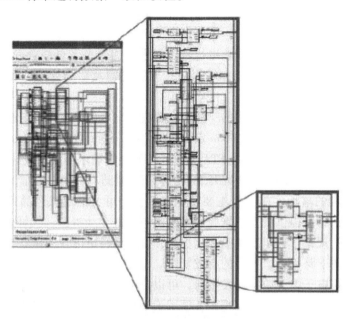

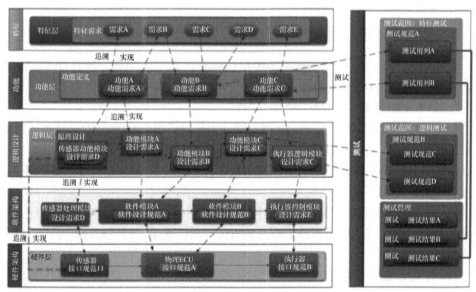

图8-9 Systemweaver界面

可针对控制器进行软硬件顶层开发，进行网络架构设计。并生成供下游供应商使用的交付物，其主要功能包括：①可将逻辑Component针对ECU进行分配，形成软件ECU顶层设计及ECU系统信号；②可针对硬件ECU进行硬件Pin口设计，明确 ECU 连接信息；③可针对网络 ECU 进行网络设计，定义总线及报文，生成 DBC 文件；④可根据网络架构信息，生成网络拓扑连接图。

提供全面的集成测试管理流程，用户可定义测试用例，并关联设计需求，综合管理测试结果，其主要功能包括：①可自定义测试用例、测试步骤，测试脚本等信息；②可通过关联测试用例及需求进行基于需求的测试；③可综合管理测试结果，进行覆盖度及测试结果对比分析；④可进行测试问题及缺陷管理，控制产品改进状态。

可根据客户需求提供定制化的功能安全解决方案，保证安全性分析和产品设计的关联性。其主要功能包括：①Item 定义及 HARA 分析；②Safety Goal、FSC、TSC 的定义及 ASIL 分解；③FMEA 及 FTA 分析；④安全性需求与产品设计的关联。

可以提供基于模型的实时协同开发模式，有效地进行设计过程管理，保证电子电气设计 V 流程的落地实施，其主要功能包括：①可灵活定义产品元模型，满足不同研发流程；②可提供统一数据源的实时协同研发交互机制；③可提供模型数据的版本及变更管理；④可定制各类数据报表，管理项目进度及实施状态；⑤可支持数据在不同变体下跨平台、项目的有效复用。

作为企业级电子电气协同研发平台，可以提供统一数据源的分布式开发解决方案。通过统一的全局视图综合管理，各领域工程师的协同开发，大大减少了不必要的沟通时间，提高企业研发效率。

8.4.2 控制器建模、仿真与设计工具

除 MATLAB/Simulink/Stateflow 的图形化建模仿真工具之外，还有许多商业化的建模仿真工具，这里做简单的介绍。

1. AVL CRUISE

AVL CRUISE 软件主要是针对复杂车辆动力传动系统的仿真分析，通过其便捷通用的模型元件，直观易懂的数据管理系统以及基于工程应用开发设计的建模流程和软件接口，已经成功地在整车生产商和零部件供应商之间搭建起了沟通的桥梁。软件的主要特点如下。

1）便捷的建模方法和模块化的建模手段使得不同项目组可以对模型进行方便快捷的整合。可以快速搭建各种复杂的动力传动系统模型，可同时进行正向或逆向仿真分析。

2）可以实现对车辆循环油耗（针对不同的循环工况）、等速油耗（任意档位和车速下）、稳态排放、最大爬坡度（考虑驱动防滑）、最大牵引力（牵引功率）、最大加速度、最高车速、原地起步连续换档加速、超车加速性能（直接档加速性能）、车辆智能巡航控制、制动/反拖/滑行等一系列车辆性能的计算分析。

3）CRUISE 软件与 AVL BOOST 软件的耦合仿真可以实现对发动机瞬态特性的仿真分析；与 FLOWMASTER 软件或 KULI 软件的耦合仿真可以实现车辆热管理系

统（VTMS）的设计及仿真分析。

4）在基于传统车辆模型的基础上可以快速搭建纯电动汽车或混合动力车辆模型，并可通过与MATLAB（API，DLL，Interface）或C（BlackBox）语言的接口实现整车控制策略的设计开发；能够便捷的对新型动力传动模式（AT，AMT，DCT，CVT等）及其控制策略进行研究分析。

5）内置Function函数，兼容C语言的程序格式，使用户在不需要第三方程序的前提下便捷地进行相关控制策略的设计和开发。

6）根据预先设定的动力性、经济性或排放性指标，可以对模型中的参数进行快速优化组合，并可以对动力传动系统进行匹配优化（DOE参数化研究和多动力总成匹配研究）。

7）采用与Oracle对接的数据库管理体系，便于进行系统的管理和资源分配，提高了数据管理的安全性，同时方便实现CRUISE软件不同使用群体之间的数据交换和数据读取；强大的数据搜寻和对比功能，使用户在面对大量的数据的情况下可根据自己设定的边界条件便捷地进行数据的获取和对比。

8）可以与硬件系统（如：AVL In – Motion，dSPACE，ETAS等）进行联合仿真，满足用户对于车辆系统动态实时（Real Time）仿真分析的需求；可对动力总成及其相关联的ECU控制策略进行分析和调试，实现车辆动力学的快速原型开发（RCP）和硬件在环仿真功能（HIL），极大地提高了开发效率并缩短了开发流程。

9）提出了动力总成分层建模的方法，可以将动力总成的不同元件搭建在用户自己设定的不同层中，使得建模过程更加直观和便捷，可独立对动力总成中某一部件进行仿真分析（无须搭建整个车辆模型），极大地降低了对于车辆建模所需参数的要求；可根据用户自定义的目标参数，对驾驶员模型进行系统优化分析。

10）通过与AVL DRIVE以及IPG CarMaker的联合仿真可以进行包括牵引力控制、制动稳定性分析、行驶平顺性以及换档品质评价等方面的仿真分析。

2. TESIS DYNAware

TESIS DYNAware是一个针对虚拟车辆实时仿真的软件包。软件包括高精度的车辆动力学仿真模型（veDYNA）、发动机模型（enDYNA）和液压制动（RT Brake Hydraulics）。应用范围包括从在PC上设计控制系统的原型到实际情况下的ECU或车辆组件的硬件在环仿真。veDYNA车辆动力学仿真提出了一些关于悬架、轮胎、交通仿真和动画的新特征。新的veDYNA悬架分析工具箱支持使用K&C试验测试或使用复杂的多体动力学仿真软件计算的数据来完全自动化地进行悬架数据生成。生成的车轴特性可以方便地在图形化用户界面中修改。在veDYNA中，可以直接使用标准的Pacejka轮胎数据。这种功能，是通过Pacejka96轮胎模型的源码开放，从而扩展了此模型的Simulink接口而实现的。

新版本的DYNAanimation工具包括了一个ActiveX界面来对所有功能进行遥控。这个界面允许修改对象的属性，甚至在仿真运行过程中也可以进行修改。由于多窗口的显示，DYNAanimation 也可以应用于驾驶模拟器。

TESIS DYNAware 发布了 R3.3.2 的新版本。包括发动机物理学的 enDYNAThemos 模块，为现代发动机 ECU 测试量身打造了一个虚拟的测试环境，例如可仿真拥有可变气门升程或柴油颗粒捕捉器的发动机；对于车辆动力学仿真，新的悬架工具箱——基于实际测试的自动化模型设计，使车轴的设计流程更加方便。enDYNAThemos 是新一代的发动机实时仿真模块，可以对发动机内部过程进行分析，例如燃烧过程或温度和压力模式。这对柴油发动机和汽油发动机的设计和 ECU 测试非常有益。关键是提供了一个好的可用的仿真模型。尽管这个仿真模型有很高的复杂度，但是模型参数是基于标准测试的数据，不需要特殊的测试。enDYNAThemos 模型能够在柴油发动机 ECU 中通过缸压传感器模拟缸压的变化，并且可以仿真多次喷射和多点喷射，这样就能进行废气再循环和柴油颗粒捕捉器的废气后处理的仿真。因此，enDYNAThemos 模块极大地提高了目前发动机实时仿真模型的精确度和准确度。新的模块仍然可在任何通用的 HIL 测试设备中使用。针对汽油发动机的 enDYNAThemos 模块，考虑了可变气门升程和内部与外部的 EGR 循环，提供了排放气体详细成份的重要信息，并考虑了废气后处理的仿真。

8.4.3 快速控制器验证工具

1. dSPACE 快速原型系统

dSPACE 实时仿真系统是由德国 dSPACE 公司开发的一套基于 MATLAB/Simulink 的控制系统开发及半实物仿真的软硬件工作平台，实现了和 MATLAB/Simulink/RTW 的完全无缝连接。dSPACE 硬件系统中的处理器具有高速的计算能力，并配备了丰富的 I/O 支持，用户可以根据需要进行组合；软件环境的功能强大且使用方便，包括实现代码自动生成/下载和试验/调试的整套工具。

dSPACE 实时系统充当控制算法和逻辑代码的硬件运行环境，通过 I/O 板与控制对象连接进行研究和实验，验证控制方案的可行性，大大简化了开发过程，提高了开发效率。

dSPACE 实时系统要求 PC 装有 Windows 操作系统、MATLAB/Simulink、RTW、dSPACE 的 ControlDesk 及 RTI；利用 MATLAB/Simulink 建立控制对象的快速控制原型，完成控制算法的设计；RTI 与 RTW 协作自动将快速控制原型转化为可执行的 C 代码，经过编译并下载到 dSPACE 实时处理器 DS1005 中运行；利用 dSPACE 的 ControlDesk 软件，实现对实时硬件的图形化管理、用户虚拟仪表的轻松建立、变量的可视化管理、参数的可视化管理以及实验过程自动化。dSPACE 硬件系统中处理器板 DS1005 负责控制算法的实时计算，通过内部的 PHS 总线和 I/O 板 DS2201 连接，I/O 板 DS2201 接受来自实物电机的电压电流信号，并发出 PWM 脉冲信号去控制逆变器。dSPACE 实时系统拥有实时性强、可靠性高等优点，但这种专用系统必须采用其专用板卡，价格昂贵且维护性差。

2. PROtroniC 快速原型系统

PROtroniC 快速控制原型系统是德国 AFT 公司专为汽车电子行业设计的，用于电控系统的基于模型的控制算法和软件开发。

使用 PROtroniC 在 MATLAB/Simulink 无缝开发环境中进行产品控制任务的独立开发，并且可以将开发结果直接转化到产品中。PROtroniC 支持自动代码生成工具 Real Time Workshop Embedded Coder 和 Targetlink，用户可根据自身需求自由选择自动代码生成工具，并将代码下载到 PROtroniC 硬件中，快速高效地测试 ECU 产品的新功能。PROtroniC 是德国内燃机学会 FVV 推荐的标准参考研发工具，在欧美汽车动力总成电控系统研发领域获得了广泛的应用。

由于 PROtroniC 集成了信号调理和功率放大模块，并且采用先进的 FPGA 技术实现 I/O 资源的灵活配置，可以实现 PROtroniC 作为快速控制原型系统的即插即用，而不用费力去搭建外围电路及连接复杂的线束。特别针对发动机电控开发，AFT 公司还为客户提供设计好的汽油和柴油机发动机功能模型，客户可以直接在控制算法中使用这些模型，从而专注核心控制逻辑的开发。

PROtroniC 结构紧凑、外壳坚固，采用汽车级的接插件和外接线束，并经过严格的防水测试（IP64K），因此可以直接置于发动机舱、实验室或台架上使用。PROtroniC 支持 ASAM 标准协议，用户可选择 AFT 公司的测量标定工具 MARC 以及其他国际主流的标定工具（如 CANape、INCA 等）在线实时地调整和测量参数。

PROtroniC 可用于各种不同的汽车 ECU 开发应用，提供 PROtroniC USG 用于通用型控制器原型平台，并且提供 ROtroniC MR 专用于柴油和汽油发动机的控制器原型平台。由于它专门针对汽车电子控制单元开发设计，不是通用型的快速控制原型系统，并且集成了专业工具，价格较高。

3. xPC Target 快速原型系统

xPC Target 是一种高性能的主机 - 目标机构原型系统，它能把 Simulnk 模型和 Stateflow 模型和物理系统连接起来，并且在低成本的 PC 硬件上实时运行。xPC Target 提供了系统的快速控制原型和硬件在环仿真完整的解决方案。利用 xPC Target 可以在主机上设计模型，并用 Real - Time Workshop 和 Stateflow Coder 自动生成代码，最后下载到运行 xPC Target 实时内核的 PC 机上。用户可以使用 32 位或 64 位 X86 架构的计算机作为实时目标系统（软件运行在 32 位模式下）。使用另外独立提供的 xPC Target Embedded Option，用户可以在独立目标机上开发实时嵌入式系统，用于生产、控制、信号处理、数据获取、标定和测试等场合。xPC 快速控制器原型目标机与主机如图 8-10 所示。

xPC Target 是理想的快速原型和硬件在环测试工具，它可以在标准的 PC 兼容机上运行实时模型。其特点是在任何一台 PC 上使用实时内核，可以运行来自 Simulink 和 Stateflow 的模型，支持任何 PC 系统，例如 TargetBox、PC/104、PC/104 +、CompactPCI、嵌入式 PC 机或其他任何兼容 PC 机；灵活的启动选项，包括 CD、硬

图 8-10　xPC 快速控制器原型目标机（左）与主机（右）

盘、CF 卡、网络和软盘，根据处理器的性能水平、模型规模和 I/O 复杂程度，采样率最高可达到 50KHz；在扩展的设备驱动库里，支持超过 300 种商业 I/O 板卡；开放的硬件驱动环境，支持系统集成方和硬件生产方提供的第三方驱动。

在主机上以 MATLAB/Simulink、RTW、xPC Target 和 C 编译器作为开发环境，可以生成实时应用程序，并使其运行在一台 xPC Target 实时内核的目标机上，如图 8-11 所示。用户可以通过 MATLAB 命令行或者主机的图形界面（GUI）、标准的网络浏览器或者目标机命令行来控制目标机上的程序的执行。在程序运行期间，用户可以交互的改变模型参数并且迅速地获取、观察信号或者把它们保存起来做后续处理。通过目标 GUI 能直接观察目标机上的信号和状态信息。

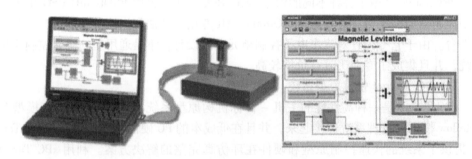

图 8-11　xPC 快速控制器原型的运行

4. 特定嵌入式电子控制单元类快速原型机

这种类型的快速原型针对特定的嵌入式控制系统开发，预留了比较全面的输入/输出接口和通道。这种类型的快速原型机更加接近实际的嵌入式电子控制单元，其局限是不能作为通用的快速原型使用。

8.4.4　自动代码生成工具

算法测试和验证完成后，就到了基于模型的控制系统设计的最后步骤——嵌入式系统实现，在这一步骤，MATLAB 的工具提供了高效的产品级代码生成与实现能力。生成的代码可以被用于生产过程，也能被配置成嵌入式目标应用。

Real – Time Workshop Embedded Coder 是 Simulink 的扩展工具箱，能将 Simulink 模型转变为嵌入式的、离散时间系统的代码。在 RAM、ROM、CPU 资源受限的系统上，Real – Time Workshop Embedded Coder 是理想的代码生成工具。Real – Time Workshop Embedded Coder 生成的代码灵活、可靠、高效、易于维护并符合工业标准，基本达到或超过手写代码的优化效率，如图 8-12 所示。

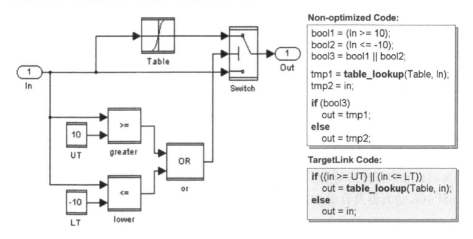

图 8-12　图形化控制器代码（左）与生成的嵌入式代码（右）

自动代码生成过程主要考虑以下两个问题。

1）代码优化问题。基于模型的设计成为许多企业的一种确定的开发方法。产品代码生成是将模型转变为高效的生产就绪代码的必然步骤。TargetLink 是一个从 MATLAB/Simulink/Stateflow 图形开发环境直接生成产品代码（C 代码）的软件系统。代码生成选项可进行从简单的 ANSIC 代码生成到特定处理器的优化定点或浮点代码生成。多功能的代码配置选项可以确保产品级代码符合处理器约束。

2）代码规范与风格控制。当在预配置的原型硬件上执行代码时，代码的细节无关紧要。然而，当必须在产品级 ECU 上执行代码时，代码的许多细节变得尤为重要。例如，需要管理存储器布局，需要采取有效方法连接外部代码，以及代码输出格式必须符合特定标准。可以高度定制 TargetLink 的代码输出生成，以满足需要。

TargetLink 的开放性提供了各种定制代码选择，比如变量名称和类别、外部代码集成、代码输出格式等。

自动代码生成方法能将图形模型直接转换为产品代码，可以确保模型和代码始终保持完美一致。一样的模型通常会产生一样的代码，因此，能够保证最高的软件质量。每个步骤都可以通过嵌入式仿真功能针对规范进行测试。

8.4.5 控制器快速测试工具

虚拟路试对仿真器来说是一项很艰巨的任务，因为它不得不处理发动机甚至整辆汽车等高度复杂的系统模型。实时性当然是必需的。此外，需要生成无比复杂的传感器信号，所以仿真这些信号是仿真器需要面临的另一项巨大挑战。

1. dSPACE 仿真器

dSPACE 仿真器硬件基于 PowerPC 处理器，具有强大的计算能力和 I/O 灵活性。dSPACE 仿真器包含智能 I/O 板卡，它们可以独立灵活地生成和测试信号。信号调理和故障仿真基于智能模块概念，这保证了快速配置和最大的灵活性。dSPACE 仿真器可生成和测试有限的一些车辆信号，比如：①基于波形的信号生成（曲轴、凸轮轴、爆燃信号等）；②生成 PWM 传感器信号和霍尔传感器信号（轮转速、燃油液位等）；③生成基于电阻的传感器信号（温度等）；④生成和测试模拟传感器和数字传感器的信号（节气门、开关、车灯、继电器等）；⑤线性探测器仿真；⑥基于角度测试喷射和点火脉冲；⑦测试 PWM 执行机构信号（电磁阀等）；⑧CAN 接口和串行接口等等。

dSPACE 仿真器及自动变速器在环测试如图 8-13 所示。

图 8-13 dSPACE 仿真器及自动变速器硬件在环测试

对于硬件在环仿真，需要使用实时模型仿真真实环境。这些模型代表使用真实控制器的系统的行为。模型和仿真器共同构成了真实对象的相同表示。在对模型指定适当的参数并进行适当配置后，该模型可以仿真所表示的对象可能有的任何状态。

dSPACE 仿真器中包含汽车仿真模型（ASM），这是一种是开放式的 Simulink 模型，用于关键汽车系统（例如发动机、液压制动系统、涡轮增压器、动力传动系统、电气系统等）的实时仿真。还可以通过组合多个模型来创建虚拟车辆。

2. NI PXI 的实时仿真测试系统

美国国家仪器公司也有相应的用于 HIL 测试的硬件平台，它采用基于 NI PXI

组件式的实时仿真模块开发。PXI（PCI eXtensions for Instrumentation，面向仪器系统的 PCI 扩展）是一种基于 PC 的测量和自动化平台。PXI 结合了 PCI 的电气总线特性与 Compact PCI 的可靠性、模块化及可靠的机械封装的特性，并增加了专门的同步总线和主要软件特性。这使它成为测量和自动化系统的高性能、低成本运载平台。这些系统可用于诸如制造测试、军事和航空、机器监控、汽车生产及工业测试等各种领域中。

在基于 NI PXI 的实时车辆仿真系统中，行驶工况模拟、数据采集、虚拟仪表、监控、测试自动化以及所有其他的任务都以图形化的方式执行。基于 NI PXI 的实时车辆仿真系统能最大程度地提高测试效率和易用性。基于 NI PXI 系统的硬件在环测试系统如图 8-14 所示。

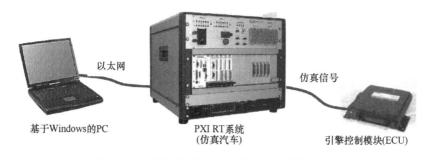

图 8-14　基于 NI PXI 系统的硬件在环测试系统

基于 NI PXI 的实时车辆仿真系统主要包含以下三个部分：

1）实时模型运行环境。模拟机械系统的一项重要工作就是建立系统的动态模型，为使模拟与真实世界尽可能接近，此项工作需要在基于计算机的快速、确定的系统中进行，模拟系统的速度应等于或大于控制器的采样速度。而且，输入/输出处理（如解码脉宽调制信号或自定义协议）和输出波形或脉冲串的编制通常必须在比主控制回路快得多的速度下进行。

2）传感器模拟及执行器采集。HIL 系统的主要用途是尽可能真实地模拟真实的测试环境，尽可能准确地模拟进入控制器的传感器信号以及采集从控制器发出的模拟和数字信号。这就要求使用的硬件应具有足够多种类的输入和输出通道，而且硬件应尽可能准确地产生多种复杂信号和采集多种复杂信号。

3. 基于普通 PC 的 HIL 测试平台

利用 PC 和扩展板块也可以开发一些系统。对于模拟信号简单、时效性要求并不是很高的实验系统，其优点是价格低廉，完全由自己定制；不足就是无商业化模型利用，需要自己开发系统模型。

8.4.6　系统集成与标定工具

控制器的标定分为在线标定与离线标定两种方法，在线标定由于时效性好、测试方便，已经被越来越广泛地采用。在汽车电子控制单元的在线标定方法中，主要是基于 CAN 总线的 CCP 协议（CAN Calibration Protocol）。目前瑞典 Kvaser、德国 Vector 等均能提供支持 CAN 调试工具支持 CCP 协议的工具，国内上海同星科技、广州周立功、珠海创芯等公司也开始逐步提供性价比更高的总线标定设备。

8.5 本章小结

  智能网联汽车控制系统面临的挑战包括软硬件绑定与解耦、低成本与高安全性、开发周期加速性与产品功能多样性、组织分工与系统集成等矛盾。

  嵌入式控制系统的开发流程是实现控制器的核心工作，也是贯穿从系统需求分析到控制器性能验证的一条主线。由于智能网联汽车嵌入式系统开发面临新的形势和挑战，传统基于文档的控制系统设计流程已无法满足现代汽车生产需求，控制器 V 型开发模式已在工业界得到普及应用。控制器开发工具链包括六大类：需求管理与分析、控制器建模仿真与设计、快速控制器原型、自动代码生成、快速测试及系统集成与标定。

参 考 文 献

[1] 刘法旺，徐晓庆，陈贞，等. 搭载自动驾驶功能的智能网联汽车安全测试与评估方法研究 [J]. 汽车工程学报，2022（4）：1 – 7.

[2] 张勇. 智能网联汽车数据安全认识与思考 [J]. 时代汽车，2022（9）：7 – 9.

[3] 李唐宁，张超. 智能网联汽车求解安全焦虑 [N]. 经济参考报，2022 – 02 – 25（5）.

[4] 赵文博. 从测试认证把握智能网联汽车安全 [J]. 智能网联汽车，2022（1）：10 – 11.

[5] 叶卫明，常贺. 基于智能网联汽车的通信和信息安全研究 [J]. 电信工程技术与标准化，2022，35（1）：88 – 92.

[6] 宋涛，李秀华，李辉，等. 大数据时代下车联网安全加密认证技术研究综述 [J]. 计算机科学，2022，49（4）：340 – 353.

[7] 陈静相，张荣沛. 智能网联汽车安全新架构 [J]. 网络安全和信息化，2021（9）：48.

[8] 吴昆伦. 智能网联汽车信息安全关键技术 [J]. 电子技术与软件工程，2021（8）：239 – 240.

[9] 毋超. 考虑供应商参与的整车开发流程研究与应用 [D]. 重庆：重庆大学，2017.

[10] 维克多汽车技术. Tools and Services for ECU Calibration [EB/OL]. (2020 – 06) [2022 – 05] https: //www. vector. com/cn/zh/.

第9章 智能网联汽车动态系统的验证方法

西方科学的发展是以两个伟大的成就为基础,那就是:希腊哲学家发明的形式逻辑体系,以及发现通过系统的实验可能找出因果关系。

——爱因斯坦

当今世界的汽车工业,得益于开发流程(形式逻辑体系)和工程试验(科学实验)。试验的对象是设计的产品,目的是找出缺陷更正设计;实验的对象是自然现象,目的是发现客观规律。但是两者在利用相似性思维方法方面是完全一致的。

本章从相似性原理开始,讲述基于仿真实验的理论检验(Verification)、传统的台架试验及智能网联汽车测试验证(Validation),同时力争能给新型产品试验设备和验证方法予以启发。

9.1 相似性、仿真与验证方法论

9.1.1 相似性原理

相似性是人们在认识世界过程中广泛存在的一种现象,众多科学家的发明或者发现都应用到相似性原理;从1638年伽利略论述的"威尼斯人在造船中应用几何相似原理"、1638年牛顿在他的著名《自然哲学的数学原理》中讨论的"两个固体运动过程中的相似法则",到1848年物理学家柯西(Cuachy)从弹性物体的运动方程导出了集合相似物体中的声学现象和规律,再到1920年前后,M. B. 基尔比切夫在"弹性现象中的相似性定理"问题研究中,使得相似性原理得以逐步完善,可以说相似性原理是科技创新与应用的桥梁。

1. 几何相似

所谓几何形状一般可以认为是物体轮廓上的点集,几何相似就是物体外部轮廓、形态中的点、线、面的特征具有相似性。几何相似的两物体具有流体力学方面的良好相似关系和多种等比特性。

2. 运动相似

刚体、流体的运动，都遵循一定的规律，复杂结构的运动状态可以用简单结构的运动状态来模拟。比如研究双轴汽车横向运动特性时，就采用了这种方法。图 9-1 所示为一辆双轴、四轮、质心在路面上的平面车辆模型，如果忽略同一车轴上两轮轮荷的变化；每根车轴上的两个车轮都可以用一个车轮来代替，车辆由双轨模型简化为单轨模型，即车辆动力学分析中经典的"自行车模型"。

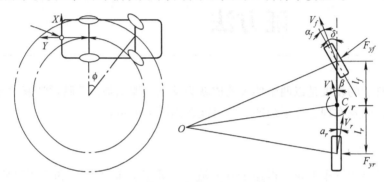

图 9-1 横向动力学汽车自行车模型

3. 环境相似

在有人参与的仿真实验系统中，人们往往追求耳、鼻、眼等感觉器官的真实性。因此环境相似就成为相似方式中很重要的一环节，它可使仿真系统更为真实。比如在汽车设计、开发、测试以及供驾驶训练汽车驾驶模拟器，如图 9-2 所示。

图 9-2 汽车驾驶模拟器

驾驶模拟器上一般装配带感应车门、转向盘、仪表、可调座椅、档位、加速踏板、制动踏板、离合器踏板、安全带、后视镜、显示器等装置，模拟器的控制系统会根据驾驶员转向盘、加速踏板、制动踏板、离合器踏板等输入，由视景系统在显示器上输出车外道路环境、并同时在仪表上显示车辆状态。使得驾驶员从视觉、触觉等多方面感受到真实驾车环境。

4. 功能相似

功能相似是指不同的方式、方法都可以实现相同的效果。在汽车车身工艺生产制造过程中，需要用到大量的焊接工艺，由于焊接操作强度大、工作环境恶劣，焊接质量要求高等原因，人工焊接方法早就被淘汰，现在一般都采用全自动焊接机器人或机械手，如图9-3所示。焊接机器人是从事焊接（包括切割与喷涂）的工业机器人，它主要包括机器人和焊接设备两部分。其中，机器人由机器人本体和控制柜（硬件及软件）组成；而焊接装备则由焊接电源（包括其控制系统）、送丝机（弧焊）、焊枪（钳）等部分组成。对于智能机器人，还配有传感系统，如激光或摄像传感器及其控制装置等。

图9-3　汽车车身焊接机器人

焊接机器人通过完全模拟人手的动作达到完成人能完成的工作，焊接机器人的使用大大提高了汽车生产的效率、保证了汽车车身质量，是一种极大的科技进步。

5. 思维相似

人的思维方式可以分为逻辑思维和形象思维两种典型的类型。逻辑思维相似主要是应用数理逻辑、模糊逻辑等理论，通过对问题的程序化，应用计算机来仿真人的某些行为，例如专家系统、企业知识库、企业管理 ERP 系统等。形象思维相似主要是应用神经网络等理论来模拟人脑所固有的大规模并行分布处理能力，模拟人的瞬间完成对大量外界信息的感知与控制的能力。

除此之外，还有许多方面的相似性，比如生理相似、时间相似、速度相似、逻辑相似等。

9.1.2　相似定理

相似第一定理（相似正定理）：彼此相似的物理现象必须服从同样的客观规律，若该规律能用方程表示，则物理方程式必须完全相同，而且对应的相似准则必定数值相等。

对于一些复杂问题与现象，常常存在一定的相似准则。比如对于黏性不可压缩气流，其运动规律相似符合雷诺准则：黏性力是主要的力，雷诺数 $Re = vl/v$ 表示流体惯性力与黏性力的比值,是黏性力的相似准数;液体表面张力相似规律符合弗劳德准则;弗劳德准则认为重力是主要的力,弗劳德数 $F_r = v^2/gl$ 是重力位能与动能的比值或重力与惯性力的比值,是重力的相似准数;在自然科学领域中有许多这样的准则,比如欧拉准则,欧拉数 $E_u = p/\rho v^2$ 是相似准数;柯西准则、柯西数 $C_a = \rho v^2/E$ 是相似准数,还有马赫数 $M = v/a$、韦伯数 $W = \rho l v^2/\delta$、斯特洛哈尔数 $S_r = \omega l/v$,阿基米德准数 $Ar = g d_0 \Delta T_0/v^2 T_e$ 等。

相似第二定理(相似逆定理):凡同一类物理现象,当单值条件相似且由单值条件中的物理量组成的相似准则对应相等时,则这些现象必定相似。

要实现模型与原型的相似,就必须满足如下相似条件:①同类现象,都由形式相同的控制方程组所描述;②定解条件(单值性条件)相似;③由单值条件的物理量组成的相似准则中数值上相等。

第二定理指出了模型实验应遵守的条件。但是在实际工作中,随着定性准则数量的增多,会使模型的实现愈加困难,甚至无法实现。通常在保证一定精度的情况下,可允许单值性条件部分相似或近似相似,而忽略那些对系统影响小的准则,这样使模型较容易实现。

相似第三定理(相似Ⅱ定理):描述某现象的各种量之间的关系式可以表示成相似准数方程之间的函数关系,这种关系式称为准数方程,即

$$F(\pi_1, \pi_2, \cdots, \pi_n) = 0 \tag{9-1}$$

任何定解问题的积分结果都可以表示成准数方程的形式:

$$\pi_{\text{未定}i} = f_i(\pi_{1\text{已定}}, \pi_{2\text{已定}}, \cdots, \pi_{m\text{已定}}), i = 1, 2, \cdots, m, \cdots, n \tag{9-2}$$

对于所有彼此相似的现象,相似准则都保持同样的数值,所以它们的准则关系式也是相同的。由此,如果把实验结果整理成准则关系式,那么得到这种准则关系式就可以推广到预期相似的现象中去。

"仿真"一词最早出现于20世纪50年代,并与计算机一词共同使用,当时被称为计算机仿真。经过几十年的发展,仿真技术已经日渐成熟,并经常用于解决各个学科中比较复杂的问题。"仿"是模仿,"真"是真实,那仿真的意思就是"模仿真实",那为什么要模仿真实呢?这就涉及一个成本和信息问题。

首先是成本问题。以汽车研发为例,在汽车批量生产之前,怎么知道汽车一定安全可靠或者一定更省油?那就要去做试验,那首先就要开发一套产品的样机,那就会遇到周期长、成本高的问题。我们希望建立一个能够尽可能贴近这辆汽车的实际物理属性的模型,再对个模型去实验不是很好吗?比如风洞实验就是如此,对着模型用等效的气流吹,然后测量模型的各种响应参数,那么在汽车生产之前就可以确定这款车的实际效果了。

其次是信息问题。上面讲到,在汽车风洞模型实验中,我想去测量汽车的各项响应参数,通过在模型上布置各类传感器进行采集,其实就是获取信息的一种手段。想要获取信息,有很多种获取信息的途径,在这过程中,你只需要尽量地保证

你的实验途径可靠、响应真实、获取手段可信，那你最后得到的信息就可以大致代表真实结果了。

仿真技术得以发展的主要原因，是它所带来的巨大社会经济效益。50 年代和 60 年代仿真主要应用于航空、航天、电力、化工以及其他工业过程控制等工程技术领域。在航空工业方面，采用仿真技术使大型客机的设计和研制周期缩短 20%。利用飞行仿真器在地面训练飞行员，不仅节省大量燃料和经费（其经费仅为空中飞行训练的十分之一），而且不受气象条件和场地的限制。此外，在飞行仿真器上可以设置一些在空中训练时无法设置的故障，培养飞行员应付故障的能力。训练仿真器所特有的安全性也是仿真技术的一个重要优点。在航天工业中，采用仿真实验代替实弹试验可使实弹试验的次数减少 80%。在电力工业方面采用仿真系统对核电站进行调试、维护和排除故障，一年即可收回建造仿真系统的成本。现代仿真技术不仅应用于传统的工程领域，而且日益广泛地应用于社会、经济、生物等领域，如交通控制、城市规划、资源利用、环境污染防治、生产管理、市场预测、世界经济的分析和预测、人口控制等。对于社会经济等系统，很难在真实的系统上进行实验。因此，利用仿真技术来研究这些系统就具有更为重要的意义。

9.1.3 仿真模型

由于一个真实的系统可能太庞大，也可能含有许多细节，常常超过人类智力可能认知的范围，所以人们必须从系统中抽离出重要的"现象"，让人们能够认识与理解系统的重要特性，包括系统各组件的静态与动态合作关系。20 世纪 90 年代初，美国国防部将"计算机仿真"更新为"建模与仿真"来强调建模的重要性。模型包含一组明确定义的基础概念，以及这些概念之间的关系。即这些基础概念根据明确定义的规则来组合成为较高层次的概念或系统。简单而言，模型的基础元素包括一组基本概念以及一组关系或规则。借助这些元素来表达出系统的架构。由于人们对基础元素有了共同的认知，所以整个系统的架构的描述也就成为人与人之间可以认知和理解的东西。因此，人与人之间采用共同的模型时，就易于沟通，易于互相合作了。

仿真模型是被仿真对象的相似物或其结构形式。它可以是物理模型或数学模型。但并不是所有对象都能建立物理模型。例如为了研究飞行器的动力学特性，在地面上只能用计算机来仿真。为此首先要建立对象的数学模型，然后将它转换成适合计算机处理的形式，即仿真模型。具体地说，对于模拟计算机应将数学模型转换成模拟机；对于数字计算机应转换成源程序。

通过数字计算机、模拟计算机或混合计算机上运行的程序表达的模型，采用适当的仿真语言或程序，物理模型、数学模型和结构模型一般能转变为仿真模型。关于不同控制策略或设计变量对系统的影响，或是系统受到某些扰动后可能产生的影响，最好是在系统本身上进行实验，但这并非永远可行。原因是多方面的，例如：

实验费用可能是昂贵的；系统可能是不稳定的，实验可能破坏系统的平衡，造成危险；系统的时间常数很大，实验需要很长时间；待设计的系统尚不存在等。在这样的情况下，建立系统的仿真模型是有效的。

1. 物理模型

物理模型也称实体模型。根据相似性理论制造的按原系统比例缩小（也可以是放大或与原系统尺寸一样）的实物，例如风洞实验中的飞机模型、水力系统实验模型、建筑模型、船舶模型等。

1914年，作为一种新奇的推销手段，美国福特公司在一款新车面世之时，推出了世界上第一批汽车模型。车模一经问世，立即成为全世界汽车厂商喜爱的汽车推销方式而风靡全球。今天，一些世界著名的汽车厂家，如奔驰、宝马，也推出汽车模型甚至和新车面世同步，车模所用的图纸往往就是真车的设计图，如图9-4所示。

图9-4　汽车模型

物理模型就是用物理学的概念和理论来描述抽象现实问题，特点是舍弃次要因素，抓住主要因素，从而突出客观事物的本质特征，这就叫构建物理模型。构建物理模型是一种研究问题的科学的思维方法。物理模型一般可分三类：物质模型、状态模型、过程模型。

2. 数学模型

数学模型是指将现实问题归结为相应的数学问题，并在此基础上利用数学的概念、方法和理论进行深入的分析和研究，从而从定性或定量的角度来刻画实际问题，并为解决现实问题提供精确的数据或可靠的指导。

数学模型可以是一个或一组代数方程、微分方程、差分方程、积分方程或统计学方程，也可以是它们的某种适当的组合，通过这些方程定量或定性地描述系统各变量之间的相互关系或因果关系。除了用方程描述的数学模型外，还有用其他数学工具，如代数、几何、拓扑、数理逻辑等描述的模型。需要指出的是，数学模型描述的是系统的行为和特征而不是系统的实际结构。

数学模型按实际问题所在的领域可分为医学数学模型、气象学数学模型、经济学数学模型、社会学数学模型等等；若按所用到的数学学科来分类，有几何模型、方程模型、图论模型、泛函模型等。

3. 结构模型

结构模型包括组织结构模型、解释结构模型、市场结构模型、原子结构模型、机械结构模型等，结构模型主要反映系统的结构特点和因果关系。比如汽车构造与机械设计中常常使用机械结构模型来描述各种零部件的装配关系和各种载荷、冲击的分布情况，如图9-5所示的汽车乘员约束系统和底盘布置结构模型。

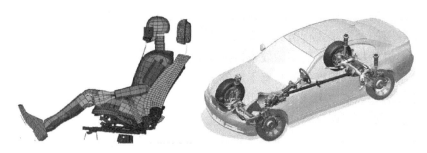

图9-5　汽车乘员约束系统和底盘布置结构模型

9.1.4　仿真计算机

仿真技术的发展是伴随着仿真工具的开发应用而实现的。用于仿真的计算机有三种类型：模拟计算机、数字计算机和混合计算机。数字计算机还可分为通用数字计算机和专用的数字计算机。模拟计算机主要用于连续系统的仿真，称为模拟仿真。在进行模拟仿真时，依据仿真模型（在这里是模拟机）将各运算放大器按要求连接起来，并调整有关的系数器。改变运算放大器的连接形式和各系数的调定值，就可修改模型，仿真结果可连续输出。因此，模拟计算机的人机交互性好，适合于实时仿真。改变时间比例尺还可实现超实时的仿真。20世纪60年代前的数字计算机由于运算速度低、人机交互性差，在仿真中应用受到限制。现代的数字计算机已具有很高的运算速度，某些专用的数字计算机的速度更高，已能满足大部分系统的实时仿真的要求，由于软件、接口和终端技术的发展，人机交互性也有很大提高。因此数字计算机已成为现代仿真的主要工具。混合计算机把模拟计算机和数字计算机联合在一起工作，充分发挥模拟计算机的高速度和数字计算机的高精度、逻辑运算和存储能力强的优点。但这种系统造价较高，只适合在一些要求严格的系统仿真中使用。除计算机外，仿真硬件还包括一些专用的物理仿真器，如运动仿真器、目标仿真器、负载仿真器、环境仿真器等。仿真软件包括为仿真服务的仿真程序、仿真程序包、仿真语言和以数据库为核心的仿真软件系统。

利用计算机实现对于系统的仿真研究不仅方便、灵活，而且也是经济的。因此计算机仿真在仿真技术中占有重要地位。在20世纪50年代初，连续系统的仿真研究绝大多数是在模拟计算机上进行的。在20世纪50年代中，人们开始利用数字计算机实现数字仿真。计算机仿真技术遂向模拟计算机仿真和数字计算机仿真两个方向发展。在模拟计算机仿真中增加逻辑控制和模拟存储功能之后,又出现了混合模拟计算机仿真,以及把混合模拟计算机和数字计算机联合在一起的混合计算机仿真。

在20世纪60年代,计算机技术的突飞猛进,为仿真技术提供了先进的工具,加速了仿真技术的发展。从20世纪60年代起,采用数字计算机逐渐多于模拟计算机。混合计算机系统在20世纪70年代一度停滞不前,20世纪70年代后期,还研制成功了专用的全数字并行仿真计算机。20世纪80年代以来,混合计算机系统又有发展的趋势,由于小型机和微处理机的发展,以及采用流水线原理和并行运算等措施,数字仿真运算速度的提高有了新的突破。在20世纪80年代后期,超大规模集成电路(VLSI)在芯片上容纳了几十万个元件,后来的甚大规模集成电路(ULSI)上将数量扩充到百万级。可以在硬币大小的芯片上容纳如此多的元件,使得计算机的体积和价格不断下降,而功能和可靠性不断增强。到20世纪80年代末,32位微型计算机的已经很成熟,比如Intel相继推出80386、80486等产品,1993年,Intel公司推出了Pentium(中文译名为"奔腾")的微处理器,它具有64位的内部数据通道。这些微型机运算速度非常快,对一般简单的仿真系统,其运算速度已完全够用。对大型复杂问题(比如天气的模拟计算)的求解,仍然无法满足,还需要借助于高速大型计算机。

9.1.5 仿真软件工具

原则上说,所有能进行数值计算的软件均可以用于数值仿真。数字仿真软件的发展,从程序编制阶段,软件包应用阶段逐渐过渡到交互式语言仿真。在程序编制阶段,仿真实验者编制程序实现二次模型化及结果分析,比如使用BASIC、FORTRAN或C语言等实现二次模型化,并进行求解计算,很显然仿真的效果取决于实验者的技巧,因为不同的仿真代码都需要重新编写,而算法的选择、设计及代码优化是一项非常带有技巧性的工作。在程序软件包阶段,实验者可将数值计算与分析程序以"子程序"的形式集中起来形成"应用子程序库"或"应用软件包",方便实验者在编制程序时调用。在交互式语言阶段,从人–机之间信息交换便利的角度出发,将数字仿真所涉及的问题上升到"语言"的高度所进行的软件集成,产生了交互式的"仿真语言"。

在交互式语言阶段,界面友好的各种通用仿真软件大量涌现。比如Visual Numerics, Inc开发的IMSL数值计算软件,Waterloo Maple Inc开发的Maple数值计算软件,MathSoft, Inc开发的Mathcad数值计算软件,Wolfram Research开发的Mathematica数值计算软件及MathWorks开发的MATLAB/Simulink等。MATLAB/Simulink软件采用基于模型的图形化(如框图)描述方法来实现二次模型化及结果分析,它可以直接访问大量内置的工具来进行算法研发、仿真的分析和可视化、批处理脚本的创建、建模环境的定制以及信号参数和测试数据的定义,具备丰富的可扩充的预定义模块库。MATLAB/Simulink 使得控制系统设计工作者将主要的注意力放在控制系统本身而不是繁杂的软件编写工作上,MATLAB/Simulink 也是本书采用的数字仿真工具。

除进一步发展交互式仿真语言和功能更强的仿真软件系统外,仿真工具的另一个重要发展趋势是将仿真技术和人工智能结合起来,产生具有专家系统功能的仿真软件。仿真模型、实验系统的规模和复杂程度都在不断地增长,对它们的有效性和置信度的研究将变得十分重要。

9.2 控制系统设计的建模与仿真研究

9.2.1 控制系统研究方法

对控制系统进行研究和实验的目的,是为了分析、评价及设计控制系统,概括起来有三种方法:解析法、实验法和仿真实验法。

1. 解析法

解析法,即数学研究方法,运用已掌握的理论知识对控制系统进行理论上的分析、计算。在对系统的认识过程中具有普遍意义。例如,根据系统的数学方程求解微分方程,获得系统响应的解析式。解析法常受到理论的不完善性、对事物认识的不全面性等因素的影响,对一些复杂的问题求解受到一定影响。

2. 实验法

实验法是对已有系统施加一定类型的信号(或利用系统中正常的工作信号),通过测取系统响应来确定系统性能的方法。具有简明、直观与真实的特点,是系统分析与测试的常用方法。实验方法需要首先建立实际的或实验用的系统,否则无法进行实验研究。由于某些实际系统不允许进行实验,例如航空航天、原子能、电力、化工等领域的系统,实验费用高、具有危险性、周期长、实验失败往往会导致生命或财产的巨大损失,因此必须使用仿真实验系统。

3. 仿真实验法

仿真实验法是在模型上(物理的或数学的)进行系统性能分析与研究的实验方法,遵循的基本原则是相似原理。通过实验可观察系统模型各变量变化的全过程。为了寻求系统的最优结构和参数,常常要在仿真模型上进行多次实验。

在系统的设计阶段,人们大多利用计算机进行数学仿真实验,因为修改、变换模型比较方便和经济。在部件研制阶段,可用已研制的实际部件或子系统去代替部分计算机仿真模型进行半实物仿真实验,以提高仿真实验的可信度。在系统研制阶段,大多进行半实物仿真实验,以修改各部件或子系统的结构和参数。在个别情况下,可进行全物理的仿真实验,这时计算机仿真模型全部被物理模型或实物所代替。

9.2.2 仿真实验的分类与比较

仿真实验根据有没有系统的物理实体分为物理仿真和数学仿真。物理仿真又根据其系统实物的完整性分为实物仿真和半实物仿真;而数学仿真则根据所使用的计算机类型分为模拟仿真、数字仿真和混合仿真。另外根据仿真实验进行与实际系统在时域上的差异,分为实时仿真和离线仿真。

1. 实物仿真

在系统完整的物理模型上进行试验的仿真技术,物理模型是用几何相似或物理类比方法建立的,它可以描述系统的内部特性,也可以描述试验所必需的环境条件。如汽车风洞试验,是将汽车模型悬挂在模拟汽车高速行驶产生的气流风洞内,测定汽车的各种气动系数。汽车模型和风洞就是物理模型。实物仿真与数学仿真的主要区别在于:①实物仿真是通过建立物理模型来实现的。实物仿真系统是真实系统的几何相似物或物理类比物。几何相似是指同一个物理过程(如机械运动过程或电的动态过程等)的不同尺寸系统之间的相似关系。物理类比是指两种不同的物理过程(例如机械运动和电的动态过程等)具有相同的数学描述,它们可以互为仿真实验模型。而数学仿真是通过建立数学模型在计算机上实现的,利用模拟计算机的电路的动态过程或数字计算机的数字运算过程来描述各种物理过程。因此物理仿真系统是专用的,而数学仿真系统(即仿真计算机)是通用的。②物理仿真要求实时仿真,而数学仿真可以是实时的或非实时的(包括超实时和亚实时)。

2. 半实物仿真

半实物仿真是指针对仿真研究内容,将被仿真对象系统的一部分以实物(或物理模型)方式引入仿真回路;被仿真对象系统的其余部分以数学模型描述,并把它转化为仿真计算模型。

控制器的半实物仿真是将控制器(实物)与在计算机上实现的控制对象的仿真模型连接在一起进行试验的技术。在这种试验中,控制器的动态特性、静态特性和非线性因素等都能被真实地反映出来,因此它是一种更接近实际的仿真试验技术。这种仿真技术可用于修改控制器设计(即在控制器尚未安装到真实系统中之前,通过半实物仿真来验证控制器的设计性能,若系统性能指标不满足设计要求,则可调整控制器的参数,或修改控制器的设计),同时也被广泛用于产品的修改定型、产品改型和出厂检验等方面。半实物仿真的特点是:①只能是实时仿真,即仿真模型的时间标尺和自然时间标尺相同。②需要解决控制器与仿真计算机之间的接口问题。例如,在进行汽车控制系统的半实物仿真时,在仿真计算机上解算得出的控制汽车运行的参数。③半实物仿真的实验结果比数学仿真更接近实际。

9.2.3 数学仿真实验

在计算机上对系统的数学模型进行试验的技术,又称计算机仿真。各种不同类型系统的数学模型一般分为两大类:一类是用各种数学方程,如代数方程、微分方程、偏微分方程、差分方程等表示的模型，对这类模型的试验称为连续系统仿真；另一类是用描述系统中各种实体之间的数量关系和逻辑关系的流程图表示的模型，它的特点是系统的状态变化是由一些在离散时刻发生的事件引起的，所以对这类模型的试验称为离散事件系统仿真。连续系统仿真使用模拟计算机、数字计算机或混合计算机，而离散事件系统仿真则主要使用数字计算机。数学仿真的基本步骤为：①根据试验的目的建立系统的数学模型；②根据数学模型的特点选择合适的计算机作为仿真工具；③将数学模型表示成计算机能接受的形式（称为仿真模型），并输入计算机；④对输入计算机的仿真模型进行计算，并记录系统中各状态量的变化情况；⑤输出试验结果，产生试验报告。

与物理仿真相比，数学仿真的主要优点是通用性强，即用同一套计算机设备，配以不同的仿真软件，就可以对各种不同类型的系统（如电气系统、机械系统、热力系统、交通管理系统等）进行仿真试验。

根据所使用的计算机不同，数学仿真可以分为模拟仿真、数字仿真、混合仿真和分布式仿真。

1. 模拟仿真

模拟仿真是采用数学模型在模拟计算机上进行仿真实验。"运算部分"的核心是"模拟运算放大器"。模拟仿真的优点是：①描述连续的物理系统的动态过程比较自然而逼真；②仿真速度极快，失真小，结果可信度高。模拟仿真的缺点是：①受元器件性能影响，仿真精度较低；②对计算机控制系统（采样控制系统）的仿真较困难；③仿真实验过程的自动化程度较低。

2. 数字仿真

数字仿真是采用数学模型在数字计算机上借助于数值计算的方法进行仿真实验。数字仿真的优点是：①简便、快捷、成本低；②精度较高。但受到误差积累、仿真时间等限制，其精度不易定得过高；③对计算机控制系统（采样控制系统）的仿真较方便；④仿真实验过程的自动化程度较高，显示、打印方便。数字仿真的缺点是仿真速度较低，在一定程度上影响到仿真结果的可信度。

在数字控制系统中，控制器是一个专用的数字计算机，而控制对象通常是一个连续系统。采用混合仿真方法可以真实而且直观地反映这类系统的特性，即用模拟计算机实现控制对象动态过程的仿真，用数字计算机实现控制器的仿真。在仿真过程中，采样频率可以与真实系统一致，也可以引入时间比例尺，使仿真过程快于或慢于真实系统。对于计算机控制系统的仿真问题，对象的模拟也用数字计算机来实现，用软件来实现对象各种机理的模拟，这种仿真方法称为全数字仿真。全数字仿真又称为纯数字仿真或纯软件仿真，其优点是有灵活、多变、构成简单。

有些复杂的连续系统仿真对计算精度和计算速度都有严格的要求。此时宜采用混合仿真方法。在连续系统仿真中，首先要对计算任务进行合理的分配，即分配给模拟计算机要求计算速度快而精度不高的计算任务，分配给数字计算机要求计算精度高而变化慢的任务。例如,在空间飞行器的仿真中,用模拟计算机完成姿态控制回路的计算,而用数字计算机计算轨道、制导和导引方程。此外,对于某些难以用模拟计算机的运算部件来完成的计算问题,如多变量函数的计算、坐标转换等,也需要由数字计算机来完成。

3. 混合仿真

混合仿真是指用混合计算机进行系统仿真的方法。混合计算机集合了模拟计算机的计算速度快和数字计算机的计算精度高的优点。混合仿真方法比单纯的模拟仿真或单纯的数字仿真复杂,它是模拟仿真方法和数字仿真方法在具体应用上的相互结合和相互补充。混合仿真方法的关键问题是对两类不同的计算机合理地分配任务和恰当地选择帧速。任务的分配主要取决于任务的性质和对精度、速度的要求。帧速的选择原则是:①根据采样定理,包含干扰在内的信号最高有效频率必须小于采样频率的一半;②由于时间延迟和零阶保持造成的幅度和相位误差必须限制在允许范围之内;③数值计算的截断误差对被仿真的系统来说应减小到可以忽略的程度。混合仿真方法在航天、航空、核能、电力、化工等复杂的动力学系统仿真中获得广泛的应用。它比模拟仿真具有更高的精度,比数字仿真具有更高的速度;不仅可实现实时仿真,而且可以完成超实时仿真。混合仿真方法主要用于实现数字控制系统混合仿真、连续系统参数寻优和连续系统混合仿真。

混合仿真是将模拟仿真与数字仿真相结合的仿真实验,起到将两者优缺点互补的效果。混合仿真主要应用场合有:①要求对控制系统进行反复迭代计算。例如,参数优化、统计分析等;②要求与实物连接进行实时仿真,同时又有一些复杂函数的计算问题;③计算机控制系统的仿真问题。数字计算机用于模拟系统中的控制器,模拟计算机用于模拟被控对象。混合仿真的缺点是系统构成复杂、造价偏高。

4. 分布式仿真

将所研究的问题分布成若干个子系统,分别在主站与各分站的计算机上同时运行,数据通过网络与主站进行交换,便可获得近似于多 CPU 并行计算机的性能,使仿真速度与精度均可有所保证,是一种简便有效的解决复杂系统数字仿真问题的方法,这种仿真称为分布式仿真。

9.3 汽车电子控制系统台架试验方法

9.3.1 控制器硬件的环境测试

汽车使用需要面对苛刻的环境条件,因此汽车在开发、试制阶段必须经过充分的环境试验,包括低温冷起动试验、汽车空调环境试验、汽车淋雨试验、零部件的盐雾腐蚀试验、高低温交变湿热试验等等。

环境舱就是可以人为模拟外界环境气候进行试验的设备,比如在实验室中模拟环境温度（比如 -40~60℃），环境湿度（比如20%~95%），环境压力（比如0.9~1.2bar）等，并利用转鼓模拟道路行驶，利用转鼓跟踪风机模拟迎面风，利用全光谱灯泡模拟日照光等。

利用4通道道路模拟试验台和6自由度振动试验台在实验室内可以复现实际道路行驶状况的振动载荷谱，从而进行悬架的特性分析、前后桥主轴耐久性试验等。

9.3.2 软件在环（SiL）测试

软件在环（Software in the Loop，SiL）测试，是指在PC上测试嵌入式软件、算法或整个控制回路，无论有无环境模型，因此也不需要ECU硬件。事实上，SiL测试是汽车软件测试不可分割的一部分。嵌入式系统的源代码在PC上编译执行，然后在PC上进行测试。

在模块测试或单元测试的情况下，通常在第一个测试阶段对手工编码软件进行软件在环测试。在所谓的基于模型的开发（MBD）中，软件在环测试是在第二阶段进行的，即在模型在环（MiL）测试之后。后续的开发阶段通常是处理器在环（PiL）测试、硬件在环（HiL）测试和自动驾驶测试。

软件在环测试用于模块测试、单元测试和集成测试。软件集成测试使用更复杂的SiL环境和联合仿真环境以及硬件虚拟化。对于软件在环测试，源代码必须提前编译。

在软件在环测试中，一个主要的测试完成标准是代码覆盖度。例如，决策覆盖、条件覆盖等有助于确定何时完成充分的测试。为了增加代码覆盖率，可以使用自动测试用例生成工具，与和代码覆盖相关的结构测试用例不同，功能测试用例通常是手工创建或建模的。

9.3.3 处理器在环（PiL）测试

处理器在环测试（Processor in the Loop，PiL），将自动生成的代码编译为目标处理器需要的形式，并下载到目标处理运行，为了防止编译过程引入新的错误，此时需要进行PiL测试。PiL测试也是等效性测试，其方式与SiL类似，不同之处是编译好的算法运行在目标处理器上，SiL测试是在算法开发环境（如Windows OS）中进行的。

9.3.4 硬件在环（HiL）测试

在传统电子控制系统领域已有多种较为成熟的测试方法，主要包括实车测试、虚拟仿真测试、硬件在环测试和整车在环测试等。单纯的虚拟仿真测试方法具有测试成本低、可重复性强等优点，但是模型的真实度相对较低，仿真结果与实际情况有较大差距，也无法实现车辆硬件性能测试和标定。针对上述问题，硬件在环（Hardware in the Loop，HiL）方法在当前得到了广泛应用。HiL测试方法结合了物理控制器与虚拟对象,其中虚拟对象根据车辆动力学进行建模,与物理控制器连接形成闭环控制,由于引入了阻力、摩擦力等关键参数,具有较高的置信度,与实车测试相比具有成本低、开发周期短和易重现等优点。

9.4 智能网联汽车动态系统的测试验证方法

动态系统是指状态随时间而变化的系统。动态系统具有这样的特点:系统的状态变量随时间有明显的变化,是时间的函数;系统状况可以由其状态变量随时间变化的信息来描述。车辆动态系统包括很多内容,如:①机械动力系统,如汽车的动力传动系统、转向系统等;②电路系统,如车载动力电源和高压电系统,或发电机和低压电源系统;③电机系统,如动力总成的电驱动系统、电涡轮增压系统等;④热和流体流动系统,如空调系统、发动机进排气和燃烧系统等。

工程师在汽车开发的早期就开始摸索利用仿真和实验方法进行汽车设计,本节仅列举在当前智能网联汽车开发过程中应用最为广泛和普遍的仿真及实验研究方法。

9.4.1 智能网联汽车的场景测试

智能网联汽车测试场景可以根据不同的测试目的和测试对象进行分类,目前主要包括下列 8 个主要场景。

1)自动驾驶测试场景:主要针对自动驾驶的功能进行测试,包括车道保持、自动泊车、限速巡航等。

2)安全测试场景:主要针对智能网联汽车的安全性进行测试,包括碰撞测试、电子稳定控制测试等。

3)人机交互测试场景:主要针对人机交互界面进行测试,包括车载系统、语音识别和导航系统等。

4)网络通信测试场景:主要针对智能网联汽车的网络通信功能进行测试,包括蓝牙、Wi-Fi、4G/5G 网络通信测试等。

5)环境感知测试场景:主要针对智能网联汽车环境感知能力进行测试,包括雷达、摄像头、激光雷达等。

6)路况测试场景:主要针对智能网联汽车在不同路况下的性能进行测试,包括雨天、雪天、夜间、高温等。

7)高速公路测试场景:主要针对智能网联汽车在高速公路上的性能进行测试,包括高速巡航、车道保持、交通拥堵等。

8)城市道路测试场景:主要针对智能网联汽车在城市道路上的性能进行测试,包括城市拥堵、限速区域、避障等。

9.4.2 智能汽车的整车在环测试

由于智能网联汽车是网联环境及智慧交通环境下的一个环节，智能网联汽车的使用与交通环境发生交互、反馈和影响。采用整车在环（Vehicle in the Loop，ViL）方法结合实际车辆与虚拟对象，在实验室条件下构建模拟道路、交通场景以及环境因素，并使用真实车辆进行测试。

自动驾驶整车在环仿真测试平台总体结构主要由交通仿真场景、自动驾驶控制器、真实测试道路上的交通要素及信号采集三部分组成如图9-6所示。

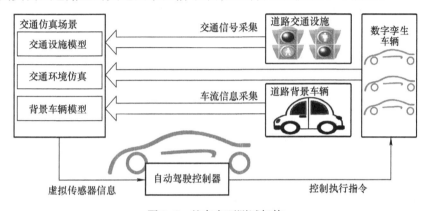

图9-6 整车在环测试架构

通过虚拟传感器采集交通仿真场景的数据，并将数据传递给被试自动驾驶控制器，进行信息融合与控制决策，决策后的车辆控制命令，通过无线网络发送给物理车辆的执行器；物理车辆在真实道路上做出反应后，车辆姿态和位置信息再通过无线网络发送给仿真场景中的数字孪生车辆；完成车辆位置同步，从而实现整个系统的闭环实时仿真。

在自动驾驶 ViL 仿真系统中，由于交通仿真场景中数字孪生车辆的运动状态由真实道路上行驶的物理车辆的运动状态决定，因此仿真测试平台不需要建立复杂的车辆动力学模型；同时对比其他类型的硬件在环仿真系统，它提供更精确的仿真能力，且保留了软件虚拟测试成本低、场景多样、能进行极端场景测试、可重复进行测试等优点。在交通仿真场景中，不仅可以生成可控的程序化车辆流、行人、动物等动态背景物体，还可以接入驾驶模拟器，控制特定的背景车辆，模拟人类驾驶习惯，构成更加真实、严苛的仿真测试环境。

交通仿真场景服务器独立于真实道路上的物理车辆，由于它被放置在试验室中，因此不会受到场地、供电和计算能力的限制，尤其是系统中不需要模拟复杂的车辆动力学模型，大幅度降低了对虚拟场景服务器计算能力的要求。从而允许多台被试自动驾驶车辆在同一个交通仿真场景中进行同步测试，可用于模拟和分析多台自动驾驶车辆（包括不同控制算法）在同一个交通场景下的交互模式及相互间的影响。可以实现多辆被试自动驾驶车辆,程序化背景车辆流,人类驾驶特性车辆共存的交通状况。

9.4.3 数字孪生与混合现实测试

数字孪生(Digital Twin,DT)是对物理系统的数字化表示,能够模拟运行系统的整个生命周期并与物理孪生进行同步的映射。DT的概念始于2002年,最初被用于航空航天领域。最近,其他一些工业部门如制造业、工业工程以及机器人领域也逐步开始了解和尝试这项技术。

随着自动驾驶的发展,道路测试和验证成为自动驾驶汽车研发的重大挑战之一,真正的道路测试在极端情况下是昂贵且费时的,有一些场景甚至无法进行测试。一些研究人员认为使用仿真测试也可以很好地解决这一难题,例如在虚拟仿真中,进行的软件测试(SiL)、硬件在环测试(HiL)、车辆在环测试(ViL)以及混合仿真测试。它可以快速模拟任何场景,但不能验证真实的情况。

数字孪生可以虚拟化地呈现出系统的整个生命周期,非常适合在自动驾驶测试中使用。2017年,美国密歇根的M-City发布了一份研究报告,提出了一种数据驱动的方法来评估自动驾驶汽车。与纯虚拟仿真不同的是,它使用真实世界的驾驶数据来构建测试场景。比如长安大学学者提出了一种混合现实下数字孪生自动驾驶测试环境的构建方法,利用空间坐标映射、碰撞检测模型、虚拟场景注册,将实际环境下的自动驾驶信息映射到虚拟场景中,同时构建了对应的混合现实的自动驾驶测试模型,并通过实验展示了混合现实系统具有交互特征的碰撞测试,实验原型系统在200ms采样间隔下进行,效果良好。面向数字孪生的方法还在不断的发展中,围绕着数字孪生的研究和应用逐渐成为热点,今后可能成为动态系统设计的普遍性方法。

针对在环测试中人为设定要素多,难以准确反映与真实环境交互的问题,有学者开始使用混合虚拟仿真环境和真实交通环境相结合的自动驾驶测试方法。综合仿真环境、网络与物理环境,在虚拟仿真环境中执行可重复、可量化的测试用例,利用通信与控制技术,将测试用例转换为对背景车的控制指令。通过监测自动驾驶测试车辆的动态行为及车辆之间的交互行为,构建混合现实的自动驾驶测试系统,并对自动驾驶表现进行系统评价。

自动驾驶测试中的混合现实系统主要由实地测试场景、控制中心、虚拟场景车等3部分构成,系统架构如图9-7所示。

其中实地测试场主要提供真实测试环境,并记录测试过程中产生的真实数据,控制中心主要对测试场进行实时监控和远程控制背景车,通过将真实数据与虚拟数据进行有机融合构建混合现实仿真环境。最后通过自动驾驶测试车辆、真实背景车、虚拟背景车三者交互共同实现混合现实测试,并对测试数据进行分析和评价。

测试场是一个完全网联化的真实测试环境,其通过配备车联网通信设施、路侧

第9章 智能网联汽车动态系统的验证方法

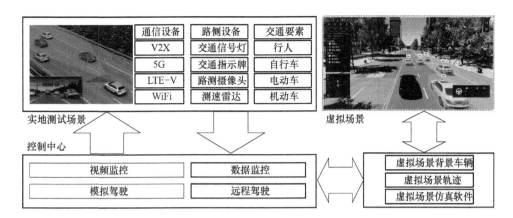

图 9-7 混合现实测试系统架构示意

单元、智能基础交通设施以及差分 GPS 基站等形成一个"车–路"即时交互的智能生态系统。控制中心通过人机交互界面对背景车进行路径规划、行为模拟、监控与远程控制,以实现复杂交通环境下的自动驾驶测试方案;然后建立虚拟仿真场景,将主车与背景车的真实数据映射到仿真系统中,在虚拟环境中同步重现真实场景下的测试过程;并通过在虚拟仿真环境中增加虚拟车辆等元素,构建更复杂或危险的测试场景。

9.5 本章小结

科学研究方法包括经验方法、理论方法和实验研究方法三类,其中经验方法包括文献研究法、社会调查法和实地观察法;理论方法包括数学方法、思维方法和系统科学方法;实验研究法是目前科学研究中最重要的一类研究方法。

相似性现象在人类早期研究中就被发现,比如几何相似、动力学相似、环境相似、功能相似、思维相似等,仿真技术就是相似性理论的应用。

模型有不同形式,比如物理模型、数学模型、结构模型等,它们都可用于仿真研究。控制系统的研究方法包括解析法、实验法及仿真实验法;仿真实验又包括物理仿真、半物理仿真、混合仿真等;数学仿真又包括模拟仿真、数字仿真、混合仿真、全数字仿真和分布式数字仿真等。

参 考 文 献

[1] 李宜达. 控制系统设计与仿真 [M]. 北京:清华大学出版社,2004.
[2] 杨建军. 科学研究方法概论 [M]. 北京:国防工业出版社,2006.

[3] 何耀华. 汽车试验学 [M]. 北京：人民交通出版社，2005.

[4] 吴重光. 系统建模与仿真 [M]. 北京：清华大学出版社，2008.

[5] WANG, HZ, HAN G, et al. Integrated and control – oriented simulation tool for optimizing urban drainage system operation [J]. Water (Switzerland), 2022, 14 (1)：200 – 208.

[6] LUO, X; DOONER M; HE, W; et al. Feasibility study of a simulation software tool development for dynamic modelling and transient control of adiabatic compressed air energy storage with its electrical power system applications [J]. Applied Energy, 2018, 228：1198 – 1219.

[7] EBRAHIMI A, SADEGHNEJAD SOROUSH, VOSSOUGHI G, et al. Nonlinear adaptive impedance control of virtual tool – tissue interaction for use in endoscopic sinus surgery simulation system [C] //4th RSI International Conference on Robotics and Mechatronics, ICRoM 2016：66 – 71.

[8] CHILDS T, JONES A, CHEN R, et al. Development of full scale experimental and simulation tool for environmental control system optimisation and fault detection [C] //53rd AIAA Aerospace Sciences Meeting, 2015.

[9] 王润民，赵祥模，徐志刚，等. 一种自动驾驶整车在环虚拟仿真测试平台设计 [J]. 汽车技术，2022 (4)：1 – 7.

[10] 唐兰文，任女尔. 整车在环仿真测试法在自动驾驶汽车室内快速测试中的应用 [J]. 信息与电脑（理论版），2020, 32 (4)：79 – 80.

[11] 马志成，王立，李志斌. 自动驾驶整车在环仿真平台研究及模拟实现 [J]. 汽车实用技术，2020 (3)：34 – 38.

[12] 赵祥模，王文威，王润民，等. 智能汽车整车在环测试台转向随动系统 [J]. 长安大学学报（自然科学版），2019, 39 (6)：116 – 126.

[13] 赵祥模，承靖钧，徐志刚，等. 基于整车在环仿真的自动驾驶汽车室内快速测试平台 [J]. 中国公路学报，2019, 32 (6)：124 – 136.

[14] ZHAO D, PENG H. From the Lab to the Street：Solving the Challenge of Accelerating Automated Vehicle Testing [EB/OL]. (2017 – 01 – 15) [2019 – 12 – 22]. https：//arxiv. org/.

[15] 袁剑平，李近，孙寒冰. 基于数字孪生的测试性验证技术 [J]. 计算机测量与控制，2020, 28 (8)：256 – 259.

[16] 葛雨明，汪洋，韩庆文. 基于数字孪生的网联自动驾驶测试方法研究 [J]. 中兴通信技术，2020, 26 (1)：25 – 29.

[17] 高彦东，王由道. 基于混合现实的数字孪生自动驾驶测试环境构建 [J]. 计算机系统应用，2021, 30 (11)：329 – 335.

第10章 远程升级 OTA 技术

想象力比知识更重要，因为知识是有限的，而想象力概括了世界上的一切，推动着社会进步，并且是知识进步的源泉。

——爱因斯坦

随着高级辅助驾驶的引入和自动驾驶的发展，汽车变得越来越智能，这些智能化控制的功能被软件控制，如果按照传统的解决方式，那都将是一项很繁重的任务。

汽车远程更新与升级技术（Over The Air，OTA）是指通过移动通信网络（4G/5G 或 WiFi）对汽车的零部件终端上固件、数据及应用进行远程管理的技术。它像是给本来已就智能化的汽车再次装上想象力的翅膀，使得智能网联新能源汽车的功能变得越发没有边界。

10.1 OTA 技术架构

随着汽车行业进入软件定义汽车的时代，汽车各种各样新商业模式的兴起，要求汽车必须具备 OTA 功能。OTA 分为两类，一类是固件在线升（Firmware Over The Air，FOTA），是指在不改变车辆原有配件的前提下，通过写入新的固件程序，使拥有联网功能的设备进行升级，包括车辆的发动机、电机、变速器、底盘等控制系统，比如特斯拉曾通过 FOTA 新增过自动驾驶功能、增加过电池容量和改善过制动距离等。另一类是软件在线升级（Software Over The Air，SOTA），是在操作系统的基础上对应用程序进行升级，是指那些离用户更近的应用程序，UI 界面和车载地图、人机交互界面等功能，像娱乐系统更新操作界面或主题。

简单来说 OTA 技术实现分三步：首先将更新软件上传到 OTA 中心，然后 OTA 中心无线传输更新软件到车辆端，最后车辆端自动更新软件。也就是上述制动逻辑问题的解决方式就变成了更新软件无线传输到车辆并自动完成更新。

当前智能网联汽车的 OTA 架构由 OTA 管理平台（也称云端）、OTA 终端和 OTA 升级三部分组成，如图 10-1 所示。

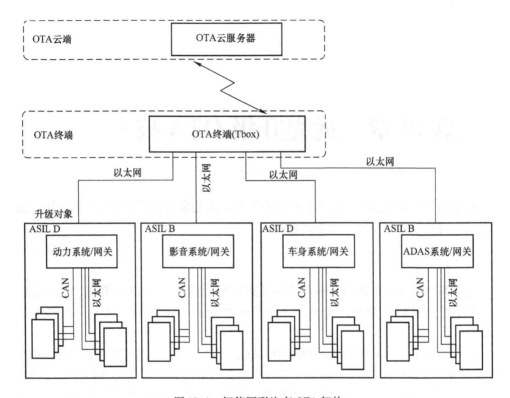

图 10-1　智能网联汽车 OTA 架构

当汽车进行 OTA 升级时，OTA 云端操作人员根据预先制定的汽车控制器软件的升级需求，选择合适的升级范围和升级车辆并远程下发升级任务。升级任务通过 4G 或 WiFi 等无线网络传输至符合升级条件的汽车内，汽车内的终端（T-box）或主控控制器接收到升级指令、下载升级文件，并执行升级命令，完成汽车内控制器的升级。

OTA 管理平台是后台操作人员操作和维护的主要工具。在 OTA 管理平台内需要完成升级包的制作、升级任务的下发、升级结果的收集等整个升级流程的控制，同时还需要对车辆的信息、升级的成功率等进行统计汇总。

OTA 管理平台采用面向服务的架构设计方式，采用三层体系架构设计，OTA 的云端管理平台功能构成如图 10-2 所示。分为前端表现层、业务逻辑层和数据访问层。前端表现层向用户展示了 OTA 的操作页面，如用户管理、车辆管理、策略管理、任务管理等。业务逻辑层是 OTA 的核心业务层，所有的 OTA 业务都在业务逻辑层实现，如：创建 OTA 任务、统计 OTA 报表、向汽车端推送 OTA 升级指令等。数据访问层实现数据的统一处理，包含用户日志的存储、检索，用户业务数据的存取、处理操作等。OTA 管理平台的主要功能如下：

1）升级包的制作：汽车内控制器的升级可以采用整包升级的方式，也可以采用差分升级的方式。差分升级包可以减少用户流量消耗，缩短下载时间，提升用户体验。OTA 管理平台需要根据升级包的大小确定是否制作差分升级包，升级包的制作还包括对升级文件的签名和加密过程，OTA 管理平台将经过签名的升级包下发。

2）与其他平台进行对接：OTA 管理平台需要与车厂现有的其他平台进行对接，实现基础数据的同步获取以及升级任务的交互。如与通信服务提供者（Telematics Service Provider，TSP）平台进行对接，将升级任务由 TSP 平台下发至车辆和用户手机端。

3）升级任务的管理与分发：OTA 管理平台需要根据预先制定好的升级方案，实现升级任务的配置，选择需要升级的具体车辆、车型，并制定升级策略，生成升级任务并下发。

4）权限管理及数据统计：OTA 管理平台支持职责权限的账号管理体系，实现账号管理、角色管理和权限设置。OTA 管理平台可以进行车辆总数、激活车辆总数、发布的任务总数、升级成功总数等的汇总统计，此外还可以针对控制器的升级情况进行分类统计，包括控制器升级成功总数以及升级成功率排行等。

图 10-2　OTA 的云端管理平台功能

10.2　车端 OTA 功能构建与实施过程

汽车的 OTA 升级过程由汽车内的控制器执行，因此在汽车端设计过程中，需要完成以下工作：①构建汽车端的升级能力，包括接收升级任务、车辆状态以及升级信息回传、升级流程的发起等；②制定合理的汽车端通信协议，实现车内数据的传输，包括升级包的分发、升级指令的下发、车辆信息的回传等；③开发 OTA 升级界面，提供 HMI（人机交互）显示，支持用户下载和安装流程的启动；④根据汽车 OTA 升级过程中的需求，设计符合汽车 OTA 升级的整车模式。

10.2.1 升级能力的构建

车端 OTA 的架构如图 10-3 所示。汽车端需要选择一个控制器作为 OTA 升级的主控控制器，并由该控制器集成 OTA 升级的主控程序（Update Control，UC），作为汽车端升级控制的主体与 OTA 管理平台进行数据通信，并控制汽车内的控制器升级。在车型设计过程中，通常选择 TBOX 作为升级的主控制器。其主要功能是：本地 ECU 配置信息的采集和上报、与 OTA 管理平台交互获得升级策略文件、目标升级包的下载、升级包安全性和完整性校验、按照升级策略文件逐个进行升级包分发和目标 ECU 升级流程的发起、升级过程的记录及上报、升级过程中与 HMI 的交互。

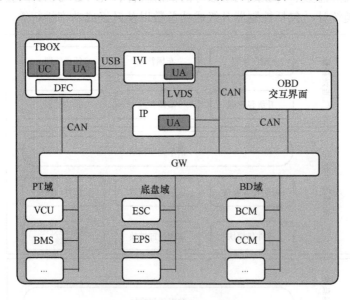

图 10-3 车端 OTA 架构示意

对于带有安卓或 Linux 等智能操作系统的控制器（以下简称智能控制器），由于升级包较大，需要支持差分升级。对于需要进行差分升级的智能控制器（如中控系统 IVI、组合仪表 IP 等），还需要在控制器内集成差分还原程序升级代理（Update Agent，UA），其主要作用是在控制器内进行差分包的还原。网关下的 ECU 升级包较小，采用整包刷写的方式进行固件升级，ECU 需要支持基于 UDS（统一诊断服务）协议的刷写。在 OTA 升级过程中，OTA 主控制器承担着相当于诊断仪的角色，基于 CAN 总线通信，TBOX 通过 UDS 刷写的方式完成 ECU 的升级，网关起到路由的功能。如果通过 OTA 的 UDS 更新失败后，ECU 需保证能够通过诊断仪或者其他刷写设备重新进行刷写。

10.2.2 控制器的 A/B 分区备份

汽车在进行 OTA 升级过程中，由于外界条件的变化（电池电压降低、控制器之间通信失败、人为打断等），都会导致控制器的升级失败，可能会导致控制器死机，并无法通过再次 OTA 升级的方式解决。因此，对于重要的控制器，需要进行 A/B 分区设置。A/B 分区设置是指控制器内有 A、B 两个系统，两个系统相互备份冗余。带有 A/B 分区的控制器的升级流程如图 10-4 所示。控制器正常运行过程中，A 系统正常运行，B 系统处于待机状态，当系统检测收到升级任务后，B 系统开始升级，而 A 系统仍然正常运行，当 B 系统升级完成后，下次开机时，B 系统启动并正常运行，A 系统进入待机状态。如果 B 系统升级过程中失败，不影响 A 系统的正常运行，系统将正常工作。

控制器 A/B 分区的方式，可以提升系统的稳定性，升级失败不会导致系统崩溃。同时控制器的升级场景更为灵活，在 B 系统升级过程中，A 系统可以正常工作，不影响车辆的正常功能。对于控制器的 A/B 分区，需要依托硬件设备支持，可进行双系统备份升级。控制器在设计过程中，要充分考虑系统备份的设置。

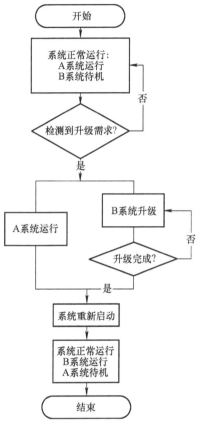

图 10-4 A/B 分区控制器的升级流程

10.2.3 升级包数据传输方式

在进行 OTA 升级过程中，升级主控制器与被升级控制器之间需要进行升级指令的下发、升级包的传输，同时需要对控制器的版本、车辆的状态进行识别。因此需要控制器之间有稳定的传输通道。

在车辆进行 OTA 升级的过程中，升级流程的控制由 TBOX 内集成的 UC 完成，当有控制器需要升级时，由 TBOX 进行升级包的下载及分发，并将升级包传输至需要升级的控制器内，因此需要控制器之间有相应的升级包传输通道。CAN 总线的传输速率是 500KB/s，对于网关下的 ECU，一般全量升级包为几 KB，可以使用

CAN 总线进行升级包的传输。智能控制器的升级包通常在 10MB 到 1500MB 之间，使用 CAN 总线传输会导致传输时间过长，因此在汽车电子电气架构设计过程中，必须考虑智能控制器之间合理的数据传输方式。如图 10-3 所示的汽车端 OTA 架构设计中，TBOX 和 IVI 之间通过 USB 通道进行传输，IVI 通过 LVDS 线束将升级包传给仪表。对于网关及网关下的 ECU，通过 CAN 总线进行升级包的传输。

10.2.4　OTA 的升级界面及流程

汽车的 OTA 升级界面是用户执行 OTA 升级流程的操作入口，通常将 OTA 的升级界面设计在 IVI 端，方便用户进行升级操作。OTA 升级界面的内容包含升级任务通知、软件版本检测、软件包下载、确认安装等主要流程。确认下载和确认安装需要用户反复操作两次，为简化流程，也可以进行升级包的静默下载，即有新的更新包时系统自动下载，省去用户确认下载的步骤，下载完成后再提示用户安装，用户仅需要操作一次就可以完成安装。

OTA 升级界面是用户在 OTA 升级过程中的主要交互方式，需要按照 OTA 的升级流程进行设计，同时升级界面要做到简洁明了、通俗易懂，并能够将升级过程中的注意事项、升级软件的更新内容、升级预估时间等清晰地呈现给用户，便于用户正确使用 OTA 的功能。

10.2.5　车端 OTA 升级前置条件

当用户在 IVI 内选择了确认安装后，OTA 主控控制器内的 UC 将检测车辆升级的前置条件，OTA 升级的前置条件见表 10-1，对车辆的电源状态、档位、车速以及电池电量等有确定的要求。如前置条件符合要求，车辆将开始进入 OTA 升级过程，按照前置条件的要求，在 OTA 升级过程中，车辆的电源状态将维持在 KL15，如果期间用户下电或锁车离开，车辆将下 KL15 进入 OFF 状态，升级过程中断，会导致控制器升级失败，甚至无法再还原。因此，在 OTA 升级过程中，用户不能人为下电或锁车离开。同时对于高压相关的控制器，在升级过程中不能工作，车辆不能上高压，而在车辆实际使用过程中，不存在这样的工况。汽车的 OTA 升级工况，与车辆正常使用工况存在一定的差异。

表 10-1　OTA 升级的前置条件

内容	要求
电源	KL15
车速	0
电机转速	0
档位	P
驻车制动	拉起
充电状态	未充电
最小电池电量	满足

10.3 安全 OTA 技术方案

在无线网络中传输业务数据，必然带来数据的保密性、传输安全性、身份认证、不可抵赖性等问题。工信部公布的数据显示，2020年中国涉及车联网相关的恶意攻击多达 280 万次，平台漏洞、通信劫持、隐私泄露等风险较为严峻。相关部委也密集出台了关于汽车网络信息安全管理的相关规定或管理要求。如 2020 年 4 月，工信部发布《智能网联汽车生产企业及产品准入管理指南（试行）》提出，智能网联汽车生产企业应满足企业安全保障能力要求，针对车辆的软件升级、网络安全、数据安全等建立管理制度和保障机制。2020 年 8 月，ISO/SAE 21434《道路车辆–网络安全工程》也正式发布，定义了针对所有车载电子系统、车辆部件、车载软件及外部网络的网络信息安全工程设计实践/做法。

本节介绍若干安全 OTA 技术方案，分别是基于对称密钥加密、基于 HASH 算法、基于区块链技术、基于非对称加密（RSA）和隐写术、基于对称/非对称双加密技术及基于硬件安全模块的 OAT 技术。

10.3.1 基于对称密钥加密技术

通过在原始主机厂、软件供应商（SS）之间共享一组链路密钥，使得在任何软件更新之前，使用一个链路密钥在软件供应商和车辆之间建立安全连接，形成可信通道。为了提高安全性，作者建议使用随机间隔至少发送两次加密后的软件副本。在收到加密软件的多个副本后，车辆终端解密并安装其中一个有效的安装包。

数字签名通过使用发送方的私钥对原始数据进行签名，只有用发送方公钥才能通过签名验证。私钥加密得到的密文实际上就是数字签名，要验证这个签名是否正确，只能用私钥持有者的公钥进行解密验证。使用数字签名的目的是为了确认某个信息确实是由某个发送方发送的，任何人都不可能伪造消息，并且，发送方也不能抵赖。OTA 通过使用数字签名可实现防止伪造、防止抵赖、检测篡改、验证数据的完整性等功能，保证 OTA 升级过程中软件包的合法性。

2012 年，Mansour 等人设计了一种诊断和安全 OTA 系统，其主要加密和解密部分称为 AiroDiag。如图 10-5a 所示为 AiroDiag 的架构，主要包括汽车制造商、智能网联汽车和云端。AiroDiag 采用了对称密钥技术，特别是采用了先进的加密标准来保证软件更新过程中的通信安全。在 AiroDiag 中，密钥存储在 OEM 端的数据库中。AiroDiag 应用始终保持与网络的连接，处理来自车机端的任何连接请求。在 AiroDiag 中，软件更新过程由客户端触发。一旦触发软件更新过程，车辆首先与 OEM 建立安全连接。接下来，车辆将告知 OEM 端当前已安装软件的版本。如果有新软件可用，OEM 将触发软件更新过程，并与汽车建立安全连接。

如图 10-5b 所示，AiroDiag 由计算机模块（高端微控制器或基于 ARM Linux）

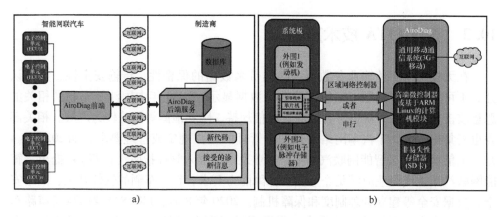

图 10-5 AiroDiag 的网联与车内连接

组成,并连接到通用移动通信系统(UMTS)或通用分组无线服务(GPRS)模块。非易失性存储器(SD 卡)连接到模块上的计算机,以保存车辆中所有已安装 ECU 的所有新十六进制文件。尽管 AiroDiag 与汽车制造商车库中的其他诊断工具类似,但它有一个额外的功能,即可移动。通信协议保持不变,但有一个额外的模块,使其能够始终连接到互联网(IP 网络)。

常见的数字签名算法有:MD5withRSA、SHA1withRSA、SHA256withRSA、SHA1withDSA、SHA256withDSA、SHA512withDSA、ECDSA。

10.3.2 基于分组密码消息认证

基于分组密码的消息认证码(CMAC)是基于 AES 算法,工作模式分为 ECB、CBC、CFB、OFB 四种,其中 CBC 和 ECB 这两种模式比较常用。当取 AES 作为 MAC 加密的分组密码时,一般采用 CBC 模式,所以通常称为基于 AES 的 CBC - MAC,只需要一个块密码密钥,并且在加密数量方面进行了高度优化。从分组密码密钥 K1 中派生出两个掩码密钥 K2 和 K3。如果最后一个块完成,掩码密钥 K2 将在最后一次加密之前添加;否则,添加掩码密钥 K3。但由于分组密码算法特性,加解密运算时间相对哈希算法运算耗时较长。哈希的消息认证码(Keyed Hashing for Message Authentication,KHMAC)的 MAC 算法是 HASH 算法,目前主要集合了 MD 和 SHA 两大系列消息摘要算法。其中 MD 系列的算法有 HmacMD2、HmacMD4、HmacMD5 三种算法;SHA 系列的算法有 HmacSHA1、HmacSHA224、HmacSHA256、HmacSHA384、HmacSHA512 五种算法。HMAC 算法除了需要信息摘要算法外,还需要一个密钥。HMAC 的密钥可以是任何长度,如果密钥的长度超过了摘要算法信息分组的长度,则首先使用摘要算法计算密钥的摘要作为新的密钥。通常选取密钥长度不小于所选用摘要算法输出的信息摘要的长度。

在 2008 年 Nilsson 和 Larson 提出的安全 OTA 固件更新协议架构中,采用了分组哈希加密算法。随着无线诊断和软件更新的出现，车内网络暴露于外部通信。针对车内网络中使用 CAN 协议的情况，既不提供数据完整性保护，也不提供数据认证，因此远程更新数据合并的安全性需要考虑的是 ECU 中的低性能 CPU 和小内存对信息的处理能力，CAN 的实时性限制了时延消息的验证。服务器后端是负责与网联车通信的主要单元。先将更新后的二进制文件划分为多个数据块，然后以相反的顺序对每个片段进行哈希处理，创建哈希表。最后服务器后端使用预共享的加密密钥对的每个数据块进行加密，然后再将它们传输至汽车终端。考虑到车辆中有限的资源，后端使用分块哈希加密作为加密技术，尽管这种变法可以确保不会受到窃听、拦截和篡改攻击，但是无法防止拒绝服务攻击。

由于延迟数据认证不允许实时的数据认证，实时数据认证可能通过使用 16 位 MAC 来实现；另外通过计算多个连续消息的身份验证码来应用使用复合 MAC 的方法进一步加强安全等级。通过组合四帧消息，MAC 的安全级别可以达到 64 位。如果需要 128 位 MAC，则可以合成八帧条消息，在一次应该验证多少条消息和可以达到的安全级别之间存在权衡。

10.3.3 基于区块链技术

2018 年，Steger 等人在工作中引入了区块链（BC）的架构来解决智能汽车 OTA 升级的安全和隐私问题。该体系结构的主要实体有：OEM、服务中心、车辆、云服务器和 SW 主机，如图 10-6 所示。在该架构中，所有参与的实体组成一个集群，一旦出现了新的 OTA 包，SW 主机上的程序就会触发软件更新过程。首先，SW 主机向云服务器发送一个带有自己签名的存储请求。在验证成功后，云服务器发送一个二次确认包，包括自己的签名和软件上传过程中需要的文件描述符发送到 SW 主机中。将新软件上传到云服务器后，SW 主机在区块中创建一个更新事件，其中包含关于新软件在云端位置等信息。然后 SW 主机中使用私钥签署这个事件，并最终将加密的事件广播给车辆。接着作者进行了本概念的验证测试，结果表明该体系架构的性能优于基于证书的体系架构。

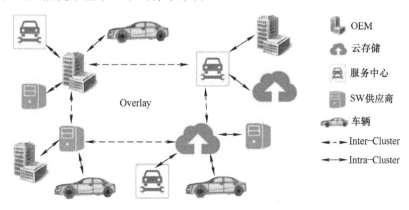

图 10-6 基于区块链技术的智能网联汽车软件升级安全技术

10.3.4 非对称加密与隐写技术

2018年Mayilsamy等人在期刊中提出了结合密码学和隐写术的方案来保护网联车的OTA软件更新。OEM后端、服务中心、汽车和云服务器是该方案的总架构。第一步是使用修改过的RSA算法来加密更新的OTA升级固件。第二步，利用隐写将第一步使用的密码沿覆盖图像的边缘区域隐藏。最后，云服务器存储加密映像。在汽车的软件更新过程中，服务中心首先下载隐写图。然后，服务中心解密OTA固件将更新后的软件安装到汽车中。仿真测试结果显示，在OEM端，加密1KB、15KB和20KB大小的文件所需的时间分别为3.05s、6.95s和8.03s。与之对应，在汽车终端，解密1KB、15KB和20KB大小的文件所需的时间分别为5.43s、905.05s和1590.92s。

此外，还有对称/非对称密钥的组合加密算法，如2016年Steger等人在IEEE大会提出了一个名为SecUp的框架，用于对网联车进行安全高效的OTA软件更新。其中涉及OEM、服务中心、汽车终端和汽车维修人员如图10-7所示。SecUp同时使用对称和非对称密钥加密来保

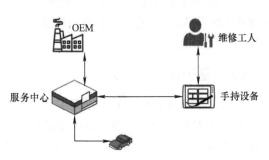

图10-7 安全高效的汽车OTA通用框架

护OTA更新过程。汽车维修人员使用NFC智能卡与PIN码对手持设备进行对称的身份验证，然后服务后端返回会话密钥，利用该会话密钥配合汽车RSA公钥将安装包加密下发到每个汽车。接收成功后，汽车在安装前对软件用私钥进行验证解密。SecUp的性能是通过对沃尔沃ECU更新实验测试的。结果显示，不同类型软件的更新持续时间介于6.77~33.19s之间。

10.3.5 硬件安全模块

基于可信平台硬件的安全模块，即硬件安全技术。2016年，Petri等人在国际汽车安全大会上提出了一种基于HSM的可信平台模块（Trusted Platform Module，TPM）的安全OTA更新机制。首先，网关ECU从远程服务器下载更新后的软件。然后ECU使用TPM中预定义的散列验证下载的软件。验证成功后，ECU将更新后的软件发送到目标ECU进行安装。使用TPM的好处是它支持许多流行的加密算法，例如RSA、SHA、AES。其主要局限性是，每个ECU都需要一个HSM/TPM算法加密机，从而产生了额外成本。

10.4　OTA 技术监管与标准化

目前 OTA 技术市场搭载率逐步提高，智能座舱域、智能驾驶域远程升级（OTA）较为普遍。据统计，车企在智能座舱域的 OTA 主要涉及信息娱乐、语音服务、触屏界面等；智能驾驶域的 OTA 主要涉及自动泊车、智能导航辅助驾驶功能等。根据公开收集信息，OTA 已有作为驾驶辅助功能，电池控制模块，通信功能等存在缺陷时召回措施的先例，可以预见未来采用 OTA 方式实施召回将更为普遍。随着汽车产业电动化、智能化、网联化、共享化加快融合发展，汽车远程升级技术逐渐成为车企为消费者提供的增值服务以及缺陷产品召回的手段。为了建立车辆安全防护措施，明确企业安全主体责任，并切实保障消费者合法权益和社会公共安全，多个政府部门发布了 OTA 相关政策及管理指南。

市场监管总局、工业和信息化部、交通运输部、应急部、海关总署五部门联合发布《关于试行汽车安全沙盒监管制度的通告》，明确针对使用环境感知、智能决策、协同控制等前沿技术，或实现各级别自动驾驶、远程升级等新功能新模式的车辆，将在其符合《道路机动车辆生产企业及产品公告》等市场准入的前提下，采取包容审慎的沙盒监管制度，鼓励企业可在不完全掌握产品风险时开展测试，协助监管部门更早发现质量安全问题，纳入监管范围，更好地保障产品安全底线。

2022 年，中国汽车工程学会、国家智能网联汽车创新中心、中国智能网联汽车产业创新联盟（以下简称联盟）联合牵头，依托联盟电子电气信息架构与网络工作组、信息安全工作组，联合行业相关单位启动《智能网联汽车远程升级（OTA）发展现状及应对研究》，开展汽车远程升级（OTA）定义与技术体系、政策法规标准现状、产业生态现状、安全风险与测试评价等相关研究，并分析形成发展建议，支撑相关政策法规标准制修订，为智能网联汽车产业发展营造良好环境。

10.5　本章小结

汽车远程升级技术 OTA（Over The Air）是指通过移动通信网络（2G/3G/4G 或 WiFi）对汽车的零部件终端上固件、数据及应用进行远程管理的技术。它的技术架构包括管理平台（也称云端）、终端和 OTA 升级过程三个部分。

安全 OTA 技术可以基于现有密码学研究理论，常用的包括对称密钥加密、基于分组消息的认知、区块链、非对称加密及硬件安全模块。考虑到部分车载控制器芯片采用低性能 CPU 和小内存的处理器，对信息的处理能力偏弱，这是在处理基于 CAN 总线消息安全时需要考虑的问题。

参 考 文 献

[1] MANSOUR K, FARAG W, ELHELW M. AiroDiag: A sophisticated tool that diagnoses and updates vehicles software over air [C] //2012 IEEE International Electric Vehicle Conference, 2012, pp. 1-7.

[2] NILSSON D K, LARSON U E JONSSON E. Efficient In-Vehicle Delayed Data Authentication Based on Compound Message Authentication Codes [C] //2008 IEEE 68th Vehicular Technology Conference, 2008, pp. 1-5.

[3] 张海强. 智能网联汽车安全远程升级技术的研究与实现 [D]. 成都：电子科技大学, 2018.

[4] 武晨旭. 面向车联网的车辆内部网络安全关键技术研究 [D]. 南京：东南大学, 2018.

[5] 武智, 刘天宇, 贾先锋. 智能网联汽车 OTA 升级安全设计 [J]. 汽车实用技术, 2022, 47 (3)：38-40.

附录　符号对照表

汽车动力系统相关符号

代号	符号含义	单位	备注
v	质心速度向量	m/s	
u	质心纵向速度	m/s	参照《汽车理论》车辆坐标系。
v	质心侧向速度	m/s	参照《汽车理论》车辆坐标系。
a_x	质心纵向加速度	m/s² 或 g	
a_y	质心侧向加速度	m/s² 或 g	
δ	前轮转角	rad 或（°）	
α_1	前轮侧偏角	rad 或（°）	参照《汽车理论》轮胎坐标系。
α_2	后轮侧偏角	rad 或（°）	参照《汽车理论》轮胎坐标系。
F_{Y1}	前轮侧偏力	N	
F_{Y2}	后轮侧偏力	N	
k_1	前轮侧偏刚度	N/rad 或 N/(°)	
k_2	后轮侧偏刚度	N/rad 或 N/(°)	
a	质心至前轴的距离	m	
b	质心至后轴的距离	m	
L	轴距	m	
β	质心侧偏角	rad 或（°）	符号同 u、v 的符号相关。
ω_r	横摆角速度	rad/s 或（°）/s	参照《汽车理论》车辆坐标系。
u_1	前轴中点速度	m/s	
u_2	后轴中点速度	m/s	
I_z	绕 z 轴的转动惯量	kg·m²	
F_{Z1}	前轮垂直载荷	N	
T_Z	回正力矩	N·m	
e	轮胎拖距	m	
M	汽车质量	kg	

代号	符号含义	单位	备注
D	主销内移量	m	
σ	主销内倾角	rad 或（°）	
f	滚动阻力系数		
C_D	空气阻力系数		
A	迎风面积	m²	
ρ	空气密度	$N \cdot s^2 \cdot m^{-4}$	数值一般取1.2258
I_H	转向盘转动惯量	kg·m²	电动助力转向系统
I_C	转向柱转动惯量	kg·m²	
I_M	电机转动惯量	kg·m²	
I_W	前轮转动惯量	kg·m²	
C_C	转向柱阻尼系数	N·m·s/rad	
C_M	电机阻尼系数	N·m·s/rad	
C_W	前轮阻尼系数	N·m·s/rad	
F_C	转向柱摩擦力矩	N·m	
F_M	电机摩擦力矩	N·m	
F_W	前轮摩擦力矩	N·m	
K_C	转向柱刚度	N·m/rad	
K_{ts}	力矩传感器刚度	N·m/rad	
K_G	转向器刚度	N·m/rad	
n_M	电机减速机构传动比		
n_G	转向器传动比		
$u(t)\ r(t)$	线性定常系统输出		
$y(t)$	微分方程输入端系数		$i = 0, 1, 2, \cdots$
b_i	微分方程输出端系数		$j = 0, 1, 2, \cdots$
a_j	状态向量		
$x(t)$	状态初始向量		
$x_0(t)$	系统系数矩阵		
A	输入系数矩阵		
B	输出系数矩阵		
C	传输系数矩阵		
D	系统输入拉氏变换		
$U(s)\ R(s)$	系统输出拉氏变换		
$Y(s)\ C(s)$	传递函数		

附录 符号对照表

代号	符号含义	单位	备注
$G(s)$	子系统传递函数		
$G_i(s)$	带参数的传递函数		$i = 1, 2, 3, \cdots$
$G_K(s)$	开环传递函数		
$G_o(s)$	校正传递函数		
$G_c(s)$	系统零点		$i = 1, 2, 3\cdots$
z_i	系统极点		$j = 1, 2, 3\cdots$
p_j	校正函数零点		
z_c	校正函数极点		
p_c	极点留数		$j = 1, 2, 3\cdots$
r_j	传递函数余式		
$h(s)$	传递函数中间量		
$Z(s)$	系统误差拉氏变换		
$E(s)$	系统扰动拉氏变换		
$D(s)$	反馈环节拉氏变换		
$H(s)$	系统静态误差		
e_{ss}	控制系统		
sys	阶跃响应		
$step$	脉冲响应		
$impulse$	位置误差系数		
K_p	速度误差系数		
K_v	加速度误差系数		
K_a	系统经历时间	s	
t	系统延迟时间	s	
t_d	系统上升时间	s	
t_r	系统峰值时间	s	
t_p	系统调整时间	s	
t_s	系统超调量		
σ	频率	rad/s	
ω	系统自然振荡频率	rad/s	
ω_n	系统谐振频率	rad/s	
ω_r	闭环截止频率	rad/s	
ω_b	中点频率	rad/s	
ω_m	系统幅值穿越频率	rad/s	

代号	符号含义	单位	备注
ω_c	中点相角	°	
θ_m	系统阻尼		
ξ	频率特性函数		
$G(j\omega)$	幅频特性函数		
$L(\omega)$	相频特性函数		
$\Phi(\omega)$	系统幅值裕度		
K_g	系统相角裕度	°	
γ	零频振幅比		
M_0	谐振峰值		
M_r	时间常数		
T	系统开环增益		
K	系统临界增益		
K_c	系统零极点增益		
K_{zpk}	比例增益		
K_p	积分增益		
K_i	微分增益		
K_d	积分时间常数		
T_i	微分时间常数		
T_d	系统偏差		
$e(t)$	加载装置开环系统		
$P(s)$	加载装置内部模型		
$M(s)$	前馈控制器		
$Q_1(s)$	干扰抑制控制器		
$Q_2(s)$	跟踪特性调整函数		
$F_1(s)$	干扰抑制调整函数		
$F_2(s)$			